中国技术性贸易措施年度报告

(2018)

中华人民共和国 WTO/TBT 国家通报咨询中心
中华人民共和国 WTO/SPS 国家通报咨询中心　编著

中国质检出版社
北　京

图书在版编目(CIP)数据

中国技术性贸易措施年度报告（2018）/中华人民共和国 WTO/TBT 国家通报咨询中心，中华人民共和国 WTO/SPS 国家通报咨询中心编著．—北京：中国质检出版社，2018.6

ISBN 978 - 7 - 5026 - 4614 - 1

Ⅰ.①中…　Ⅱ.①中…②中…　Ⅲ.①技术贸易—研究报告—中国—2018　Ⅳ.①F723.84

中国版本图书馆 CIP 数据核字（2018）第 131322 号

中国质检出版社 出版发行
北京市朝阳区和平里西街甲 2 号（100029）
北京市西城区三里河北街 16 号（100045）
网址：www.spc.net.cn
总编室：(010) 68533533　发行中心：(010) 51780238
读者服务部：(010) 68523946
中国标准出版社秦皇岛印刷厂印刷
各地新华书店经销

*

开本 880×1230　1/16　印张 15　字数 396 千字
2018 年 6 月第一版　　2018 年 6 月第一次印刷

*

定价 210.00 元

《中国技术性贸易措施年度报告（2018）》

编委会

主　　　编：石宝祥

副　主　编：王力舟　王　琳　赵明刚　林　海

执行副主编：崔　路

编写人员（按姓氏笔画排列）：

王　松　王　钰　毛　婧　孔哲礼　邓　杰
石长华　石璐璐　朱　虹　李　明　李京蕾
李建军　杨　松　张宇君　张　蓉　张　哲
苑晓玲　林海燕　周李琼　郑　欣　英德安
俞　卉　姜文波　夏　薇　高　鹏　常亚琦
常乔婧　梁新苗　彭丹阳　焦　阳　鲁伟松
雷奶华　褚　栋

前　言

中国自2001年加入WTO以来，认真履行义务，积极享受权利，对外贸易不断增长。WTO作为多边国际贸易组织，致力于减少并消除各种关税与非关税措施对国际贸易造成的不利影响，构建公平与自由的国际贸易环境。随着全球关税水平的不断下降，非关税措施，特别是技术性贸易措施对国际贸易的影响越来越大。

技术性贸易措施主要涉及WTO《技术性贸易壁垒协定》（TBT协定）中的技术法规、标准、合格评定程序（TBT措施）与《关于实施卫生与植物卫生措施协定》（SPS协定）中的动物卫生、植物卫生与食品安全措施（SPS措施）。中华人民共和国WTO/TBT-SPS国家通报咨询中心，代表国家履行我国政府加入世界贸易组织的承诺和世界贸易组织规定的成员方必须履行的通报和咨询等义务。同时，中心还承担了WTO规则与国内外技术性贸易措施研究等工作。

技术性贸易措施的制定以保护国家安全、保护人类和动植物生命和健康、保护环境及防止欺诈行为等为目标，具有合理性。然而技术性贸易措施的实施客观上会对国际贸易产生一定的影响，甚至被用作变相限制进口、进行贸易保护的工具，日益受到世界各国的关注。据WTO统计，2017年，WTO成员通报了新制/修订的TBT措施2 585项、SPS措施1 480项，TBT措施年通报数量和SPS措施年通报数量较2016年都有一定增长。

2017年，中国再次成为世界第一货物贸易大国。据海关统计，2017年，我国进出口总值27.79万亿元人民币，比2016年增长14.2%。其中，出口15.33万亿元，增长10.8%；进口12.46万亿元，增长18.7%；贸易顺差2.87万亿元，收窄14.2%。外贸回稳向好的基础不断巩固，发展潜力正逐步得到释放。抽样调查结果显示，2017年中国有30.1%的出口企业遭受到国外技术性贸易措施的影响，比2016年下降了4.0%；企业为适应进口国要求进行技术改造、检验、检疫、认证等新增成本为689.7亿元，占同期出口额的0.4%；因国外技术性贸易措施导致我国出口产品被国外扣留、销毁、退货等直接损失为2 481.2亿元，同比下降784.4亿元，占同期出口额的1.6%。

为全面客观地反映国内外技术性贸易措施现状，为政府、进出口企业及相关各方提供参考，自2006年开始，全国技术性贸易措施部际联席会议决定，每年组织国外技术性贸易措施对我国企业产生影响的调查工作并编写《中国技术性贸易措施年度报告》（以下简称《年度报告》）。《年度报告》成为国内唯一全方位呈现国内外技术性贸易措施的权威文献。2018年的调查工作在保障原有成绩的基础上，进一步提高省份调查数据的统计代表性。结合各省企业分布特点，通过增加样本企业数量，提升省份数据精确度，更加贴近区域经济的关注需求。2018年调查还增加了政府部门帮扶企业减少损失的内容，对进出口管理和地方政府部门帮助减少企业因技术性贸易措施所导致的损失情况进行调查分析，对减损成效进行评估和量化分析提供数据依据，以便客观把握我国外贸环境的整体形势、对未来在减损方面的相关工作提出指导性意见。

《中国技术性贸易措施年度报告（2018）》共分四章：

第一章为中国技术性贸易措施。主要对2017年中国新制/修订并向WTO各成员通报的TBT措施和SPS措施进行了梳理总结，就措施的目的、内容等作了简要介绍。

第二章为国外技术性贸易措施。对2017年WTO成员通报的TBT措施和SPS措施进行了汇总分析，介绍了美国、欧盟、日本等51个主要贸易国家和地区新制/修订的对中国产品出口影响较大的TBT措施和SPS措施。

第三章为国外技术性贸易措施对中国出口影响情况调查报告。在对全国范围内4 419家出口企业抽样调查的基础上，从行业、出口目的国家和地区、出口省份、企业性质、措施类型等多个角度分析了2017年国外技术性贸易措施对中国出口企业的影响及政府部门帮扶企业减少损失的情况。

第四章为应对国外技术性贸易措施情况。介绍了中国2017年对国外相关TBT、SPS措施的评议情况。

技术性贸易措施工作是当代国际贸易的热点。由于编写组水平有限、时间仓促，不当、不妥甚至错误在所难免，敬请广大读者批评指正。借此机会，对全国技术性贸易措施部际联席会议各成员单位、企业、协会、高等院校、科研机构等社会各界的关注和参与，表示衷心的感谢！

中华人民共和国WTO/TBT-SPS国家通报咨询中心

2018年6月

目　　录

第一章　中国技术性贸易措施

第一节　概　况

2017 年，中国向 WTO 各成员通报了 68 件技术性贸易措施，其中，TBT 措施 59 件，SPS 措施 9 件。

一、TBT 措施概况

2017 年，中国通过 WTO 向各成员通报 TBT 措施 59 件，通报数量在所有 WTO 成员中列第 13 位，截至 2017 年 12 月 31 日，中国的 TBT 编号已编至 1245 号。

通报发出后，中国 TBT 国家通报咨询中心收到来自美国、欧盟、日本、韩国、加拿大、澳大利亚、印度以及外国行业协会和知名企业的评议意见 116 份，涉及 36 项通报措施。中国政府有关部门对这些评议意见进行了认真研究考虑，并给予必要回复。

二、SPS 措施概况

2017 年，中国通过 WTO 向各成员通报 SPS 措施 9 件，其中 8 件为常规通报，1 件为补遗通报。截至 2017 年 12 月 31 日，中国的 SPS 通报编号已编至 1061 号。

通报发出后，收到了美国、欧盟、加拿大、智利、印度、新西兰等成员以及行业协会的评议意见 21 件，涉及 5 项通报措施。中国政府有关部门对这些评议意见进行了研究考虑。

第二节　主要 TBT 措施

一、关于药品、医疗器械的 TBT 措施

（一）关于药品的 TBT 措施

为保护人类健康和安全，加强药品标准的实施和监督，中国发布了《药品标准管理办法》，本办法按照药品标准管理工作流程分为总则、规划、制定与修订、审批与颁布、实施、复审、信息管理和公开、监督、地方药品标准及附则等十章。发布了《药品临床试验质量管理规范》，进一步强调了药物临床试验各方职责，提出了相应的管理性要求。规范强调了临床试验的科学性和伦理性，关注弱势受试者的保护，优化伦理委员会的组成以及提出跟踪审查频度要求，关注严重和非预期的药物不良事件的报告，细化调整了原始记录的要求，增加了研究者对研究团队工作和提供服务第三方工作的监督，增加了申办者基于风险的质量管理和对外包工作的监管职责，强调质量管理应该与试验的风险和所收集数据的重要性相匹配，增加和细化了对电子化系统的管理要求，详细阐述研究者手册的内容信息。

为保护人类健康和安全，发布了《关于调整进口药品注册管理有关事项的决定（征求意见稿）》，本决定涉及对《药品注册管理办法》中进口药品注册管理有关事项的调整。根据《国务院关于改革药品医疗器械审评审批制度的意见》（国发〔2015〕44号）的要求，鼓励境外未上市新药经批准后在境内外同步开展临床试验。本决定取消临床试验用药物应当已在境外注册或者已进入II期或者III期临床试验的要求。完成国际多中心药物临床试验后，可以直接提出药品上市注册申请。为规范药品标准的制定、修订和发布实施工作，加强药品标准的实施和监督，发布了《关于调整药品注册受理工作的公告（征求意见稿）》，将现由省级食品药品监管部门受理、食品药品监管总局审评审批的药品注册申请，调整为食品药品监管总局集中受理。

为保护人类健康和安全，发布了《生物制品批签发管理办法》修订征求意见稿，本办法是对2004年颁布的《生物制品批签发管理办法》的修订，共有7章49条。疫苗、血液制品、用于血源筛查的诊断试剂要经过国家食品药品监督管理总局指定的批签发机构的强制审核、检验等质量评估，合格后方可销售或进口。本次修订主要增加批签发机构章节，在批签发时限上有了更为明确的规定，规定了应进行生产现场检查的情形等。

（二）关于医疗器械的TBT措施

为鼓励药品和医疗器械创新，加快对于新药和医疗器械上市审评审批，中国发布了《关于鼓励药品医疗器械创新加快新药医疗器械上市审评审批的相关政策（征求意见稿）》，主要包括加快临床急需药品医疗器械审评审批、支持罕见病治疗药物和医疗器械研发、严格注射剂审评审批、调整药用原辅料及包装材料管理模式、完善药品医疗器械审评制度、支持新药临床应用、支持中药传承和创新、建立基于专利强制许可的优先审评审批制度等内容。

为鼓励药品和医疗器械创新，改革临床试验管理，中国发布了《关于鼓励药品医疗器械创新改革临床试验管理的相关政策（征求意见稿）》，主要包括临床试验机构资格认定改为备案管理、支持研究者和临床试验机构开展临床试验、完善伦理委员会机制、提高伦理审查效率、优化临床试验审查程序、接受境外临床试验数据、支持拓展性临床试验等内容。

为鼓励药品和医疗器械创新，实施药品医疗器械全生命周期管理，中国发布了《关于鼓励药品医疗器械创新实施药品医疗器械全生命周期管理的相关政策（征求意见稿）》，主要包括落实上市许可持有人法律责任、完善药品医疗器械不良反应/事件报告制度、开展上市注射剂再评价、完善医疗器械再评价制度、严肃查处临床试验数据造假行为、规范学术推广行为、加强审评检查能力建设、改革药品临床试验样品检验制度、落实从研发到使用全过程检查责任、建设职业化检查员队伍、加强国际合作等内容。

为保护人类健康和安全，中国发布了《网络医疗器械经营监督管理办法（征求意见稿）》。本办法明确了从事网络医疗器械经营的企业、网络医疗器械交易服务第三方平台的义务和责任。同时，明确了食品药品监管部门对网络医疗器械经营监督管理的监管职责等。

二、关于食品的TBT措施

为严厉查处食品安全欺诈行为，保证食品安全，保障公众身体健康和生命安全，根据《中华人民共和国食品安全法》等法律法规，中国制定了《食品安全欺诈行为查处办法》，明确了食品安全欺诈行为的内涵，列举了产品欺诈、食品生产经营行为欺诈、标签说明书欺诈、食品宣传欺诈、信息欺诈、食品检验认证欺诈、许可申请欺诈、备案信息欺诈、报告信息欺诈、提交虚假监管信息等10类具体食品安全欺诈行为，明确了相关欺诈行为的具体法律责任。

依据《中华人民共和国食品安全法》的规定，为有效保证输华食品质量安全，实现中国进口食品监管与输华食品国家（地区）主管部门的有效衔接，中国发布了《进口食品随附证书管理办法》（征求意见稿），要求输华食品的进口商在输华食品进口时，向入境口岸检验检疫部门提交该批货物随附的出口国家（地区）主管部门或其授权/指定机构出具的输华食品证书，以证明该批输华食品来自出口国主管机构监管的企业，产品适合人类食用。根据收到的评议意见和申请，本办法的过渡期为 2 年（自 2017 年 10 月 1 日至 2019 年 9 月 30 日）。

三、关于道路车辆、非道路移动机械的 TBT 措施

（一）关于对机动车辆结构的国家标准

为保护人类健康和安全，中国制定了《机动车运行安全技术条件》，规定了机动车的整车及主要组成、安全防护装置等有关运行安全的基本技术要求，以及消防车、救护车、工程救险车和警车及残疾人专用汽车的附加要求。制定了《汽车及挂车侧面和后下部防护要求》，规定了汽车和挂车侧面和后下部保护装置的技术要求，适用于 N2，N3，O3 和 O4 类车辆。制定了《汽车和挂车防飞溅系统性能要求和测量方法》，规定了汽车和挂车防飞溅系统的要求和测量方法。制定了《道路运输爆炸品和剧毒化学品车辆安全技术条件》，适用于在道路上运输爆炸品和剧毒化学品的汽车和挂车，规定了在道路上运输爆炸品和剧毒化学品车辆的发动机、轮胎、限速装置、制动装置、电气装置、车辆结构、尺寸参数、质量参数、罐体容积、罐体及附件防护要求、厢体基本要求、连接装置的规格强度、防静电措施、灭火器、行驶记录仪、监控车载终端、标志、随车文件等方面的内容。制定了《道路车辆　电磁兼容性要求和试验方法》，规定了车辆及其电气/电子部件的电磁发射限值、抗扰性能和试验方法，适用于 M、N、L 类车辆及其电气/电子部件，O 类及其他车辆可参照执行。本标准是汽车电磁兼容方面最综合、最重要的龙头标准，从控制车辆的电磁辐射和确保车辆行驶安全角度确立，涉及整车和部件，包括干扰和抗扰两大方面，对干扰限值和抗扰度都给出了具体规定。

为保护人类健康和安全，中国制定了《GB 24407—2012〈专用校车安全技术条件〉》第 1 号修改单，包括轮罩处的座垫高、座位自由空间、约束隔板、停车指示牌、灭火器位置、乘客门引道、录像功能、乘客门应急开关共 8 项修改内容。修订了《客车结构安全要求》，规定了客车结构的安全要求，适用于 M2 类和 M3 类客车，包括无轨电车。本标准不适用于卧铺客车、专用校车、专用客车和非道路行驶的客车。与上一版本相比，增加了轻型客车、双层客车和无轨电车的结构要求；增加了驾驶区的保护和驾驶员座位的技术要求；修改了出口的数量、尺寸，修改了乘客门的技术要求、通道的技术要求。

（二）关于机动车辆部件及相关配套设施要求的国家标准

为保护人类健康和安全，中国制定了《客车灭火装备配置要求》，其技术内容均为强制性要求，包括“基本要求”“手提式灭火器的应用要求”“超细干粉灭火装置的应用要求”“其他要求”和“标准实施的过渡期要求”。制定了《乘用车轮胎气压监测系统的性能要求和试验方法》，适用于 M1 类车辆，规定了乘用车轮胎气压监测系统的性能要求和试验方法。车辆应按规定安装本标准规定的 TPMS：a）对发动机中置且宽高比≤0.9 的乘用车，其新申请型式批准车型自 2020 年 1 月 1 日起开始实施，其在生产车型自 2021 年 1 月 1 日起开始实施；b）对其他 M1 类车辆，其新申请型式批准车型自 2019 年 1 月 1 日起开始实施；其生产车型自 2020 年 1 月 1 日起开始实施。

（三）关于道路车辆、非道路移动机械能源及污染物排放的TBT措施

为保护人类健康和安全，保护环境，中国发布了《新能源汽车动力蓄电池回收利用管理暂行办法》，规定了在中国境内销售的新能源汽车动力蓄电池的回收利用要求，规定在中国境内销售新能源汽车及动力蓄电池相关企业应履行生产者责任延伸制度（EPR），符合动力蓄电池的编码、溯源信息管理、规范回收以及综合利用等要求，并规定了违规处罚措施等。

为保护人类健康和安全，保护环境，中国制定了国家标准《车用柴油》，规定了车用柴油的术语和定义、产品分类、技术要求和试验方法、取样、标志、包装、运输和贮存、安全及标准的实施。制定了国家标准《车用汽油》，车用汽油的术语和定义、产品分类、要求和试验方法、取样、标志、包装、运输和贮存、安全及标准的实施。制定了国家标准《车用压缩天然气》，规定了车用压缩天然气的范围和定义、技术要求和试验方法、贮存和使用、检验。

为保护环境，节约能源，中国制定了国家标准《重型商用车辆燃料消耗量限值》，适用于最大设计总质量大于3 500kg的燃用汽油和柴油的商用车辆，包括货车、半挂牵引车、客车、自卸汽车和城市客车，规定了重型商用车辆燃料消耗量限值，全部技术内容为强制性的。为保护人类健康和安全，保护环境，制定了国家标准《重型柴油车污染物排放限值及测量方法（中国第六阶段）》，适用于最大设计总质量大于3 500kg的M1、M2类及所有M3、N2和N3类汽车装用的压燃式、气体燃料点燃式发动机及其车辆，规定了装用压燃式发动机汽车及其压燃式发动机、装用以天然气或液化石油气作为燃料的点燃式发动机汽车及其点燃式发动机的第六阶段污染物排放限值及测量方法。

（四）关于摩托车的国家标准

为保护人类健康和安全，中国制定了《摩托车和轻便摩托车外部凸出物》，规定了摩托车和轻便摩托车外部凸出物的技术要求以及测量方法。为保护财产安全，制定了《摩托车和轻便摩托车制动性能要求及试验方法》，规定了摩托车和轻便摩托车制动性能的要求和试验方法，保证在常规和紧急情况下车辆制动系统的性能安全。制定了《四冲程摩托车汽油机油》，规定了拥有共用机油箱的四冲程火花点燃式汽油发动机润滑油的术语和定义、分类和标记、要求和试验方法、检验规则及标志、包装、运输和贮存。

四、关于环境保护、安全的TBT措施

（一）关于环境保护的国家标准

为保护环境，中国制定了《商品煤质量 民用散煤》，规定了民用散煤的术语和定义、原料要求、产品分类、要求和试验方法、检验规则、标识、运输及贮存。制定了《商品煤质量 民用型煤》，规定了民用型煤的术语和定义、原料要求、质量等级、技术要求、试验方法、检验规则以及包装、标识、运输及贮存。

为保护环境，防治污染，中国制定了《船舶水污染物排放标准》，适用于中华人民共和国管辖水域内船舶向环境水体排放含油污水、生活污水、含有毒液体物质的污水和船舶垃圾的排放管理，规定了船舶含油污水、生活污水的水污染物排放限值、监测要求，含有毒液体物质的污水和船舶垃圾的排放控制要求，以及标准的实施与监督等要求。

为保护环境，中国制定了《室内装饰装修材料人造板及其制品中甲醛释放限量》，适用于纤维板、刨花板、胶合板、细木工板、重组装饰材、单板层积材、集成材、饰面人造板、木质地板、木质墙板、

木质门窗等室内用各种类人造板及其制品的甲醛释放量，规定了室内装饰装修用人造板及其制品中甲醛释放限量要求、试验方法、判定规则和检验报告等。制定了《反渗透净水机水效限定值及水效等级》，规定了反渗透净水机的水效限定值、节水评价值、水效等级和试验方法。

为保护环境，节约能源，中国制定了《房间空气调节器用全封闭型电动机-压缩机能效限定值及能效等级》，适用于名义工况下输入功率≤5 000W、房间空气调节器用全封闭型转子式压缩机和涡旋式压缩机，规定了空气调节器用全封闭型电动机-压缩机的能效限定值、能效等级、试验方法和检验规则。制定了《交流接触器能效限定值及能效等级》，规定了交流接触器的基本要求、能效等级、能效限定值、试验和计算方法。

（二）关于固体废物的TBT措施

为保护人类健康和安全，保护环境，中国制定了国家标准《固体废物鉴别标准通则》，规定了依据产生来源的固体废物鉴别准则、利用和处置过程中的固体废物鉴别准则、不作为固体废物管理的物质、不作为液态废物管理的物质以及监督管理要求。本标准适用于物质（或材料）和物品（包括产品、商品）（以下简称物质）的固体废物鉴别。液态废物的鉴别，适用于本标准。本标准不适用于放射性废物的鉴别。本标准不适用于固体废物的分类。本标准不适用于对于有专用固体废物鉴别标准的物质的固体废物鉴别。发布了《2017年底前调整为禁止进口的固体废物目录（4类24种）》，列出了2017年年底前，中华人民共和国将禁止进口生活来源废塑料、钒渣、未经分拣的废纸、废纺织原料等共计4大类24种废物。

为贯彻《中华人民共和国固体废物污染环境防治法》、《中华人民共和国放射性污染防治法》等法律法规，严格限制固体废物进口，控制环境污染，中国制定了进口固体废物环境保护系列控制标准，包括：冶炼渣、废纸或纸板、木及木制品废料、废钢铁、废有色金属、废电机、废电线电缆、废五金电器、供拆卸的船舶及其他浮动结构体、废塑料和废汽车压件。该系列标准分别规定了进口该类固体废物及其夹杂物和放射性污染的控制要求。

（三）关于消费者安全的TBT措施

为保护人类健康和安全，中国制定了《摩托车乘员头盔产品强制性认证实施规则》，规定了摩托车乘员头盔的适用范围、认证模式，认证基本环节，认证实施的基本要求，认证证书，认证标志的使用规定，收费等要求。制定了《家用及类似用途设备强制性认证实施规则》，包含了家用及类似用途设备的认证模式，认证基本环节，认证实施的基本要求，认证证书，认证标志的使用规定，收费等要求，其中电热毯、电热垫及类似柔性发热器具为新增产品。为进一步完善缺陷消费品召回的管理制度，保护人类健康和安全，发布了《缺陷消费品召回管理规定》，明确了缺陷消费品召回的范围、责任主体、政府主管部门和召回技术机构的职责，规定了缺陷消费品召回的信息管理、缺陷调查、召回实施与管理、法律责任等。

为防止欺诈，保护消费者利益，中国制定了国家标准《商用燃气燃烧器具》，适用于燃烧用空气取自室内、燃烧产物直接或间接排向室外的燃气蒸箱等13类燃具，规定了商用燃气燃烧器具的材料、结构、性能要求及试验方法。制定了国家标准《瓶装液化石油气调压器》，适用于额定流量≤$2m^3/h$的家用液化石油气调压器和额定流量≤$3.6m^3/h$的商用液化石油气调压器，规定了瓶装液化石油气调压器的材料、结构、性能要求及试验方法。

（四）关于电器电子产品安全的TBT措施

为保护人类健康和安全，按照《电器电子产品有害物质限制使用管理办法》要求，中国编制了

《电器电子产品有害物质限制使用达标管理目录（第一批）》（征求意见稿），包括12类产品，每类产品均规定了产品范围及定义、适用范围说明。对于技术和经济上不可行的情况，借鉴欧盟RoHS经验，整理了《达标管理目录限用物质应用例外清单》。

第三节 主要SPS措施

一、食品中农药最大残留限量标准

根据《中华人民共和国食品安全法》，中国先后制定了食品中包括2，4-滴丁酯等的112种农药的421项最大残留限量和食品中2，4-滴和2，4-滴钠盐等122种农药的600项最大残留限量。

美国、欧洲和印度对中国食品中农药最大残留限量标准提出了评议意见。认为标准中提出的吡虫啉、咯菌腈、噻虫嗪、丙环唑、啶虫脒、二嗪磷等限量严于国际食品法典委员会的标准。请中方提供科学依据或是将限量标准与Codex标准保持一致。

二、食品中兽药最大残留限量标准

根据《中华人民共和国食品安全法》，中国制定了动物源食品中阿苯达唑等104种兽药2 191项最大残留限量；规定醋酸等154种兽药无需制定最大残留限量，氯丙嗪等9种兽药允许用于治疗使用，不得在动物性食品中检出。

澳大利亚对该标准提出了评议意见。澳方支持中方采取了与Codex标准基本一致的兽药最大残留限量。澳方引用了2017年7月食品法典委员会新修改的牛组织内伊维菌素的最大残留限量，认为中方伊维菌素在牛肝、肾、脂肪中的限量均严于新的国际标准。澳方恳请中方采用Codex最新标准。

三、中华人民共和国食品安全实施条例修订案

根据《中华人民共和国食品安全法》，中国制定了《中华人民共和国食品安全法实施条例》修订草案，共10章98条。由总则、食品安全风险监测和评估、食品安全标准、食品生产经营、食品检验、食品进出口、食品安全事故处置、监督管理、法律责任、附则等构成。

该草案受到了国际成员的广泛关注，美国、欧盟、加拿大、日本、新西兰、印度以及食品农产品出口联盟（FAEA）、食品杂货商协会（GMA）都提出了评议意见。评议意见集中于各级管理机构应保证《条例》的解释和实施协调一致；对于没有国家标准的食品，是否认可国际标准和他国标准；由指定口岸进口的食品清单、企业标准等如何获得；如何定义术语如高风险食品、大宗食品、保健食品、严重情况、有害因素等；条例生效时间以及提供多长的过渡期等。

四、进出口食品安全监督管理办法

依据《中华人民共和国食品安全法》等法律法规，中国制定了进出口食品安全监督管理办法，共6章，57条，适用于对进出口食品安全的检验检疫及监督管理。由总则、食品进口及监督管理、食品出口及监督管理、风险预警、法律责任、附则等构成。

美国、加拿大、日本、新西兰、印度、韩国等对该办法提出了评议意见。各成员赞赏中方基于风险的方法对进出口食品进行管理。评议意见集中于该办法的适用范围，食品、风险评估、高风险、预先检验等术语的定义，企业的登记注册程序，对进口商的审核，过渡期，等效性和系统体系认可等。

第二章　国外技术性贸易措施

第一节　概　况

一、TBT 通报总体情况

（一）通报数量

2017 年，TBT 通报数量创下历史新高，各成员共提交 2 585 件通报，分别由 1 793 件新技术法规与合格评定程序通报、709 件通报补遗、53 件通报勘误以及 30 分修订组成（图 2－1）。与 2016 年相比，通报的总数增加了 11%。自 2004 年以来都呈现出稳定增长的趋势。自 TBT 协定生效以来至 2017 年 12 月 31 日，136 名成员提交了 30 265 份通报（表 2－1）。

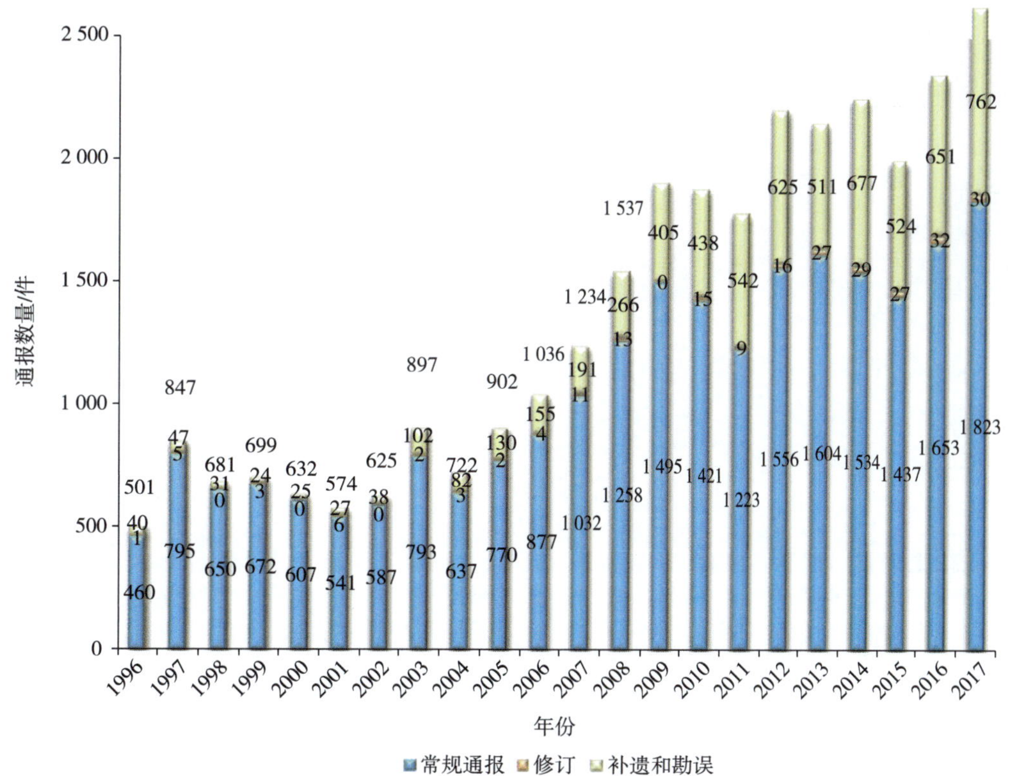

图 2－1　1995 年～2017 年 TBT 通报总计

表 2－1　各成员 2017 年的 TBT 常规通报数量、补遗和勘误、通报总数量和自协定生效以来的通报数量

单位：件

成　员	2017 年定期通报	2017 年补遗和勘误	2017 年修订	2017 通报合计	自 1995 年的通报合计
阿富汗	0	0	0	0	2
阿尔巴尼亚	5	0	0	5	88
安哥拉	0	0	0	0	0
安提瓜和巴布达	0	0	0	0	0
阿根廷	18	30	2	50	657
亚美尼亚	5	0	0	5	89
澳大利亚	2	2	0	4	218
奥地利	0	0	0	0	4
巴林王国	53	1	1	55	519
孟加拉国	0	0	0	0	0
巴巴多斯	0	0	0	0	10
比利时	0	0	0	0	209
伯利兹	7	0	0	7	12
贝宁	0	0	0	0	2
多民族玻利维亚国	2	1	0	3	32
博茨瓦纳	23	0	0	23	79
巴西	67	51	1	119	1 572
文莱达鲁萨兰国	0	0	0	0	2
保加利亚	0	0	0	0	0
布基纳法索	0	0	0	0	0
布隆迪	2	0	0	2	3
佛得角	0	0	0	0	0
柬埔寨	0	0	0	0	3
喀麦隆	0	0	0	0	8
加拿大	29	15	2	46	1 014
中非共和国	0	0	0	0	10
乍得	0	0	0	0	0
智利	42	40	0	82	643
中国	56	2	1	59	1 313
哥伦比亚	8	8	0	16	631
刚果	0	0	0	0	3
哥斯达黎加	8	3	0	11	239
科特迪瓦	0	0	0	0	0
克罗地亚	0	0	0	0	39
古巴	0	0	0	0	20

续表 2-1

成　员	2017 年定期通报	2017 年补遗和勘误	2017 年修订	2017 通报合计	自 1995 年的通报合计
塞浦路斯	0	0	0	0	1
捷克共和国	5	6	0	11	388
刚果民主共和国	0	0	0	0	0
丹麦	0	0	0	0	253
吉布提	0	0	0	0	0
多米尼加	2	0	0	2	15
多米尼加共和国	2	1	0	3	273
厄瓜多尔	7	56	3	66	978
埃及	5	6	0	11	222
萨尔瓦多	5	4	0	9	289
爱沙尼亚	1	0	0	1	13
欧盟	94	7	0	101	1 463
斐济	0	0	0	0	1
芬兰	4	0	0	4	77
法国	11	1	0	12	247
加蓬	0	0	0	0	2
格鲁吉亚	5	0	0	5	103
德国	0	0	0	0	25
加纳	0	0	0	0	12
希腊	0	0	0	0	0
格林纳达	1	0	0	1	18
危地马拉	2	2	0	4	120
几内亚	0	0	0	0	1
几内亚比绍共和国	0	0	0	0	0
圭亚那	0	0	0	0	20
海地	0	0	0	0	1
洪都拉斯	2	1	0	3	103
中国香港	1	1	0	2	93
匈牙利	2	0	0	2	35
冰岛	0	0	0	0	2
印度	16	1	0	17	139
印度尼西亚	7	6	0	13	226
爱尔兰	1	0	0	1	5
以色列	56	18	0	74	1 189
意大利	4	1	0	5	32
牙买加	17	0	0	17	102

续表 2-1

成员	2017 年 定期通报	2017 年 补遗和勘误	2017 年 修订	2017 通报合计	自 1995 年的 通报合计
日本	33	3	0	36	854
约旦	0	0	0	0	48
哈萨克斯坦	9	0	0	9	21
肯尼亚	75	0	0	75	614
韩国	46	9	2	57	904
科威特	53	1	1	55	408
吉尔吉斯共和国	0	0	0	0	49
老挝人民民主共和国	0	0	0	0	1
拉脱维亚	0	0	0	0	31
莱索托	0	0	0	0	0
利比里亚	0	0	0	0	0
列支敦斯登	0	0	0	0	0
立陶宛	2	0	0	2	34
卢森堡	0	0	0	0	0
中国澳门	0	0	0	0	6
马达加斯加	0	0	0	0	0
马拉维	16	0	0	16	16
马来西亚	6	0	0	6	246
马尔代夫	0	0	0	0	0
马里王国	0	0	0	0	2
马耳他	0	0	0	0	0
毛利塔尼亚	0	0	0	0	0
毛里求斯	0	0	0	0	8
墨西哥	46	51	0	97	981
摩尔多瓦共和国	3	0	0	3	33
蒙古	1	0	0	1	7
黑山共和国	0	0	0	0	0
摩洛哥	0	0	0	0	26
莫桑比克	0	0	0	0	11
缅甸	0	0	0	0	2
纳米比亚	0	0	0	0	1
尼泊尔	0	0	0	0	4
荷兰	0	0	0	0	631
新西兰	2	1	0	3	142
尼加拉瓜	7	2	0	9	187
尼日尔	0	0	0	0	0

续表 2-1

成　员	2017 年定期通报	2017 年补遗和勘误	2017 年修订	2017 通报合计	自 1995 年的通报合计
尼日利亚	0	0	0	0	4
挪威	1	0	0	1	89
阿曼	57	1	1	59	350
巴基斯坦	1	0	0	1	112
巴拿马	7	2	0	9	98
巴布亚新几内亚	0	0	0	0	1
巴拉圭	14	1	0	15	124
秘鲁	7	4	0	11	116
菲律宾	5	3	0	8	269
波兰	0	0	0	0	7
葡萄牙	0	0	0	0	1
卡塔尔	56	1	1	58	550
罗马尼亚	0	0	0	0	94
俄罗斯联邦	9	0	0	9	86
卢旺达	29	0	0	29	83
基茨和尼维斯	0	0	0	0	0
圣卢西亚	4	0	0	4	55
圣文森特和格林纳丁斯	0	0	0	0	13
萨摩亚	0	0	0	0	0
沙特阿拉伯王国	75	1	1	77	1 051
塞内加尔	0	0	0	0	13
塞舌尔	1	0	0	1	3
塞拉利昂	0	0	0	0	0
新加坡	10	2	0	12	62
斯洛伐克共和国	0	0	0	0	54
斯洛文尼亚	1	0	0	1	112
所罗门群岛	0	0	0	0	0
南非	10	4	2	16	352
西班牙	2	0	0	2	73
斯里兰卡	1	0	0	1	50
苏里南	0	0	0	0	1
斯威士兰	0	0	0	0	1
瑞典	1	1	0	2	230
瑞士	17	4	0	21	318
中国台北	54	41	0	95	447
塔吉克斯坦	0	0	0	0	5
坦桑尼亚	81	0	0	81	126

续表 2-1

成 员	2017 年定期通报	2017 年补遗和勘误	2017 年修订	2017 通报合计	自 1995 年的通报合计
泰国	11	20	3	34	722
前南斯拉夫的马其顿共和国	0	0	0	0	8
冈比亚	0	0	0	0	2
多哥	0	0	0	0	2
汤加	0	0	0	0	0
特立尼达和多巴哥	0	0	0	0	130
突尼斯	0	0	0	0	27
土耳其	23	1	0	24	125
乌干达	207	121	1	329	933
乌克兰	18	7	0	25	189
阿拉伯联合酋长国	56	1	1	58	406
英国	1	0	0	1	50
美国	75	214	6	295	3 193
乌拉圭	8	0	0	8	22
瓦努阿图	0	0	0	0	0
委内瑞拉，玻利瓦尔共和国	0	0	0	0	35
越南	22	1	0	23	129
也门	53	1	1	55	117
赞比亚	0	0	0	0	88
津巴布韦	0	0	0	0	1
合计	1 793	762	30	2 585	30 265

自 1995 年～2017 年以来，新通报的数量成倍增长，其主要还是发展中成员通报数量的增加（图 2-6）。补遗与勘误的通报数量也明显增加，自 2011 年以来，每年通报补遗与勘误平均达到 500 余件；在 1995 年～2017 年，美国（1 661 件）、巴西（671 件）、厄瓜多尔（638 件）、墨西哥（417 件）和哥伦比亚（359 件）提交的补遗与勘误最多。修订通报的数量相对较少，但过去几年都呈递增趋势，自 2012 年以来，世界贸易组织每年收到约 28 件修订（图 2-1）；自 1995 年以来，提交修订数量最多的成员排名分别是中国（40 件）、巴西（21 件）、泰国（17 件）、加拿大（17 件）和南非（16 件）。

（二）成员提交 TBT 通报情况

2017 年，通报提交的参与范围很广，共有 82 个成员提交了 TBT 通报。

提交 TBT 通报最多的十个成员依次是：乌干达、美国、巴西、欧盟、墨西哥、中国台北、智利、坦桑尼亚、沙特阿拉伯王国和肯尼亚，合计提交通报 1351 件，占全部成员通报的 52%。

2017 年统计的排名靠前的通报成员中的多名成员并未出现在 1995 年～2017 年（图 2-3）列出的前几名通报成员榜单中，分别是中国台北、智利、坦桑尼亚和肯尼亚，这说明他们的通报水平高于其历史趋势。

深入分析过去 10 年（2008 年～2017 年）前 4 名通报成员（美国、巴西、欧盟和中国），根据图 2-4 可发现，在提交通报数量上存在有限波动。这些成员在每年提交通报数量上存在较小变化，但美国过去三年中提交通报数量波动较大，在 2016 年达到了峰值，2017 年有所下降。

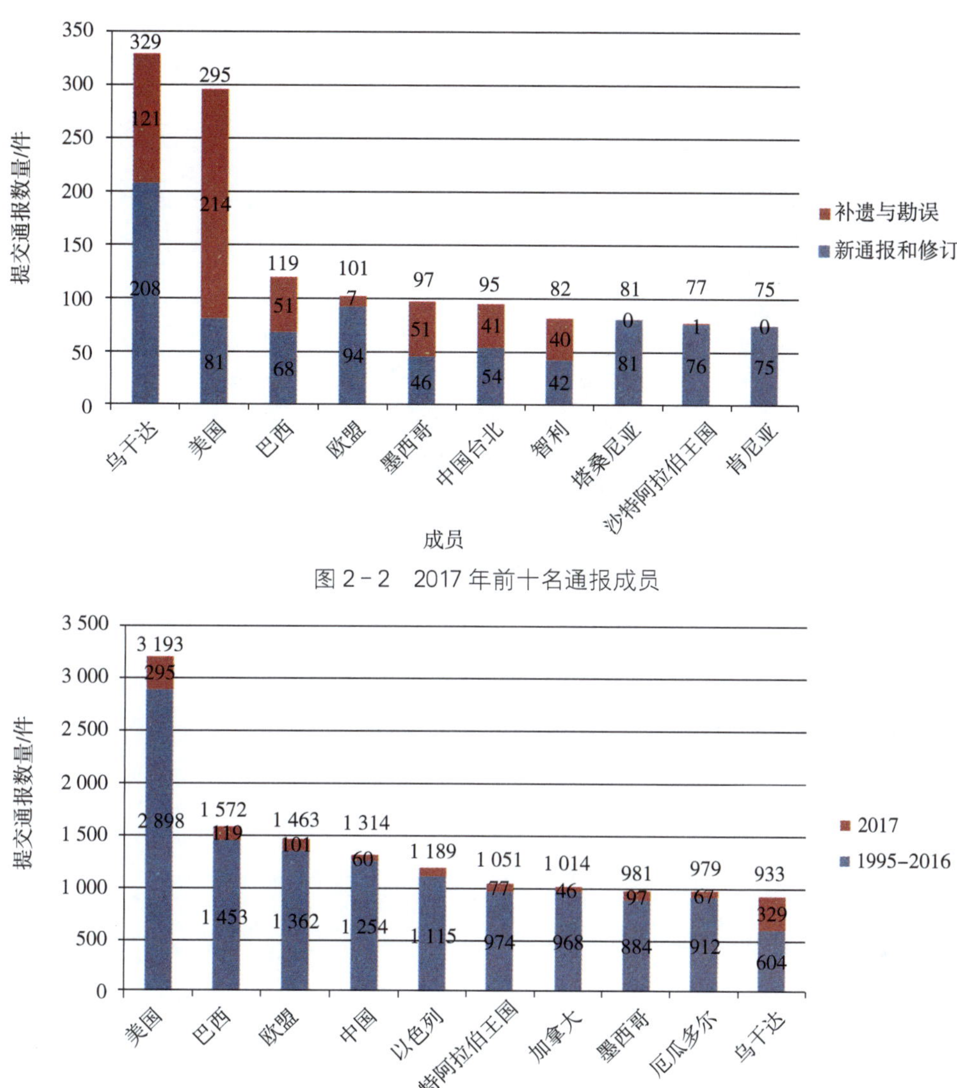

图 2-2 2017 年前十名通报成员

图 2-3 1995 年～2017 年前十名通报成员（新通报、补遗与勘误、修订）

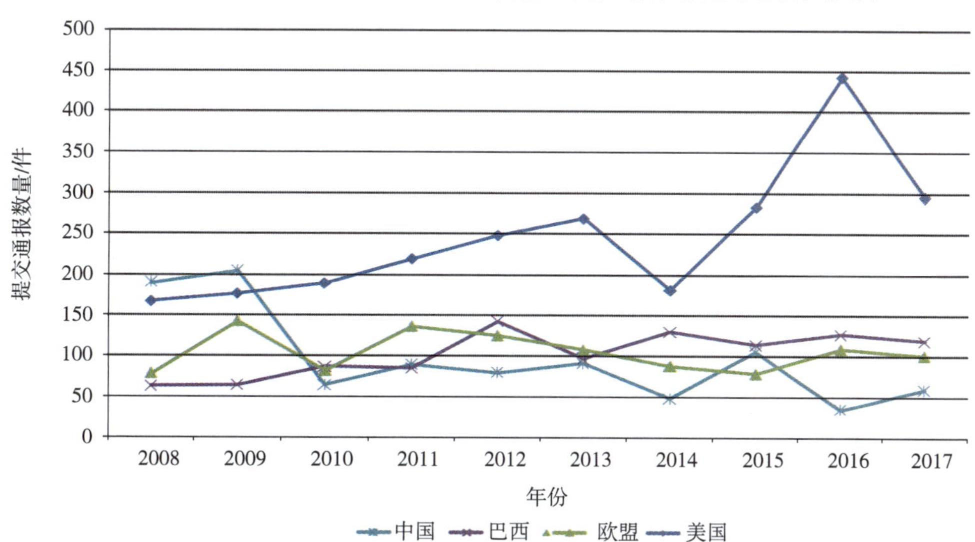

图 2-4 2008 年～2017 年期间巴西、中国、欧盟、沙特阿拉伯和美国提交的各类通报

前四名成员提交通报的格式各不相同（图 2-5）。美国提交的补遗与勘误数量多于新通报，相比之下，中国很少使用此类格式。

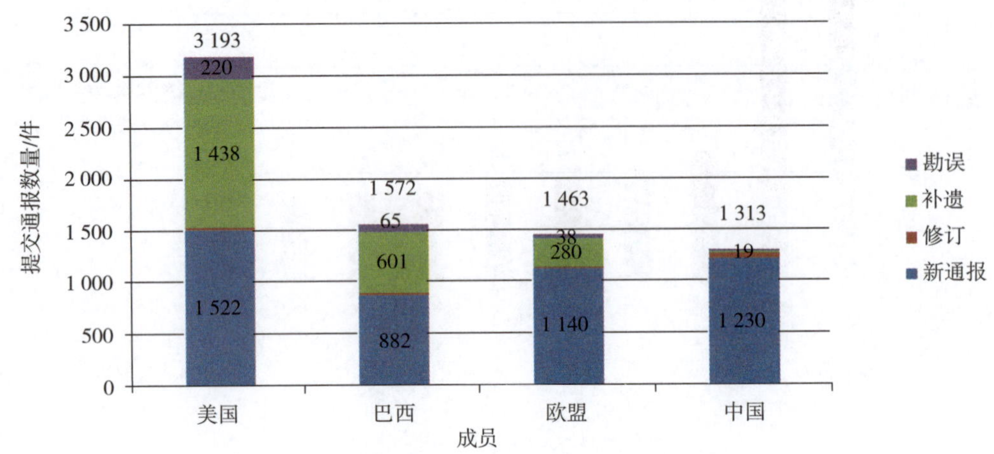

图 2-5　2008 年～2017 年成员（前四名通报成员）提交通报的类型

自 2004 年以来（图 2-1）新通报的增长主要是因为发展中成员（图 2-6）提交通报数量的增加。2017 年，大多数通报（62%）也是由发展中成员（56）提交。2016 年中[①]，最不发达成员（7）提交新通报的比例为 21%，发达成员（20）比例为 16%。与 2016 年相比，发展中成员和最不发达成员提交通报的水平有所提高，而发达成员有所下降。

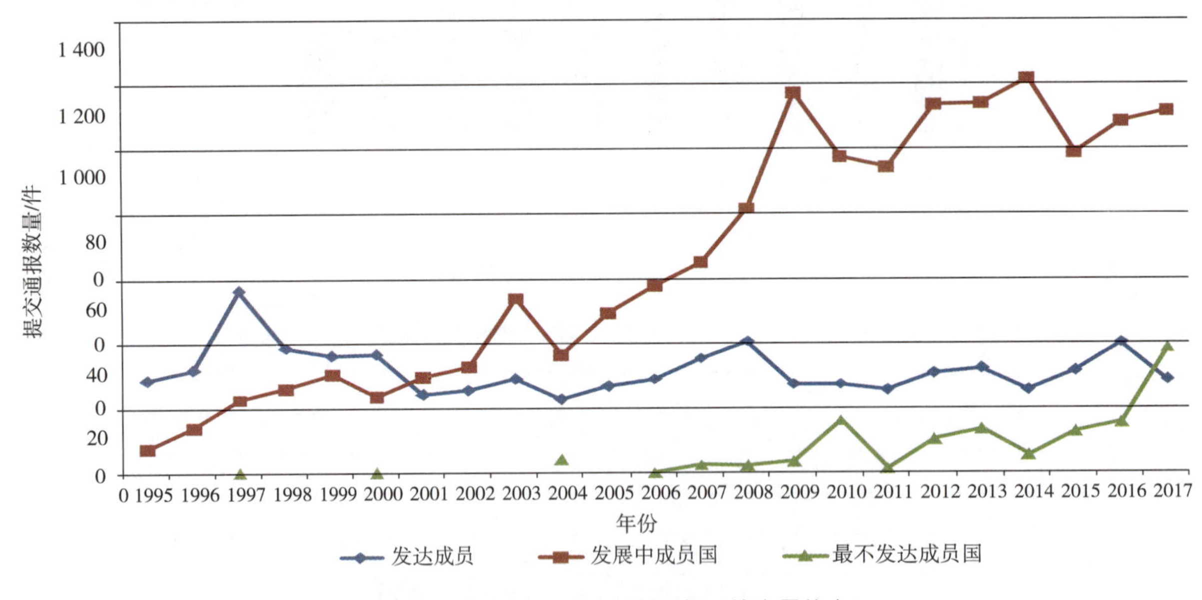

图 2-6　1995 年～2017 年新通报（按发展状态）

2017 年，中东和非洲的成员提交的通报数量各自约总数的 1/4，是区域团体中数量最多的。随后是亚洲成员，提交了 15%。与 2016 年相比，主要变化在于非洲通报数量的增加以及北美通报数量的减少（图 2-7）。在 2014 年～2017 年，非洲成员通报数量从 129 份大幅增加至 449 份。

注[①]　1995 年～2017 年，关于新通报，前五名通报最不发达成员分别为乌干达（800）、坦桑尼亚（125）、也门（115）、赞比亚（88）和卢旺达（78）。

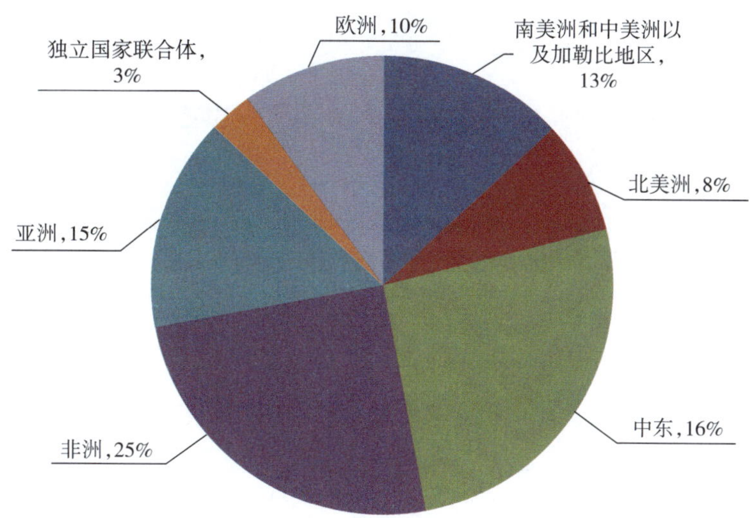

图 2-7　2017 年新通报的分布（按区域）

（三）通报依据条款

各成员主要根据《TBT 协定》中的如下条款对技术法规和合格评定程序进行通报：

第 2.9.2 条：关于中央政府拟议的技术法规的通报要求；

第 2.10.1 条：关于中央政府机构针对紧急情况通过的技术法规的通报要求；

第 3.2 条：关于地方政府（在直属中央政府的层次上）拟议的或针对紧急情况通过的技术法规的通报要求；

第 5.6.2 条：关于中央政府机构拟议的合格评定程序的通报要求；

第 5.7.1 条：关于中央政府机构对紧急情况下通过的合格评定程序的通报要求；

第 7.2 条：关于地方政府机构（在直属中央政府的层次上）拟议的或针对紧急情况通过的合格评定程序的通报要求。

2017 年发布的 1793 件 TBT 新通报中，有 1 336 件为技术法规通报，43 件为紧急情况的技术法规通报，303 件为合格评定程序通报，9 件为紧急情况通过的合格评定程序通报；47 件为其他依据；无地方政府合格评定程序通报（图 2-8）。

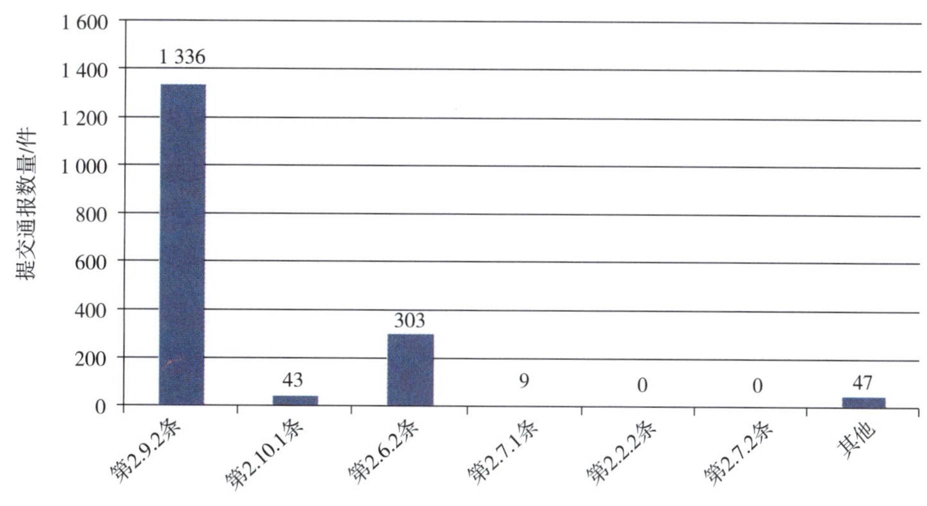

图 2-8　2017 年按条款分类的 TBT 通报

（四）制定通报文件的目标和理由

在2017年收到的1 793件常规通报（含修订）中，保护人类健康或安全的目标最为常见，其次为：质量要求、环境保护和防止欺诈行为、保护消费者。[①]（图2-9）

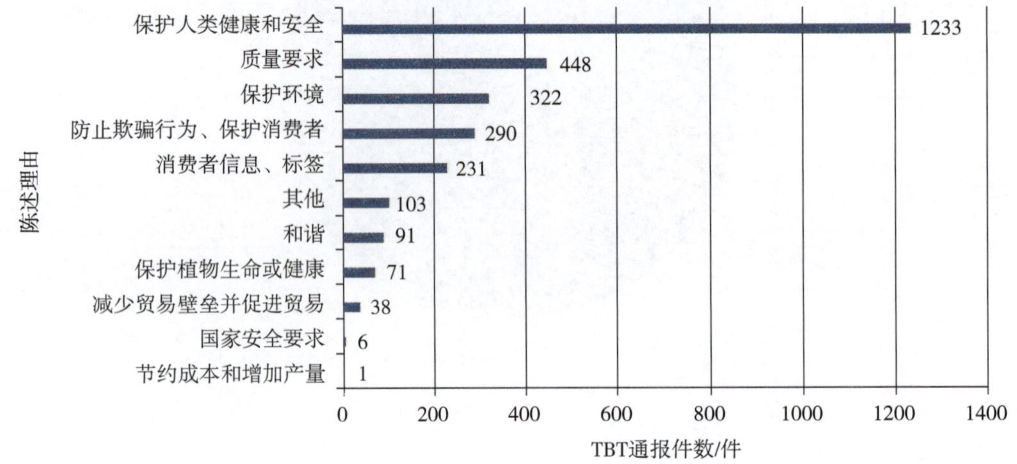

图2-9 2017年陈述各种理由的TBT通报

（五）通报评议期

TBT委员会建议，针对通报技术法规与合格评定程序提交评议意见的正常时限应为60天，同时鼓励成员提供60天以上（例如90天）的时限。2017年，成员针对新通报和修订提供评议意见的平均意见期为56.1天（其中1 706份通报规定了评议意见期限）。2015年后各成员针对通报给予更短评议意见期的趋势持续到2017年。在去年提交的117份新通报和修订中，并未包含评议意见期，所述的评议意见期已失效或评议意见期不适用。2017年提交并给予评议意见期的通报所占百分比略高于2016年（图2-10和表2-2）。

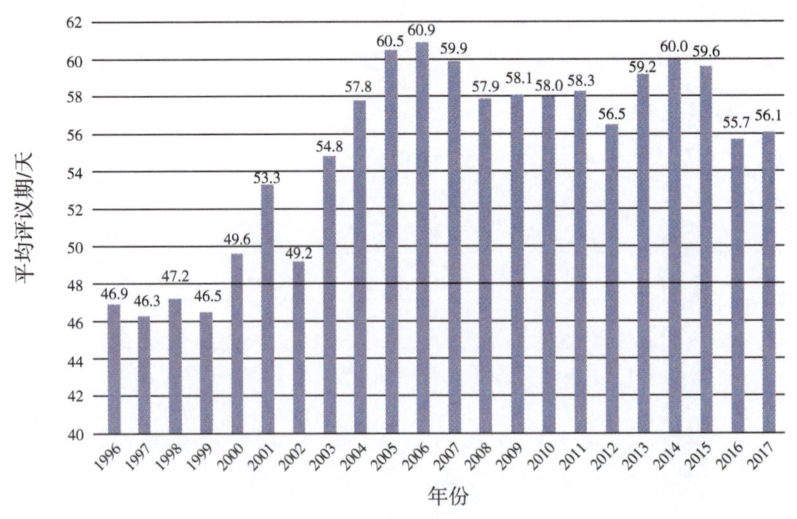

图2-10 1996年以来通报的平均评议期天数

注：各成员在常规通报表格的“目标和理由”中，可以选择多项。

表 2－2　2017 年度各成员执行推荐评议期的统计　　单位：件

成　员	≤0[①]天	1 天～29 天	30 天～44 天	45 天～59 天	≥60 天	未说明或不适用	合计
阿尔巴尼亚	0	0	0	0	5	0	5
阿根廷	0	1	7	3	2	6	19
阿拉伯联合酋长国	0	0	0	0	53	0	53
阿曼	0	0	1	0	53	0	53
埃及	0	0	0	0	5	0	5
爱尔兰	0	0	0	0	1	0	1
爱沙尼亚	0	0	0	0	1	0	1
澳大利亚	0	0	0	0	2	0	2
巴基斯坦	0	0	0	0	1	0	1
巴拉圭	0	0	4	0	3	7	14
巴林	0	0	0	0	50	0	50
巴拿马	0	0	0	5	2	0	7
巴西	0	21	1	14	6	25	67
伯利兹	0	2	0	5	0	0	7
玻利维亚	0	0	0	0	2	0	2
博茨瓦纳	0	1	7	4	10	0	22
布隆迪	0	0	0	0	2	0	2
德国	0	0	0	0	2	0	2
多米尼亚	0	0	0	0	4	0	4
芬兰	0	0	0	0	4	0	4
俄罗斯	0	0	0	6	2	1	9
厄瓜多尔	0	3	0	2	5	0	10
法国	0	0	0	0	12	0	12
菲律宾	0	1	0	0	2	2	5
哥伦比亚	0	0	0	0	7	1	8
哥斯达黎加	0	0	1	0	5	2	8
格鲁吉亚	0	0	0	0	0	5	5
哈萨克斯坦	0	0	0	4	4	1	9
韩国	0	6	1	0	41	0	48
洪都拉斯	0	0	0	0	2	0	2
蒙古	0	0	0	0	1	0	1
格林纳达	0	0	0	0	0	1	1
加拿大	0	1	0	15	12	2	30
捷克共和国	0	0	1	0	4	0	5
卡塔尔	0	0	0	0	50	0	50
意大利	0	0	1	0	3	0	4

续表 2-2

成　员	≤0[①]天	1 天～29 天	30 天～44 天	45 天～59 天	≥60 天	未说明或不适用	合计
肯尼亚	0	16	57	0	3	1	77
立陶宛	0	0	0	0	2	0	2
卢旺达	1	5	0	0	23	0	29
马来西亚	0	0	0	0	6	0	6
坦桑尼亚	0	0	0	0	26	0	26
美国	0	34	4	16	17	11	82
秘鲁	0	1	0	0	6	0	7
摩尔多瓦	0	0	1	0	2	0	3
墨西哥	0	0	1	0	36	9	46
南非	0	1	0	0	11	0	12
尼加拉瓜	0	0	2	0	5	0	7
欧盟	0	0	0	0	94	0	94
日本	0	4	4	0	18	7	33
瑞典	0	0	0	0	1	0	1
瑞士	0	0	0	4	13	0	17
萨尔瓦多	0	0	0	0	0	5	5
塞舌尔	0	0	0	0	1	0	1
沙特阿拉伯	0	0	0	0	73	0	73
圣卢西亚	1	0	0	2	0	1	4
斯里兰卡	0	0	0	0	0	1	1
斯洛文尼亚	0	0	0	1	0	0	1
塔吉克斯坦	0	0	0	0	55	0	55
中国台北	0	3	4	1	46	0	54
泰国	0	0	0	0	11	3	14
英国	0	0	0	0	1	0	1
土耳其	0	3	1	4	15	0	23
危地马拉	0	0	0	0	2	0	2
乌干达	0	0	0	0	204	0	204
乌克兰	0	0	0	0	18	0	18
乌拉圭	0	0	0	0	7	1	8
西班牙	0	0	0	0	2	0	2
新加坡	0	0	0	0	10	0	10
新西兰	0	0	0	0	2	0	2
坦桑尼亚	0	0	0	0	26	0	26
匈牙利	0	1	0	0	1	0	1
牙买加	0	0	12	5	0	0	17

续表 2-2

成　员	≤0[①]天	1天～29天	30天～44天	45天～59天	≥60天	未说明或不适用	合计
亚美尼亚	0	0	5	0	0	0	5
也门	0	0	0	0	50	0	50
以色列	0	0	1	0	53	0	54
印度	0	2	0	1	12	1	16
印度尼西亚	0	0	0	0	7	0	7
越南	0	0	1	1	19	1	22
智利	0	0	0	0	42	0	42
科威特	0	0	0	0	49	0	49
中国	0	1	12	1	42	0	56
总计	2	107	129	94	1 369	94	1 793
注："≤0天"的通报数量指先批准生效后再向以后通报的报告。							

（六）通报涉及的产品

通报中涉及最多的产品领域是食品及相关产品，计373件次，占通报件次的25%。这说明在各国的技术法规中与食品相关的内容占很大比例，食品始终是各国政府重点管理的产品。其次为石油、化工技术，电气、电子、电器工程和农产品领域，这三个领域也一直是通报的热点，排在2017年通报领域的前几位（图2-11）。

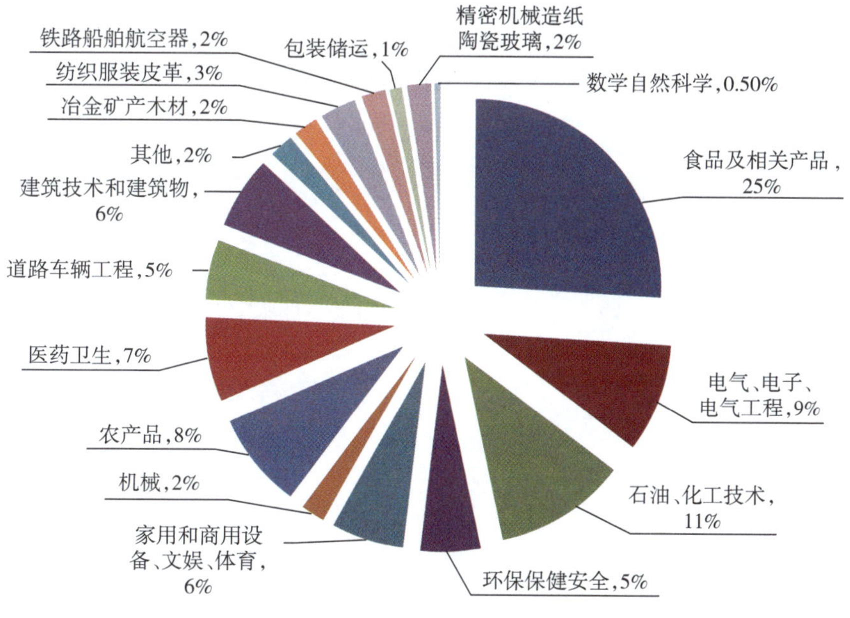

图2-11　2017年TBT通报涉及产品的分类

二、SPS 通报总体情况

（一）通报数量

2017 年，有 67 个成员向 WTO 提交了 1 480 件 SPS 通报，比上一年通报数量（1 392 件）增加 6.3%。其中发达成员通报了 346 件，发展中成员通报了 1 134 件，占比分别为 23.4%和 76.6%。排在前 10 位的成员分别是：加拿大 130 件、巴西 119 件，沙特阿拉伯 104 件，美国 86 件、秘鲁 80 件、欧盟 79 件、菲律宾 62 件、日本 57 件、澳大利亚 53 件、中国台北 52 件。6 个发达成员有 5 个成员进入通报数量前十位。2017 年，卢旺达、塞舌尔、科特迪瓦作为 WTO 成员第一次发布通报。（图 2－12 和表 2－3）。

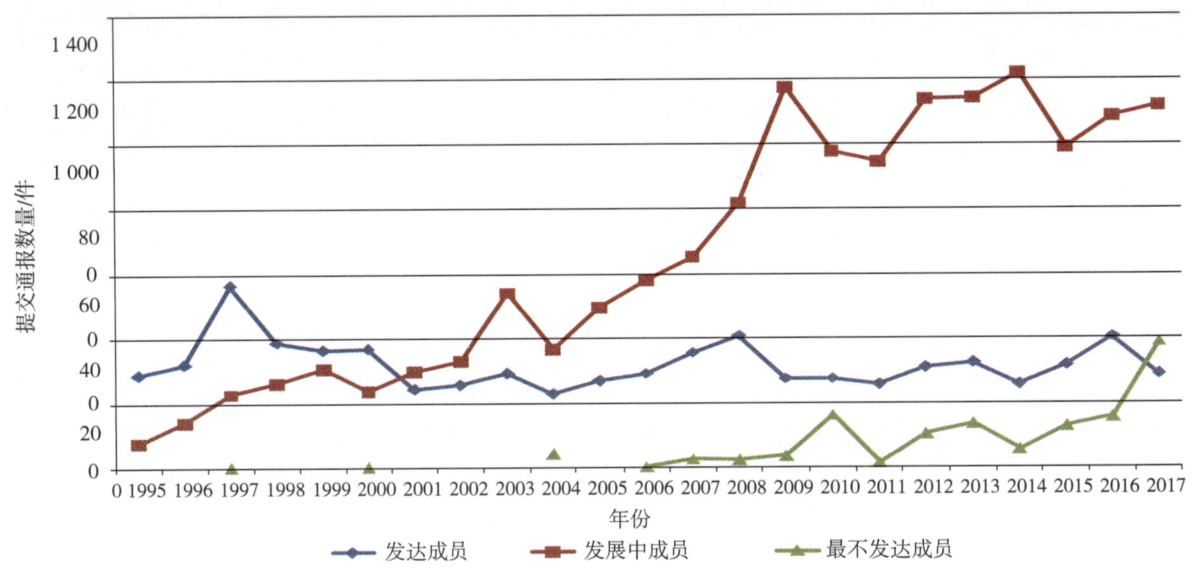

图 2－12　各成员通报情况

表 2－3　各成员通报数量详细情况

序号	通报成员	通报总数/件	占 2017 年 SPS 通报总数比例	常规通报		紧急通报		起始号码	截止号码
				件数	比例	件数	比例		
1	加拿大	130	8.8%	61	46.9%	0	—	1090	1149
2	沙特阿拉伯	123	8.3%	31	25.2%	60	48.8%	240	330
3	巴 西	119	8.0%	112	94.1%	0	—	1204	1315
4	美 国	86	5.8%	60	69.8%	0	—	2916	2975
5	秘 鲁	80	5.1%	48	68.8%	7	8.8%	680	734
6	欧 盟	79	5.3%	52	65.8%	1	1.3%	178	230
7	菲律宾	62	4.2%	29	46.8%	27	43.5%	348	403
8	阿联酋	62	4.2%	19	30.6%	28	45.2%	92	138
9	日 本	57	3.9%	48	84.2%	0	—	499	545
10	澳大利亚	53	3.6%	27	50.9%	4	7.5%	412	442
11	中国台北	52	3.0%	31	97.8%	0	—	420	449
12	印 度	38	2.6%	37	97.4%	0	—	164	200

续表 2-3

序号	通报成员	通报总数/件	占2017年SPS通报总数比例	常规通报		紧急通报		起始号码	截止号码
				件数	比例	件数	比例		
13	韩国	38	2.6%	32	84.2%	0	—	555	586
14	墨西哥	38	2.6%	21	55.3%	0	—	307	327
15	智利	34	2.0%	21	61.8%	8	2.4%	537	565
16	厄瓜多尔	25	1.7%	18	72%	2	8%	184	202
17	俄罗斯	24	1.6%	8	33.3%	4	16.7%	135	146
18	哥斯达黎加	24	1.6%	10	41.7%	3	12.5%	183	195
19	巴林	22	1.5%	20	90.9%	0	—	164	183
20	新西兰	21	1.4%	8	85.7%	6	28.6%	551	564
21	卡塔尔	21	1.4%	18	100%	0	—	68	85
22	阿曼	20	1.4%	18	90%	0	—	64	81
23	科威特	20	1.4%	18	90%	0	—	13	30
24	科特迪瓦	19	1.3%	18	94.7%	1	5.3%	1	19
25	也门	19	1.3%	18	94.7%	0	—	9	26
26	土耳其	18	1.2%	15	8.3%	0	—	82	96
27	马达加斯加	17	1.1%	11	6.5%	6	35.3%	23	36
28	哥伦比亚	15	1.0%	10	66.7%	2	13.3%	264	275
29	马拉维	14	0.9%	14	100%	0	—	3	16
30	泰国	12	0.8%	4	33.3%	0	—	240	242
31	印度尼西亚	11	0.7%	9	81.8%	0	—	114	122
32	南非	11	0.7%	5	45.5%	5	45.5%	49	58
33	摩洛哥	10	0.7%	7	70%	2	20%	46	54
34	中国	9	0.6%	8	88.9%	0	—	1054	1061
35	阿根廷	8	0.5%	8	100%	0	—	200	207
36	越南	8	0.5%	8	100%	0	—	87	94
37	尼加拉瓜	6	0.4%	3	50%	0	—	99	101
38	萨尔瓦多	6	0.4%	1	27.3%	0	—	126	126
39	多米尼加	6	0.4%	6	100%	0	50%—	67	72
40	阿尔巴尼亚	5	0.3%	0	—	5	100%	197	201
41	哈萨克斯坦	5	0.3%	2	40%	3	60%	9	13
42	新加坡	5	0.3%	2	40%	0	—	58	59
43	布基纳法索	4	0.3%	4	100%	0	—	3	6
44	埃及	3	0.2%	2	66.7%	0	—	79	80
45	尼泊尔	3	0.2%	3	100%	0	—	25	27
46	马来西亚	3	0.2%	2	66.7%	1	33.3%	38	40
47	毛里求斯	3	0.2%	0	—	3	100%	13	15
48	莫桑比克	3	0.4%	0	—	2	66.7%	3	4

续表 2-3

序号	通报成员	通报总数/件	占 2017 年 SPS 通报总数比例	常规通报		紧急通报		起始号码	截止号码
				件数	比例	件数	比例		
49	挪 威	3	0.4%	2	66.7%	0	—	35	36
50	多 哥	3	0.4%	3	100%	0	—		
51	乌干达	2	0.1%	2	100%	0	—	4	5
52	乌拉圭	2	0.1%	1	50%	0	—	29	29
53	中国澳门	2	0.1%	2	100%	0	—	20	21
54	中国香港	2	0.1%	1	50%	0	—	42	42
55	塞舌尔	2	0.1%	0	—	2	100%	1	2
56	约 旦	2	0.1%	1	50%	1	50%	37	38
57	老 挝	1	0.1%	1	100%	0	—	2	2
58	卢旺达	1	0.1%	1	100%	0	—	1	1
59	摩尔多瓦	1	0.1%	0	—	1	—	4	4
60	瑞 士	1	0.1%	1	100%	0	—	73	73
61	危地马拉	1	0.1%	0	—	0	—	—	—
62	斯里兰卡	1	0.1%	0	—	0	—	—	—
63	法 国	1	0.1%	0	—	1	100%	13	13
64	巴拿马	1	0.1%	1	100%	0	—	60	60
65	芬兰	1	0.1%	1	100%	0	—	2	2
66	洪都拉斯	1	0.1%	0	—	0	—	—	—
67	坦桑尼亚	1	0.1%	1	100%	0	—	2	2

（二）通报类型

2017 发布的 1 480 件通报中，常规措施通报（包括修订）为 925 件，约占通报总数的 62.5%；紧急措施通报（包括修订）185 件，约占通报总数的 12.5%；补遗通报 351 件，约占通报总数的 23.7%；勘误通报 19 件，约占通报总数的 1.3%。（图 2-13）。

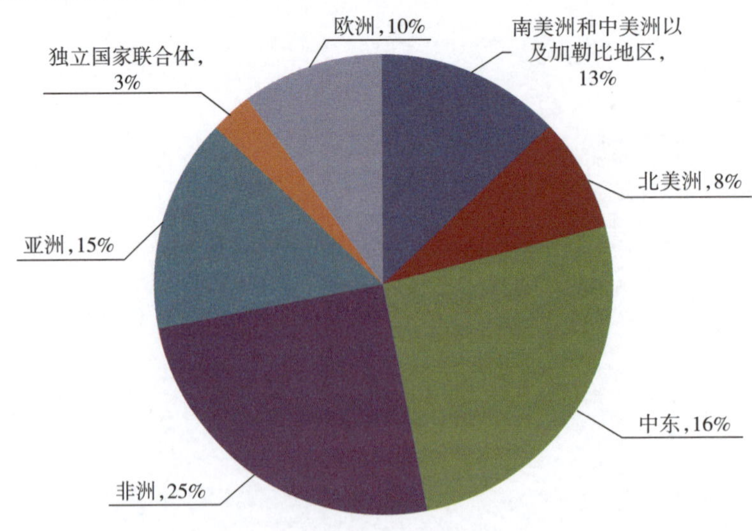

图 2-13　通报类型

（三）通报领域

就通报措施在 SPS 三大领域的分布情况而言，对可统计通报中“目的和理由”一栏的分析表明，2017 年，涉及食品安全的通报数量 767 件，涉及动物健康 245 件，植物保护 193 件，保护国家免受有害生物的其他危害 72 件，保护人类免受动/植物有害生物的危害 47 件（图 2－14）。

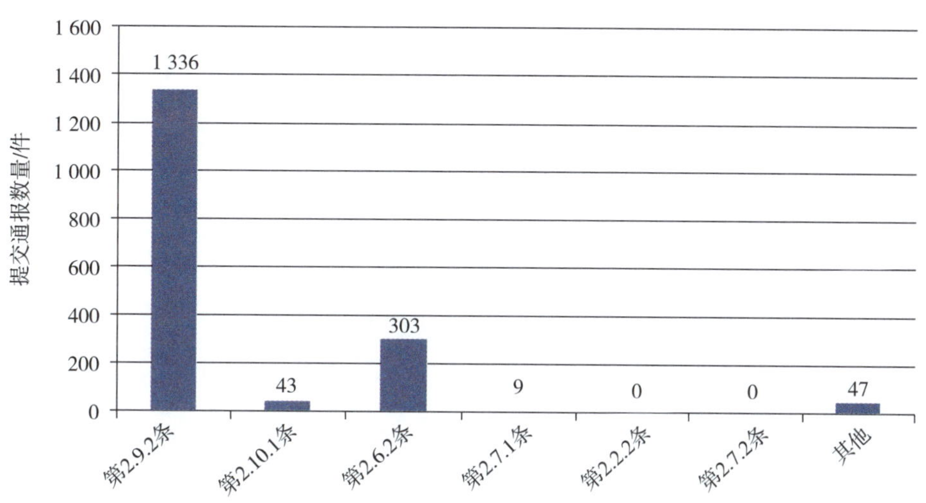

图 2－14　通报领域

表 2－4　各成员常规和紧急措施通报涉及各领域的数量和比例

序号	成员	食品安全		动物健康		植物保护		保护人类		保护国家	
		件数	比例	件数	比例	件数	比例	件数	比例	件数	比例
1	加拿大	57	93.4%	0	—	4	6.6%	0		2	3.3%
2	沙特阿拉伯	55	60.4%	38	41.8%	1	1.1%	0	—	0	—
3	巴 西	107	95.5%	2	1.8%	2	1.8%	5	4.5%	1	0.9%
4	美 国	45	75%	7	11.7%	8	13.3%	0	—	0	—
5	秘 鲁	2	3.6%	22	40%	32	58.2%	0	—	0	—
6	欧 盟	49	92.5%	4	7.5%	1	1.9%	1	1.9%	2	3.8%
7	菲律宾	34	60.7%	30	53.6%	2	3.6%	0	—	1	1.8%
8	阿联酋	46	97.9%	28	59.6%	1	2.1%	3	6.3%	0	—
9	日 本	45	93.8%	3	6.3%	1	2.1%	1	2.1%	2	4.2%
10	澳大利亚	16	51.6%	8	25.8%	9	29.0%	2	6.5%	3	9.7%
11	中国台北	14	45.2%	12	38.7%	5	16.1%	0	—	0	—
12	印 度	31	83.8%	0	—	6	16.2%	0	—	3	8.1%
13	韩 国	27	84.4%	2	6.3%	3	9.4%	0	—	0	—
14	墨西哥	5	23.8%	1	4.8%	1	4.8%	6	28.6%	13	61.9%
15	智 利	4	13.8%	10	34.5%	18	62.1%	0	—	8	27.6%
16	厄瓜多尔	1	5%	3	15%	17	85%	0	—	1	5%

续表 2-4

序号	成员	食品安全		动物健康		植物保护		保护人类		保护国家	
		件数	比例	件数	比例	件数	比例	件数	比例	件数	比例
17	俄罗斯	6	50%	4	33.3%	2	44.4%	0	—	0	—
18	哥斯达黎加	2	15.4%	6	46.2%	7	53.8%	0	—	1	7.7%
19	巴 林	19	95%	1	5%	3	15%	0	—	2	1%
20	新西兰	2	14.3%	2	14.3%	11	78.6%	1	7.1%	1	7.1%
21	卡塔尔	18	100%	0	—	1	5.6%	0	—	0	—
22	阿 曼	18	100%	0	6.7%	1	5.6%	0	—	0	—
23	科威特	18	100%	0	—	1	5.6%	0	—	0	—
24	科特迪瓦	16	88.9%	15	83.3%	14	77.8%	9	50%	13	72.2%
25	也 门	18	20.0%	0	66.7%	1	25%	0	—	0	—
26	土耳其	15	100%	3	—	0	—	1	—	0	—
27	马达加斯加	10	92.3%	6	15.4%	5	—	1	7.7%	0	—
28	哥伦比亚	5	50%	4	—	4	50%	4	—	0	—
29	马拉维	14	100%	0	25%	0	—	0	—	0	—
30	泰 国	4	18.2%	0	—	0	—	0	—	0	—
31	印度尼西亚	5	85.7%	5	14.3%	1	—	5	—	2	—
32	南 非	5	—	5	75%	0	—	0	—	0	—
33	摩洛哥	5	100%	4	—	2	—	0	—	1	—
34	中 国	8	100%	0	—	0	—	0	—	0	—
35	阿根廷	0	100%	0	—	8	—	0	—	0	—
36	越 南	6	100%	2	—	2	—	0	—	0	—
37	尼加拉瓜	0	100%	1	—	0	—	0	—	2	—
38	萨尔瓦多	1	60%	0	—	0	—	0	—	0	—
39	多米尼加	4	60%	1	40%	1	40%	1	—	2	20%
40	阿尔巴尼亚	0	100%	5	—	0	—	0	—	2	—
41	哈萨克斯坦	3	75%	4	—	0	—	1	25%	0	—
42	新加坡	2	40%	0	80%	0	—	0	—	0	—
43	布基纳法索	4	50%	1	100%	4	50%	2	50%	4	50%
44	埃 及	1	100%	0	—	1	—	0	—	1	—
45	尼泊尔	3	100%	0	75%	0	25%	0	—	0	100%
46	马来西亚	0	75%	1	—	2	25%	0	—	0	—
47	毛里求斯	1	100%	1	66.7%	2	—	1	—	1	—
48	莫桑比克	2	33.3%	0	33.3%	0	33.3%	0	—	0	—
49	挪 威	1	66.7%	0	33.3%	2	66.7%	1	—	0	—

续表 2-4

序号	成员	食品安全		动物健康		植物保护		保护人类		保护国家	
		件数	比例	件数	比例	件数	比例	件数	比例	件数	比例
50	多哥	3	100%	1	—	0	—	0	—	0	—
51	乌干达	2	100%	0	—	1	—	0	—	0	—
52	乌拉圭	0	100%	1	—	0	—	0	—	0	—
53	中国澳门	1	50%	1	—	0	—	0	—	0	—
54	中国香港	1	100%	0	—	0	—	0	—	0	—
55	塞舌尔	0	—	0	—	2	100%	0	—	1	50%
56	约旦	0	—	0	—	2	100%	0	—	1	—
57	老挝	1	100%	0	—	0	—	0	—	0	—
58	卢旺达	0	—	0	—	1	—	1	—	1	—
59	摩尔多瓦	1	100%	1	—	0	—	0	—	0	—
60	瑞士	1	—	0	—	0	—	0	—	0	—
61	法国	1		0		0		0		0	
62	巴拿马	1		0		0		0		0	
63	芬兰	1		0		0		0		0	
64	坦桑尼亚	0		0		1		1		1	

注：1. 此表为复选，故各类个数为累计数量；
2. 比例为各“目标与理由”占各成员常规通报和紧急措施通报总数的比例。

（四）通报热点

通过对925件常规通报（包括修订）中“涉及产品”和“内容摘要”栏目的分析发现，2017年各成员的通报措施中，涉及以下方面。

（1）涉及食品安全方面，农药残留限量237件，发布较多的成员有巴西99件、美国42件、日本35件、加拿大32件、澳大利亚12件、韩国5件等。产品标准133件，发布较多的成员有海湾国家77件，马拉维14件、印度12件，菲律宾9件，沙特阿拉伯5件等。食品添加剂安全标准47件，发布较多的成员有加拿大19件、日本、韩国各5件等。进口管理，包括过境管理、官方控制、风险评估、进口检验、进口许可、污染物控制、卫生证书等41件，发布成员有中国台北6件、菲律宾5件，欧盟、韩国、马达加斯加各4件、多哥3件、澳大利亚、哥斯达黎加各2件；污染物、重金属、致病菌、微生物等限量22件，发布较多的成员有韩国、欧盟、加拿大各4件、印度3件等；食品包装、食品接触材料10件，发布较多的成员有海湾国家成员、韩国、土耳其等；动物源性食品、水产品进口检疫要求13件，发布成员有中国台北3件，澳大利亚、智利、秘鲁各2件以及印度尼西亚、韩国、菲律宾、芬兰等；农药管理7件，发布成员有多米尼加4件以及欧盟、南非、印度。

（2）涉及动物健康方面，饲料管理，包括污染物控制、禁用物质、进口要求、添加剂批准和使用等48件，发布较多的成员有欧盟27件，中国台北5件，澳大利亚、智利各3件，日本、秘鲁、哥伦比亚各2件；活动物进口检疫要求16件，发布较多的成员有秘鲁8件、中国台北3件、智利、澳大利亚各2件；防止动物疫病传入的卫生措施10件，发布较多成员有美国6件以及印度尼西亚、哥伦比亚、摩洛哥、尼加拉瓜。兽药管理 5 件，发布成员有韩国、乌拉圭、厄瓜多尔、巴西、哥伦比亚。

（3）涉及植物保护方面，植物繁殖材料的进口要求 29 件，发布较多的成员有秘鲁 14 件、墨西哥 5 件、厄瓜多尔、阿根廷、智利各 3 件；种子进口要求 27 件，发布较多的成员有秘鲁 7 件，厄瓜多尔 5 件，阿根廷、墨西哥各 3 件，澳大利亚 2 件；苗木、花卉进口要求 20 件，发布较多的成员有厄瓜多尔4 件、墨西哥、新西兰、智利各 3 件、美国、秘鲁各 2 件；有害生物监管，包括风险分析、防治措施、制定名单等 15 件，发布成员有科特迪瓦 4 件、加拿大 2 件以及巴西、智利、澳大利亚、挪威、摩洛哥、秘鲁、中国台北等；水果进口要求 13 件，发布成员有哥斯达黎加 4 件、美国 3 件、秘鲁、中国台北各 2 件等。谷物进口要求 8 件，发布成员有墨西哥 4 件、厄瓜多尔 2 件以及秘鲁智利等；植物卫生证书 6 件，发布成员有韩国、越南、巴林、印度尼西亚、澳大利亚、马来西亚。

（五）通报措施与国际标准的关系

为了各成员更好地履行透明度义务，自 2008 年 12 月 1 日起，SPS 委员会鼓励各成员除了必须通报与国际标准不同的措施外，也尽量通报其新制修订的与国际标准一致的法规。

从常规通报和紧急措施通报与国际标准的关系看：表示通报有相关国际标准的有 605 件，无相关国际标准的 505 件；表示其通报措施与国际标准一致的有 549 件，表示其措施与国际标准不符的有 56 件；有 133 件通报属于贸易促进措施（图 2－15）。

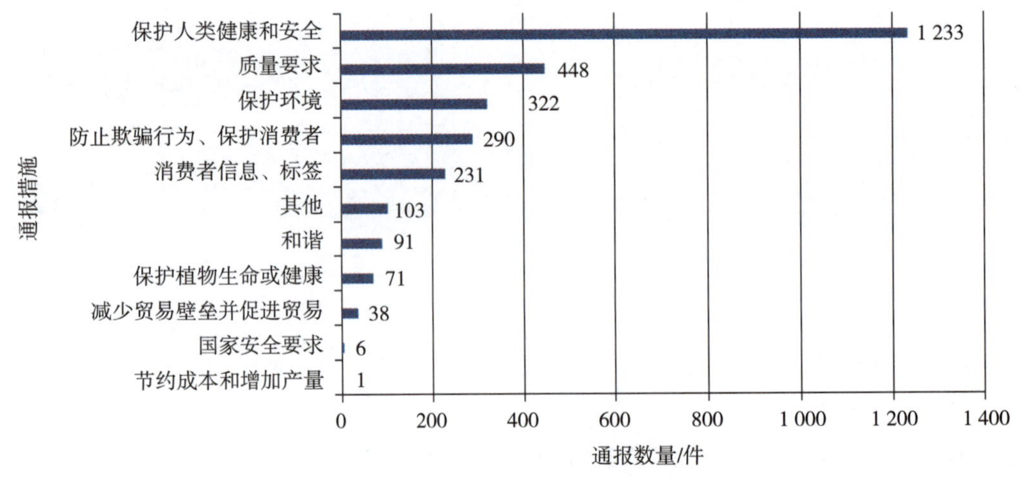

图 2－15　通报措施与国际标准关系

（六）通报评议期

2017 年，在各成员所发布的 925 件常规通报（包括修订）中，有 565 件留出了至少 60 天的评议期，占常规通报总量的 61.1%，有 46 个成员的 345 件通报选择了 SPS 委员会建议的“通报发布日起 60 天”的表述，有 185 件通报的评议期表述为“不适用”，占常规通报总量的 20%；175 件通报的评议期不足 60 天，占常规通报总量的 18.9%；有 51 件通报表示其通报措施属于贸易促进措施。一些成员如中国、海湾阿拉伯国家、南非、摩洛哥、哥伦比亚尼泊尔、新加坡等给足 60 天评议期的通报达到了 100%（图 2－16）。各成员评议期执行情况详见表 2－5。

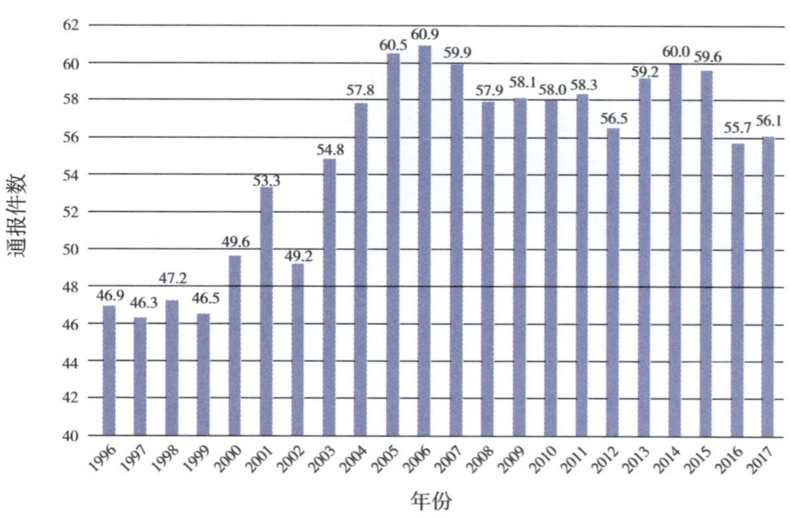

图 2－16　通报评议期

表 2－5　各成员评议期执行情况

序号	成员	≤0 天		1 天～15 天		16 天～30 天		31 天～45 天		46 天～59 天		≥60 天		不适用	
		件	比例	件	比例	件	比例	件	比例	件	比例	件	比例	件	比例
1	加拿大	0	—	0	—	2	3.3%	4	6.6%	6	9.8%	48	78.7%	1	1.6%
2	沙特阿拉伯	0	—	0	—	0	—	0	—	0	—	31	100%	0	—
3	巴 西	1	0.9%	34	30.3%	68	60.7%	1	0.9%	0	—	1	0.9%	7	6.3%
4	美 国	1	1.7%	0	—	5	8.5%	1	1.7%	5	8.5%	2	3.4%	46	76.7%
5	秘 鲁	0	—	0	—	6	12.5%	0	—	0	—	17	35.4%	25	52.1%
6	欧 盟	0	—	0	—	0	—	0	—	0	—	21	40.4%	31	59.6%
7	菲律宾	0	—	0	—	7	24.1%	1	3.4%	0	—	15	51.7%	6	20.7%
8	阿联酋	0	—	0	—	0	—	0	—	0	—	19	100%	0	—
9	日 本	0	—	0	—	0	—	0	—	0	—	42	87.5%	6	12.5%
10	澳大利亚	0	—	0	—	1	3.7%	1	3.7%	3	8.1%	19	70.4%	3	11.1%
11	中国台北	0	—	1	3.2%	0	—	2	6.4%	2	6.4%	24	77.4%	2	6.4%
12	印 度	0	—	0	—	0	—	1	2.7%	0	—	36	97.3%	0	—
13	韩 国	0	—	0	—	0	—	0	—	0	—	31	96.9%	1	3.1%
14	墨西哥	0	—	0	—	0	—	0	—	0	—	21	100%	0	—
15	智 利	0	—	0	—	3	14.3%	2	9.5%	0	—	12	57.1%	4	19.0%
16	厄瓜多尔	1	5.6%	0	—	0	—	0	—	0	—	17	94.4%	0	—
17	俄罗斯	0	—	0	—	0	—	0	—	0	—	5	62.5%	3	37.5%
18	哥斯达黎加	0	—	0	—	0	—	0	—	0	—	8	80%	2	20%
19	巴 林	0	—	0	—	0	—	0	—	0	—	19	95%	1	5%
20	新西兰	0	—	0	—	0	—	1	12.5%	1	12.5%	6	75%	0	—
21	卡塔尔	0	—	0	—	0	—	0	—	0	—	18	100%	0	—
22	阿 曼	0	—	0	—	0	—	0	—	0	—	18	100%	0	—

续表 2－5

序号	成员	≤0 天		1 天～15 天		16 天～30 天		31 天～45 天		46 天～59 天		≥60 天		不适用	
		件	比例	件	比例	件	比例	件	比例	件	比例	件	比例	件	比例
23	科威特	0	—	0	—	0	—	0	—	0	—	18	100%	0	—
24	科特迪瓦	0	—	0	—	0	—	0	—	0	—	0	—	18	100%
25	也 门	0	—	0	—	0	—	0	—	0	—	18	100%	0	—
26	土耳其	0	—	1	6.7%	0	—	2	13.4%	2	13.4%	9	60%	1	6.7%
27	马达加斯加	0	—	0	—	0	—	0	—	3	27.3%	8	72.7%	0	—
28	哥伦比亚	0	—	0	—	0	—	0	—	0	—	10	100%	0	—
29	马拉维	0	—	0	—	0	—	0	—	0	—	14	100%	0	—
30	泰 国	0	—	0	—	0	—	0	—	0	—	3	75%	1	25%
31	印度尼西亚	0	—	0	—	0	—	0	—	0	—	3	66.7%	6	—
32	南 非	0	—	0	—	0	—	0	—	0	—	4	80%	1	20%
33	摩洛哥	0	—	0	—	0	—	0	—	0	—	7	100%	0	—
34	中 国	0	—	0	—	0	—	0	—	0	—	8	100%	0	—
35	阿根廷	0	—	0	—	2	25%	0	—	0	—	6	75%	0	—
36	越 南	0	—	1	12.5%	1	12.5%	0	—	0	—	6	75%	0	—
37	尼加拉瓜	0	—	0	—	0	—	0	—	0	—	0	—	3	100%
38	萨尔瓦多	0	—	0	—	0	—	0	—	1	100%	0	—	0	—
39	多米尼加	0	—	0	—	0	—	0	—	0	—	2	33.3%	4	66.7%
40	哈萨克斯坦	0	—	0	—	0	—	0	—	0	—	2	100%	0	—
41	新加坡	0	—	0	—	0	—	0	—	0	—	2	100%	0	—
42	布基纳法索	0	—	0	—	0	—	0	—	0	—	0	—	4	100%
43	埃 及	0	—	0	—	0	—	0	—	0	—	1	50%	1	50%
44	尼泊尔	0	—	0	—	0	—	0	—	0	—	3	100%	0	—
45	马来西亚	0	—	0	—	0	—	1	50%	0	—	1	50%	0	—
46	挪 威	0	—	0	—	0	—	0	—	0	—	2	100%	0	—
47	多 哥	0	—	0	—	0	—	0	—	0	—	0		3	100%
48	乌干达	0	—	0	—	0	—	0	—	0	—	2	100%	0	—
49	乌拉圭	0	—	0	—	0	—	0	—	0	—	1	100%	0	—
50	中国澳门	0	—	0	—	0	—	0	—	0	—	0		2	100%
51	中国香港	0	—	0	—	0	—	0	—	0	—	1	100%	0	—
52	约 旦	0	—	0	—	0	—	0	—	0	—	0	—	1	100%
53	老 挝	0	—	0	—	0	—	0	—	0	—	1	100%	0	—
54	卢旺达	0	—	0	—	0	—	0	—	0	—	1	100%	0	—
55	瑞 士	0	—	0	—	0	—	0	—	0	—	0	—	1	100%
56	巴拿马	0		0		0		0		0		1	100%	0	
57	芬兰	0		0		0		0		0		1	100%	0	
58	坦桑尼亚	0		0		0		0		0		0		1	100%

（七）通报适应期与评议处理期

根据《SPS协定》附录B第2条的规定“除紧急情况外，各成员应在SPS法规的公布和生效之间留出合理时间间隔，使出口成员、特别是发展中国家成员的生产者有时间使其产品和生产方法适应进口成员的要求”。多哈部长级会议决议第3条第2段对此作了进一步解释，“《SPS协定》附录B第2款规定的条件下，‘合理的时间间隔’这一措辞应理解为通常不少于6个月的一段时间。”

统计表明，有213件通报给出了至少6个月的时间间隔作为适应期，占常规通报总量的23.0%；给出适应期但不足6个月的通报为69件，占7.5%；填写的公布、批准或生效日期不具体，或表述为“不适用”“待定”，从而无法确定适应期情况的通报为338件，占36.5%，未提供适应期的通报有305件（拟公布日期与拟生效日期为同一天或表述为“官方公报公布时”“公布后立即生效”），占常规通报总量的32.9%。

WTO《SPS协议》附录B规定，应对其他成员的评议意见予以考虑。统计表明，有308件通报在评议截止期与拟批准日期之间留出了至少1天的时间，占常规通报总量的33.3%；有233件通报的批准日期早于评议截止期，占常规通报总量的25.5%，有384件通报的批准日期不具体或表述为“官方公报公布时”“待定”“不适用”等，从而无法确定考虑评议的时间，占常规通报总量的41.5%（表2-6）。

表2-6　各成员适应期执行情况和评议考虑期情况

序号	成员	适应期执行情况								考虑评议情况					
		≥6个月		<6个月		无法确定[1]		0天		>0天[2]		≤0天		无法确定	
		个数	比例	个数	比例	个数	比例	个数	比例	个数	比例	个数	比例	个数	比例
1	加拿大	1	1.6%	1	1.6%	2	3.2%	57	93.4%	48	78.7%	9	14.8%	4	6.6%
2	沙特阿拉伯	31	100%	0	—	0	—	0	—	0	—	0	—	31	100%
3	巴西	2	1.8%	0	—	105	93.8%	5	4.5%	104	92.9%	7	6.3%	1	0.9%
4	美国	0	—	0	—	17	28.3%	43	71.7%	0	—	43	71.7%	17	28.3%
5	秘鲁	0	—	0	—	0	—	48	100%	0	—	25	52.1%	23	47.9%
6	欧盟	1	1.9%	51	98.1%	0	—	0	—	19	36.5%	31	59.6%	2	3.8%
7	菲律宾	0	—	0	—	23	79.3%	6	26.1%	0	—	6	26.1%	23	79.3%
8	阿联酋	19	100%	0	—	0	—	0	—	0	—	0	—	19	100%
9	日本	0	—	0	—	48	100%	0	—	42	87.5%	0	—	6	12.5%
10	澳大利亚	0	—	1	3.7%	22	81.5%	4	14.8%	16	59.3%	2	7.4%	9	33.3%
11	中国台北	0	—	0	—	26	83.9%	5	16.1%	0	—	5	16.1%	26	83.9%
12	印度	0	—	1	2.7%	1	2.7%	35	94.6%	4	10.8%	1	2.7%	32	86.5%
13	韩国	1	3.1%	0	—	28	87.5%	3	9.4%	2	6.2%	1	3.1%	29	9
14	墨西哥	0	—	0	—	17	81.0%	4	19.0%	0	—	5	23.8%	16	76.2%
15	智利	1	4.8%	0	—	12	57.1%	8	38.1%	11	52.4%	8	38.1%	2	9.6%
16	厄瓜多尔	13	72.2%	1	5.6%	0	—	4	22.2%	0	—	18	100%	0	—
17	俄罗斯	2	25%	0	—	6	75%	0	—	0	—	6	75%	2	25%
18	哥斯达黎加	4	40%	1	10%	2	20%	3	30%	2	20%	2	20%	6	60%
19	巴林	18	90%	0	—	1	5%	1	5%	0	—	2	10%	18	90%
20	新西兰	0	—	0	—	2	25%	6	75%	6	75%	0	—	2	25%

续表 2－6

序号	成员	适应期执行情况								考虑评议情况					
		≥6 个月		<6 个月		无法确定①		0 天		>0 天②		≤0 天		无法确定	
		个数	比例	个数	比例	个数	比例	个数	比例	个数	比例	个数	比例	个数	比例
21	卡塔尔	18	100%	0	—	0	—	0	—	0	—	0	—	18	100%
22	阿 曼	18	100%	0	—	0	—	0	—	0	—	0	—	18	100%
23	科威特	18	100%	0	—	0	—	0	—	0	—	0	—	18	100%
24	科特迪瓦	0	—	0	—	0	—	18	100%	0	—	18	100%	0	—
25	也 门	18	100%	0	—	0	—	0	—	0	—	0	—	18	100%
26	土耳其	7	46.7%	3	20%	1	6.7%	4	26.7%	9	60%	6	40%	0	—
27	马达加斯加	11	100%	0	—	0	—	0	—	11	100%	0	—	0	—
28	哥伦比亚	3	30%	0	—	0	—	7	70%	0	—	0	—	10	100%
29	马拉维	13	92.9%	0	—	1	7.1%	0	—	0	—	0	—	14	100%
30	泰 国	1	25%	1	25%	0	—	2	50%	0	—	1	25%	3	75%
31	印度尼西亚	0	—	0	—	1	11.1%	8	88.9%	0	—	8	88.9%	1	11.1%
32	南 非	3	60%	0	—	1	20%	1	20%	4	80%	1	20%	0	—
33	摩洛哥	5	71.4%	0	—	0	—	2	28.6%	4	57.1%	3	42.9%	0	—
34	中 国	0	—	0	—	8	—	0	—	8	100%	0	—	0	
35	阿根廷	0	—	1	12.5%	4	50%	3	37.5%	8	100%	0	—	0	
36	越 南	4	50%	3	37.5%	0	—	1	12.5%	5	62.5%	1	12.5%	2	25%
37	尼加拉瓜	0	—	0	—	0	—	3	100%	0	—	3	100%	0	—
38	萨尔瓦多	0	—	0	—	1	100%	0	—	0	—	0	—	1	100%
39	多米尼加	0	—	0	—	2	33.3%	4	66.7%	0	—	4	66.7%	2	33.3%
40	哈萨克斯坦	0	—	0	—	2	100%	0	—	0	—	0	—	2	100%
41	新加坡	0	—	0	—	0	—	2	100%	0	—	0	—	2	100%
42	布基纳法索	0	—	1	25%	0	—	3	75%	0	—	4	100%	0	—
43	埃 及	0	—	0	—	0	—	2	100%	0	—	2	100%	0	—
44	尼泊尔	0	—	0	—	0	—	3	100%	0	—	0	—	3	100%
45	马来西亚	0	—	2	100%	0	—	0	—	0	—	2	100%	0	—
46	挪 威	0	—	1	50%	0	—	1	50%	2	100%	0	—	0	—
47	多 哥	0	—	0	—	0	—	3	100%	0	—	3	100%	0	—
48	乌干达	0	—	0	—	2	100%	0	—	1	50%	0	—	1	50%
49	乌拉圭	0	—	1	100%	0	—	0	—	0	—	1	100%	0	—
50	中国澳门	0	—	0	—	0	—	2	100%	0	—	2	100%	0	—
51	中国香港	0	—	0	—	1	100%	0	—	1	100%	0	—	0	—
52	约 旦	0	—	0	—	0	—	1	100%	0	—	1	100%	0	—
53	老 挝	0	—	0	—	1	100%	0	—	0	—	0	—	1	100%
54	卢旺达	1	100%	0	—	0	—	0	—	1	100%	0	—	0	—

续表 2-6

序号	成员	适应期执行情况								考虑评议情况					
		≥6 个月		<6 个月		无法确定[①]		0 天		>0 天[②]		≤0 天		无法确定	
		个数	比例	个数	比例	个数	比例	个数	比例	个数	比例	个数	比例	个数	比例
55	瑞士	0	—	0	—	0	—	1	100%	0	—	1	100%	0	—
56	巴拿马	0	—	0		1	100%	0	—	0	—	0		1	100%
57	芬兰	0	—	0	—	0	—	1	100%	0	—	0	—	1	100%
58	坦桑尼亚	0	—	0	—	0	—	1	100%	0	—	1	100%	0	—

① “无法确定”中包含适应期大于零天，但是因未填写日期而无法计算具体天数的通报数量，比如“公布后尽快批准”“经一段宽限期后，这些标准将基本生效”的表述。
通报表格中“拟批准日期”填写了具体的日期，而“拟生效日期”只填写到月，如果“拟生效日期”与“拟批准日期”中的月份相同，则按照无法确定统计，如果“拟生效日期”中的月份比“拟批准日期”中的晚，则相应地按照“≥6 个月”或“<6 个月”统计；通报表格中拟批准日期或拟公布日期与拟生效日期为同一天或批准后立即生效按 0 天统计。

② “>0 天”的通报数量包括大于零天但具体天数不明确的通报。≤0 天的通报数量指先批准生效后再向 WTO 通报的通报。“无法确定”包括填写“待定”“不适用”或未填写内容的项目。

（八）紧急措施通报

2017 年，有 25 个成员向 WTO 提交了 185 件紧急措施通报。其中因动物疫病的紧急措施有 158 件，因植物疫病等采取的紧急措施有 21 件，涉及食品安全的紧急措施 6 件。在涉及动物疫病的紧急措施中，有 70.9%的措施是因高致病性禽流感，10.8%是因口蹄疫而对产品采取的进口限制措施，5.1%是有关鱼虾等水产品的疫病。紧急措施基本上都是针对特定成员而发布。

（九）针对中国的通报

2017 年，在其他 WTO 成员中，美国、墨西哥、哥斯达黎加各发布了 1 件针对中国的 SPS 通报。分别是中国国内屠宰家禽产品对美出口资格；墨西哥进口产源于中国的南瓜籽的植物卫生要求和中国有意向哥斯达黎加出口水产品、供人消费动物源产品、副产品或派生品的企业需提供的一般信息问卷。

第二节　主要贸易国家技术性贸易措施

一、阿根廷

TBT 措施

1. 医药卫生

2017 年 1 月，阿根廷禁止在抗菌产品中使用氯氟烃、氟沙仑、己基间苯二酚等物质。

2017 年 1 月，阿根廷允许在人造指甲系统中使用符合标签要求的 1,4-二羟基苯（氢醌）、4-甲氧基苯酚（氢醌甲基醚）和过氧化苯甲酰。

2017 年 2 月，阿根廷允许经国家药物、食品与医疗技术管理局授权进口和/或制备药物制剂的实验室，可以就国内尚未上市的药物开展PAE抗菌后效应实验。

2017年2月，阿根廷要求药物制剂注册产品的证书持有人必须在180天内，向国家药物、食品与医疗技术管理局通报该产品是否存在断供风险。

2017年6月，阿根廷规定了国内卫生产品的注册程序，制定了产品类别清单。

2. 标签及计量

2017年5月，阿根廷通报了南方共同市场纺织品标签技术法规，规定了纺织品鉴别与质量规范及标签要求。

2017年8月，阿根廷制定了散装或零售包装进口葡萄酒产品的标签规定，要求在标签上要显示原产地名称。

2017年9月，阿根廷采纳了与标准OIMLV2—200：2012一致的法定计量领域的术语和定义。

2017年11月，阿根廷制定了家用电动洗衣机能效认证和标签的流程时限和办理程序。

3. 食品

2017年1月，阿根廷规定了高效液相色谱（HPLC）和紫外可见光（UV/Vis）检测葡萄酒中非允许色素的测定方法。

2017年1月，阿根廷要求从事精神药物和麻醉药品的进口、出口、生产、制造、零售包装、营销和/或存储的自然人和/或法人必须在国家药品协会（INAME）特别管制物质监督局（DVSSCE）注册。

2017年2月，阿根廷制定了食品卫生许可指导原则。

2017年5月，阿根廷通报了南方共同市场奶粉鉴定与质量技术法规，规定了供人类食用的奶粉和速溶奶粉的最低质量要求。

2017年5月，阿根廷通报了南方共同市场预包装产品净含量技术法规。

2017年6月，阿根廷制定了进口甲醛的分析方法。

2017年9月，阿根廷通报了南方共同市场关于番茄鉴定和质量的技术法规，规定番茄在包装时必须遵守的鉴定和质量要求。

4. 认证程序

2017年6月，阿根廷制定葡萄酒行业使用的二甲基二碳酸酯（DMDC）分配器的认证程序。

2017年8月，阿根廷通报了关于热水或蒸汽加热系统中使用的铝散热器的强制认证管理制度。

2017年12月，阿根廷规定了在阿销售的胶合板、镶板和层压板的技术质量和安全要求，及适用于上述产品的合格评定和认证程序。

二、亚美尼亚

TBT措施

2017年1月，亚美尼亚发布海关联盟“关于高压设备安全”的技术法规。

2017年9月，亚美尼亚发布欧亚经济委员会执委会决议：关于受卫生和流行病学监督（控制）产品普通卫生与流行病学要求和卫生要求第II章第20部分的修订案。规定从合成洗涤剂和水软化剂配方中排除磷化合物成分。

2017年11月，亚美尼亚发布了欧亚经济委员会执委会决议：关于受卫生和流行病学监督（控制）产品普通卫生与流行病学要求和卫生要求第II章第18条的修订案。排除了欧亚经济联盟（EAEU）关于医疗器械标签及建立医疗器械注册和审查时医疗器械生物效应评估程序措施的重复要求。

三、澳大利亚

SPS 措施

1. 关于食品安全的措施

2017 年 1 月，澳大利亚为防止白斑综合症（WSSV）传入，暂停了新喀里多尼亚外的所有国家生虾（包括虾肉）进口，为期 6 个月。

2017 年 3 月，澳大利亚发布了进口食品控制法及其附属立法的修正案，改进了 1992 年进口食品控制法。

2017 年 3 月，澳大利亚修改了天然肠衣的部分进口生物安全条件。内容包括：取消一项进口许可的要求；简化进口生物安全条件系统内该信息的访问；撤销了牛及绵、山羊肠衣批准国；保留疫病生物安全问题中国际兽医局及澳新食品标准局认可的无疫病要求；取消了单一物种动物的肠衣包装箱要求；取消了对天然绵、山羊肠衣的羊痒病要求。

2017 年 5 月，澳大利亚制定了生物安全建议草案，对来自所有国家的供人食用的虾及虾产品进行审议，此次审议将确定并划分进口此类产品的相关生物安全危害等级，包括要求进行病原体风险评估。

2017 年 5 月，澳大利亚公布了进口食品检验和分析修改提案，澳大利亚针对某些进口食品相关风险做了科学性风险说明，并公布于澳新食品标准网站。涉及的产品为：椰子、海产品（双壳软体动物、熟甲壳类、有鳍鱼）、奶酪、肉、香料、海带、花生和开心果及其产品、芝麻和芝麻籽产品、指定的植物和菌类。

2017 年 8 月，澳大利亚制定了农业出口法—出口控制法案征求意见稿。该法案将 1982 年出口控制法案与 1997 年澳大利亚肉与畜牧业法案的出口相关规定合并为单独的出口控制法案。

2017 年 11 月，澳大利亚发布了 2017 年生物安全法案征求意见稿，该法案修改了 2015 年生物安全法案，增强澳大利亚生物安全框架的操作性。

2017 年 12 月，澳大利亚拟修订澳大利亚基因技术法规，阐明了通过某些新技术改变的生物分类，这些改动将明确澳大利亚哪种生物需要作为转基因生物进行监管。

2017 年，澳大利亚修订了澳新食品标准法典，调整了部分农兽药最大残留限量，使其与其他国家农兽药的安全有效使用规定保持一致，内容包括特定植物产品中的啶酰菌胺、氟啶虫酰胺、氟吡菌酰胺、甲氧咪草烟、丙环唑、嘧霉胺、吡草胺等；特定动物产品中的吡草胺、氯氟吡啶酯、异恶草酮、环溴虫酰胺及敌草胺、唑菌胺酯、苯嘧磺草胺及肟菌酯等。

2. 关于植物及植物产品的卫生措施

2017 年 3 月，澳大利亚更新了植物出口证书，使证书符合国际植物保护公约标准，且不影响贸易。

2017 年 9 月，澳大利亚修改了出口到澳大利亚新鲜切花和叶子的进口条件，要求货物随附植物卫生证书，证明货物不含活的检疫性有害生物；要求储运货物采用防虫包装，标签注明植物物种学名；要求某些物种经过失活处理，以防繁殖。

2017 年 9 月，澳大利亚制定了出口到澳大利亚伞状花科作物播种种子的进口条件审议草案。

2017 年 11 月，澳大利亚完成了一项针对中国鲜桃、李、杏出口澳大利亚上市请求的风险分析，最终报告确定了 20 种澳大利亚相关检疫性有害生物，并提出将中国鲜桃、李、杏进口相关风险降至符合澳大利亚相应保护水平的风险管理与运作程序的综合系统措施。

2017 年 11 月，澳大利亚制定了出口澳大利亚葫芦科播种种子条件的审议草案，此次审议是针对近期入侵澳大利亚的一些种传病毒，如：黄瓜绿斑驳花叶病毒。

2017 年 12 月，澳大利亚采取对西瓜、甜瓜、黄瓜及西葫芦进口的紧急植物卫生措施，以缓解黄瓜绿斑驳花叶病毒、南瓜绿斑驳花叶病毒及瓜类拟茎点霉造成的生物安全风险。

3. 关于动物及动物产品的卫生措施

2017 年 3 月，澳大利亚制定了被捕获的非人类灵长动物的进口条件，涉及被捕获的动物园及研究所的非人类灵长动物。

四、伯利兹

TBT 措施

2017 年 6 月，伯利兹通报了柴油标准规范最终草案和机动车无铅油标准规范最终草案。

2017 年 8 月，伯利兹制定了预包装食品标签，规定了在伯利兹从事预包装食品生产或贸易的所有制造商、进口商、分销商和其他实体均应符合该标准的要求。预计该标准将有助于伯利兹制造商满足区域和区域外市场的标签要求。

2017 年 8 月，伯利兹制定一系列关于轮胎的技术法规，包括轮胎、内胎和襟翼贮存操作守则草案、充气轮胎行业使用的术语标准定义草案、乘用车充气轮胎标准规范草案、非乘用车充气轮胎标准规范草案。草案覆盖的产品范围包括新型橡胶充气轮胎（HS 4011）、翻新或二手橡胶充气轮胎、固体或缓冲橡胶轮胎、轮胎胎面和轮胎襟翼（HS 4012）、轮胎（ICS 83.160）。

五、博茨瓦纳

TBT 措施

1. 家用电器

2017 年 1 月～11 月，博茨瓦纳通报了一系列国家标准，涉及产品包括：制冷电器、冰淇淋机和制冰机；房间加热器；手扶式和手持式草坪修剪机及草坪修边机；按摩器；泵；洗碗机；加热板和类似电器；家用液体或蒸汽表面清洁器具；电熨斗；投影机和类似电器；电钻和冲击钻；开关、隔离器、隔离开关和组合熔断器；电动玩具；固定敷设用挤包固体电介质绝缘电缆；音视频和类似电子设备等。

2. 其他产品

2017 年 10 月，博茨瓦纳发布了“冷饮用水和热水水表一第 1 部分：计量和技术要求”法规。

2017 年 10 月，博茨瓦纳发布了“冷饮用水和热水水表一第 4 部分：不包括在 ISO 4064 中的非计量要求”法规。

六、巴西

（一）TBT 措施

1. 医药卫生

2017 年 1 月，巴西规定了农牧及食品供应部在开展兽药及生物制品注册变更时所遵循的标准和程序原则。

2017 年 1 月，巴西制定了 N°53/2015 规定的药品降解物的通知、鉴定和鉴定后授权程序的要求。

2017 年 2 月，巴西通报了关于引入国家药品控制系统（NMCS）和药品追踪追溯制度及程序的技术法规提案，适用于在巴西卫生监管局（ANVISA）注册的所有药品。

2017 年 2 月，巴西对该国药典的“药用水”章节进行了修订。

2017 年 4 月，巴西禁止国内生产、进口、销售，以及卫生服务中使用未封装汞和汞合金。

2017 年 4 月，巴西制定了美发产品及化妆品的许可活性成分清单，并规定了此类产品的使用要求和条件。

2017 年 5 月，巴西规定良好分销贮存规范及医药品运输良好规范，适用于从事医药分销、贮存或运输业务的公司。

2017 年 5 月，巴西对烟草吸用产品广告、销售展示和营销做出了规定。

2017 年 6 月，巴西对用于治疗、诊断或预防罕见疾病的新药制定了临床试验批准程序和良好生产规范认证。

2017 年 8 月，巴西规定了在产品生产阶段所使用创新技术的建议、评估、验证和实施程序，该规定适用于动物源产品生产企业。

2017 年 8 月，巴西制定了关于药品专利批准事先同意程序的技术法规。

2017 年 8 月，巴西公布了药物的注册和通报权力清单。

2017 年 9 月，巴西通报了关于用于兽医产品用特殊管控物质及含此类物质的兽医产品交易程序的技术法规。

2017 年 9 月，巴西对来那度胺物质及含有该物质的药物作出了规定。

2017 年 10 月，巴西强制要求将 UDI/IMDRF 标准条形码纳入心脏支架、髋关节和膝关节植入物的追溯标签中。

2017 年 11 月，巴西规定了超免疫血清注册的最低要求。

2017 年 11 月，巴西通报了关于临床试验的报告程序和监管要求的技术法规。

2. 交通运输

2017 年 1 月，巴西通报了关于国际过境公路货运或客动车辆反光安全装置强制规范的技术法令。

2017 年 1 月，巴西要求在国产和进口的 M2. M3. N2. N3. O3 和 O4 类车辆上强制使用电子稳定控制系统（ESC）。

2017 年 5 月，巴西制定了国产或进口车辆的强制特性和技术规范，包括轿车、面包车、工具车、面包车、卡车、拖拉机、公交车、小巴、挂车和半挂车。

2017 年 5 月，巴西规定了公路罐车存储运输的油、副产品及液体生物燃料温度测量用的玻管液体温度计要求。

2017 年 7 月，巴西规定了在国内市场销售的成人用自行车轮的胎强制性合规要求。

2017 年 11 月，巴西制定了钢化安全玻璃或夹层玻璃的强制安全要求。

3. 轻工产品

2017 年 2 月，巴西制定了国产或进口吊扇必须遵守的基本要求，建立了能效水平检验合格评定制度。

2017 年 5 月，巴西规定了国产和进口鼠笼式电机的最低能效水平。

2017 年 6 月，巴西修订了不合格产品注册管理机构（RNC）清单。

2017 年 9 月，巴西修订了溶剂定义，范围扩大至甲醇。

2017 年 10 月，巴西规定了在国内生产销售的冰箱、冰柜、变频器、空调机能耗最高水平。

4. 农产品、食品

2017 年 3 月，巴西通报了关于葡萄酒及葡萄和葡萄酒衍生物鉴定和质量标准以及质量要求的技术法规。

2017 年 4 月，巴西规定了烟草产品及烟草衍生吸用产品程序应当遵守的技术要求和程序。

2017 年 5 月，巴西制定了饮料、葡萄酒和葡萄衍生产品标签规则。

2017 年 5 月，巴西制定了在国家卫生监督系统的框架内的食品出口卫生证明颁发标准。

2017 年 8 月，巴西规定了自然“植物”最低鉴定和质量要求，并简化了相关标准。

2017 年 8 月，巴西通报了南方共同市场关于实施奶粉特性和最低质量要求技术条例的技术草案。

2017 年 8 月，巴西规定了自然“植物”最低鉴定和质量要求，并简化了相关标准，该规定适用于活树和其他植物；球茎、根茎及类似品等植物。

2017 年 9 月，巴西通报了关于香肠鉴定和质量的技术法规。

2017 年 10 月，巴西制定了国内柑橘及其杂交品种繁殖材料的生产和营销标准以及鉴定和质量要求。

2017 年 12 月，巴西批准了农业产品国际贸易和国际过境运作监督系统（农畜产品）的运行规则、技术程序、行政和业务控制程序等。

5. 认证及标签

2017 年 4 月，巴西通报了关于具有集成底座装置 LED 灯的合格评定程序。

2017 年 7 月，巴西修订了关于个人卫生用品、化妆品和香水标签的规定。

2017 年 7 月，巴西制定了“参数化分析计划”，仅适用于要求注册的海关监管产品。

2017 年 7 月，巴西修订了农产品、技术产品等产品的进口许可证技术和行政程序。

2017 年 8 月，巴西制定了纺织品标签和标志规定，该规定不适用于出口到南方共同市场以外国家的纺织产品。

2017 年 9 月，巴西制定了原材料、食品或非食品动物源产品的过境和卫生认证程序技术法规。

2017 年 11 月，巴西更新了合格认证中所采用技术标准的清单及标准生效日期清单。

2017 年 12 月，巴西修订了电力变压器、空调、冰箱、冰柜等产品的能效指数目标计划。

6. 其他

2017 年 9 月，巴西撤销了巴西长尾龙猫协会在境内开展长尾龙猫物种谱系登记的授权。

2017 年 12 月，巴西规定了含活性成分百草敌、百草枯的杀虫剂适用范围。

2017 年 12 月，巴西规定了含活性成分 T28 - TRICLOPYR、P07－PICLORAM 的杀虫剂、家庭清洁产品和木材防腐剂的非农业用途范围。

2017 年 12 月，巴西通报了关于油漆中铅最高限量的技术法规草案。

（二）SPS 措施

1. 关于食品安全的措施

2017 年 1 月，巴西制定了技术产品、预混合料、杀虫剂、木材防腐剂及其他待批产品简化毒性评估程序，包括批准后修改及提交电子版信息。

2017 年 1 月，巴西制定批准了联邦检验局注册及批准出口巴西外国企业生产的畜产品注册、更新、修改、审计及注销程序。

2017 年 1 月，巴西制定了冷冻鱼适用特性及质量批准技术法规的公众评议草案。

2017 年 4 月，巴西制定了杀虫剂活性毒性成分再评估的标准和程序。对人体健康有危害迹象的杀虫剂活性成分可以随时重新评估。杀虫剂活性成分毒性再评估包括：杀虫剂活性成分毒性再评估指示、选择和定义再评估范围、公布开始再评估、公众咨询、公布监管决定、最终技术说明详解。巴西卫生管理局将根据对人体健康风险程度选择提交再评估的杀虫剂活性成分，选择再评估活性成分清单，在巴西卫生管理局网站与访问者共享。活性成分毒性再评估应遵循技术法规规定的技术及配方产品毒性评估标准。有关活性成分的拟定监管决定将向公众开放咨询。巴西卫生管理局将公布有关再评估程序的最终决定。

2017 年 4 月，巴西制定了用于葡萄酒食品添加剂和加工助剂的卫生措施。

2017 年 5 月，巴西制定了在国家卫生监督系统框架内签发食品出口卫生证书的标准。

2017 年 7 月，巴西制定了肉及肉制品批准使用的食品添加剂的决议草案。列明肉及肉制品批准用食品添加剂、其各自的功能、最大使用限量和条件。食品添加剂应符合国际粮农组织、世界卫生组织联合食品添加剂专家委员会及 CODEX 食品化学法典规定的最新规范。

2017 年 8 月，巴西制定了畜产品工业及卫生检验法规。

2017 年 8 月，巴西制定了关于婴儿喂养谷物食品卫生措施，如能按照要求确定 6 个月以上婴儿喂养的安全性及适用性，则准许使用其他成分。

2017 年 10 月，巴西制定了一项奶粉用食品添加剂及加工助剂的决议草案。

2017 年，巴西发布了 98 个有关杀虫剂、家用清洁产品和木材防腐剂活性成分的决议草案，制定了阿维菌素、吡虫啉、啶虫脒、甲氰菊酯、精甲霜灵等 80 种活性成分的最大残留限量及安全期，涉及的产品包括小麦、黄瓜、大豆、玉米、西瓜、马铃薯等。

2. 关于植物及植物产品的卫生措施

2017 年 1 月，巴西制定了进口美国产红花籽的植物卫生要求。

3. 关于动物及动物产品的卫生措施

2017 年 3 月，巴西制定了向巴西出口家禽遗传材料的家禽养殖场及孵化场新认证程序。

2017 年 8 月，巴西制定了有关结核菌素纯蛋白衍化物生产质量控制的技术法规。

七、加拿大

（一）TBT 措施

1. 食品药品

2017 年 1 月，加拿大发布《加拿大安全食品法规》提案，拟统一加拿大联邦食品检验法规。新法规将把现有基于商品的法规合并到一个单一的基于结果的法规中。提案规定了三个关键的食品安全要素：与食品制作和预防控制计划相关的许可证，可追溯性和安全要求。这些要素适用于所有进口、出口或省际贸易的食品。

2017 年 1 月，加拿大通报修订“食品及药物管理条例”，计划更新啤酒成分标准。对啤酒成分标准的拟定变更包括：（1）允许酵母和酵母与其他用于发酵的微生物的混合物；（2）取消啤酒香气、味道、品质相关的现行要求；（3）在销售给消费者的最终产品中最多可添加的残留糖限值为 4%；（4）取消允许的食品添加剂，参照加拿大许可证食品添加剂清单；（5）取消加工助剂，以与其他成分标准保持一致；（6）进一步阐明术语“碳水化合物”，并允许在加工过程中的任何时间添加该术语。（7）阐明草药和香料补贴；（8）允许使用具有强制性标签声明的调味配制品；（9）废除爱尔啤酒、司陶特啤酒、波特啤酒和麦芽酒标准。啤酒中使用的食品添加剂和加工助剂在本提案中不作变更。食品添加剂纳入加拿大“允许的食品添加剂清单”中，要求采用食品药物管理条例修正案解决拟定变更相关的过敏原风险问题。

2017 年 2 月，加拿大通报有关“人用处方药药物成分”的修订提案，旨在提供机会评议将对苯二酚增加至浓度超过 2%的外用处方药清单（PDL）。

2017 年 2 月，加拿大通报《食品药品法规》修订提案（食品辐照），旨在使法规能够允许但不要求牛肉企业使用辐照作为改善产品安全性的附加工具。如所有其他辐照食品一样，辐照牛肉馅需要明确标明。

2017 年 5 月，加拿大通报有关处方药和伦理药的修订提案，旨在修订食品药品法规，重新评估药物的效益和危害，或进行额外的测试和研究。提案还要求治疗性产品授权持有人向卫生部提供特定外国当局管辖的外国风险通报，并还撤销了食品药品法规第 8 部分关于提供临床病例报告的要求。

2017 年 5 月，加拿大通报“食品药品法规”的修订提案，修订紧急公共卫生所需的药物（如流行病）的新批准进口程序。

2017 年 6 月，加拿大通报针对阿片类药物的“食品药品管理条例法规”修订提案。旨在加强阿片类药物市场后监督，以帮助监控和减少风险。修订将明文允许卫生部长增加或修订条款和条件，以授权销售阿片类药物，部长还可使用该授权强制阿片类药物的授权持有人制定并实施风险管理计划，适当监测、量化、表征和减少上述产品上市后使用的相关风险。此拟议修正案也要求在出售时随处方阿片类药物一同提供患者信息手册贴纸和警示语。此外，也包括病人需要接收阿片类药物安全使用及使用相关风险的明确的附加信息。

2017 年 7 月，加拿大通报了“处方药物目录（PDL）：兽用和人类抗菌药物”修订提案，包括：修订与红霉素和林可霉素有关的“处方药物目录（PDL）”中的“人体使用产品”（见表 1a 和 1b）；在“处方药物目录（PDL）”中的”兽用产品“部分增加并修订 14 种抗微生物活性成分或其盐或衍生物，包括去除替米考星和泰乐菌素的限定词。

2017 年 11 月，加拿大通报了”受管制药品及物质法案”关于受管制物质销毁和个人医疗用途受管制物质国际旅行的相关法规修订提案，旨在评议加拿大修订麻醉品管制条例（NCR）、苯二氮卓类药物和其他目标物质条例（BOTSR）及食品药品管理条例（FDR－G）第 G 部分，以解决确定的差异和不一致之处。

2017 年 11 月，加拿大通报了“玩具法规”有关磁性玩具的修订提案，包括：要求可以完全进入小零件筒的磁性玩具或磁性零件的磁通量指数必须小于 0.5T·mm^2（50kG·mm^2）；磁性玩具或磁性零件通过新的玩具法规一揽表规定的系列完整性测试标准后，也必须符合上述标准。完整性测试包括：浸泡测试、磁体初始拉伸测试、跌落测试、扭矩测试、拉伸测试、磁体冲击测试、压缩测试以及磁体最终拉伸测试。提案规定了两个除外：电机、继电器、扬声器和其他电气或电子元件功能所需的磁体，只要磁性不是玩具的预定学习或玩耍模式的一部分；作为 8 岁以上儿童高级磁性电子实验工具箱的玩具中的磁体，工具箱包装上有警告和关于吞咽磁体危险的说明。

2017 年 12 月，加拿大通报了“食品药品法规”有关公开发布临床信息的修订提案。

2. 消费品

2017 年 1 月，加拿大通报“儿童珠宝法规”修订提案。提案以 90 毫克/千克（mg/kg）的总铅限制取代现行的所有儿童珠宝可接触零件 600 毫克/千克（mg/kg）总铅限制和 90 毫克/千克（mg/kg）

迁移铅限制，并增加完全进入小零件筒的儿童珠宝 130 毫克/千克（mg/kg）总镉限制。

2017 年 1 月，加拿大通报含铅“（接触嘴部）消费产品法规”，对下列商品规定了总铅 90 毫克/千克（mg/kg）的限制：除了厨房用具以外，在正常使用过程中与用户嘴部接触的产品，如饮料吸管、饮用水喷嘴、运动器械吹嘴和乐器吹嘴；用于 3 岁以下儿童学习或玩耍（玩具）的产品；含铅消费产品法规将扩大含铅（接触嘴部）消费产品法规规定的 90 毫克/千克（mg/kg）的限制，以包括本通报第 4 项所列的附加产品类别。为反映增加的法律范围，含铅消费产品法规将撤销并取代含铅（接触嘴部）消费产品法规。

2017 年 1 月，加拿大通报修订“烟草法”和“不吸烟者健康法”，并对其他法案做出相应修订。修订的烟草法将蒸汽烟产品作为单独烟草产品类别管制，且重新命名为烟草和蒸汽烟产品法，包括：防止年轻人尼古丁成瘾和使用烟草的规定，允许成年人将蒸汽烟产品作为可能替代烟草的低危害替代品，目的在于保护加拿大人的健康。法案还扩大了加拿大消费品安全法的现有授权，适用于所有无治疗声明的蒸汽烟产品；有治疗声明的蒸汽烟产品将继续受食品药品法管制。

2017 年 5 月，加拿大通报有关“婴儿围栏法规”的修订提案，以撤销并代替现行加拿大消费品安全法（CCPSA）的婴儿围栏法规。修订包括附加性能要求和测试方法，以处理婴儿围栏上横梁无意折叠或倒塌，并提出了围栏配件性能要求和测试方法，包括用于无人监护的婴儿睡眠配件。

2017 年 8 月，加拿大通报有关“有线窗帘”法规将被撤销的提案。提案将限制可触及绳索的长度和可能形成的绳圈尺寸，以消除窒息危险。法规提案要求，可触及绳索必须短到不能套住 1 岁儿童的的脖子（即长度不超过 22 厘米）或不能形成套住 1 岁儿童头部的圈套（即周长不超过 44 厘米）。不可触及绳索必须在产品的整个使用期内保持不可触及。

3. 机动车

2017 年 1 月，加拿大通报《危险货物运输法规》的修订提案。提案首先通过更新 TDGR 使危险货物运输法规（TDGR）与国际法律要求保持一致，编入联合国（UN）建议第 18 版、国际海运危险货物规则（IMDG 规则）2014 及 2015 和 2016、国际民用航空组织（ICAO）关于安全标志、分类信息、货运名称、特殊规定和海洋污染技术指令的变更。其次提出了编入 TDGR 的国际规则的动态引用（动态参考）。加拿大利益相关方必须使用联合国（UN）建议、国际海运危险货物规则、国际民用航空组织（ICAO）技术指令、ICAO 技术指令补充规定、联合国测试与标准手册（MOTC）和 14 个技术标准。此外，提案通过正式承认美国法律制度及通过调整国家标准和法规加强加拿大和美国之间压力容器法律要求和核准互换性减少与美国的跨境贸易法律障碍。提案还取消了通过公路、铁路或船舶运输丙烷热气球瓶需要的等效证明。

2017 年 3 月，加拿大通报“重型车辆与发动机温室气体排放法规”及根据加拿大环境保护法案 1999 制定的其他法规的修订提案。修订提案将对 2021 年以后型号的重型道路车辆和发动机制定更严格的温室气体排放标准，还将对 2018 年 1 月 1 日之后生产的公路运输牵引车的拖车制定新的温室气体排放标准，从 2018 年型号的拖车开始。修订提案还修订了根据加拿大环境保护法案 1999 制定的 2 个其他法规，以确保与现有的道路车辆和发动机排放法规保持一致。

2017 年 1 月，加拿大通报提出“机动车安全条例”的修订，添加了第 136 节“重型车辆电子稳定控制系统”，包含了美国重型车辆电子稳定控制系统（ESC）安全标准（美国的安全标准），引入了与美国一致的加拿大安全新标准。合规日期反映了美国安全标准中的日期，自 2017 年 12 月 14 日的生效日期起。本修订将影响车辆总重等级大于 11 793 千克（kg）的某些牵引拖拉机和公共汽车，所有于 2019 年8 月1 日或之后制造的目标车辆必须配备电子稳定控制系统系统。

4. 通信产品

2017 年 2 月，加拿大通报无线通信设备，包括：无线电标准规范 RSS - 131 第 3 版、区域增强器，规定了区域增强器和信号增强器认证要求，并提供了文件获取网址。

2017 年 2 月，加拿大通报通信和无线电产品，将执行规范 CS - 03 第 V 部分第 9 版（修订 2），用于助听器耦合和接收音量控制的手持电话机磁输出要求和测试的方法，规定了手持电话机助听器兼容性（HAC）技术要求。并提供了文件获取网址。

2017 年 2 月，加拿大通报了无线电通信产品相关的干扰源设备标准 ICES—002 第 6 版（修订 1），涉及内燃机、电动或两种方式驱动的车辆、船舶和其他设备。企业必须在 2018 年 1 月 1 日前确保出售、供应、生产、进口、分销或租赁的车辆、船只和其他设备（仅柴油发动机驱动）符合 ICES—002 的要求。

2017 年 3 月，加拿大通报了无线电通信产品相关的无线电标准规范 RSS - 247 第 2 版，涉及数字传输系统（DTSs）、跳频扩频系统（FHSs）和免许可局域网络（LE－LAN）设备。标准规定了工作在波段 902～928MHz、2 400～2 483.5MHz 和 5 725～5 850MHz 的使用了跳频扩频、数字调制和/或这两种组合（混合）技术的无线电设备认证要求，还包括工作在波段 5 150～5 250MHz、5 250～5 350MHz、5 470～5 725MHz 和 5 725～5 850MHz 的免许可局域网络（LE - LAN）设备。

2017 年 5 月，加拿大公布了“无线电标准规范（RSS） - 252，1，智能运输系统－专用短程通信（DSRC -车载设备（OBU）”的免予许可的专用短程通信（DSRC）车载设备（OBU）装置的认证要求，适用于工作频率范围为 5 850～5 925MHz 的无线电通信产品。

2017 年 6 月，加拿大公布了无线电标准规范“RSS - 131，第三版，（更新）区域增强器，规定了区域增强器和信号放大器的认证标准”。

2017 年 9 月，加拿大通报了关于征求无线设备测试实验室的合格评议程序的修订意见。

2017 年 9 月，加拿大公布了“无线电标准规范（RSS） - 252 第 1 版—智能交通系统—专用短程通信（DSRC） -车载（OBU）”，规定了免除许可的专用短距离通信（DSRC）车载（OBU）设备的认证要求，适用于 5 850～5 925MHz 频率范围的无线电产品。

2017 年 9 月，加拿大公布了“无线电标准规范（RSS） - 140 第 1 版，工作在公共安全宽带频段 758～768MHz 和 788～798MHz 的设备”规定的工作在公共安全宽带频段 758～768MHz 和 788～798MHz 设备的认证要求。

2017 年 9 月，加拿大公布了“无线电标准规范 RSS - 210 第 9 版（修订）－免除许可无线电装置：I 类设备宣布的几种免除许可无线电装置设备”的认证要求。

（二）SPS 措施

1. 关于食品安全的措施

2017 年 1 月，加拿大卫生部针对批准苋菜红着色剂作为食品添加剂使用进行了再次评估，通过修改许可染色剂名单，新建“苋菜红”单独列表（当前表内列有其他 5 种合成色素），确定与当前使用相符的最大使用限量及其他条件。

2017 年 2 月，加拿大制定了食品药物法规（食品辐射处理）拟定修改案，该修订案启用有关准许，但不要求牛肉产业以放射处理作为提高产品安全性的附加手段。辐射牛肉馅需要清楚地粘贴此内容的标签。

2017 年 2 月，加拿大卫生部食品司完成了要求乳酸单/双甘酯及硬脂酰乳酸钠用于发泡酸奶的上市前评估，通过更新乳化剂、胶凝剂、稳定剂或增稠剂许可名单及其他其他公认使用的许可食品添加剂名单，准许乳酸单/双甘酯按以下信息文件描述方式作为一种乳化剂使用；准许硬脂酰乳酸钠作为一种发泡剂使用。

2017 年 3 月，加拿大卫生部针对苹果汁含砷总含量另外制定较低最大限量（ML）进行了一次科学评估。根据此次评估结果，加拿大卫生部拟从果汁含砷现行最大限量中排除苹果汁，并在苹果汁砷总含量内另外规定一个较低的总含量。当其用于其他食品成分时，此最大限量还适用于苹果汁；当重新配制成即可饮用状态时，适用于浓缩苹果汁。此外，加拿大卫生部拟将密封容器水中砷的现行最大限量降低，并将该最大限量适用范围扩大到所有罐装水，包括矿泉水及泉水。加拿大卫生部打算修改信息文件所述的“食品污染物及其他掺假物质名单”第 2 部分。

2017 年 3 月，加拿大卫生部针对支持拟将果汁及果子露含铅的现行最大限量降低以及将密封容器水含铅的最大限量降低进行了一次科学评估。当其用于其他食品成分时，此拟定最大限量还适用于苹果汁及果子露；当重新配制成即可饮用状态时，适用于浓缩果汁。此外，加拿大卫生部拟将密封容器水中的铅最大限量扩大到适用于所有罐装水，包括矿泉水及泉水。根据此次评估结果，加拿大卫生部打算修改信息文件所述的“食品污染物及其他掺假物质名单”第 2 部分。

2017 年 4 月，加拿大卫生部发布通告，拟禁止食品中使用部分氢化油，并将其添加到食品污染物及其他掺假物质名单（名单）第 1 部分内。在名单第 1 部分中新增部分氢化油后，任何含部分氢化油的食品将以掺假论处，根据食品药物法案第 4 节规定禁止在加拿大境内销售。

2017 年 4 月，加拿大卫生部通过修改许可食品酶名单，批准地衣芽孢杆菌提取乳糖酶用于某些标准化及非标准化乳制品。

2017 年 5 月，加拿大卫生部食品司通过修改食品添加剂及其他普遍认可使用的许可名单，批准以氯化钙作为牛羊肉嫩肉剂。

2017 年 6 月，加拿大卫生部食品司通过更新防腐剂许可名单，准许乳酸杆菌 CB1 按相关信息文件所述方式作为一种食品添加剂使用。

2017 年 6 月，加拿大卫生部完成了一项有关环氧乙烷目前作为食品添加剂使用的详细安全评估，取消食品添加剂许可名单中的环氧乙烷及其他可接受用途。

2017 年 8 月，加拿大卫生部食品司通过更新食品酶许可名单，准许假丝酵母菌提取脂肪酶按相关信息文件描述方式作为一种食品添加剂使用。

2017 年 8 月，加拿大卫生部食品司通过更新许可甜味剂名单，准许甜菊糖苷按相关信息文件描述方式作为一种食品添加剂。

2017 年 8 月，加拿大卫生部食品司通过更新乳化剂、凝胶剂、稳定剂或增稠剂许可名单，准许聚山梨酯 60 按相关信息文件描述方式用作一种食品添加剂。

2017 年 8 月，加拿大卫生部拟将马铃薯块茎总配糖生物碱（鲜重）从食品内不同化学污染物最大限量列表移至食品内污染物及其他掺假物质监管名单，因此前列表中删除该最大限量。加拿大卫生部打算修改食品内污染物及其他掺假物质名单第 2 部分。

2017 年 8 月，加拿大卫生部拟将苹果汁，包括以任何混合果汁或饮料比例配制的苹果汁及未发酵苹果汁内棒曲霉素的现有最大限量从食品内化学污染物最大限量名单移至食品内污染物及其他掺假物质监管名单，因此前列表中删除该最大限量。加拿大卫生部打算修改食品内污染物及其他掺假物质名单第 2 部分。在拟定列表内苹果汁后不再出现“包括任何混合果汁或饮料比例配制的苹果汁及未发酵苹果汁”的文字。

2017 年 10 月，加拿大卫生部完成了一项食品添加剂提案的详细安全评估。它要求批准尼生素作为各种标准化及非标准化食品的抗菌防腐剂使用。加拿大卫生部拟对防腐剂许可名单做出相应修改。

2017 年 10 月，加拿大卫生部通过修改乳化剂、胶凝剂、稳定剂或增稠剂许可名单，准许他拉胶、罗望子胶为乳化剂、胶凝剂、稳定剂或增稠剂使用。

2017 年 10 月，加拿大卫生部通过更新许可乳化剂、胶凝剂、稳定剂或增稠剂名单，批准角豆胶及黄原胶作为肉馅增稠剂使用。因为角豆胶及黄原胶不再列入目前批准的作为增稠剂用于肉馅的食品添加剂之列，因此申请人请求制定一个符合良好生产规范（GMP）的使用标准。

2017 年 10 月，加拿大卫生部通过更新许可食品酶名单，批准甘露聚糖酶作为食品添加剂。

2017 年 10 月，加拿大卫生部通过更新许可甜味剂名单，要求扩大甜菊糖苷作为甜味剂的许可含量，以涵盖甜叶菊植物（甜叶菊植物）中的所有甜菊糖苷。

2017 年 11 月，加拿大卫生部通过更新食品酶许可名单，准许申请使用的食品添加剂—黑曲霉提取的门冬酰胺酶及柠檬酸按特定信息文件所述方式使用。

2017 年 11 月，加拿大卫生部通过更新食品添加剂其他可接受用途名单修改通知，准许食品添加剂硫酸铜按特定信息文件所述方式使用。

2017 年，加拿大卫生部有害生物管理局（PMRA）拟定了砜嘧磺隆、多果定、烟嘧磺隆、罗克杀草砜、氟嘧菌酯、氟吡呋喃酮、肟菌酯、丙硫菌唑、氟唑菌酰胺进口最大残留限量，涉及的产品包括：柑橘油、香蕉、柑橘、芒果、木瓜、未去纤维棉籽、新鲜卡瓦胡椒叶、藜麦、花生、高粱、亚麻籽。

2017 年，加拿大卫生部有害生物管理局拟定了丙炔氟草胺、螺虫乙酯、烯草酮、氟吡草酮等的国内最大残留限量，涉及的产品包括：苹果、芥末籽、大麦麸子、小麦、牛、山羊、猪、马及绵羊肥瘦肉及肉制品等。

2. 关于植物及植物产品的卫生措施

2017 年 4 月，加拿大食品检验局发布修订指令，概述了源自世界所有地区以下产品的植物卫生进口要求：未加工木材及其他木制品、竹棍、竹竿及其他竹制品。根据以前规定的某些深林害虫及具体适用有害生物指令的协调法规，美国内陆免除执行本修订指令。

2017 年 6 月，加拿大食品检验署（CFIA）针对芦荻进行了有害生物风险分析，分析结果认为该植物对加拿大植物资源基地构成巨大风险。根据此项分析及加拿大利益相关人士的反馈意见，加拿大食品检验署计划根据植物保护法案，将芦荻作为一种检疫性有害生物进行监管，禁止有意进口这一物种。为防止无意（污染物）进口，要求所有出口加拿大的商品不含芦荻繁殖材料。

2017 年 9 月，根据若干有害生物风险分析（PRA）结果及植物保护法案，加拿大食品检验局将修改检疫性有害生物名单。加拿大食品检验局通报新增 27 种检疫性有害生物物种，包括：草莓象甲、山楂叶螨、梨瘤蚜、梨黄卷蛾、栎绿卷叶蛾、小檗属叶蜂、桃红颈天牛、菊花茎坏死病毒、云南念珠菌、橄榄树甲虫等，现有条目“疫霉”改为不含国内疫病菌种及非加拿大检疫相关疫病菌种。

八、智利

（一）TBT 措施

1. 家电、电气

2017 年 1 月，智利制定了关于“热式家用燃气热水器能效标签设计技术规范”的法规草案，包括适用的范围和领域、能效等级、标签设计和标签的位置。

2017 年 1 月，智利制定了关于“智利标准（NCh）No. 3542：用于排水和其他重力流应用的波纹高密度聚乙烯（HDPE）管道的地下安装”的草案，规定了用于排水和其他重力流应用的埋地波纹高密度聚乙烯（HDPE）管道的安装指南。

2017年2月，智利制定了关于“电气产品基本能效分析和/或检测协议”的草案，规定了额定功率60W、额定电压100V～250V、螺口或卡口的普通照明用自镇流灯（紧凑型荧光灯）认证程序和能效标签要求。

2017年2月，智利制定了关于“电气产品基本能效分析和/或检测协议”的草案，规定了普通照明用双端荧光灯认证程序和能效标签要求

2017年2月，智利制定了关于“电气产品基本能效分析和/或检测协议”的草案，规定了普通照明用单端荧光灯认证程序和能效标签要求。

2017年2月，智利制定了关于“电气产品基本能效分析和/或检测协议”的草案，规定了国际电工委员会（IEC）标准No.62612：2015－10管辖的具备某些特性的自镇流LED灯能效认证程序。

2017年2月，智利电力与燃料委员会（SEC）制定了关于“电气产品基本安全分析和/或检测协议”的草案，规定了具备某些特性的用于改装线性荧光灯的普通照明用双端LED灯电气产品安全认证程序。

2017年4月，智利制定了关于“PENo.5/××2017，电气产品基本安全分析和/或检测协议”的草案，规定了1 000V以下应急电源供电的应急照明灯具的安全认证程序。

2017年4月，智利制定了关于“PENo.3/××2017：电气产品基本安全分析和/或检测协议”的草案，规定了家用及类似室内固定电气装置用配电盒（家用热塑配电板）认证程序。

2017年4月，智利制定了关于“未增塑聚氯乙烯（PVC－U）管道系统－配件－要求”的草案，制定了用于供应埋置或地上加压水的未增塑聚氯乙烯（PVC－U）管道系统配件规范。

2017年4月，智利制定了关于“未增塑聚氯乙烯（PVC－U）管道系统－管道和配件规范”的草案，制定了具有重力流动系统的地下公共污水网络使用的未增塑聚氯乙烯（PVC－U）实壁管和配件要求。

2017年5月，智利制定了关于“建筑—钢结构-第1部分：建筑钢结构的计算要求”的草案，包括用钢筋混凝土及结构钢构成的钢结构体系设计。它规定了结构钢建筑及其他结构的设计和施工标准。

2017年6月，智利制定了关于“电气产品的安全分析和/或测试规程”的草案，规定了配有单相电动机，额定电压不超过250伏特的、主要供家用或类似用途的电动滚筒和旋转割草机的安全认证程序。

2017年6月，智利制定了关于“电气产品安全分析和/或测试规程”的草案，规定了配有单相电动机，每个动能不超过10J的非金属切割元件，额定电压不超过250伏特（交流电）或50伏特（直流电）的、由站立的操作员割草使用的、主要供家用或类似用途的电动草坪修剪器的安全认证程序。

2017年7月，智利制定了关于“最低能效标准－空调设备”的草案，规定了为拟定定义已考虑的背景信息。空调设备最低能效标准拟定定义考虑了国际经验、现有能效标识、市场上现有的模式，并对此措施的能源、经济和环境效益进行了评估。

2017年7月，智利制定了关于“电气产品安全分析和/或测试规程”的草案，规定了标准的适用范围和适用领域，规定了电气装置用刚性非金属导管及配件的认证程序。还涵盖了制造商分类为无卤素的导管。

2017年7月，智利制定了关于“步行控制燃烧发动机驱动的割草机”的草案，规定了步行控制燃烧发动机驱动的割草机的认证程序。

2017年7月，智利制定了关于“燃气产品安全分析和/或检测协议”的草案，规定了专门由液化

石油气点火的户外用烤肉架的认证程序。

2017年7月，智利制定了关于“燃气产品安全分析和/或检测协议”的草案，规定了现行的第PC.20号分析和/或检测协议中规定的液化石油气气罐的自动阀用B2H3型密封圈的认证程序。

2017年7月，智利制定了关于“电气产品安全分析和/或测试规程”的草案，规定了落地灯、台灯和床头灯的认证程序。

2017年7月，智利制定了关于“燃气产品安全分析和/或测试规程”的草案，规定了配有风扇的独立式燃气灶的认证程序。

2017年7月，智利制定了关于“电气产品安全分析和/或测试规程”的草案，规定了电气延长线（延长线和多插座延长线）的认证程序。

2017年8月，智利制定了关于“燃气产品安全分析和/或检测协议”的草案，规定了液化石油气（LPG）或天然气热水器使用的带金属连接器的D型和SD型弹性软管认证程序。

2017年12月，智利制定了关于“燃气产品安全分析和/或检测协议”的草案，规定了在熔融锌（包含不超过2%的其他金属）中浸渍的钢铁制品（包括某些铸件）的涂层的一般性能和测试方法。

2017年12月，智利制定了关于“钢－钢筋混凝土用镀锌钢－要求”的草案，规定了用于混凝土加固的热浸镀锌钢要求。

2. 食品

2017年3月，智利制定了关于“食品卫生法第107（e）条修订”的草案，旨在促进智利的食品进口，删除标明卫生部门进口授权决定的产品数量要求。

2017年6月，智利发布食品卫生法规公众咨询公告，拟修订蜂蜜的定义，使其与《食品法典》的蜂蜜标准保持一致；以及拟修订标有无谷蛋白字样的食品中的谷蛋白限值。

2017年7月，智利制定了关于“特殊膳食用食品”的公众咨询提案，正在进行相关修订，以更新现行条例，使其更符合食品法典委员会参考文本，特别是第072和156号标准，与食品法典委员会GL8（CAC/GL8）中的指导方针。

2017年9月，智利制定了“公开评议卫生部最高法令No.977/96食品卫生法规第216.217和218条修订提案”，修订提案的目的是使奶粉定义与食品法典委员会标准规定的一致。

2017年11月，智利制定了关于“化学物质和混合物分类、标签和通报”的技术法规，本草案规定了化学物质和混合物的分类标准和程序以及标签、安全数据表和通报要求。

2017年12月，智利制定了关于“食品卫生法规第13.14.66和107条修订”的技术法规，本草案旨在改进和制定食品追溯最低要求，确保食品链满足这些要求。

3. 机动车辆

2017年3月，智利制定了关于“电缆推进客运系统技术和安全要求法规：吊篮缆车和升降机”的草案，规定了吊篮缆车和升降机组成的有偿公共或私人电缆推进客运系统及其子系统技术和安全要求。

2017年3月，智利制定了关于“某些电动车辆技术、结构和安全要求”的草案，规定了混合动力车辆和电动车辆技术与安全要求。

2017年6月，智利制定了关于“1991年有关城市公交车辆尺寸和功能要求的第122号法令”的草案，规定了城市公交车辆的技术、建造与安全要求。

4. 环保

2017年3月，智利制定了关于“摩托车排放标准”的草案，对所有进入到智利的摩托车规定了欧3排放标准。

2017 年 4 月，智利制定了关于“非道路移动机械排放标准”的草案，规定了此类机械的强制性最高排放水平。

2017 年 6 月，智利制定了关于“锅炉排放标准”的草案，规定了热功率大于或等于 75 热千瓦的锅炉的颗粒物、一氧化碳、二氧化硫和氮氧化物的排放限值。

5. 其他

2017 年 4 月，智利制定了关于“肥料物理化学成分声明规定及撤销决议”的草案，规定了智利进口的肥料物理化学成分声明要求。

2017 年 11 月，智利制定了关于“修订在钢筋混凝土结构中使用的光面钢筋一般规范及撤销经济、发展和重建部最高法令 No. 460/1978”的草案，修订了发展部最高法令 No. 1229/1940。

（二）SPS 措施

1. 关于食品安全的措施

2017 年 7 月，智利卫生部制定了《食品卫生法》修订草案，内容涉及商业化配置婴儿食品的杀虫剂残留限量标准。

2. 关于植物及植物产品的卫生措施

2017 年 1 月，智利农业和畜牧局修订了进口粮食种子的植物卫生要求，规定进口普通小麦及硬粒小麦种子的随附植物卫生证书必须经过生长活跃期检验，当发现任何症状，要进行分析并标明所采用的诊断技术，且未发现小麦线条花叶病毒。

2017 年 1 月，智利农业和畜牧局制定了某些水果蔬菜作物及香草和药用植物种子的进口植物卫生管理要求。

2017 年 2 月，智利农业和畜牧局修订了进口观赏类植物种的植物卫生管理要求，内容涉及小花矮牵牛、蒲苇、通奶草、玄参四种植物。

2017 年 4 月，智利农业和畜牧局修订了两项植物卫生要求，内容涉及体外培植组织植物材料和繁殖花粉及其他繁殖植物材料。

2017 年 10 月，智利农业和畜牧局制定了出口智利的高粱干枝的植物卫生要求，内容涉及随附的植物卫生证书、检疫处理、验证植物卫生条件等入境要求。

2017 年 11 月，智利农业和畜牧局修订了三项关于叶缘焦枯病菌的植物卫生要求，规定出口智利的观赏植物地下结构和用于体外组织培植的任何来源植物材料必须遵行入境后检疫的植物卫生措施。

3. 关于动物及动物产品的卫生措施

2017 年 5 月，智利农业和畜牧局制定了出口智利宠物家兔和野兔的卫生要求，内容涉及卫生认证、产地、装船前隔离、装船要求和入境条件。

2017 年 7 月，智利农业和畜牧局制定了出口智利的非商业目的的动物源或动物用产品的进口许可证要求，内容涉及“非商业目的”的定义、进口许可证的申请和签发规程。

2017 年 8 月，智利农业和畜牧局制定了动物食品法规，以不损害环境或人类健康的方式保护、维护和改善动物卫生和福利，内容包括：因任何原因生产、贮存、进出口、分配、占有、使用、运输、销售和处理的全价饲料、补养饲料；以及为了保证卫生安全，这类产品生产所用的成分和添加剂。

2017 年 8 月，智利农业和畜牧局制定了两项动物卫生法规草案，规定了用于生产动物食品及补养饲料的成分名单，以规范动物食品的生产、进出口；规定动物食品中的污染物最大许可限量及相应缓解措施，旨在保证对从事此类产品加工、生产、分配、贮存或进出口的人员采取必要措施，尽量降低污染风险。

2017 年 10 月，智利农业和畜牧局制定了二手牲畜材料的入境及过境卫生要求，内容包括二手牲畜材料的定义、检验规程及随附单证要求。

2017 年 10 月，智利农业和畜牧局制定了出口智利熊的动物卫生要求，内容涉及产地国或地区的卫生状况、蜂群产地的建立、装船前检疫、运输及装船条件、目的地卫生认证和检疫。

2017 年 10 月，智利农业和畜牧局制定了出口智利天然蜂蜜的动物卫生要求，内容涉及产地国或地区的卫生状况、产蜜蜜蜂的健康状况、蜂蜜提取条件、蜂蜜的运输和卫生认证。

2017 年 11 月，智利农业和畜牧局修订了出口智利牛肉卫生管理要求，对可进口种类的范围进行了表述上的调整。

九、哥伦比亚

（一）TBT 措施

2017 年 1 月，哥伦比亚制定抗震建筑混凝土加固用低合金波纹棒和棒材的技术法规。

2017 年 4 月，哥伦比亚制定改性无水燃料乙醇温室气体排放清单相关最高比率指标的技术法规。

2017 年 6 月，哥伦比亚制定了抗蛇毒血清卫生注册的紧急技术法规，并通过抗蛇毒血清良好生产规范指南。

2017 年 6 月，哥伦比亚制定了出租车电子计价器的技术法规。

2017 年 8 月，哥伦比亚制定了酒精测量呼吸器的技术法规，规定了必须遵守的技术与计量要求。

2017 年 8 月，哥伦比亚制定了家用压力锅技术法规，规定了压力锅标签管理要求，包括产品标签最低信息要求。

2017 年 9 月，哥伦比亚制定了锌碳碱性电池与电池组技术法规，规定了锌碳碱性电池与电池组标签和标志最低信息要求，以及产品重金属最高许可水平。

2017 年 11 月，哥伦比亚制定了劳工部法令，批准联合国全球化学品统一分类和标签制度（GHS），并颁布其他化学品安全规定。

（二）SPS 措施

1. 关于食品安全的措施

2017 年 1 月，哥伦比亚卫生社会福利部制定了供人消费食品和食品原材料进出口及外国食品工厂批准和认证的卫生程序指令草案。

2017 年 2 月，哥伦比亚卫生社会福利部制定了国内进口及生产、贮存、运输及销售供人消费的糖必须满足的卫生要求的决议草案。

2017 年 10 月，哥伦比亚农业局规定了农用生物投入品的登记要求。

2017 年 10 月，哥伦比亚健康社会福利部规定了金枪鱼罐头及金枪鱼加工产品必须满足的卫生要求。

2. 关于植物及植物产品的卫生措施

2017 年 4 月，哥伦比亚农业局制定了在哥伦比亚境内注册的农用化学杀虫剂再入境或限制入境间隔时间使用方法的决议草案。

2017 年 8 月，哥伦比亚农业局规定了出口哥伦比亚实验室物化分析植物材料样品的入境要求。

3. 关于动物及动物产品的卫生措施

2017 年 3 月，哥伦比亚农业局建立了兽药用及兽医生物产品国家药物安全监督系统。

2017 年 5 月，哥伦比亚农业局规定了控制和根除哥伦比亚牛与非洲羚羊属动物结核病卫生措施及无牛结核病农场认证要求。

2017 年 11 月，哥伦比亚农业局出台一项禁令，动物饲料及兽药中不得检出砷及其化合物。

2017 年 11 月，哥伦比亚农业局禁止进口、生产、注册、销售和使用多粘菌素 E 及多粘菌素 B 的添加剂，用来作为供人食用动物的生长促进剂的添加剂。

十、哥斯达黎加

TBT 措施

2017 年 1 月，哥斯达黎加制定化学品和危险化学品的注册、进口和管控技术法规，规定了危险化学品注册、进口和管控要求及管理程序。

2017 年 4 月，哥斯达黎加制定了建筑材料水凝水泥技术规范，规定了国产或进口水凝水泥必须遵守的参数和技术特性。还对水泥进行了分类，并规定了散装和包装水泥标签要求。

2017 年 5 月，哥斯达黎加制定了酒精饮料命名与分类法规，规定了酒精饮料的分类标准。

2017 年 6 月，哥斯达黎加制定了生干酪及超高温巴氏杀菌奶的生产规范。

2017 年 9 月，哥斯达黎加禁止进口、分销和销售含有食品添加剂魔芋粉的迷你果冻。

2017 年 12 月，哥斯达黎加制定人用药生产管理规范合格检验程序，规定了药品生产管理规范合格检验程序管理法规。

十一、捷克

TBT 措施

2017 年，捷克制定了机动车数字测速计、振动式气体密度流量传感器和呼气酒精测试器的计量和技术要求措施，规定了相应特定测量装置检验的测试方法。

2017 年 1 月，捷克修订了禁止细菌（生物）和毒素武器的某些措施及修订贸易法案。

2017 年 4 月，捷克制定了核设施设计要求的法令实施细则。针对实施原子能法案第 46（8）条，规定了相应具体要求。

十二、厄瓜多尔

TBT 措施

2017 年 1 月，厄瓜多尔制定了工业用卫生用品和食品级卫生用品卫生技术法规，该法规涵盖内容包括：目的、范围、定义、强制性卫生证书（NSO）、卫生证书续期及修订、包装和标签、经营许可证、上市许可证和出口证书、良好生产规范（GMP）、良好生产规范认证要求和程序、检验服务和良好生产规范认证费用、变更通知、良好生产规范证书、监督检查。

2017 年 1 月，厄瓜多尔制定了电炊具安全技术法规，包括以下方面：目的、范围、定义、分类、产品要求、标志和说明要求、取样、合格评定测试、引用文件、合格评定程序、监督和检验机构、处罚制度、合格评定机构的责任、审议和更新。

2017年3月，厄瓜多尔制定了加工食品、食品加工厂、食品配送、销售和运输企业及大众餐饮场所卫生技术法规，涵盖以下内容：目的、范围、定义、加工食品、总则、卫生证书等。

2017年7月，厄瓜多尔制定了电动车充电配件技术法规，规定了用于电动车辆充电的连接器、充电器、电缆和电池满足的技术和安全要求。

2017年9月，厄瓜多尔制定了一系列家用电冰箱能效，能耗报告、测试方法和标签的技术法规。

十三、埃及

TBT 措施

2017年6月，埃及制定了玩具安全标准，规定了玩具机械和物理性能测试的要求和方法、安全措施，以及玩具包装、标识、标签等内容。

2017年6月，埃及制定了框架式及软质婴儿背带安全要求和试验方法标准，框架式背带标准草案规定了带框架支撑的儿童背带的安全要求和试验方法，软质背带标准草案规定了没有框架支撑、带有完整的裤脚口，连接在儿童照顾人员的躯干上时，可以携带儿童。

2017年6月，埃及制定了石膏板标准，规定了用于热/隔音的热/隔音复合板一黏合剂、复合板和纸面石膏板、石膏板系统用金属框架组件、纸面石膏板系统用机械紧固件、带钢筋网增强的纤维增强和石膏纤维板的要求、规格、类型、再处理、成分和测试方法，防火、声音或剥离强度的特征和性能。

2017年6月，埃及制定了珠宝一贵金属合金的细度标准，规定了建议用于珠宝领域的贵金属合金（不含焊料）的细度范围，该标准给予生产商和进口商6个月的过渡期。

2017年6月，埃及制定了眼科仪器一安装式眼镜镜片标准，规定了处方相关的安装式眼镜镜片要求。

十四、欧盟

（一）TBT 措施

1. 化妆品

2017年，欧盟修订了7项化妆品法规附录，分别修订了（EC）1223/2009附录Ⅱ、附录Ⅲ、附录Ⅳ、附录Ⅴ。内容分别如下：（1）修订附录Ⅱ，禁止使用3种香料过敏原：羟异己基3-环己烯基甲醛（HICC）、苔黑醛和氯化苔黑醛。（2）修订附录Ⅳ，限制氧化锌作为未涂覆非纳米形式的着色剂使用；维持氧化锌作为着色剂的授权，但提出着色剂使用条件限制，防止通过吸入接触氧化锌。（3）修订附录Ⅳ，授权纳米形式亚甲基双一苯并三唑基四甲基丁基酚（MBBT）作为紫外线防晒剂使用。（4）修订附录Ⅲ，限制化妆品中花生油及其提取物和衍生物的花生蛋白水平最大为0.5×10^{-6}，水解小麦蛋白质多肽分子量平均值最大为3.5ku。（5）修订附件Ⅱ、Ⅲ，限制在化妆品中使用法国万寿菊（Tagetespatula）和孔雀草（minuta），禁止在防晒产品中使用法国万寿菊和孔雀草。（6）修订附录Ⅴ，限制作为保养型化妆品防腐剂的邻苯基苯酚最大浓度，从目前授权的0.2%改为0.15%。（7）修订附录Ⅱ、附录Ⅲ、附录Ⅴ，禁止或限制在化妆品中使用从CLP法规（EC）1272/2008批准至修订法规

(EU) 2015/1221 批准期间被列为致癌、致突变性或有生殖毒性 (CMR) 的所有物质。

2. 食品

2017 年，欧盟修订了婴幼儿食品、特殊医疗用途食品和控制体重代餐食品法规 (EU) 609/2013，内容分别为：(1) 允许将甘氨酸亚铁作为铁源添加入加工谷物食品和婴儿食品，允许将钙磷酸寡糖作为钙源添加入特殊医疗用途食品。(2) 补充规定关于控制体重代餐特殊成分和信息的要求。

2017 年，欧盟制定了 2 项食品营养和健康声明的委员会法规实施细则，分别批准和拒绝批准 1 项除涉及减少疾病危险和儿童发育与健康以外的食品健康声明。

2017 年 2 月，欧盟修订了有机产品法规的实施细则，澄清了法规 (EC) 889/2008 第 25 条在孵化阶段喂养某些有机水生动物幼崽的规则。

2017 年 6 月，欧盟修订了烈性酒地理标志定义、描述、说明、标签和保护的 110/2008 法规，涉及 110/2008 法规附件 II 中两类烈性酒（即类别 9 "水果烈性酒" 和类别 10 "苹果酒与梨酒"），规定采用欧盟成员实际使用的名称与生产方法。

2017 年 9 月，欧盟制定了两项关于葡萄酒产品的法规实施细则，制定和补充了葡萄行业葡萄种植授权计划、葡萄产品认证、葡萄酒进口条件、经营者须保留的进出货登记、强制声明、通报和信息公布的法规及相关检查的法规实施细则。

2017 年 11 月，欧盟修订了婴儿配方食品的授权法规，规定了婴儿配方食品和后续配方食品的成分和标签要求，将基于牛乳或山羊乳蛋白质的后续配方食品的最低蛋白质含量降至 1.6g/100kcal (0.38g/100kJ)。

3. 药品

2017 年 1 月，欧盟制定了人用药生产管理规范准则指令，撤销制定人用药和人用研究用药生产管理规范准则的指令 2003/94/EC。

2017 年 1 月，欧盟制定了人用药品临床实验法规，规定了人用研究用药生产管理规范和检验安排准则。

2017 年 3 月，欧盟修订了体外诊断医疗设备通用技术规范决议，修订了 HIV 定性分析中丙型肝炎病毒 (HCV) 抗原/抗体联合检测和核酸扩增技术要求。

4. 化学品

2017 年，欧盟修订了 10 项 RoHS2 指令，主要修订附录Ⅲ，将部分特定用途物质从 RoHS2 指令有害物质限制中免除，具体包括显示系统颜色转换发光二极管 (LED) 使用的镉、钢合金元素的铅、铝合金元素的铅、铜合金元素的铅、高熔点焊料中的铅、作为放电灯含磷荧光粉活化剂的铅、通孔盘状及平面数组陶瓷多层电容器电焊焊料所含的铅、金属陶瓷质微调电位计中的铅。此外，还免除了管风琴和装有电缆牵引驱动装置的非道路移动机械，以及某些玻璃或陶瓷中含铅的电气电子部件。

2017 年 2 月，欧盟修改了 REACH 法规 (EC) 1907/2006 附录 XVII，限制八甲基环四硅氧烷 (D4) 和十甲基环五硅氧烷 (D5) 浓度大于 0.1%的清洗类化妆品上市。

2017 年 7 月，欧盟修订了 REACH 法规，在附录 XVII 增加新条目，规定了 1-甲基-2-吡咯烷酮 (NMP) 的市场投放条件，将已被分类为致癌、致突变和有生殖毒性物质的物质纳入附录 XVII 条目 28 至30 内。

2017 年 10 月，欧盟制定了 REACH 法规决议实施细则，拟将偏苯三酸酐 (TMA) 和邻苯二甲酸二环己酯 (DCHP) 列入高关注物质清单 (SVHC)。

2017 年 10 月，欧盟修订了 REACH 法规，澄清纳米薄膜物质的注册责任和义务，修订技术附录：附录 I——物质评估一般规定和准备化学品安全报告，附录 III 和附录 VI～附录 XI——在欧盟上市的以不同数量注册的物质的标准信息要求、物质标识要求和适应标准测试制度的一般规则，及附录 XII——包括下游用户评估物质和准备化学品安全报告的规定。

2017 年 10 月，欧盟修订了 CLP 法规（EC）1272/2008，在附录 VI 中编入新修订的 34 种物质统一分类与标签条目并删除 1 种物质。

2017 年 12 月，欧盟修订了向欧洲化学品管理局支付费用的法规，及向 ECHA 提交授权申请和授权审查报告的费用。

5. 植保及生物农药产品

2017 年，欧盟制定了 14 项植物保护产品活性物质的法规实施细则，修订了多种活性物质的批准条件。具体内容如下：（1）不再继续或撤销批准啶氧菌酯、粗妥尔油、妥尔油沥青、异菌脲、甲基代森锌、氟吡磺隆，已授权的含相关活性物质的植物保护产品将从市场上撤销。（2）修订除虫脲、噻虫胺、吡虫啉、噻虫嗪的批准条件，已授权的含相关活性物质的植物保护产品将改进或从市场上撤销。（3）不批准活性物质高效氯氰菊脂，含高效氯氰菊脂植物保护产品不能在欧盟市场上市。（4）修订活性物质硫酰氟的批准条件。（5）修订活性物质阿维菌素批准条件，规定含阿维菌素的产品可以在国家一级批准用于杀线虫剂。（6）规定联苯菊酯仅限于在有永久性结构的温室中使用，成员必须撤销户外使用含有该物质的植物保护产品授权。

2017 年，欧盟制定了 25 项生物农药产品活性物质的法规实施细则，修订了多种活性物质的批准条件。具体内容如下：（1）批准将纳米表面处理热解合成非晶态二氧化硅、抑菌灵、二氧化硅藻土、从次氯酸钠释放的活性氯、从次氯酸钙释放的活性氯、从氯释放的活性氯、从四乙酰乙二胺和过碳酸纳产生的过氧乙酸、2-辛基-4-异噻唑啉-3-酮、2-甲基-4-异噻唑啉-3-酮、2-甲基-1,2-苯并异噻唑啉-3-酮、2-甲基-1,2-苯并异噻唑啉-3-酮、咯菌腈、甲基异噻唑啉酮、楝树提取物、超临界二氧化碳萃取的印度楝无壳种子冷榨油、丙醇、左旋乳酸、脒唑菊酯、氰胺作为现有活性物质用于各相应产品类别的生物农药产品。（2）继续批准华法林、氯敌鼠、杀鼠醚、鼠得克、溴敌鼠、溴鼠灵、噻鼠灵、氟鼠灵作为现有活性物质用于各相应产品类别的生物农药产品。（3）不批准聚六亚甲基双胍（PHMB）（1600；1.8）作为现有活性物质用于产品类别 5 的生物农药产品。

2017 年 3 月，欧盟制定了生物农药产品的决议实施细则，明确供用户使用的含可吸引有害生物进入陷阱的引诱剂活性物质的监测陷阱。

2017 年 7 月，欧盟制定了生物农药产品的实施决议，明确用于控制牲畜上昆虫的含局部施用杀虫剂的氯菊酯不被视为生物农药产品法规（EU）528/2012 范围内的生物农药产品。

6. 电子电气产品

2017 年 1 月，欧盟制定了无线电设备指令的法规实施细则，规定如何提供指令第 10（10）条规定的信息；在限制服务或使用授权要求的情况下，允许限制服务或使用授权要求的成员内部存在成员或地理区域身份。

2017 年 5 月，欧盟制定了短距离无线电设备的执行决议，修订了统一短距离无线设备使用频谱的决议及撤销决议；要求成员在非专有、无干扰及无保护基础上，按照技术附录中规定的具体条件在截止期限之前指定短距离无线设备使用的频段并使之可用。

7. 机动车辆

2017 年 3 月，欧盟修订了报废车辆指令（ELV）2000/53/EC 附录 II 的免除 2（c）、3 和 5，修改

2003 年 7 月 1 日之后上市车辆的材料和元件中免除禁用铅的材料和元件清单。

2017 年 4 月，欧盟制定了机动车辆法规，执行重型车辆二氧化碳（CO_2）排放和燃料消耗认证的法规，并修订 2007/46/EC 指令及（EU）582/2011 法规。该法规适用于指令 2007/46/EC 附录 II 规定的 M1. M2. N1. N2. M3 和 N3 类车辆；补充了法规（EU）582/2011 规定的排放和车辆维修与维护信息的机动车辆和发动机型式核准法律框架，规定了测定新车辆二氧化碳排放和燃料消耗的模拟工具的运行许可颁发规则、模拟工具运行规则以及测定排放和消耗值的声明规则。

2017 年 12 月，欧盟制定了铁路系统车辆的法规实施细则，修订能源测量系统和数据采集系统规定的法规（EU）No. 1301/2014 和（EU）No. 1302/2014（及其附录），涉及能源测量系统和数据采集系统开放点的关闭。

8. 建筑产品

2017 年 4 月，欧盟制定了两项建筑产品法规，规定了标准 EN 16351 管辖的交叉层压胶合木产品及标准 EN 14374 管辖的单板层积材产品的遇火反应性能分类条件和防火性能分类条件。

2017 年 8 月，欧盟制定了建筑产品决议，规定了用于评估和验证结构用金属面夹芯板本质特性相关性能稳定性的体系。

2017 年 8 月，欧盟制定了建筑产品法规，制定了防止或阻止人员从高处坠落的建筑工程固定装置的性能稳定性评估与检验体系及其相关基本特性。

9. 其他

2017 年 9 月，欧盟制定了 3 项烟草制品指令实施细则，规定了欧盟范围内烟草制品追溯制度的建立、运作和互用性技术标准，烟草制品追溯制度烟草制品生产商和进口商数据存储合同关键要素，以及在欧盟市场上市的烟草制品单位包装安全特性技术标准。

2017 年 9 月，欧盟修订了玩具安全指令，主要涉及六价铬的附录 II 第 III 部分第 13 项，修改刮削玩具材料中六价铬的迁移限值。

2017 年 11 月，欧盟制定了船舶设备的法规实施细则，制定了船舶设备用电子标签的设计、性能、粘贴和使用技术标准，为欧盟市场和欧盟船舶生产船舶设备的经营者可自愿采用。

（二）SPS 措施

1. 关于食品安全的措施

2017 年 1 月，欧盟修改了法规，更新了二噁英和多氯联苯的测定方法。

2017 年 1 月，欧盟规定了有关控制某些食品内二噁英、类二噁英多氯联苯和非类二噁英多氯联苯的抽样分析方法。

2017 年 2 月，欧盟规定了非欧盟成员主管机构对源自悬挂欧盟成员国旗的渔船并在非欧盟成员港口卸载的渔产品所须签署的卫生样板证书。

2017 年 2 月，欧盟修改了投放消费者市场的整个、搅碎、碾磨、砸碎、剁碎未加工杏仁内氢氰酸最大限量的法规。

2017 年 3 月，欧盟取消了山梨酸钙作为欧盟批准的食品添加剂名单。

2017 年 3 月，欧盟修改了某些产品内/表苯锈啶及吡蚜酮最大残留限量。

2017 年 3 月，欧盟修改了某些产品内/表汞化合物最大残留限量。

2017 年 3 月，欧盟批准了赖氨酸硫酸盐作为所有物种动物饲料添加剂。

2017 年 6 月，欧盟修改了某些产品内/表关 2—苯基苯酚、苄黄隆、二甲草胺及氯芬奴隆最大残留限量。

2017 年 6 月，欧盟修改了最大残留限量适用产品名单。

2017 年 7 月，欧盟规定了欧盟香料物质及原材料名单。

2017 年 8 月，欧盟规定了新资源食品的科学管理要求。

2017 年 8 月，欧盟规定了其他国家传统食品的相关科学管理要求。

2017 年 8 月，欧盟确定了新资源食品状况的咨询程序操作步骤。

2017 年 8 月，欧盟制定了缓解措施及基准水平，降低食品内存在的丙烯酰胺。

2017 年 8 月，欧盟修改了与食品接触的塑料材料和物品相关的法规。

2017 年 9 月，欧盟修改了有关精制焙烤食品甜味剂使用的法规附件。

2017 年 10 月，欧盟修改了有关植物油及脂肪、婴儿配方食品、婴幼儿后续配方食品及婴幼儿特殊医用配方食品内缩水甘油脂肪酸酯最大限量。

2017 年 10 月，欧盟制定了新型食品名单。

2017 年，欧盟先后批准甲基- 1 丙醇、异戊烷、3，7 -二甲基- 1 -辛醇等 200 余种“感官性添加剂”类物质作为商业化饲料添加剂，规定库存货耗用的过渡性措施。

2. 关于植物及植物产品的卫生措施

2017 年 2 月，欧盟修改了有关防止植物或植物产品有害生物传入欧共体并在欧共体境内扩散的保护措施。

2017 年 3 月，欧盟更新和执行了有关预防外来入侵物种传入扩散的外来入侵物种名单。

3. 关于动物及动物产品的卫生措施

2017 年 2 月，欧盟暂停批准乙氧喹为所有物种类型动物饲料添加剂。

2017 年 2 月，欧盟修改了有关出口或经欧盟过境的其他国家、领土、地区家禽及家禽产品名单条目及兽医认证要求。

2017 年 2 月，欧盟批准了二醇脱水酶制剂为所有物种动物的饲料添加剂。

2017 年 3 月，欧盟批准了发酵乳杆菌等物质作为技术添加剂类商业化饲料添加剂。

2017 年 5 月，欧盟修改了有关预防、控制和根除某些传染性海绵状脑病的法规附件，规定兽医证书样本；肉加工品的进口证书样本；某些肉产品，处理后胃、膀胱和肠的进口证书样本（欧洲经济区相关文本）。

2017 年 6 月，欧盟准许了 Komagataella 酵母生成伏马菌素酯酶作为所有禽类饲料添加剂。

2017 年 6 月，欧盟准许了红蝽菌科的一种 DSM11798 菌株作为所有鸟类饲料添加剂。

2017 年 6 月，欧盟准许了甲酸作为所有物种的动物饲料添加剂。

2017 年 6 月，欧盟批准了以昆虫加工动物蛋白（PAP）作为水生动物饲料并规定生产和进口此类昆虫加工动物蛋白和含昆虫加工动物蛋白产品的一些条件；修改了欧盟地区内反刍动物 PAP 及非反刍动物 PAP 生产、运输和贮存及出口欧盟地区含非反刍动物 PAP 复合饲料的欧盟条件。

2017 年 6 月，欧盟批准了在欧盟地区使用源于某些水生无脊椎动物的加工动物蛋白。

2017 年 6 月，欧盟批准了大肠杆菌派生的色氨酸作为“营养类添加剂”中的商业化饲料添加剂。

2017 年 6 月，欧盟批准了胚牙乳杆菌制剂作为“工艺类添加剂”中的商业化饲料添加剂，未规定上市后的特定要求。

十五、法国

TBT 措施

1. 消费品

2017 年 2 月，法国通报关于“特定人工紫外线辐射设备销售和公共使用”的修订提案，修订包括：禁止向公众出售 UV3 设备（自 1997 年以来禁止出售 UV1 设备）；规定书面文件中必须包括设备使用手册，以提醒专业人员接触人工紫外线辐射引起的健康风险；规定在使用设备之前必须提供口头和书面信息（自 2013 年起，在公共接待区、每个设备旁以及广告材料中必须强制设置警告信息）；规定当 UV 发射器改变时必须进行技术检查，以检查发射的辐射水平。

2017 年 11 月，法国通报关于“向公众开放的公共（PS）设施（室内停车场）消防安全和防恐慌法规”的修订提案，旨在使公共室内停车场能够为消防员提供更安全的操作，并在保持适当公共安全水平的同时培育运营商要求的新的活动内容。

2017 年 11 月，法国通报关于“公众开放的 M 型设施（零售商店和购物中心）消防安全和防恐慌法规”的修订提案，重新规定零售场地最大面积不超过 3 000m^2 的第 1 类、第 2 类和第 3 类 M 型设施中消防设备相关责任。

2017 年 11 月，法国通报关于“用于个人或集体住宅（包括公共区域）的燃气装置的技术和安全要求法规”的修订提案，修订了家用燃气装置安全要求。

2. 民用无人机

2017 年 9 月，法国通报关于“使用民用无人机时改进安全措施”的修订提案，要求飞越法国境内的重量超过法令规定限值（不超过 800g）的无人机的所有者或飞行员对飞机进行登记，安装有声音警告和能力限制装置，并进行理论训练。

2017 年 9 月，法国通报关于“民用无人机安装声音警告装置责任”的修订提案，对民用无人机（UAVs）的飞行员、所有者或制造商规定了新的责任，旨在履行超过法令规定限值的民用无人机必须安装声音警告装置的责任。法令草案详细描述了声音警告装置的报警条件以及授权免除。最后，规定了对未安装上述声音警告装置的无人机的处罚和海外适用性。

2017 年 9 月，法国通报关于“重量超过 800g 的民用无人机容量限制”的修订提案，对民用无人机（UAVs）的飞行员、所有者或制造商规定了新的责任，旨在规定对重量超过法令规定限值的民用无人机（UAV）适用于强制性运输法典第 L6214－4 条的能力限制装置之特性，并规定了能力限制装置的技术特性及其实现要求。特别包括无人机的默认最大高度不得超过 150m（或接近时飞行员应收到警告），并详细描述了可以设置大于 150m 高度的条件。

2017 年 9 月，法国通报关于“民用无人机安装声音警告装置责任”的法案修订提案，对民用无人机（UAVs）的飞行员、所有者或制造商规定了新的责任，要求超过法令规定限值的民用无人机必须安装声音警告装置，并详细描述了声音警告装置的报警条件以及授权免除。还规定了对未安装上述声音警告装置的无人机的处罚和海外适用性。

2017 年 9 月，法国通报关于“民用无人机安装声音警告装置”的法案修订提案，规定了运输法典第 L6214－5 条规定的 2018 年 7 月 1 日起登记的无人机上安装的声音警告装置的特性，2018 年 7 月 1 日之后根据运输法典第 L6111－1 条在法国注册的无人机必须符合声音警告责任。

2017 年 11 月，法国通报关于“民用无人机能力限制”的法案修订提案，旨在确保无人机具有防止其飞越最大高度的能力限制装置。但 2018 年 7 月 1 日之前登记的无人机根据运输法典第 L. 6111－1 条，可以选配（从 2019 年 1 月 1 日起）具有当无人机达到最大高度时向遥控飞行员发出警报的功能。

十六、海湾阿拉伯国家合作委员会①

（一）TBT 措施

1. 农林卫生

2017 年 3 月，海合会通报了关于农产品和食品农药残留最大限量的技术法规草案。

2017 年 4 月，海合会制定了食品厂及其人员卫生法规，适用于食品企业及其人员卫生要求。

2017 年 4 月，海合会通报了关于化妆品和个人护理用品的技术法规草案。

2017 年 5 月，海合会通报了关于茶和草药袋的法规草案，涉及不同类型茶叶和草药袋的定义、要求（物理、化学、微生物学、放射性）、取样、检验和测试方法、运输、贮存和标签等。

2. 食品

2017 年 1 月，海合会通报了关于适用于人类消费花生酱的技术法规草案，产品范围涵盖水果及衍生产品，包括坚果。

2017 年 1 月，海合会制定了人参产品的技术标准，适用于作为食品或食品成分使用的人参产品，不适用于药用人参产品。

2017 年 1 月，海合会通报了关于罐装牛肉产品的技术法规草案，适用于罐装腌牛肉和羊肉。

2017 年 1 月，海合会制定了罐装水果、巴斯伯萨粉的技术标准，涉及定义、样式、要求、取样、测试方法、包装、运输、存储和标签的要求。

2017 年 1 月，海合会通报了关于鲜秋葵的技术法规草案。

2017 年 3 月，海合会制定坚果产品的技术要求，适用于该类产品的处理、原材料和加热处理及各种处理过程。

2017 年 3 月，海合会通报了关于通过戟科木薯根种植的商业苦木薯的技术法规草案，不适用于工业加工用木薯。

2017 年 3 月，海合会制定了面包生产技术要求，不适用于特殊营养用面包。

2017 年 4 月，海合会通报了关于罐装太平洋鲑鱼的技术法规草案，涉及罐装太平洋鲑鱼应遵守的特性和要求。

2017 年 6 月，海合会制定了关于果汁与果肉饮料的技术法规，适用于供人饮用的果汁与果肉饮料。

2017 年 6 月，海合会规定了在反式脂肪酸及营养标签上注明的每份反式脂肪酸的最大许可限量。

2017 年 9 月，海合会通报了关于色拉酱、番茄酱、蛋黄酱、芥末酱的技术法规草案。

2017 年 9 月，海合会制定了预制肉食一冷冻面包屑包裹家禽制品的技术法规，涉及未煮熟、煮熟和冷冻的面包屑包裹家禽肉制品。

2017 年 9 月，海合会通报了关于“预制肉食一汉堡包肉”的技术法规草案，适用于牛肉、水牛肉、绵羊肉、山羊肉、骆驼肉和家禽肉制成的汉堡包肉，不包括鱼肉制成的汉堡包。

2017 年 9 月，海合会规定了浓缩酸奶必须遵守的要求，适用于存在油中的浓缩酸奶及发酵后直接消费的浓缩酸奶。

注①：海湾阿拉伯国家合作委员会包括阿拉伯联合酋长国、阿曼、巴林、卡塔尔、科威特、沙特阿拉伯和也门，以下简称海合会。

2017 年 9 月，海合会通报了关于油菊（黑种草）种子、食用甜菜的技术法规草案。

2017 年 9 月，海合会制定了关于烟草的技术法规，涉及水果味烟草、Almeassel 烟草。

2017 年 10 月，海合会通报了关于供人类消费冰产品、冷冻鱼的技术法规草案。

2017 年 10 月，海合会制定了关于植物脂肪涂抹物和混合涂抹物的技术法规草案，适用于含脂肪成分不少于 10%、不超过 90%的植物脂肪和脂肪混合物，不适用于生产中需要添加其他物质的奶源脂肪和/或乳制品及脂肪含量低于 10%、黄油和乳脂肪高于 90%的产品。

2017 年 10 月，海合会规定了食品包装材料的技术要求，包装金属、玻璃、塑料、纸张、纸箱、多层纺织品和木材包装，以及用于包装食品的其他材料。

2017 年 10 月，海合会通报了关于乳脂产品的技术法规草案，适用于进一步加工或烹饪用无水乳脂、乳脂、无水乳脂黄油、黄油和酥油。

2017 年 11 月，海合会制定了关于冷冻泰米亚酱的技术法规草案，涉及冷冻泰米亚酱必须遵守的要求，包括定义、要求、取样、测试方法、包装、运输、贮存和标签。

2017 年 11 月，海合会通报了关于罐装树莓的技术法规草案。

2017 年 11 月，海合会制定了关于咸鱼和干咸鱼的技术法规，适用于已经完全饱和盐渍（重腌）的鳕科咸鱼和干咸鱼基本要求，或不需要进一步工业加工而供消费的盐含量不低于 12%的部分饱和盐渍咸鱼。

2017 年 11 月，海合会规定了食品添加基本必需营养素应遵循的通用原则，不适用于维生素和矿物质补充剂。

2017 年 11 月，海合会通报了关于冷冻鱼片的技术法规草案，适用于所有类型的带皮或不带皮的无额外生产加工的人类直接消费的冷冻鱼片，不适用于深加工或其他工业用产品。

2017 年 11 月，海合会通报了关于非酒精麦芽饮料、食品包装的技术法规草案。

2017 年 11 月，海合会制定了关于食品补充剂的技术法规，适用于作为食品向最终消费者销售的食品补充剂，不适用于任何医疗产品。

2017 年 11 月，海合会要求在食品企业外销食品菜单上标明总热量。

2017 年 11 月，海合会制定了使用天然糖加工制成的可涂抹哈尔瓦花生糖的技术要求。

3. 其他

2017 年 3 月，海合会修订了关于机动车辆一车辆识别编码（VIN）的海湾技术法规，删除了“按照国际标准化组织（ISO）标准分配车辆识别编码（VIN）的车辆被视为符合本标准要求”的内容。

2017 年 4 月，海合会通报了关于“内燃机用润滑油”的技术法规草案，涉及轻型柴油发动机、带后处理装置的发动机和除船用以外的重型柴油发动机的润滑油。

2017 年 12 月，海合会要求在特定类型食品或含某些成分食品标签上注明强制性警告、建议及声明。

2017 年 12 月，海合会通报了关于营养值公差准则的技术法规草案，涉及食品标签上营养值声明的容许公差、添加的维生素和矿物质的允许公差，以及食品标签上营养健康声明的允许公差。

2017 年 12 月，海合会规定了在海湾合作委员会国家上市的家用洗涤剂的技术要求，不适用工业和机构用洗涤剂以及具有消毒和杀菌性能的产品。

（二）SPS 措施

关于食品安全的措施

2017 年 1 月，阿联酋食品药物管理局制定了海湾阿拉伯国家合作委员会关于鲜秋葵的技术法规草案，适用于供人食用鲜秋葵的要求，但不包括加工用秋葵。

2017 年 1 月，阿联酋食品药物管理局制定了海湾阿拉伯国家合作委员会关于花生酱的技术法规草案，规定了供人食用花生酱的要求。

2017 年 3 月，沙特阿拉伯食品药物管理局制定了海湾阿拉伯国家合作理事会技术法规草案，规定了农食产品的杀虫剂最大残留限量，适用于食品及农产品内/表以下杀虫剂最大残留限量。

2017 年 4 月，沙特阿拉伯食品药物管理局制定了海湾阿拉伯国家合作理事会技术法规草案关于食品厂及其人员的卫生法规，适用于食品企业及其人员的卫生要求。

2017 年 6 月，沙特阿拉伯食品药物管理局制定了两部海湾阿拉伯国家合作理事会技术法规草案，分别涉及果汁与果肉饮料和反式脂肪酸的相关规定，分别适用于供人饮用的果汁与果肉饮料一般标准以及反式脂肪酸，营养标签上需注明每餐反式脂肪酸的最大许可限量。

2017 年 10 月～11 月，沙特阿拉伯食品药物管理局制定了 12 类海湾阿拉伯国家合作理事会技术法规草案，涉及植物脂肪涂料及混合涂料、乳脂肪制品、供人消费的冰、添加到食品的必要营养成分的一般原则、冷冻鱼翅、食品增补剂、无酒精麦芽饮料、阿拉伯速溶咖啡和散装精制食用油贮存、运输和处理的一般标准以及食品包装法规的第 1、第 2 部分。

十七、格鲁吉亚

TBT 措施

2017 年 3 月，格鲁吉亚制定关于“危及消费者健康安全的误导性产品”的技术法规，适用于那些虽然不是食品，但因其形式、气味、颜色、外观、包装、标签、体积或大小，使得消费者，特别是儿童可能将其与食品混淆的产品，可能将其放入嘴中或吸吮、吞咽它们，导致如窒息、中毒或消化道穿孔或阻塞危险。

2017 年 3 月，格鲁吉亚制定关于“儿童安全打火机上市及禁止使用新型打火机”的技术法规，只允许安全打火机上市并禁止新奇型打火机上市。

2017 年 9 月，格鲁吉亚制定关于“医疗废物管理”的技术法规，规定了医疗废物的安全分离、收集、贮存、处置或加工要求。

2017 年 9 月，格鲁吉亚制定关于“某些液体燃料中硫含量极限值测定”的技术法规，规定了液体燃料进口、生产、消费和供应要求。

2017 年 9 月，格鲁吉亚制定“关于某些道路车辆最大许可尺寸和最大许可重量”的技术法规，规定了相关车辆要求。

十八、印度

（一）TBT 措施

1. 食品

2017 年 2 月，印度通报了《食品安全与标准（食品标准和食品添加剂）法规修订草案》，该标准删除了第 2.10.6（1）项声明添加糖的非酒精碳酸饮料规定。

2017 年 8 月，印度通报了《食品安全与标准（进口）法规修订草案》。

2017 年 8 月，印度通报了《食品安全与标准（第三方食品安全审计）法规草案》。

2017 年 10 月，印度通报了《食品安全与标准（有机食品）法规草案》。

2017 年 11 月，印度通报了《食品安全与标准（包装）法规草案》。

2017 年 11 月，印度通报了《食品安全与标准（广告和声明）法规草案》。

2017 年 12 月，印度通报了《食品安全与标准（实验室认可和通报）法规草案》。

2017 年 12 月，印度通报了《食品安全与标准（禁止和限制销售）法规修订草案》。

2. 其他

2017 年 4 月，印度通报《电子与信息技术商品强制注册要求法令 2012 一揽表 IS16333（第 3 部分）》颁布的移动电话支持印度语要求于 2017 年 7 月 1 日起生效。

2017 年 5 月，印度通报了《太阳能光伏系统、设备和部件商品（强制注册要求）法令》。

2017 年 5 月，印度通报了《2017 年钢与钢材质量控制法令》。

2017 年 11 月，印度通报了“电子与信息技术商品强制注册要求法令”。

2017 年 12 月，印度通报了《印度电报（修订）法规》。

2017 年 12 月，印度通报了《ITC（HS）2017 第 95 章政策条件（进口政策）》。

2017 年 12 月，印度通报了《烧碱质量控制法令》。

2017 年 12 月，印度通报了《法定计量（包装商品）法规修订案》。

2017 年 12 月，印度通报了《钢及钢制品（质量控制）第二法令》。

（二）SPS 措施

1. 关于食品安全的措施

2017 年 2 月，印度制定了 2017 年食品安全及标准（食品营业许可与注册）修改法规草案，内容涉及重复油炸蔬菜油质量。

2017 年 5 月，印度制定了 2017 年食品安全及标准（有机食品）法规草案。

2017 年 7 月，印度制定了 2017 年食品安全及标准（剩余食品回收及分配）法规修改草案，内容涉及捐献者与剩余食品分配组织收集剩余食品分给贫困群体所遵守的要求。

2017 年 7 月，印度制定了 2017 年食品安全及标准（进口）法规修改草案，内容涉及港口清关产品有效期及卫生出口证书。

2017 年 8 月，印度制定了 2017 年食品安全和标准（禁止和限制销售）法规修改草案，内容涉及取消食用调和植物油的“Boudouin 检测”要求及修订有关氢化植物油销售的特别规定。

2017 年 11 月，印度修改了 2017 年食品安全及标准（禁止及限制销售）法规草案，以替代限制食盐销售的规定。

2017 年 11 月，印度制定了 2017 年食品安全及标准（广告与索赔要求）法规草案，内容涉及食品广告及索赔要求的规范要求。

2017 年，印度制定了 2017 年食品安全和标准（污染物、毒素及残留物）法规修改草案，内容包括杀虫剂最大残留限量；槟榔果内的黄曲霉毒素的限量；抗菌素及药理活性物质的允许限量；1968 年杀虫剂法案禁止的相关杀虫剂。

2017 年，印度制定了 2017 年食品安全和标准（食品标准及食品添加剂）法规修改草案，内容包括蔗糖或粗糖及糖精钠（食品级）及糖精钙（食品级）的修订标准；酸枣酱、发酵豆酱、可可块、可可浆/巧克力浆及可可块、植物蛋白制品、热处理水果沙拉/鸡尾酒/调制酒、哈里萨辣酱（红辣椒酱）及可可粉标准；较大婴儿及幼儿辅助食品的标准；乳木果油、婆罗洲脂/雾冰草脂及各种食用油的脂肪酸成分标准；高粱面、大豆、大豆蛋白产品、全玉米面、小麦蛋白产品，包括面筋、杜兰小麦粉及全杜兰小麦粉、杜兰小麦、龙爪稷（鸭脚稗）及苋菜的相关标准；乳蛋白浓缩物及浓缩乳清蛋白标准；低钠特殊营养食品（包括盐替代品）；保留即饮幼儿代乳品的规定；补充添加剂纳入附件 A；所有豆类植物、整个及去皮珍珠谷粒、脱胚玉米面及玉米碎渣、蒸粗麦粉、豆饼、组织蛋白粉及西米粉的标准；甜菊糖苷的纯度；纳入不同食品类添加剂的规定；泉水的标准；初乳及初乳产品的标准；肉及肉制品、鱼及鱼产品、肉类的微生物要求及扩大专有食品范围的标准；蜂蜜、蜂蜡及蜂王浆的标准；KachiGhani 芥子油的修订标准、棕榈油相关熔点、氢化植物油及棕榈硬脂、棕榈仁油精、棕榈仁硬脂、超级油脂及鳄梨油相关新标准；将过氧化值纳入所有植物油内；遗漏的铁强化食盐 pH 要求。

2. 关于植物及植物产品的卫生措施

2017 年，印度发布一系列 2017 年植物检疫（印度进口法规）令草案修订案，旨在进一步放宽 2003 年植物检疫（印度进口法规）令的多项相关规定，同时进一步准许植物及植物材料出口印度。

十九、印度尼西亚

（一）TBT 措施

1. 节能、建材

2017 年 1 月，印度尼西亚制定了关于“强制执行印尼冷轧不锈钢板材国家标准”的法规草案，该标准规定了术语和定义、质量要求、取样、测试方法、验收、标志要求和包装。

2017 年 4 月，印度尼西亚制定了关于“执行电机设备最低能源性能标准及包括节能标签”的法规草案。

2017 年 4 月，印度尼西亚制定了关于“执行冰箱设备最低能源性能标准及包括节能标签”的法规草案。

2. 通信

2017 年 4 月，印度尼西亚制定了关于“蜂窝电话、手持电脑和平板电脑认证”的法规草案，规定了通过实验室测试或文件评估进行的蜂窝电话、手持电脑和平板电脑认证程序（自我符合声明）。

2017 年 8 月，印度尼西亚制定了关于“强制性实施印度尼西亚音频、视频和类似电子设备国家标准的法令”的法规草案，规定在印度尼西亚国内生产、或进口、分销和销售的所有音频、视频和类似电子设备产品应符合 SNI 要求。

3. 食品

2017 年 1 月，印度尼西亚发布“强制执行印尼矿泉水、软化水、天然矿泉水和露水饮用水国家标准”，以代替“强制执行印尼包装饮用水国家标准”。法规修订包括产品标准修订及增加管辖产品，以及产品认证制度。

（二）SPS 措施

1. 关于食品安全的措施

2017 年 1 月，印度尼西亚农业部制定了关于进口植物源新鲜食品的食品安全控制法规草案，内容涉及新鲜植物源食品种类及污染物、进口要求、国家食品安全控制系统的认可及食品安全检测实验室注册、进口控制和监管。

2017 年 2 月，印度尼西亚国家食品药物管理局制定了以食品添加剂作为调味料的相关要求。

2017 年 11 月，印度尼西亚农业部制定了规范动物源食品进出口要求、检验、卫生要求的法规草案。

2017 年 2 月，印度尼西亚国家食品药物管理局制定了有机产品控制的法规草案，内容涉及放射源、食品类型、最大吸收剂量、辐照目的、再次辐照、包装要求、辐照设施及辐照食品标签。

2. 关于植物及植物产品的卫生措施

2017 年 4 月，印度尼西亚农业部制定了植物卫生证书技术规范草案，规定了新版证书的样式。

3. 关于动物及动物产品的卫生措施

2017 年 5 月，印度尼西亚农业部制定了动物卫生证书、动物产品卫生证书、其他产品证书、动物检疫释放证书的修改草案，规定了新版证书的样式。

2017 年 7 月，印度尼西亚农业部制定了关于动物检疫文件及证书的法规草案，内容涉及文件类型及形式、检疫文件归档和使用程序及检疫文件的打印。

2017 年 8 月，印度尼西亚海洋事务与渔业部制定了关于鱼类检疫有害生物及疫病的法规草案，内容涉及鱼类检疫性有害生物和疫病的种类及其载体和传播领域。

2017 年 11 月，印度尼西亚农业部制定了关于非食用畜产品进出口的法规草案，内容涉及产品类别、产地国、基本单位、包装、标签和运输要求。

二十、以色列

TBT 措施

1. 食品

2017 年 2 月，以色列通报对“公共卫生法规（食品）（营养添加剂）（修订）5777—2017”的修订提案，修订包括：提供了单位剂量儿童安全包装中含铁（Fe^{2+}）营养添加剂的包装选择，除了原法规要求的可再封闭儿童安全包装以外。包装应符合以色列标准 SI 8317，该标准采用了国际标准 ISO 8317。

2017 年 3 月，以色列通报“SI 977—奶和液态奶制品使用的双层聚乙烯薄膜”为自愿性标准，原因是由于以色列的牛奶袋中不再使用双层聚乙烯薄膜，牛奶袋应符合以色列强制标准 SI 5113。

2017 年 5 月，以色列通报“SI 54—饮料调配主要成分”修订为自愿性标准。

2017 年 5 月，以色列通报“SI 1248—带果味或其他香味的饮料粉”修订为自愿性标准。

2017 年 5 月，以色列通报果味或其他香味饮料粉现有强制标准 SI 331 的取消部分应声明为自愿性。

2017 年 5 月，以色列通报果味或其他香味饮料粉现有强制标准 SI 331 的取消部分应声明为自愿性。

2017 年 9 月，以色列通报对“SI 291 第 4 部分—罐装鱼：鱼片”的修订提案，修订涉及罐装鱼片的强制标准 SI 841，以 SI 291 第 4 部分代替。新修订标准包括：扩大了标准范围，包括所有类型的鱼片（第 1.1 款）；扩大了许可的原料类型，撤销了鲜鱼要求（第 2.1 款）；扩大添加剂的选择范围并撤销以前的限制（第 2.3 款）；增加了最终产品中的鱼成分和鱼蛋白最低百分比限制要求（第 3.1 款）。

2017 年 9 月，以色列通报对“SI 387—制汤用干混合物”的修订提案，修订包括：扩大了许可添加剂范围，包括以色列公共卫生保护法（食品）2015 中规定的所有食品（第 4.2.2 款）；用以色列公共卫生法规（食品）（食品添加剂）2001 的引用代替许可食品添加剂清单（第 4.2.3 款）；增加了涉及味道和气味成分的第 4.2.4 款，引用国家食品服务局于 2015 年 6 月 24 日发布的关于味道和气味成分的以色列文件；删除了部分合格要求（第 5 款）；删除了以下标志要求：犹太认证，大于 150g 包装的单位数量和以色列强制标准 SI 1145 中的附加标志要求（第 6 款）；涉及污染物的第 7 款中删除了盐成分和不溶于酸的灰分要求和试验方法；添加了水分活度要求和测试方法（第 4.4.1 和 8.2 款）；增加一个涉及污染物的新款项（第 7 款）；修改了微生物要求及测试方法（第 4.5 款和表 1）。

2017 年 11 月，以色列通报“SI 1188—肉馅，肉馅制品，含肉馅的食品和用肉馅制成的食品”声明为强制标准。

2017 年 11 月，以色列通报对“SI 1241—面包”的修订提案，在以色列官方公报公布后 1 年内旧标准和新修订标准同时适用。在此期间产品可以依照旧标准或新修订标准测试。

2. 家用电器

2017 年 8 月，以色列通报对“标准 SI 32 第 1.1 部分：家庭及类似用途插头和插座：单相 16A 以下插头和插座——般要求”的修订提案，修订采纳了国际标准 IEC 60884－1－版本 3.2：2013－02，包括适用范围的变化、一些产品的标识和防电击等要求。

2017 年 8 月，以色列通报对“SI 62776：用于改装线性荧光灯的双端 LED 灯—安全规范。”的修订提案，修订包括：涉及用于改装线性荧光灯的双端 LED 灯安全规范的现行标准 SI 62776 的要求，声明为强制标准。标准采纳了国际标准 IEC 62776－版本 1.0：2014－12，规定了安全与互换性要求和交换操作，及证明代替额定功率 125W、额定电压 250V 的同类型灯口白炽灯的 G5 与 G13 灯口双端 LED 灯合格的测试方法和条件。此外，本标准希伯来语部分新增加了灯和说明手册标志要求。

2017 年 8 月，以色列通报对“SI 20 第 2.5 部分：灯具：特殊要求—泛光灯”的修订提案，修订规定了使用供电电压 1000V 以下电光源的泛光灯要求。本修订标准采纳了国际标准 IEC 60598－2－5－版本 3.0：2015－08，提出了玻璃破碎试验新要求。

2017 年 8 月，以色列通报对“SI 60400：管形荧光灯灯座和起动器”的修订提案，修订采纳了国际标准 IEC 60400－第 7.2 版：2014－06。修订包括：删除了涉及标志要求的第 7.3 款，增加了灯座位移许可角度说明；第 18.1 款删除了某些抗应力测试。

2017 年 8 月，以色列通报对“SI 60898 第 2 部分：电气附件—家庭及类似装置使用的过流保护断路器：交流和直流断路器”的修订提案，修订采纳了国际标准 IEC 60898－2 第 2.0 版：2016－08。

2017 年 8 月，以色列通报对“SI 61009 第 1 部分：家庭及类似用途过流保护漏电断路器（RC-BOs）：一般规则”的修订提案，修订采纳了国际标准 IEC 61009－1 版本 3.2：2013－09，包括：完成了电磁兼容性（EMC）顺序修订，包括标准 IEC 61543 批准的新测试方法 T.2.6；澄清了表 2 和表 3 报告的漏电保护装置（RCDs）电流/时间参数；修订了 5A～200A 的漏电动作电流（IΔn）测试程序；IT 系统带过电流保护的漏电断路器（RCBO）的使用测试；叠加到故障电流的 6mA 直流电流测试程序；改进多灵敏度突出显示漏电保护装置（RCDs）；与标准 IEC 60898－1 保持一致。此外，标准希伯来语部分第 4.4 款禁止在以色列使用 30mA 以下多灵敏度交流过流保护断路器。

2017 年 8 月，以色列通报“SI 60730 第 2.7 部分：家用和类似用途自动电子控制器：定时器和定时开关特殊要求”声明为强制标准。

2017 年 8 月，以色列通报“SI 62560：普通照明用 50V 以上自镇流 LED 灯安全规范”声明为强制标准。

2017 年 12 月，以色列通报对“SI 20 第 1 部分—灯具：通用要求和测试”的修订提案，修订包括：修改涉及标准引用的第 0.2 款以符合以色列法律和技术法规；新增加条款：涉及一般要求和国家要求的第 0.3 款增加了 0.3.201、0.3.202 和 0.3.203、涉及灯具部件和国家要求的第 0.5 款增加了 0.5.201 和 0.5.202；修改了涉及灯具标志要求的第 3.2 款。

2017 年 12 月，以色列通报对“SI 20 第 2.2 部分—灯具：特殊要求—灯饰串”的修订提案，修订采纳了国际标准 IEC 60598－2－20－版本 4.0：2014—11，并包括：从标准范围（第 20.1 款）中删除 IEC 60598－2－21 管辖的密封灯饰串—绳链；增加了标准附录 A，规定了灯饰串互连用连接器要求、涉及一般要求和国家要求的第 0.3 款增加了 0.3.201、0.3.202 和 0.3.203、涉及灯具部件和国家要求的第 0.5 款增加了 0.5.201 和 0.5.202；修改了涉及灯具标志要求的第 3.2 款。

2017 年 12 月，以色列通报对“SI 900 第 2.9 部分—家用和类似用途电器—安全：电烤架、烤面包机和类似便携式烹饪设备殊要求”的修订提案，修订采纳了国际标准 IEC 60335－2－9－版本 6.1：2012—11＋修订 2：2016—04，并包括：用以色列强制标准 SI 900 第 1 部分的引用，替代 IEC 60335－1 或“第 1 部分”的引用；新增加了第 201 款，涉及额定值，适用 SI 900 第 1 部分的要求；新增加了第 202 款，涉及电磁兼容性（EMC），适用 SI 900 第 1 部分的要求。

2017 年 12 月，以色列通报对“SI 900 第 2.14 部分—家用和类似用途电器—安全：厨房机械特殊要求”的修订提案，修订采纳了国际标准 IEC 60335－2－9－版本 6.1：2012—11＋修订 2：2016—04，并包括：用以色列强制标准 SI 900 第 1 部分的引用，替代 IEC 60335－1 或“第 1 部分”的引用；新增加了第 201 款，涉及额定值，适用 SI 900 第 1 部分的要求；新增加了第 202 款，涉及电磁兼容性（EMC），适用 SI 900 第 1 部分的要求。

2017 年 12 月，以色列通报对“SI 900 第 2.15 部分—家用和类似用途电器—安全：热水器特殊要求”的修订提案，修订采纳了国际标准 IEC 60335－2－15－版本 6.0：2012—11＋A1：2016—04，并包括：用以色列强制标准 SI 900 第 1 部分的引用，替代 IEC 60335－1 或“第 1 部分”的引用；新增加了第 201 款，涉及额定值，适用 SI 900 第 1 部分的要求；新增加了第 202 款，涉及电磁兼容性（EMC），适用 SI 900 第 1 部分的要求。

2017 年 12 月，以色列通报对“SI 900 第 2.17 部分—家用和类似用途电器—安全：电热毯、垫、服装和类似柔性加热器具特殊要求”的修订提案，修订采纳了国际标准 IEC 60335－2－17－版本 3.0：2012—03，并包括：用以色列强制标准 SI 900 第 1 部分的引用，替代 IEC 60335－1 或“第 1 部分”的引用；新增加了第 201 款，涉及额定值，适用 SI 900 第 1 部分的要求；新增加了第 202 款，涉及电磁兼容性（EMC），适用 SI 900 第 1 部分的要求。

2017 年 12 月，以色列通报对“SI 900 第 2.23 部分—家用和类似用途电器—安全：皮肤和头发护理电器特殊要求”的修订提案，修订采纳了国际标准 IEC 60335－2－23－版本 6.0：2016—06，并包括：用以色列强制标准 SI 900 第 1 部分的引用，替代 IEC 60335－1 或“第 1 部分”的引用；新增加了第 201 款，涉及额定值，适用 SI 900 第 1 部分的要求；新增加了第 202 款，涉及电磁兼容性（EMC），适用 SI 900 第 1 部分的要求；新增加了第 203 款，涉及噪音水平，适用 SI 900 第 1 部分的要求。

2017 年 12 月，以色列通报对“SI 900 第 2.25 部分—家用和类似用途电器—安全：微波炉（包括组合微波炉）特殊要求”的修订提案，修订采纳了国际标准 IEC 60335－2－25－版本 6.0：2010—09＋修订 1：2014—08 和修订 2：2015—11，并包括：用以色列强制标准 SI 900 第 1 部分的引用，替代 IEC 60335－1 或“第 1 部分”的引用；新增加了第 201 款，涉及额定值，适用 SI 900 第 1 部分的要求；新增加了第 202 款，涉及电磁兼容性（EMC），适用 SI 900 第 1 部分的要求；新增加了第 203 款，涉及噪音水平，适用 SI 900 第 1 部分的要求；新增加了附录 A（资料性附录），引用了 SI 60705 能耗计算方法。

2017 年 12 月，以色列通报对“SI 900 第 2.80 部分—家用和类似用途电器—安全：电风扇特殊要求”的修订提案，修订采纳了国际标准 IEC 60335－2－80－版本 3.0：2015－04，并包括：用以色列强制标准 SI 900 第 1 部分的引用，替代 IEC 60335－1 或“第 1 部分”的引用；新增加了第 201 款，涉及额定值，适用 SI 900 第 1 部分的要求；新增加了第 202 款，涉及电磁兼容性（EMC），适用 SI 900 第 1 部分的要求；新增加了第 203 款，涉及噪音水平，适用 SI 900 第 1 部分的要求。

3. 消费品

2017 年 9 月，以色列通报对“SI 562 第 3 部分—玩具安全：某些化学元素的迁移”的修订提案，修订采纳了欧洲标准 EN 71－3：2013＋A1：2014/10，主要差异是由于采纳的欧洲标准提出了新的修订及标准希伯来语部分的标准引用发生了变化。

2017 年 9 月，以色列通报对“SI 562 第 7 部分—玩具安全：指画颜料—要求和测试方法”的修订提案，修订采纳了欧洲标准 EN 71－7：2014/04。

2017 年 9 月，以色列通报对“SI 873—书包”的修订提案，修订基于德国标准 DIN58124：2010，标准希伯来语部分有少许变化。修订的主要差异是依照德国标准更新了测试方法和防水要求。

2017 年 12 月，以色列通报对“SI 1811—所有插入人体穿刺部位的接杆组件及与皮肤直接和长期接触的物品的镍释放量参考测试方法；SI 16128—眼科光学—眼镜框及太阳眼镜的镍释放量参考测试方法”两个标准的修订提案。对第一个标准，采用了欧洲标准 EN 1811：2011＋A1：2015－7 和美国标准 ASTMF 2923－14，允许遵守其中之一，具体为：第 A 章—符合欧洲标准：修订了标准引用以符合以色列技术法规；涉及术语和定义的第 3 款中增加了长期与皮肤接触的新定义 3.9。第 B 章—符合美国标准：将标准的范围改为仅适用于镍的释放；修改涉及引用文件的第 2 款以符合以色列技术法规。对第二个标准，修订草案采纳了欧洲标准 EN 16128：2015－11，修订对涉及术语和定义的第 3 款中增加了长期与皮肤接触的新定义 3.9。

4. 建筑材料

2017 年 1 月，以色列通报对“SI 1220 第 3 部分：火灾探测系统：安装说明和一般要求”的修订提案，修订包括：第 8.3.5 款，修改短语“允许减少第 8.3.1 款规定的距离”；替换涉及自动拨号器要求的第 13.3 款；替换第 13.6 款中的第二句，要求备用设备至少工作 4 小时。

2017 年 3 月，以色列通报涉及沥青油毡和纸板的现行强制标准 SI 80 声明为自愿标准。

2017 年 9 月，以色列通报对“SI 23 第 3 部分—木门和/或复合门：铰链复合门”的修订提案，修订扩大了标准范围，包括粗制阶段的门，增加了相关定义和要求；并修改了第 2.2.1 款规定的门把手高度要求。2017 年 8 月，以色列通报“SI 61196 第 1 部分：同轴通信电缆：通用规范—总则、定义和要求”声明为强制标准。

2017 年 11 月，以色列通报对“SI 1212 第 1 部分—防火门和防烟门套件：摇摆式防火门”的修订提案，修订主要涉及涉及闭门器的第 3.2.2 项。

2017 年 12 月，以色列通报对“SI 1430 第 1 部分—屋顶防水 PVC 板：PVC 板”的修订提案，修订采纳了欧洲标准 13956：2012－12 和美国标准 ASTMD 4434/D4434M－15，并允许遵守其中一个。修订包括：第 A 章—欧洲标准执行路线；从采纳的欧洲标准的范围中删除所有非 PVC 橡胶和塑料板；修改了标准引用；从涉及一般特性的第 5.2 款中删除了制造商声明要求，改为适用表 1 规定的详细要求；涉及防火性能的第 5.2.5 款中增加了替代执行方法，根据以色列标准 SI 755 分类并符合以色列标准 SI 921。第 B 章—美国标准执行路线：第 2 款中的引用文件还增加了以色列标准 SI 921；根据以色列标准 SI 921，涉及物理要求的第 5.4 款新增加了耐火等级要求；第 8.10 款增加了新的低温弯曲试验。

2017 年 12 月，以色列通报对“SI 1430 第 2 部分—顶板：三元乙丙橡胶（EPDM）板”的修订提案，修订采纳了美国标准 ASTMD4637/D4637－14，并包括：扩大标准范围，包括英制单位（第 1.3 款）；在第 2 款中增加新的引用文件；涉及三元乙丙橡胶（EPDM）板物理性能的第 5.1 款表 1 增加了替代耐候性测试方法的引用；在第 8.20 款增加一个替代耐候性测试方法；新增加了涉及防火分类和反应的第 8.21 款；更换了附录 A.1，涉及通过动态机械分析测量玻璃转变温度（Tg）的程序。

2017 年 12 月，以色列通报对“SI 14304—建筑设备和工业设备隔热产品—工厂制造的柔性弹性泡沫（FEF）产品一规范”的修订提案，修订采纳了 2 个国际标准，允许遵守其中之一，包括：欧洲标准 EN14304：2015－12，工作温度在－200℃至＋175℃的柔性弹性泡沫产品；美国标准 ASTMC534/C534M－14，工作温度在－183℃～＋175℃的柔性弹性泡沫产品。

2017 年 12 月，以色列通报对“SI 12227—家用围栏：安全要求和测试方法”的修订提案，修订包括：引用以符合以色列法律和技术法规（第 2 款）；要求测试轮锁机构（第 8.2 款）；提供说明和警告的正式统一翻译（第 9.4.1，9.4.2 和 9.4.3 款）；要求根据不同的以色列标准测试甲醛（新的第 11 款）；要求根据以色列强制性标准 SI 5418 测试围栏垫（新的第 12 款）；要求根据以色列强制标准 SI 562 测试围栏的玩具（新的第 13 款）。

5. 航空燃油

2017 年 8 月，以色列通报“SI 6294 第 1 部分：航空燃油质量控制与操作一飞机加油服务”声明为强制标准。

2017 年 8 月，以色列通报“SI 6294 第 2 部分：航空燃油质量控制与操作一机场仓库和消防栓”声明为强制标准。

2017 年 8 月，以色列通报“SI 6294 第 3 部分：航空燃油质量控制与操作一机场航空燃油的生产、贮存和配送”声明为强制标准。

6. 其他产品

2017 年 3 月，以色列通报对“SI 1921－液化石油气（LPG）压力调节器”的修订提案，修订采纳了欧洲标准 EN 16129：2013/06 和美国标准 ANSI/UL144—第 8 版：2012/05/25（及至 2014 年 11 月 5 日的所有修订），允许遵守其中之一。

2017 年 8 月，以色列通报对“SI 1268 第 6 部分：注射器和针头－一次性使用的皮下注射针一识别用色标”的修订提案，修订采纳了国际标准 ISO 6009：第 4 版：2016－01－01。新修订标准草案提出的主要变更是规定了 0.18mm（34 号）至 3.4mm（10 号）一次性使用的皮下注射针识别用色标。

2017 年 9 月，以色列通报对“SI 799－共用天线接收系统、单个天线接收系统和业余无线电垂直天线桅杆”的修订提案，修订包括：更新了标准以适应以色列规划和建筑法规（免除许可的建筑工程）5774－2014，修改包括以下方面：范围、术语和定义、总则、4.1 款—雷电保护、第 5.2 款——般要求；增加了涉及业余无线电垂直天线桅杆技术要求的第 3.6 款；修订了标准引用（第 1.2 款）；增加了新条款（第 1.3.3 和 1.3.18 款）。

2017 年 11 月，以色列通报对“SI 1498 第 7 部分—游乐场设备和表面：安装、检查、维护和操作指南”的修订提案，修订主要涉及年度检查的第 6.2 款要求。

2017 年 11 月，以色列通报对“SI 1498 第 8 部分—游乐场设备和表面：游乐场”的修订提案，修订包括：取消了 150 平方米以上游乐场的无障碍要求，除了幼儿园和托儿所以外；从表 4 中删除了涉及提升组件的栏。

2017 年 11 月，以色列通报对“SI 1338－电弧焊焊条和低合金钢焊条”的修订提案，修订包括：符合 3 个不同国际标准之一：ISO 2560－第三版：2009－10－15、ISO 3580－第三版：2010－03－15

或 ISO 18275 -第二版：2011—05—01，标准希伯来语部分有一些变化；符合美国焊接协会标准 AWSA5.5/A5.5M：2014，标准希伯来语部分有一些变化，不允许不同路线进行组合，应坚持选择的路线以达到符合标准。

2017 年 12 月，以色列通报对“SI 47—汽车制动液”的修订提案，修订采纳了联邦法规法典第 49 编第 V 章 571.116 公布的美国标准 FMVSS 标准 No.116，并包括：第 S5 和 S6 款中增加了 DOT4（6 级）制动液要求，以符合国际标准 ISO 4925；删除涉及接触特性要求的第 S5.1.13 款；涉及汽车制动液包装和标签要求的第 5.2 款增加了要求符合以色列强制性标准 SI 2302 第 1 部分的包装、标志和标签要求；第 S5.2.2.1（b）和 S5.2.2.2（a）款增加了包括 DOT4（6 级）在内的不同类型的制动液标签要求；第 S5.2.2.2 款增加了以下内容：要求希伯来语标签、要求标明 DOT4（6 级）制动液（第 e 项）、允许以摄氏度标明沸点（第 f 项），增加的警告不要混合不同类型的制动液、取代第 g 项，并要求：增加标明打开后立即使用所有制动液的要求，不要存放任何残余物，并将容器和任何额外的液体移至适当的处置场所和存储在阴凉地方要求。

二十一、意大利

TBT 措施

1. 皮革

2017 年 1 月，意大利制定了关于“皮革、兽皮、皮毛及衍生术语使用管理”的法规草案，旨在将目前正在制定中的下一个“欧洲法案”列入法律草案。

2. 食品及其设施

2017 年 4 月，意大利制定了关于“规定生产设施或包装设施名称与地址强制说明规则”的法规草案。

2017 年 6 月，意大利制定了关于“稻米”的法规草案。

3. 通信

2017 年 11 月，意大利制定了关于“为保护竞争和用户接入自由制定互联网服务相关规定的措施”的法规草案。

二十二、牙买加

TBT 措施

1. 食品化妆品

2017 年 5 月，牙买加通报“牙买加标准规范－含氟碘盐食盐”的修订提案，规定供人食用及加工食品的含氟碘盐要求，作为肥料或化学工业副产品的盐不在本标准范围内。修订增加了氟及其测试方法，更新了其他测试方法。名称经修改，体现了新增氟及之前包含的碘；尤其强调了盐分类中的“食盐”。

2017 年 9 月，牙买加通报“牙买加标准规范－商品标签第 30 部分：酿造制品标签（啤酒，烈性黑啤酒，香蒂啤酒，麦芽饮料）”的修订提案，规定了加勒比共同体（CARICOM）地区销售的酿造制品标签要求。包括不是从谷物衍生的“啤酒”和“麦芽啤酒”（例如姜汁啤酒，姜汁汽水，根汁啤酒），不包括以通用名称销售的饮料。

2017 年 9 月，牙买加通报“牙买加标准规范—液态低脂（半脱脂或部分脱脂）牛奶和液态无脂（脱脂）牛奶”的修订提案，规定了液态低脂牛奶和液态脱脂牛奶要求及测试方法，还规定了产品组分、微生物质量、包装和标签最低要求。

2017 年 9 月，牙买加通报“牙买加标准规范—重组乳”的修订提案，规定了重组乳要求及测试方法。

2017 年 9 月，牙买加通报“牙买加标准规范—液态全脂奶（牛奶）”的修订提案，规定了液态全脂牛奶要求及测试方法。

2017 年 9 月，牙买加通报“牙买加标准规范—葡萄酒”的修订提案，规定了葡萄酒要求，并详细规定了葡萄酒取样与测试方法。

2017 年 11 月，牙买加通报“牙买加化妆品标准规范—第 2 部分：用于制备化妆品的水”的修订提案，规定了用于制备化妆品的水的一般要求。适用于所有以水为基本原材料的化妆品，包括用于生产水的系统设计和维护规范。修订考虑到了物理、化学和细菌性质可能影响消费者健康的临界水平。

2. 机动车

2017 年 5 月，牙买加通报“汽车制动液标准规范”的修订提案，规定了汽车液压制动系统使用的液体及液体容器和容器标签要求。

规定了轮胎尺寸和脱圈阻力、强度、耐久性和高速性能实验室测试要求，定义了轮胎载荷额定值及其他相关事项，并规定了客车轮胎标签要求。

2017 年 5 月，牙买加通报“非客车使用的充气轮胎标准规范”的修订提案，规定了多用途客车、卡车、公交车、拖车和摩托车轮胎性能和标志要求。

3. 建筑材料

2017 年 5 月，牙买加通报“混凝土骨料标准规范”的修订提案，规定了普通建筑用混凝土生产中使用的天然砂子、压碎或未压碎的砾石和石头要求。

2017 年 9 月，牙买加通报“牙买加标准—水凝水泥化学测试方法”的修订提案，规定了水凝水泥化学分析程序。

2017 年 9 月，牙买加通报“牙买加标准—水凝水泥物理测试方法”的修订提案，规定了水凝水泥物理测试方法。

4. 消费品及其他产品

2017 年 5 月，牙买加通报“合成洗衣粉标准规范”的修订提案，规定了确定关键参数最高和最低许可限值的化学和物理要求。还包括基本成分、测试方法和包装、标签及取样要求。

2017 年 9 月，牙买加通报“牙买加标准规范—玩具和玩物安全”的修订提案，规定了儿童玩具和玩物安全要求。

2017 年 11 月，牙买加通报“牙买加一般用途消毒剂标准规范”的修订提案，适用于主要用于地板、墙壁和其他坚硬表面一般清洁与消毒的包含酚、季铵或其他类型杀菌剂的消毒剂。拟用于重要的杀菌场所。

二十三、日本

（一）TBT 措施

1. 药品及医疗器械

2017 年，日本制定了 6 项可能影响中枢神经系统的物质的技术措施，将 25 种物质归为“指定物质”。除依法规定的“合理用途”外，禁止生产、进口、销售、拥有及使用“指定物质”。

2017年，日本3次部分修订了生物制品最低要求，分别增加新批准的血液制品标准和试剂，修改“冻干型流感嗜血杆菌b型疫苗（破伤风类毒素结合疫苗）”和“重组吸附乙型肝炎疫苗（由酵母制备）”标准。

2017年5月，日本制定了一次性医疗器械的再加工最低要求，规定了医疗器械须特别注意的特性、质量、性能及其他标准。

2017年6月，日本部分修订放射性药物最低要求，增加新批准的放射性药物标准。

2017年9月，日本部分修订日本药典第17版。

2017年11月，日本部分修订生物成分标准，主要涉及生物成分标准中反刍动物成分标准。根据反刍动物成分标准修订案，从不得作为生产药品等使用的原材料部分清单中删除“牛胎盘”和“脾脏”。

2. 化学品

2017年，日本两次部分修订劳动安全卫生法实施令及相关法令，要求企业经营者针对三氧化二锑（Sb2O3）、沥青、硼酸等11种物质承担相应义务，防止有害化学物质对工人造成健康伤害。

2017年3月，日本修订了有毒和有害物质指定法令，根据有毒和有害物质控制法案规定，厚生劳动省指定2—叔丁基苯酚及含该物质的制剂为有害物质。

2017年11月，日本修订了“化学物质评估及其生产规定法案执行令”，将下列物质指定为生产或进口需授权的Ⅰ类特定化学物质：短链氯化石蜡（链长为C_{10}～C_{13}、氯含量大于48%的直链氯化烃）；十溴二苯醚。以下产品如果使用了短链氯化石蜡（链长为C_{10}～C_{13}、氯含量大于48%的直链氯化烃），则被指定为禁止进口产品：1. 润滑、切割和液压油；2. 纺织品阻燃处理用化学品；3. 树脂和橡胶增塑剂；4. 油漆（限于防水和阻燃油漆）；5. 黏合剂和密封填料；6. 皮革加脂剂。以下产品如果使用了十溴二苯醚，则被指定为禁止进口产品：1. 阻燃纺织品；2. 纺织品、树脂、橡胶的阻燃处理用化学品；3. 黏合剂和密封填料；4. 阻燃地板覆盖物；5. 阻燃帘；6. 阻燃标志。以下产品如果使用了全氟辛烷磺酸（PFOS）及其盐类，则被指定为禁止进口产品：1. 蚀刻剂（限于用于制造能够发射和接收频率超过3MHz的无线电波的压电滤波器或化合物半导体）；2. 半导体防腐剂；3. 专业照相胶片。

2017年12月，日本修订了通过控制特定物质及其他措施保护臭氧层的法案，根据《蒙特利尔议定书》修订臭氧层保护法案规定，控制18种氢氟碳化合物的生产和进口。

3. 机动车辆

2017年1月，日本部分修订《道路交通车辆法》，提出撤销非法批准的型号核准新规定，涉及牵引车、拖拉机、客运机动车辆、货运机动车辆、摩托车、挂车及半挂车或其他非机械驱动车辆及其零件等车辆、设备和部件。

2017年2月，日本修订了气体容器安全法规和高压气体安全法案，制定了氢燃料电池两轮车辆规定。

2017年4月，日本修订了合理使用能源法案，规定10座以下客运机动车辆和重量低于3.5吨的商用车辆，除联合国规定的世界统一轻型车辆测试程序（WLTP）燃油效率总周期（排除超高）值外，各阶段（低速阶段、中速阶段、高速阶段）的燃油效率（LMH燃油效率）必须作为制造商/进口商的车辆燃油效率指标，以便车辆用户能够根据驾驶环境获取燃油效率信息。

2017年7月，日本部分修订“道路运输车辆安全细则”，拟禁止相关机动车辆的非法发动机管理实例，并明确排气管须装在管道内，以确保对乘客的低风险。

2017 年 7 月，日本部分修订“道路货运车辆法安全条例”，规定保护座椅应安装在车辆紧急出口附近，以确保在紧急情况下顺利撤离搭乘的婴儿。

2017 年 9 月，日本修订了移动式起重机制造规范，涉及吊船、起重机、电梯、起重机或移动式起重机过载断路装置制造规范。

4. 电子电气产品

2017 年 3 月，日本部分修订无线电设备法规的部颁法令，制定 700MHz 频带基础设施间通信用无线电设备的技术法规，加强 700MHz 频带智能传输系统（ITS）的服务内容及增强 ITS 基础设施。

2017 年 4 月，日本部分修订无线电设备法规，引入基于 LTE 的数字无绳电话系统，并重新安排 DECT 系统。

2017 年 4 月，日本部分修订无线电法案实施细则，扩大 920MHz 频段无线电系统的新用途。

2017 年 5 月，日本修订经济产业省（METI）合理利用能源法案实施令及实施细则，制定了新的灯泡和照明设备能效标准。

5. 其他

2017 年 3 月，日本修订了加工食品成分原产地标签的食品标签标准，将目前管辖某些类加工食品成分的原产地标签范围，扩大到所有国内生产和销售的加工食品；要求标明加工食品主要成分的原产地。进口加工食品不需要标明成分的原产地。

2017 年 3 月，日本制定了促进合法采伐木材和木材制品使用与分销的法案（清洁木材法案），鼓励实体使用合法采伐的木材和木材制品。要求与木材有关的实体收集相关信息，确认其所处理木材和木制品的合法性，还规定对确定合法性负责的木材相关实体实施自愿登记制度。

2017 年 8 月，日本修订了机械与其他设备检查法令及劳动安全卫生法案关于防尘呼吸器的相关通报，以便在具有过滤装置的负压/正压动力空气净化呼吸器中安装防尘呼吸器。

2017 年 9 月，日本修订了普通肥料官方规范。目前为止，当局仅允许作为肥料在生产和销售前在农林水产省注册的动物废物制混合肥料，作为原料与絮凝剂和促凝剂一起使用。通过该官方规范修订将解除管制，允许通过提交通报来生产和销售带絮凝剂和促凝剂的混合肥料。

2017 年 10 月，日本修订了普通肥料官方规范，放松“副产物液体（流体）氮肥”成分要求。

（二）SPS 措施

1. 关于食品安全的措施

2017 年 4 月，日本修订了食品卫生法案项下食品及食品添加剂标准规定（修订农化物残留标准），监管除矿泉水外非酒精饮料中砷检测法的砷斑法将被删除。

2017 年 4 月，日本修改了食品及食品添加剂的标准规范，修订碳酸钙、脂酸镁的现行使用标准。

2017 年 5 月，日本修改了食品卫生法执行条例及食品和食品添加剂标准规范，修订天冬酰胺酶、亚硒酸钠、辛酸、次溴酸水及羟基-1,1-亚乙基二磷酸、过乙酸及过乙酸成分的现有标准和规范。

2017 年 7 月，日本修订了盐霉素的标准和规范。

2017 年 8 月，日本修订了食品卫生法案项下食品及食品添加剂标准和规范（修订农业化合物残留限量）。日本卫生劳动福利部（MHLW）将撤销以下 56 种化学物所有最大残留限量：杀虫剂：2-（1-萘基）乙酰胺、2,2-DPA、地散磷、丁苯草酮、双酰草胺、碳酰硫、地茂散、炔草酸、环草敌、茵多酸、双氟磺草胺、四氟丙酸、呋线威、咪草酯、磺草唑胺、萘肽磷、解草腈、氧化萎锈灵、克草猛、磷胺、嘧草硫醚、仲丁胺、丁噻隆、去草净、对甲磺菌灵。杀虫剂/兽药：甲基吡啶磷、苯醚菊酯、杀虫畏。兽药：脂肪族醇乙氧基化物、阿扑西林、巴喹普林、丁喹酯、头孢乙腈、氨磺磷、芬前列林、哈洛克酮、吉他霉素、莱特洛霉素、甲苄喹啉、美托舍酯盐酸盐、新生霉素、苯唑西林、多粘菌素 B、磺胺苯酰、磺胺溴甲嘧啶钠、磺胺醋酰、磺胺乙氧嗪、磺胺胍、磺胺甲基嘧啶、磺胺甲氧嗪、磺胺、磺胺硝苯、磺胺嘧啶、磺胺曲沙唑、双硫磷、曲吡那敏。

2017 年 12 月，日本修订了食品卫生法案项下的食品及食品添加剂标准规范，将执行天然或消毒矿泉水中砷、锑、锰、硼和亚硝酸的新标准。另外，还将废除饮料中铁及硬度（钙和镁）的生产标准。

2017 年，日本修订食品卫生法案项下食品及食品添加剂标准规（修订农化物残留标准），拟定以下化学物的最大残留限量：杀虫剂：氯普芬、棉隆、威百亩、异硫氰酸甲酯、吡虫啉、四螨嗪、咯菌腈、调环酸钙、恶唑酮菌、烯草酮、氟酰胺、烯啶虫胺、多效唑、啶酰菌胺、恶唑磷、草甘膦、氟虫腈、嗪草酸甲酯、噻嗪酮、二氯异丙醚、乙膦酸、唑菌胺酯、吡菌苯威、嗪氨灵、氰草津、双炔酰菌胺、灭菌丹、甲哌、苯醚甲环唑、氰氟虫腙，兽药：美仑孕酮乙酸酯、螺旋霉素、泰妙菌素，杀虫剂/兽药：阿维菌素、氟虫腈、呋虫胺等。

2. 关于植物及植物产品的卫生措施

2017 年 12 月，日本规定种子及或苗木出口前需通报相关机构拟定植物物种名称的相关信息。本文件还提供通报主管机构植物种子及/或苗木的拟定时间。

2017 年，日本修改了外来入侵物种法监管的活生物名单，指定以下物种为外来入侵物种（IAS）：黑喉红臀鹎、灰翅噪鹛、桃红颈天牛、巴新锹甲、红巨新锹甲、大圆翅锹甲、刀颚新锹甲、泰纳新锹甲及黑脉蛱蝶等；雀鳝科所有成员及雀鳝科任何活杂交生物物种。

3. 关于动物及动物产品的卫生措施

2017 年 7 月，日本农林渔业部（MAFF）指定羟基蛋氨酸锌类似螯合物作为一种饲料添加剂并通过部级条例制定标准规范。

2017 年 7 月，日本撤销指定硫酸粘菌素和维及霉素作为饲料添加剂。

二十四、哈萨克斯坦

TBT 措施

2017 年 1 月，哈萨克斯坦制定了超压设备安全技术法规修。

2017 年 1 月，哈萨克斯坦制定了一系列车辆安全技术法规，规定了“创新产品”定义及技术法规适用范围，涉及产品包括高速铁路运输车辆、铁路机车车辆及铁路运输基础设施。

2017 年 2 月，哈萨克斯坦制定关于润滑油、油和特殊液体要求的技术法规，规定了冷却剂中的甲醇含量要求。

2017 年 3 月，哈萨克斯坦制定了乳及乳制品安全的技术法规，明确了含乳产品标签名称和规则要求。

2017 年 9 月，哈萨克斯坦修订了消毒剂毒性和安全性规范性指标、消毒剂功效通用研究方法及从合成洗涤剂和水软化剂配方中排除磷化合物成分的技术法规。

2017 年 11 月，哈萨克斯坦共和国制定了轮式车辆安全的技术法规，明确了运营轮式车辆改造程序。

二十五、肯尼亚

TBT 措施

1. 农产品

2017 年 1 月，肯尼亚通报了《草莓规范》，规定了新鲜供应消费者的各种新鲜草莓和工业加工用草莓要求。

2017 年 1 月，肯尼亚通报了《新鲜洋葱规范》，适用于自然状态、绿色全叶供应消费者的各种（种植）洋葱，工业加工用洋葱除外。

2017 年 1 月，肯尼亚通报了《生菜规范》，规定了生菜（生菜包括结球生菜和透明包心生菜）质量要求。本标准不适用于工业加工用产品、单独提供叶子的产品、带根球生菜或盆栽生菜。

2017 年 1 月，肯尼亚通报了《芦笋规范》，规定了新鲜供应的芦笋嫩芽要求。本标准不适用于加工用芦笋。

2017 年 1 月，肯尼亚通报了《新鲜的整胡萝卜规范》，适用于新鲜供应消费者的各类胡萝卜，工业加工用胡萝卜排除在外。胡萝卜可以带叶或不带叶销售。

2017 年 1 月，肯尼亚通报了《新鲜辣椒规范》，适用于新鲜供应消费者的各类辣椒，工业加工用辣椒排除在外。

2017 年 1 月，肯尼亚通报了《豌豆规范——第 1 部分：带豆荚的豌豆要求》，规定了新鲜供应消费者的带豆荚新鲜豌豆一般要求，工业加工用豌豆排除在外。

2017 年 1 月，肯尼亚通报了《新鲜葫芦规范》，规定了新鲜食用葫芦要求。

2017 年 1 月，肯尼亚通报了《新鲜苦瓜规范》，规定了新鲜食用苦瓜质量要求。

2017 年 1 月，肯尼亚通报了《新鲜丝瓜规范》，规定了新鲜食用丝瓜质量要求。

2017 年 1 月，肯尼亚通报了《新鲜红瓜规范》，规定了新鲜食用红瓜质量要求。

2017 年 1 月，肯尼亚通报了《新鲜甘蓝规范》，适用于新鲜供应消费者的各种甘蓝（包括红环甘蓝及尖头甘蓝和皱叶甘蓝），工业加工用甘蓝除外。

2017 年 1 月，肯尼亚通报了《新鲜花椰菜规范》，规定了新鲜供应消费者的各种花椰菜要求，工业加工用花椰菜除外。

2017 年 1 月，肯尼亚通报了《复合动物饲料使用的牧豆粉规范》，规定了作为复合动物饲料成分使用的牧豆粉要求。

2017 年 1 月，肯尼亚通报了《复合动物饲料使用的干燥昆虫产品规范》，规定了作为复合动物饲料蛋白质来源的干燥昆虫产品要求。

2017 年 1 月，肯尼亚通报了《新鲜秋葵规范》，适用于新鲜供应消费者的锦葵科秋葵，工业加工用秋葵除外。

2017 年 1 月，肯尼亚通报了《新鲜青豆规范》，适用于新鲜供应消费者的各种豆类，用于脱壳或工业加工的豆类除外。

2017 年 1 月，肯尼亚通报了《发酵骆驼乳规范》，规定了“苏斯”发酵骆驼乳产品要求及测试和取样方法。

2017 年 1 月，肯尼亚通报了《原骆驼乳规范》，规定了原骆驼乳要求及取样和测试方法。

2017 年 1 月，肯尼亚通报了《巴氏杀菌骆驼乳规范》，规定了出售供人类消费的巴氏杀菌骆驼乳要求及测试和取样方法。

2017 年 4 月，肯尼亚通报了《干肉规范》，规定了干肉质量与安全要求，及分析与取样方法。

2017 年 4 月，肯尼亚通报了《兔肉规范》，规定了人类消费的兔胴体和切割兔肉质量要求、安全要求及分析与取样方法。本标准还定义了出售的兔胴体切割兔肉的主要部分。

2017 年 4 月，肯尼亚通报了《胴体和切割肉一第 3 部分：猪肉一规范》，规定了人类消费的猪肉等级和猪胴体与切割猪肉质量要求、安全要求及分析与取样方法。本标准还定义了出售的猪胴体切割猪肉的主要部分。

2017 年 5 月，肯尼亚通报了《农作物纤维作物法规》。

2017 年 5 月，肯尼亚通报了《农作物园艺作物法规》。

2017 年 5 月，肯尼亚通报了《农作物粮食作物法规》。

2017 年 5 月，肯尼亚通报了《农作物法案 No. 16/2013》。

2017 年 5 月，肯尼亚通报了《茶业法规》。

2017 年 5 月，肯尼亚通报了《除虫菊法规》。

2017 年 5 月，肯尼亚通报了《草药茶和果茶规范》。

2017 年 5 月，肯尼亚通报了《传统茶规范》。

2017 年 5 月，肯尼亚通报了《紫茶规范》。

2017 年 5 月，肯尼亚通报了《农作物（坚果和油料作物）法规》。

2. 酒

2017 年 3 月，肯尼亚通报了《伏特加酒规范》，规定了伏特加酒要求及取样和测试方法。本标准包括调味伏特加酒。

2017 年 3 月，肯尼亚通报了《啤酒规范》，规定了啤酒要求及取样和测试方法。

2017 年 3 月，肯尼亚通报了《无气佐餐葡萄酒规范》，规定了水果制成的无气佐餐葡萄酒要求及取样和测试方法。

2017 年 3 月，肯尼亚通报了《白兰地酒规范》，规定了白兰地酒要求及取样和测试方法。

2017 年 3 月，肯尼亚通报了《饮料酒规范》，规定了饮料酒要求及取样和测试方法。

2017 年 3 月，肯尼亚通报了《加度葡萄酒规范》，规定了加度葡萄酒要求及取样和测试方法。

2017 年 3 月，肯尼亚通报了《中性酒精规范》，规定了酒精饮料生产或混合用中性酒精要求及取样和测试方法。

2017 年 3 月，肯尼亚通报了《起泡葡萄酒规范》，规定了起泡葡萄酒要求及取样和测试方法。

2017 年 3 月，肯尼亚通报了《杜松子酒规范》，规定了杜松子酒要求及取样和测试方法。

2017 年 3 月，肯尼亚通报了《威士忌酒规范》，规定了威士忌酒要求及取样和测试方法。

2017 年 4 月，肯尼亚通报了《朗姆酒规范》，规定了朗姆酒要求及取样和测试方法。

3. 钢材

2017 年 3 月，肯尼亚通报了《冷轧钢型材规范》，规定了用于结构和通用应用的厚度低于 8mm 的冷轧钢型材的尺寸和截面特性。

2017 年 3 月，肯尼亚通报了《热轧结构钢型材规范》，规定了热轧结构钢型材的标称尺寸、质量和基本截面特性。还规定了轧制和切割公差。

2017 年 3 月，肯尼亚通报了《混凝土配筋用钢筋网规范》，包括冷拉钢丝交叉焊接组成的混凝土配筋用冷拉钢丝网要求。

2017 年 3 月，肯尼亚通报了《焊接钢网规范》，包括一般土木工程用焊接钢网要求。

2017 年 4 月，肯尼亚通报了《混凝土配筋用轧制钢棒（普通圆钢棒除外）要求》，本标准不包括预应力混凝土用钢。

4. 其他

2017 年 1 月，肯尼亚通报了《纤维板规范－第 1 部分：一般要求》，标准规定了所有普通无涂层纤维板性能要求。

2017 年 1 月，肯尼亚通报了《纤维板规范－第 2 部分：干制板（MDF）要求》，规定了干制板要求。本标准列出的数值涉及产品性质，但不是设计计算 1 中使用的参数值。

2017 年 1 月，肯尼亚通报了《综合钢铁厂固体废物的利用和处置准则》，规定了综合钢铁厂产生的固体废物现在和未来可能的用途准则。

2017 年 1 月，肯尼亚通报了《离网太阳能光伏照明套件要求》，适用于可由典型用户安装而不使用技术人员的离网照明设备或套件。

2017 年 1 月，肯尼亚通报了《架空导线配件规范》，本规范适用于使用架空导线（ABC）的低压架空电力线配件。

2017 年 4 月，肯尼亚通报了《危险货物铁路运输－运行和设计要求及应急准备》，规定了铁路危险货物安全运输要求：a）运行要求；b）设计要求；c）应急准备。

2017 年 4 月，肯尼亚通报了《一次性无纺布湿巾规范》，规定了一次性无纺布湿巾最低要求。本标准不适用于酒精棉签。

2017 年 4 月，肯尼亚通报了《电信引线规范》，包括用于电信设备、工业设备和消费电子设备布线使用的电信引线。形状可以是椭圆形/哑铃形，以帮助导体分离。

2017 年 4 月，肯尼亚通报了《危险货物运输－道路车辆颁发危险货物运输许可证检验要求》，包括用于运输类别 KS2324 及数量超过类别 KS2384 所列豁免量。

2017 年 6 月，肯尼亚通报了《旅行包规范 1：手提箱式旅行包》。

2017 年 6 月，肯尼亚通报了《矿泉水规范》。

2017 年 6 月，肯尼亚通报了《包装饮用水规范》。

2017 年 6 月，肯尼亚通报了《饮用水规范》。

2017 年 8 月，肯尼亚通报了《器皿清洁用洗涤化合物规范－第 3 部分：洗碗皂》。

2017 年 8 月，肯尼亚通报了《器皿清洁用洗涤化合物规范－第 1 部分：洗碗膏》。

2017 年 8 月，肯尼亚通报了《器皿清洁用洗涤化合物规范－第 2 部分：抗菌洗碗膏》。

2017 年 8 月，肯尼亚通报了《一次性卫生护垫规范》。

2017 年 8 月，肯尼亚通报了《购物袋禁令；带把手和/或不带衬板的袋子－平底袋－不带把手和带或不带衬板的袋子》。

2017 年 11 月，肯尼亚通报了《强化食品监测和取样指南》。

2017 年 11 月，肯尼亚通报了《服装用机织衬里和衬料规范－第 1 部分：服装用机织衬里》。

2017 年 11 月，肯尼亚通报了《服装用机织衬里和衬料规范－第 2 部分：服装用机织衬里》。

2017 年 11 月，肯尼亚通报了《矫形器－颈部和脊柱规范》。

2017 年 11 月，肯尼亚通报了《织物时尚手袋规范》。

2017 年 11 月，肯尼亚通报了《包装调味饮用水》。

2017 年 11 月，肯尼亚通报了《婴儿外衣规范》。

二十六、韩国

（一）TBT 措施

1. 食品药品

2017 年 1 月，韩国通报了《指定准药品范围修订提案》，确定用于牙齿表面暂时控制牙齿外观颜色的产品为准药品；确定直接吸入的便携式空气产品为准药品。

2017 年 1 月，韩国通报了《准药品核准、通报和审议法规修订提案》，禁止在清洁剂如漱口水、牙膏和牙齿漂白产品中使用塑料微粒。

2017 年 2 月，韩国通报了《修订食品和畜产品标签、广告认证保证机构可靠性核准法规第 2 条》，提出外国政府认证和保证的食品和畜产品标签和/或广告应包括在上述第 2 条中的标签和/或广告类别中。

2017 年 3 月，韩国通报了《畜产品标签法规修订提案》，以简化标签方法和防止责任人混淆。

2017 年 4 月，韩国通报了《功能性化妆品检验法规修订提案》。

2017 年 4 月，韩国通报了《化妆品安全标准法规修订提案》。

2017 年 4 月，韩国通报了《生物产品审核法规修订提案》。

2017 年 4 月，韩国通报了《食品和药品测试实验室评估法规修订提案》。

2017 年 4 月，韩国通报了《功能性化妆品标准与测试方法修订提案》。

2017 年 5 月，韩国通报了《“关于批准化妆品标签和广告认证保证机构可靠性法规”法律提案》。

2017 年 8 月，韩国通报了《化妆品法令执行规则修订提案》。

2017 年 8 月，韩国通报了《准药品生产规范修订提案》。

2017 年 8 月，韩国通报了《韩国草药药典修订提案》。

2017 年 8 月，韩国通报了《准药品核准、通报和审议法规修订提案》。

2017 年 9 月，韩国通报了《先进生物制品法案提案》。

2017 年 10 月，韩国通报了《清洁与卫生产品控制法案执行令提案》。

2017 年 10 月，韩国通报了《清洁与卫生产品控制法案实施细则提案》。

2017 年 10 月，韩国通报了《食品标签标准修订提案》。

2017 年 10 月，韩国通报了《钠含量相对比较标签标准和方法修订提案》。

2017 年 10 月，韩国通报了《食用畜产品标签标准修订提案》。

2017 年 11 月，韩国通报了《食用畜产品标签标准修订提案》。

2017 年 11 月，韩国通报了《医疗设备核准、通报和审查法规修订提案》。

2017 年 11 月，韩国颁布了《清洁与卫生产品标准规范提案》。

2017 年 12 月，韩国通报了《医疗设备法案实施细则修订案》。

2017 年 12 月，韩国通报了《医疗设备等级分类法规修订案》。

2017 年 12 月，韩国通报了《化妆品安全标准法规修订提案》。

2017 年 12 月，韩国通报了《进口清洁与卫生产品检验法规提案》。

2. 其他

2017 年 2 月，韩国通报了《促进环境友好型农业和渔业及管理和支持有机食品法案实施令修订提案》和《促进环境友好型农业和渔业及管理和支持有机食品法案实施细则修订提案》。

2017 年 4 月，韩国通报了《韩国机动车及零件安全与性能法规》。

2017 年 5 月，韩国通报了《能源使用合理化法案实施细则》。

2017 年 6 月，韩国通报了《铁路车辆技术法规的制造商批准技术规范》。

2017 年 6 月，韩国通报了《化学物质注册和评估法执行法令》。

2017 年 7 月，韩国通报了《外国检验机构的认可和木材产品质量标准》。

2017 年 8 月，韩国通报了《电磁兼容性（EMC）技术法规修订草案》。

2017 年 9 月，韩国提交了“关于木材产品主要质量检测仪器与分析设备信息的通报”。2017 年 9 月，韩国通报了《木材可持续利用法案实施细则修订提案》。

2017 年 9 月，韩国通报了《兽药产品安全和功效评价法规修订提案》。

2017 年 11 月，韩国通报了《锂离子蓄电池安全技术法规修订草案》。

2017 年 11 月，韩国通报了《广播通讯设备合格评定公告》。

2017 年 11 月，韩国通报了《自行车自律性安全确认标准修订草案》。

2017 年 12 月，韩国通报了“外国木材产品测量与质量检验机构认可标准”。

（二）SPS 措施

关于食品安全的措施

2017 年 1 月，韩国修订了食品添加剂标准规范。修订了“定义”及“测试”用语；新制定了以下食品添加剂标准和规范：（6s）-5-甲基四氢叶酸、氨基葡萄糖盐、分支糖基转移酶、黑胡萝卜提取物；修订了以下 2 种食品添加剂的定义：蛋白酶、红藻胶；修订以下 21 种食品添加剂的使用标准：山梨酸、山梨酸钾、山梨酸钙、苯甲酸、苯甲酸钠、苯甲酸钾、苯甲酸钙、对羟基苯甲酸甲酯、对羟基苯甲酸乙酯、焦亚硫酸钠，焦亚硫酸钾、二氧化硫、亚硫酸氢钠、亚硫酸钠、连二亚硫酸钠、尿苷酸二钠、丙二醇、氢氧化钾、液体石蜡、乙二胺四乙酸二钠、乙二胺四乙酸二钠钙；修订了砷分析方法的样品溶液的制备。

2017 年 1 月，韩国修订了食品标准规范。内容包括：制定了食品通用标准和规范中的大肠菌群和大肠杆菌标准；制定和修订了 39 种农产品杀虫剂的最大残留限量；制定和修订了 18 种食品中兽药最大残留限量；规定了 36 种兽药的一般检测方法。

2017 年 2 月，韩国修订了国境食品检验法规，内容包括：规定了用于展览样品或味感试验的进口食品免申报；规定了随机取样试验的杀虫剂测试项目；规定了免除仪器、容器及包装再进口部分的实验室测试；将 232 种检验单成分杀虫剂调至 208 种，杀虫剂名称的修改与食品代码相配合；调整了食品药物安全部有检验合格记录的安全食品范围；增加了大蒜田间试验项目和评判标准。

2017 年 2 月，韩国修订了食品添加剂标准规范，除天然添加剂外，新增了食品添加剂临时标准规范，阐述了食品添加剂安全评价的数据。

2017 年 3 月，韩国修订了畜产品标准规范，内容包括：制定和修订了蛋的清洗方法和贮存温度要求；制定了蛋保质期的附带条款；修改用语，以说明混合或单一加工产品的保质期设定值；准许分销解冻奶酪及黄油；制定和修订了工业化蛋的清洗方法和贮存温度要求；修订碎蛋后蛋内容物的贮存及使用标准；禁止通过离心破碎法获取蛋内容物；制定和修订微生物检测方法；修改畜产品标准和规范中与“工业化蛋”有关的用语。

2017 年 3 月，韩国修订了畜产品标签法，修订了畜产品标签的规定，以简化标签方法并防止相关责任人对标签产生混淆。

2017 年 3 月，韩国修订了食品及食品添加剂标准和规范，制定了批准使用维生素及矿物质成分的程序；根据“保健功能食品标准和规范”的附表，增加批准使用的新成分；在批准维生素 C 成分名单中增加添加了苏氨酸的抗坏血酸钙；增加添加了苏氨酸的抗坏血酸钙的测试方法。

2017 年 4 月，韩国修订了进口水产品检验法，内容如下：制定了仅为创汇而进口的水产品进口申报单的简化程序（旅游除外）；制定新表格，如净含量检测结果等；建立对未签署双边议定书国家的外国企业管理；修订对兽药的检验项目等。

2017 年 4 月，韩国修订了食品药物检测实验室评估法，对于符合本国政府指定要求的国外检测实验室，可根据实验室质量保证计划评估表中所列出的修订标准进行评估。

2017 年 5 月，韩国修订了食品标准规范，修订了“由糖喂养的蜜蜂生产的蜂蜜”的碳同位素比的定义和标准；制修订了“通用检测方法”；增加和修订了“经批准用于食品的原材料”清单，新增木槿花、叶和茎，姜的茎，何氏孔锦鳚等；根据韩国林业局韩国植物名称索引修订植物源性原料名称，确定新注册农药 Fenoxasulfone 在食品中的最大残留限量，并扩大 32 种农药的目标农产品范围。

2017 年 6 月，韩国修订了食品添加剂标准和规范，修订了 22 种食品添加剂使用标准。

2017 年 7 月，韩国修订了进口食品安全控制特别法，修订如下：如有证据显示货物对大众健康有风险，允许未经物理检验就扣留进口货物；农业食品和农村事务部进行进口风险分析时，食品和药物安全部所进行的进口卫生评估的时间相应进行调整。

2017 年 7 月，韩国公布了进口明胶和胶原蛋白卫生要求。

2017 年 8 月，韩国修订了进口食品安全控制特别法案执行法规，包括以下内容：如出口卫生证书包括了清真证明，则无需单独提交清真证明；除纸页形式的出口卫生证书外，韩国还将承认出口国政府通过网络提交的电子版出口卫生证书；转基因生物豁免文件适用范围包括由食品和药物安全部认可的检验机构出具的检测报告。

2017 年 8 月，韩国修订了进口食品安全控制特别法案执行法规，包括以下内容：制定了食品用水中引起食物中毒的五种病毒的含量；制定和修改农产品及水产品中的重金属（铅、镉）的最大限量；采用正清单制度，修订农药最大残留限量的应用标准；制定琥珀鱼、黄尾鰤组胺的最大限量；“食品内未检出物质”名单内新增两种新的抗阳痿药和五种药用成分类似物；修订“芝麻籽油”和“紫苏籽油”的定义、制造和加工标准；删除“批准食品用原材料名单”内的濒危物种；制定和修订 110 种杀虫剂的最大残留限量。

2017 年 8 月，韩国修订了食品标准规范，主要内容为：修订“食品原材料分类”名单；修订“免除规定最大残留限量的杀虫剂成分”名单；修订“制造商”一词为“食品制造商或加工商、畜产品加工商”；采用食物中毒菌规范的定量概念；修订“酿造醋”的制造加工标准，准许用“橡木屑”用作调味料；修订“批准食品用原材料”及“批准食品限用原材料”名单；制定和修订农畜产品内 105 种杀虫剂的最大残留限量；制定和修订畜产品内 18 种兽药的最大残留限量。

2017 年 8 月，韩国修订了健康功能食品标准和规范，包括以下内容：当维生素、矿物质补充成分被列为健康功能食品，但食品法典及食品添加剂法典尚未制定相应规范时，准许其采用 CAC 食品法典或其他先进国家的标准规范；根据营养素参考值修订维生素 D 及铬的最低日摄入量；新增铁及叶酸生产标准条款；新增更为详细的含 γ-亚麻酸食用油摄入量的警告通知；新增 12 种功能食品成分的修改检测方法。

2017 年 9 月，韩国修订了食品添加剂标准规范，制定了食品添加剂酸性焦磷酸钙标准规范；制定了在食品生产过程中，接触食品的蒸汽制备中使用的锅炉水添加剂名单；修订了 18 种食品添加剂的检测方法；修订了以下三种食品添加剂使用标准：糖精钠、硫酸锌、氮（液态类）；修订了 134 种食品添加剂使用标准的用语。

2017 年 9 月，韩国修订了食品用具、容器及包装标准规范，修订或制定了以下合成树脂标准规范：羟基丁基酯、对羟基苯甲酸酯、完全生物降解塑料聚酯及丁二酸丁二酯共聚物（PBS）；修订了测试方法或用语；修订了法规复检期。

2017 年 10 月，韩国修订了食品标准和规范，主要内容为：修订了“批准食品使用成分”及“批准食品限用成分”；修订了食品成分名称；修订了低水分含量“加工鱼肉产品”、若干种饮料、通过送货服务运送的冷冻产品的存放和分销标准；制定食品分类、制造加工标准及酸性值标准等；修订以下食品微生物限量：“咖啡”及“其他婴幼儿食品”细菌数限量，婴幼儿食品中克罗诺杆菌的限量；修订或重新制定 78 种杀虫剂包括溴氰菊酯在内的最大残留限量；237 种未注册杀虫剂最大残留限量为临时最大残留限量；修订了“一般测试方法”。

2017 年 10 月，韩国修订了健康功能食品标准规范，主要内容为：要求生产厂家遵守 GMP；批准肠溶性胶囊、片剂用成分名单；增加了可以混入半成品中许可配料的范围，包括油脂；建立标准尚未确定的功能性成分中的铅和镉标准；将标准和规范“A～B”中的表述修改为“大于 A 且小于 B”；规定食用油所含二十碳五烯酸及二十二碳六烯酸的酸值及过氧化值标准；修改功能成分名称，将叶黄素改为万寿菊提取物；修订功能成分人参皂苷测试方法。

2017 年 11 月，韩国修订了食品与食品添加剂临时标准规范，变更来源于转基因微生物的食品添加剂的安全评估费用；延长了来源于转基因微生物的食品添加剂安全评估结果公示的项目变更申请的处理期。

2017 年 11 月，韩国修订了转基因食品安全评估法，说明了诸多事件安全评估文件的审议程序和范围；说明授权更新的文件和主题；通报了申请格式的变化（安全评估申请等）。

2017 年 11 月，韩国修订了食品标准与规范，将畜产品加工标准及成分规范与食品标准和规范整合：修订蛋类保存和分销标准及蛋类清洗方法；新制定蛋类加工品生产与加工标准。

2017 年 12 月，韩国修订了保健食品标准与规范，制定了功能成分隔山消、糙苏、朝鲜当归萃取物、槐萃取物的标准规范；制定功能成分肉桂酸、三栀子甙甲酯、紫花前胡苷、槐角苷的测试方法。

2017 年 12 月，韩国修订了食品用具、容器和包装标准规范，合并了食品及畜产品的食品器具、容器和包装标准规范；修订了抽样与样品处理方法。

2. 关于植物及植物产品的卫生措施

2017 年 6 月，韩国修订了韩国植物保护法案，要求接受入境后检疫的进口苗木附带标签，并公布了苗木名单及标签详细要求。

2017 年 7 月，韩国修订了韩国植物保护法实施令及执行法规。

2017 年 12 月，韩国通报了动植物检疫局签发的植物卫生证书格式发生变化，旧版证书注明：仅限使用英文，新版证书注明：韩文与英文并用；新证书增加“出口国”。

3. 关于动物及动物产品的卫生措施

2017 年 6 月，韩国修订了畜产品进口申报和检验法，制定了进口家畜现场检验规范；修订了暂停进口及追加实验室检测的不合格畜产品的有害残留物名单。

2017 年 9 月，韩国发布了畜产品进口批准国家及进口卫生要求，将对家畜的分类纳入到食品标准和规范中；食品标准和规范中的某些产品名称和规范已有改变，但其进口许可不受食品标准和规范变化的影响；删除了有关禁止进口和解除动物疫病进口限制的规定；家畜出口需符合“畜产品进口批准国（地区）及进口卫生要求”和“防止传染性动物疾病条例”；更新准许进口到韩国的国别与产品名单（如：葡萄牙家禽及巴西猪肉等）。

2017 年 9 月，韩国修订了兽药产品安全和有效评估法，新增了动物细胞及基因治疗产品安全有效性评估。

二十七、马达加斯加

SPS 措施

1. 关于食品安全的措施

2017 年 10 月，马达加斯加公布植物源性食品官方控制管理法令，制定了以下相关法规：由卫生主管当局进行的官方控制及官方活动；官方分析；官方认证；建立官方控制信息及数据管理计算机系统。

2017 年 10 月，马达加斯加制定了卫生主管当局某些官方控制任务及其他官方活动代表机构条件的指令，规定了卫生主管当局针对一家或多家代表机构执行某些官方控制任务及其他官方活动的条件。

2017 年 10 月，马达加斯加制定了有关兽医主管当局官方控制某些任务及其他官方活动代表机构条件的指令，规定了兽医主管当局针对一家或多家代表机构执行某些官方控制任务及其他官方活动的条件。

2017 年 10 月，马达加斯加制定了边境检验点动物、动物源性食品及其他动物源产品和饲料官方控制执行条件的指令，规定了动物、动物源性食品、其他动物源及动物饲料产品进出口边境检验点官方控制的实施条件。

2017 年 10 月，马达加斯加制定了动物源性食品、动物及其他动物源产品官方控制管理法令。制定了生产、加工及分销所有阶段的动物源性食品、动物及其他动物源产品官方控制及兽医主管当局进行其他官方活动的管理法规。

2017 年 10 月，马达加斯加制定了适用于植物源性食品的一般卫生法规的法令，规定了植物源食品及动物饲料业经营者须执行的主要卫生措施及食品与此类食品进出口必须满足的卫生条件。

2017 年 10 月，马达加斯加制定了适用于动物源食品和动物饲料一般卫生法规的法令，规定了食品及动物饲料业经营者须执行的主要卫生措施及食品与动物饲料进出口必须满足的卫生条件。

2017 年 11 月，马达加斯加规定了国家农业保护的组织、责任和职能令，规定了国家农业保护的组织、责任和职能。

2017 年 11 月，马达加斯加制定了植物源食品分析官方实验室令，规定了官方实验室进行植物源食品官方分析所须满足的条件和义务。

2. 关于植物及植物产品的卫生措施

2017 年 6 月，马达加斯加制定了有关马达加斯加出口植物、植物产品及植物源食品的卫生与植物卫生证书格式及签发此类证书的条件的部级令，规定了马达加斯加国家植物保护组织出口植物、植物产品及植物源食品必须采用的卫生与植物卫生证书格式及签发证书的条件。

2017 年 7 月，马达加斯加公布了预防粘虫入境的强化措施备忘录，制定了有关进口受影响国家可携带的植物、植物产品及其他有害生物项目所须采取的强化措施及国际港口和机场必须采取的消毒措施。

2017 年 11 月，马达加斯加修订了植物卫生立法。提出了针对以下目标的原则和法规：控制植物、植物产品有害生物及其他监管项目传入国内并在全国范围扩散，以保证食品安全和促进国际贸易；规范植物检疫违规调查和监控及对违法者的处罚。

二十八、马拉维

（一）TBT 措施

2017 年，马拉维制定了 15 项针对食品、调味品、酒水等的规范标准，标准明确了各产品相关要求，取样与测试方法，包装和标签等内容。涉及产品包括：玉米粒、整粒干大豆、脱水大蒜、脱水鲜胡椒、食用蘑菇和蘑菇产品、完整或粉碎黑胡椒、完整或粉碎白胡椒、红椒粉、萨博瓦（Thobwa）粉、啤酒、水果制成的乡村葡萄酒、加度葡萄酒、起泡葡萄酒、婴幼儿高蛋白谷物食品、稻米等。

2017 年 10 月，马拉维制定了关于猪饲料的规范标准，规定了猪饲料要求及取样与测试方法等内容。

（二）SPS 措施

关于食品安全的措施

2017 年 2 月，马拉维修订了玉米粒强制标准草案，规定了玉米粒中霉菌毒素、重金属、杀虫剂残留及卫生强制标准，所有马拉维进口或本地产的贸易玉米粒应符合该要求。

2017 年 2 月，马拉维修订了稻米强制标准草案，规定了稻米内霉菌毒素、重金属、杀虫剂残留及卫生（包括微生物限量）强制标准，所有马拉维进口或本地产贸易稻米应符合该要求。

2017 年 2 月，马拉维修订了食用蘑菇及蘑菇产品强制标准草案，规定了蘑菇加工用许可成分及其他保证食品安全的食品添加剂最大限量，所有马拉维进口或本地产贸易蘑菇应符合该要求。

2017 年 2 月，马拉维修订了大豆强制标准草案，规定了保证食品安全的大豆污染物（包括霉菌毒素）及微生物最大限量要求，所有马拉维进口或本地产贸易大豆应符合该要求。

2017 年 6 月，马拉维制定了啤酒中食品添加剂、重金属、黄曲毒素及微生物限量要求的标准草案。

2017 年 6 月，马拉维制定了乳清粉中食品添加剂、污染物及毒素要求的标准草案。

2017 年 6 月，马拉维制定了葡萄酒中的食品添加剂、重金属及微生物限量要求的标准草案。

2017 年 6 月，马拉维制定了强化葡萄酒中食品添加剂、重金属及微生物的限量要求的标准草案。

2017 年 6 月，马拉维制定了起泡葡萄酒中食品添加剂、重金属及微生物限量要求的标准草案。

2017 年 6 月，马拉维制定了莫萨里拉奶酪中食品添加剂、污染物及微生物限量要求的标准草案。

2017 年 6 月，马拉维制定了白软干酪中食品添加剂、污染物及微生物限量要求的标准草案。

2017 年 6 月，马拉维制定了可食用酪蛋白产品中食品添加剂、污染物及毒素要求的标准草案。

2017 年 6 月，马拉维制定了混合脱脂淡炼乳及植物油中食品添加剂、污染物及毒素要求的标准草案。

2017 年 11 月，马拉维制定了涉及婴幼儿高蛋白谷物食品抽样与检测的要求和方法的标准草案。

二十九、马来西亚

TBT 措施

2017 年 1 月，马来西亚发布“基于电气设备风险的核准证书（CoA）定期测试报告有效性指南”。

2017 年 1 月，马来西亚发布“商品说明（汽车安全玻璃标志）法令”。

2017 年 1 月，马来西亚发布“安装隔离屏的储水式热水器电气设备标准”。

2017 年 8 月，马来西亚发布“数字地面电视（DTT）有源室内天线”技术规范。技术规范规定了频率范围 470MHz—742MHz、预模拟开关（ASO）超高频和后模拟开关（ASO）超高频 470MHz—694MHz 的数字地面电视（DTT）有源室内天线的最低要求。

2017 年 8 月，马来西亚发布了“基于长期演进技术（LTE）的用户设备”技术规范。技术规范规定了马来西亚基于长期演进技术（LTE）的公共移动电信业务用户设备最低要求。

2017 年 8 月，马来西亚发布了“数字地面电视（DTT）混合宽带广播电视中间件配置要求”技术规范。技术规范规定了马来西亚广播中间件最低要求。

三十、墨西哥

TBT 措施

1. 家用电器

2017 年 1 月，为规定进口或在墨西哥销售的热负荷不超过 108kW、提供液态热水的液化石油气或天然气热水器的最低安全要求、规范、测试方法、标志和商业信息要求。墨西哥发布了“家用和商用液化石油气或天然气热水器——安全要求、规范、测试方法、标志和商业信息”国家标准。标准包括相关合格评定程序。

2017 年 1 月，为规定综合能效比（CEER）规范和测试方法、用户安全规范和验证其符合性的测试方法，墨西哥发布了“房间空调器能效和用户安全要求一限制、测试方法和标签”国家标准。标准要求除了其他要求的标志以外，能效标签包括的信息必须显示在所有本标准草案管辖的电器上；标准适用于在墨西哥销售的新的国产和外国制造的风冷冷凝器容量 10 600W 以下、带或不带加热系统的房间空调器。标准不适用于分体式房间空调器。

2017 年 6 月，墨西哥通报“一般用途灯具的能效——限制和测试方法”。标准规定了住宅、商业、服务业、工业及公共区域照明用的一般用途灯具的最低能效等级与测试方法。

2017 年 9 月，墨西哥通报“家用冰箱和冰柜能效。限值、测试方法和标签”标准。标准规定了家用冰箱、冷柜和冰柜的最大能耗水平。适用于在墨西哥销售的使用密封电动压缩机的 1 104 升以下家用冰箱和冷柜及 850L 以下的家用冰柜。

2. 电信网络设备

2017 年 1 月，为确保进口和分销的设备不对其他运行设备产生有害干扰，并带来造成电信网络和服务面临风险，从而确保公共电信网络的互操作性，墨西哥发布了“在联邦和州社会康复中心、监狱和青年拘留设施范围内用于阻止手机信号、无线电通信和图像与其他数据传输的干扰设备规范与要求”国家标准。

2017 年 3 月，墨西哥并发布“具备公共网络连接数字接口的设备（工作在 2 048kb/s 和 34 368kb/s 的数字接口）标准”。标准旨在通过确保在国内部署和上市的设备不对其他操作设备、电信网络和服务产生有害干扰保护通信，从而保证电信网络和服务的互操作性。

2017 年 6 月，墨西哥通报了“连接公共网络的数字接口设备（以 2 048kb/s 和 34 368kb/s 速度运行的数字接口）标准”。

2017 年 6 月，墨西哥发布“电信和广播合规评定程序”，简化电信和广播产品的合规评定程序，从而建立健全高效的认证监控方案。

2017 年 7 月，墨西哥通报“可以使用无线电频谱或连接至公共电信网络的移动终端设备的规范。第 1 部分：调频中声音广播接收机的国际移动设备身份（IMEI）号码和操作”标准。标准适用于可以使用无线电频谱或连接至公共通信网络的所有移动终端设备。

2017 年 7 月，墨西哥通报“在联邦和州的社会康复中心、监狱和青年拘留所内阻挡手机信号、无线电通信、图像和其他数据传输的设备的规范和要求”。

2017 年 12 月，墨西哥通报“信息技术设备及相关设备和办公设备一安全要求”标准。标准规定了在墨西哥境内进口、销售、分销或租用的信息技术设备及相关设备和办公设备的一般和特定的安全特性和要求。旨在通过防止任何不可接受的伤害风险来确保消费者安全和保护财产。

3. 医疗设备

2017 年 1 月，墨西哥修订并发布“门诊医疗机构基础设施和设备最低要求”国家标准。标准对所有私立、公立和社会部门的医疗机构及提供非专业卫生保健业务是强制性的。

2017 年 3 月，墨西哥修订并发布“血液透析规范”。标准规定了采用血液透析、连续肾脏替代治疗和相关治疗的机构必须遵守的最低基础设施、设备和安全要求。适用于使用便携式或其他类型设备提供治疗的医院、固定独立单位或与医院无关联的单位。标准还规定了负责执行程序的人员要求。标准对所有在公共、社会和私营部门提供血液透析、连续肾脏替代治疗和相关治疗的机构是强制性。

4. 其他产品

2017 年 1 月，为规定铁路网安装的混凝土轨枕的设计、制造和使用技术要求，墨西哥发布了“混凝土轨枕一第 1 部分：整体轨枕”国家标准。

2017 年 1 月，为明确在墨西哥境内销售的各类型莫雷洛斯州稻米的商品说明，确保稻米满足使用商品说明所需的物理化学规范、证明产品合格的测试方法以及在产品包装上必须显示的商业信息，墨西哥发布了“莫雷洛斯州稻米”国家标准。标准适用于在墨西哥销售的水稻品种莫雷洛斯 A－92、莫雷洛斯 A－98 和莫雷洛斯 A－2010，其商品描述必须符合本标准草案规定。

2017 年 1 月，墨西哥发布“工业射线照相设备要求　第 1 部分：一般要求”国家标准。标准规定了伽马射线工业照相设备必须遵守的规范和要求，适用于所有伽马射线工业照相设备。

2017 年 1 月，墨西哥发布“燃气行业一用于液化石油气（LPG）或天然气装置的整体柔性连接器一规范和测试方法”国家标准。标准规定了用于液化石油气（LPG）和天然气装置的整体连接器、整体柔性连接器、柔性连接器和 POL 阀门连接器的规范、最低安全要求和测试方法，明确了在产品及其包装上显示的信息，以及相关合格评定程序。

2017 年 2 月，墨西哥发布“墨西哥联邦管辖的太平洋水域漂浮网箱中太平洋蓝鳍金枪鱼水产养殖责任规范”。规范对为养殖而捕捞太平洋蓝鳍金枪鱼的许可权和特许权持有人是强制性的，对在漂浮网箱中养殖太平洋蓝鳍金枪鱼的许可权和特许权持有人也是强制性的。

2017 年 3 月，墨西哥发修订并发布“自然人和法人植物检疫处理服务规范、标准和植物检疫程序”。标准包括：自然人或法人植物检疫处理服务必须遵守的植物检疫特性和规范；植物检疫处理应用管理技术特性和规范；不同类型公司的植物检疫处理认证程序。标准在墨西哥国内是强制性的。

2017 年 3 月，墨西哥发布“测量仪器一机电式电表一现场检验标准”。标准规定了独立机电式电表计量管理要求和电气安装完整性现场检验测试方法。

2017 年 3 月，墨西哥发布“电力测量系统多功能电表和仪表变压器规范与测试方法”。标准在文件第 5 条中规定了电力测量系统的计量仪表规范与测试方法。

2017 年 4 月，墨西哥发布“摩托车手安全头盔一健康促进活动一安全规范和测试方法、商业信息和标签”技术规范。规范规定了安全头盔必须遵守的技术规范、头盔涉及的商业信息以及为促进使用而进行的活动。

2017 年 5 月，墨西哥发布“陆上石油（除用于液化石油气外）贮存设施设计、施工、预启动、运行及维修的工业安全、操作安全及环境保护规范”。

2017 年 6 月，墨西哥通报“关于在联邦管辖的一般线路上行驶的公路运输车辆的最大重量和尺寸标准”。标准涉及在联邦管辖的道路和桥梁上行驶的公路运输车辆的重量、尺寸和容量，根据道路和桥梁类型，规定了此类车辆的最大重量、尺寸和容量，车辆的配置或组合，以及轮胎的气压。

2017 年 6 月，墨西哥通报“由液化石油气、天然气或其他替代燃料驱动的机动车辆废气中的气体污染物最大允许排放标准”。标准不适用于车辆总重量为 400kg 或以下的车辆、混合动力汽车、摩托车、农用拖拉机或建筑和采矿业所用的机械，也不适用于在墨西哥城、伊达尔戈、墨西哥州、莫雷洛斯、普埃布拉和特拉斯卡拉的联邦实体中流通的并由液化石油气、天然气或其他替代燃料驱动的机动车辆。

2017 年 7 月，为对向公众销售汽油的服务站进行排放控制，墨西哥通报了“向公众销售汽油的服务站中的汽油蒸汽回收系统一效率、维护和运行的测试方法和参数”标准。

2017 年 7 月，墨西哥通报“儿童保育产品一婴儿安全高脚椅功能一规范和测试方法”标准。标准适用于在墨西哥上市的高脚椅，不适用于在婴儿学步车、童车、秋千、汽车座椅或低的可躺式座椅中使用的、被转换为低椅和桌子的高脚椅的附加功能。

2017 年 8 月，墨西哥通报“向公众销售液化石油气（部分或全部填充便携式压力容器）服务站的设计、建设、预运营、运营、维护、关闭和拆除所需的工业安全、运营安全和环境保护规范与要求”。

2017 年 8 月，为保护从事水下职业活动工作人员身体的安全和卫生要求，墨西哥通报了“潜水一安全和卫生要求”标准。

2017 年 8 月，墨西哥通报“建立由野生生物保护管理单位制备的托头石首鱼（加州黄花鱼）标本、部件和衍生产品标志规范”标准。

2017 年 9 月，墨西哥通报“放射性材料包装、外包装和货运集装箱分类：标志和标签”标准。标准规定了放射性材料的包装、外包装和货运集装箱分类标准，以及管理此类材料运输的标志和标签要求。

2017 年 9 月，墨西哥通报“橡胶工业一总重量不超过 4 536kg（10 000lb）的机动车使用的新子午线轮胎或承载重量不超过 4 536kg 并且速度符号为 H、V、W、Y 或 Z 的子午线轮胎一安全规范和测试方法”标准。

2017 年 9 月，为防止事故、保护机组人员及乘客和第三方人员安全，墨西哥通报“制定在墨西哥空域经营遥控飞行器系统（RPAS）的要求”标准。适用范围包括所有经营或打算经营遥控飞行器系统（RPAS）的自然人/法人、国有运营商（民营）。也包括国内 RPAS 制造商。

2017 年 9 月，墨西哥通报“电力测量系统一多功能仪表和仪器用互感器规范与测试方法”标准。

2017 年 10 月，墨西哥通报“制冷用冷凝和蒸发装置能效一限值、测试方法和标签”标准。标准适用于：平均温度下制冷输出为 746W（2 547Btu[①]/h）至 40 000W（136 607Btu/h）、低温下为 13 000W（44 397Btu/h）以下的室外或室内安装的制冷用冷凝装置；额定冷却能力在 0.3kW～12.0kW、在潮湿和/或干燥条件下与制冷剂一起使用的制冷用薄型直接膨胀蒸发装置。

注：1Btu/h（英热单位/小时）＝0.2931W

2017 年 10 月，墨西哥通报“按生理成熟度和大理石样花纹水平对牛肉畜体分类”标准。标准适用于所有参与生产/消费链的自然人和法人，包括生产、制备、加工（保税加工或其他方式）、分销、营销、广告、出口、仓储和/或其他工业活动，以及声明产品具有本墨西哥官员标准规定的分类特性的自然人和法人。

2017 年 11 月，墨西哥通报“制定特殊管理废物分类及确定哪种废物受管理计划管制的标准；受管理计划管制的特殊管理废物清单；及构成碳氢化合物行业危险和特殊管理废物管理计划的要素和程序”标准。

2017 年 11 月，墨西哥通报“用于收集、运输和配送碳氢化合物、石油产品和石化产品的管道完整性管理”标准，标准在墨西哥境内强制实施。标准规定了数据收集、整合和分析步骤；风险分析；完整性检验和分析；维护和减灾行动；以及评估陆上和海上管道在整个生命周期中的完整性管理流程实施情况。

2017 年 11 月，墨西哥通报“石油产品和石油（液化石油气除外）的陆上贮存设施的设计、建造、预启动、运行、维护、关闭和拆除的工业安全、操作安全和环境保护规范与技术标准”。

2017 年 11 月，墨西哥通报“测量仪器—取证用酒精测试仪—规范和测试方法”标准。标准适用于在墨西哥进口和销售的用于检测和量化呼出空气中酒精的取证用酒精测试仪。为了预防，参照或警方目的，此类设备用于为了预防、参照或警用目的而规定特定活动所允许摄取的酒精量。标准规定了通过测量呼出空气中酒精含量来确定血液中酒精含量的方法。

2017 年 11 月，墨西哥通报“测量仪器—参考酒精计—规范和测试方法”标准。标准规定了参考酒精计的性能标准、测试方法、评估方法和检验程序。

2017 年 11 月，墨西哥通报“空气污染—使用甘蔗渣作为燃料的蒸汽发电机的最大允许排放限值”标准。标准约束负责工业、贸易或服务领域的标称热容量大于 10 千兆焦耳/小时（GJ/h）、甘蔗渣燃料能源至少占 90%的蒸汽发电机的自然人和法人。

2017 年 12 月，墨西哥通报“放射性材料运输指数和裂变材料运输临界安全指数的确定和运用”标准。标准适用于放射性材料运输和运输途中贮存使用的运输单位、包装、外包装、容器和储罐，以及未包装的低特别活性（LSA－I）材料和表面污染物体（SCO－I）。

三十一、摩洛哥

SPS 措施

1. 关于食品安全的措施

2017 年 1 月，摩洛哥修订了动物饲料用乳进口要求，批准进口动物饲料用乳跟踪器。

2017 年 3 月，摩洛哥为使标签法规无差别地适用于进口和国产产品，修订了现有标签立法。

2017 年 3 月，摩洛哥制定了椰枣和椰枣酱的营销质量与安全法规，规定了销售椰枣的特性、均匀度、质量要求等关键标准、标签信息要求；对处理、加工、包装、打包、运输、分销、贮存和保存这些产品的企业和公司所承担的卫生授权义务及产品包装等进行规定。

2. 关于植物及植物产品的卫生措施

2017 年 3 月，摩洛哥制定了植物保护草案法，规定了植物及植物产品进口、拥有、营销和分配的管理要求；植物、植物产品及其他项目的进出口要求；国内植物及植物产品卫生监督及其生产控制的管理规定；对任何违反法律规定的人员进行处罚以及过渡性安排。

2017 年 5 月，摩洛哥农业海洋渔业部制定了禁止传入扩散的一份检疫性有害生物名单，加强进口植物和植物产品的各项控制规定。

3. 关于动物及动物产品的卫生措施

2017 年 3 月，摩洛哥农业海洋渔业部制定了抗高致病性禽流感补充及专项措施。包括以下方面：当出现疫病疑似病例时采取的卫生措施；当出现疫病确认病例时采取的卫生措施以及补偿家禽所有人的相关安排。

2017 年 11 月，摩洛哥制定了蜂蜜及市场供应蜂业产品安全质量指令草案。

三十二、新西兰

SPS 措施

1. 关于植物及植物产品的卫生措施

2017 年 1 月，新西兰初级产业部（MPI）制定了针对来自墨西哥和美国的切花和叶的进口卫生标准。

2017 年 1 月，MPI 修订苗木进口卫生标准和朱蕉属及龙血树属切花和树枝的进口卫生标准。分别规定了出口新西兰苗木的进口规范和入境条件以及朱蕉属和龙血树属切花和树枝的进口规范和入境条件。

2017 年 2 月，MPI 修订了播种种子及播种豌豆种的进口要求。

2017 年 3 月，MPI 修订了叶缘焦枯病菌寄主的植物属苗木的植物卫生措施，规定了出口新西兰苗木的进口规范及入境条件。

2017 年 7 月，MPI 修订了进口播种种子卫生标准，规定了出口新西兰播种种子的进口规范及入境条件。

2017 年 8 月，MPI 发布了苗木进口的风险管理提案，规定了从非认证企业进口作为组织培养蓝莓的入境后检疫水平。

2017 年 12 月，MPI 发布了车辆、机械和设备的进口卫生标准。

2. 关于动物及动物产品的卫生措施

2017 年 12 月，MPI 发布了生物淤积标准（船壳潮湿外表生长的海洋生物），规定了抵达新西兰船只有关生物淤积的相关驳运风险管理标准。

三十三、尼加拉瓜

TBT 措施

1. 食品

2017 年 3 月，尼加拉瓜通报“尼加拉瓜强制技术标准（NTON）No. 03103－16：肉及肉制品－肉肠－规范和要求”的修订提案，规定了肉制品（肉肠）加工必须遵守的规范和要求。适用于尼加拉瓜进口或国产供人类消费的肉制品及肉肠（法兰克福香肠、意大利腊肠、意式肉肠及西班牙香肠）。

2017 年 5 月，尼加拉瓜通报“尼加拉瓜强制技术标准（NTON）No. 03104－17：罗布斯塔生咖啡－等级和质量规范”的修订提案，规定了出口和销售的罗布斯塔生咖啡等级标准、质量规范、分析和取样方法及包装和标签要求。适用于中果咖啡或罗布斯塔生咖啡的咖啡豆及加工和/或销售此类产品的所有自然人或法人。

2017 年 6 月，尼加拉瓜通报“尼加拉瓜强制性技术标准（NTON）No. 03106－17/中美洲技术法规（RTCA）67.04.73：17：超高温巴氏杀菌奶”的修订提案，规定了符合第 4 节定义的超高温巴氏杀菌奶的规范。适用于在缔约国境内供人类直接食用的或进一步加工超高温巴氏杀菌奶，但不适用于非无菌包装和要求冷藏的超高温巴氏杀菌奶。

2017 年 6 月，尼加拉瓜通报“尼加拉瓜强制性技术标准（NTON）No. 03105－17/中美洲技术法规（RTCA）67.04.72：17：乳制品－生干酪，包括新鲜奶酪”的修订提案，规定了生干酪，包括新鲜奶酪等（即生产后不久即时消费的奶酪）必须符合的规范。适用于在缔约国境内供人类直接食用的或进一步加工的生干酪，包括新鲜奶酪。

2017 年 9 月，尼加拉瓜通报“尼加拉瓜强制技术标准（NTON）No. 03107－17：肉和肉制品－生猪肉切块和内脏”的修订提案，规定了人类消费的生猪肉切块和内脏技术标签规定，适用于境内从事生猪肉和内脏销售的自然人或法人。

2. 建筑材料

2017 年 1 月，尼加拉瓜通报“尼加拉瓜强制技术标准（NTON）No. 12008－16：建筑材料－水泥和岩石骨料制成的空心和实心砌块－要求和合格评定”的修订提案，规定了用于约束和加固砌体的空心和实心水泥砌块的物理和机械要求，及相关合格评定程序，包括取样与测试方法。适用于国内外的水硬水泥、水和岩石骨料制成的空心和实心砌块，无论是否包含土木工程施工中使用的其他材料。应注意本标准不适用于特殊类型的砌块或 L 型和 U 型砌块。

2017 年 10 月，尼加拉瓜通报“尼加拉瓜强制技术标准（NTON）No. 12014－17 建筑材料－混凝土配筋用钢棒材和线材－规范和合格评定”的修订提案，规定了混凝土配筋用钢棒材和线材必须遵守的物理、化学和机械要求，及相关合格评定程序，包括取样与测试方法。适用于在尼加拉瓜销售的国产及进口的混凝土配筋用钢棒材和线材。

三十四、巴拿马

TBT 措施

2017 年 1 月，巴拿马制定了空调能效和标签标准，规定了房间空调最低能效水平及相关公共信息标签要求。

2017 年 1 月，巴拿马制定了分体式自由流动无管道空调能效和标签标准，规定了分体式自由流动无管道空调最低能效水平及相关公共信息标签要求。

2017 年 1 月，巴拿马制定了分体式自由流动无管变制冷剂流量空调能效和标签标准，规定了相关产品最低能效水平及相关公共信息标签要求。

2017 年 2 月，巴拿马制定了中央空调、一体式空调和分体式空调能效和标签，规定了中央空调、一体式空调和分体式空调最低能效水平和标签要求。

2017 年 4 月，巴拿马制定了能效标准，规定了最高能耗水平和相关公开信息标签要求。

2017 年 6 月，巴拿马制定了食品安全微生物标准，规定食品注册及卫生监督的微生物参数及许可限量。

2017 年 6 月，巴拿马制定了三相鼠笼式交流感应电机能效标识，规定了额定输出功率为 0.746kW～

373kW 的封闭式或开放式三相鼠笼式交流感应电机最低能效等级与要求的电机铭牌信息。

三十五、巴拉圭

TBT 措施

1. 轻工产品

2017 年 4 月，巴拉圭制定了移动蜂窝电话标准，规定了由国家电信委员会（CONATEL）对移动蜂窝电话进行强制性认证、移动蜂窝电话以前的进口许可制度，包括工厂配件进口许可制度，同时还规定了移动蜂窝电话部件以前的非自动进口许可制度，以及主板（电子板或主板）以前的非自动进口许可制度。

2017 年 5 月，巴拉圭制定了关于白炽灯和荧光灯制造商和进口商注册制度，规定了白炽灯和荧光灯进口前许可制度，及制定强制能效认证制度。

2017 年 6 月，巴拉圭制定了南方共同市场纺织品标签的技术法规，规定了纺织品成分、布料尺寸与重量（克重）、纱数，并对所述产品在整个使用周期的处理、清洗、养护进行说明。

2017 年 6 月，巴拉圭制定了预包装产品净含量的技术法规，规定冻鱼片、牙膏、家用肥皂块和固体漂白剂不再受限于定量标准。

2017 年 9 月，巴拉圭制定了摩托车防护头盔的相关标准，对不带驾驶室的两轮、三轮或四轮摩托车驾驶员和乘客的“旅游类”（“T”）防护头盔的制造商和进口商制定了登记制度。规定了强制性认证、进口前许可证制度以及此类头盔的标志和标签。

2. 化工产品

2017 年 4 月，巴拉圭制定了“促进减少使用聚乙烯塑料”并规定塑料袋和可生物降解袋进口前许可制度的法规，促进通过重复使用袋和/或可生物降解袋逐步替代一次性聚乙烯袋。

2017 年 5 月，巴拉圭规定含 85.90 及 95 号高辛烷值汽油的无水乙醇最小混合百分比应占体积的 24％，最大混合百分比占体积的 25％。

2017 年 7 月，巴拉圭制定了进口汽油类型标准，修订了进口和销售的汽油中硫含量参数。

2017 年 7 月，巴拉圭制定了液化石油气进口标准，规定了液化石油气进口的最低质量要求。

3. 其他

2017 年 9 月，巴拉圭制定了番茄鉴定和质量的技术法规，规定了番茄的鉴定和质量要求。

2017 年 10 月，巴拉圭修订了活性物质注册标准，为技术级活性物质注册制定了新的指导。

三十六、秘鲁

TBT 措施

2017 年 1 月，秘鲁规定了数字测量仪器的计量和技术要求和测试方法。

2017 年 5 月，秘鲁制定了医疗设备生产商应当遵守的安全和性能基本原则。

2017 年 5 月，秘鲁发布了药学专业稳定性研究管理规则。

2017 年 5 月，秘鲁制定了生物制品（疫苗或人血浆衍生产品）批次证书的颁发规则。

2017 年 6 月，秘鲁规定了国内生产和进口的包装食品标签管理规则。

2017 年 6 月，秘鲁通报了关于在秘销售或分销药品质量控制要求的技术法规草案。

2017 年 9 月，秘鲁制定了加工食品健康告说明的技术规范。

三十七、菲律宾

（一）TBT 措施

2017 年 6 月，菲律宾制定了农业和渔业机械测试和评估的法规，该法规涵盖农业和渔业机械在市场上被采购或销售、被购买实体接受前的测试评估政策和机制。还包括制度安排、测试工程师认证、设立认证登记处和能力建设活动规定。

2017 年 11 月，菲律宾修订了有机认证机构（OCB）官方认可准则，作出了以下修改：以 ISO/IEC 17065 的认可代替官方认可强制要求；提出包括 OCB 标准化认证方案的有机认证计划；改进与官方认证有关的决策程序和机制。

（二）SPS 措施

1. 关于食品安全的措施

2017 年 4 月，菲律宾农业部和农渔标准局制定了乳卫生操作规范国家标准草案，该规范适用于牛、水牛及山羊产乳的初级生产和后续处理，为乳的卫生生产、收集和处理提供指导，以确保乳是安全的，并适合进一步加工。

2017 年 4 月，菲律宾农业部和农渔标准局制定了基于风险评估结果的风险管理指南国家标准草案，该指南包括处理食品及饲料安全相关的风险管理选项，涉及到供人消费的新鲜、初加工及加工商品的初级生产、加工、贮存和分销问题；涵盖了解决食品和饲料安全问题的风险管理，涉及初级生产、加工、贮存和销售供人类食用的新鲜、初级加工和加工商品。

2017 年 5 月，菲律宾农业部和畜牧局制定了菲律宾肉类进口要求和程序。

2017 年 6 月，菲律宾农业部和农渔标准局制定了生蔗糖国家标准的修订草案。

2017 年 6 月，菲律宾农业部和农渔标准局制定了白糖国家标准的修订草案。

2017 年 9 月，菲律宾农业部和农渔标准局制定了国家食品控制系统原则和指南菲律宾国家标准。

2017 年 9 月，菲律宾农业部和农渔标准局制定了食品检验认证系统内的产品追溯原则菲律宾国家标准。

2017 年 9 月，菲律宾农业部和农渔标准局制定了速冻食品加工和处理卫生操作规范菲律宾国家标准。

2017 年 9 月，菲律宾农业部和农渔标准局制定了微生物风险评估的原则和方针。

2017 年 9 月，菲律宾农业部和农渔标准局制定了实施食品安全风险分析的政府工作原则菲律宾国家标准。

2017 年 9 月，菲律宾农业部和农渔标准局制定了食用蛋卫生操作规范菲律宾国家标准。

2017 年 10 月，菲律宾农业部和农渔标准局制定了冷藏冷冻生鲜遮目鱼菲律宾国家标准。

2017 年 10 月，菲律宾农业部和农渔标准局制定了冷藏冷冻篮子鱼菲律宾国家标准，适用于供人消费的生藏或冷冻加工销售的养殖或自然捕捞篮子鱼科篮子鱼。

2017 年 10 月，菲律宾农业部和农渔标准局制定了活冷藏和冷冻罗非鱼菲律宾国家标准。

2017 年 11 月，菲律宾农业部和农渔标准局制定了速冻鲜生扇贝产品菲律宾国家标准。

2017 年 12 月，菲律宾农业部发布了 SPS 进口清关通知及有效期。

2. 关于植物及植物产品的卫生措施

2017 年 5 月，菲律宾农业部和农渔标准局制定了水果和蔬菜种植良好农业操作规范国家标准草案，涵盖了供人类食用而种植的新鲜水果和蔬菜的生产和初级加工的一般卫生操作规范，特别是可生食的新鲜水果和蔬菜。

2017 年 5 月，菲律宾农业部和植物产业局制定了商业目的进口植物、种植材料和植物产品的指导方案，旨在使商业目的植物、种植材料和植物产品进口的要求和程序更为高效及合理化。

2017 年 6 月，菲律宾农业部和农渔标准局制定了水果和蔬菜种植良好农业操作规范国家标准。

2017 年 6 月，菲律宾制定了利用现代生物技术生产的转基因植物和植物产品研发、处理和使用、越境移动、环境释放及管理的相关法规与规定。

2017 年 7 月，菲律宾农业部和农渔标准局制定了新鲜水果及蔬菜的卫生规范，包括生产安全健康的产品，栽培供人消费新鲜水果和蔬菜的初级生产和包装的一般卫生规范，尤其是生吃产品；尤其适用于田间（有或无遮盖）或保护设施（水培系统、温室）内的新鲜水果蔬菜。

2017 年 8 月，菲律宾农业部和农渔标准局制定了椰子良好农业操作规范国家标准草案。

2017 年 10 月，菲律宾农业部和农渔标准局制定了预防和减少玉米受黄曲霉毒素污染的操作规范国家标准。

2017 年 10 月，菲律宾农业部和农渔标准局制定了玉米幼苗分级和分类国家标准。

3. 关于动物及动物产品的卫生措施

2017 年 4 月，菲律宾农业部和农渔标准局制定了猪良好农业规范，阐述了育种、商业及家庭饲养种猪和食用猪的饲养场良好操作的一般原则和最低要求。

2017 年 10 月，菲律宾农业部和农渔标准局制定了鸭良好畜牧业规范国家标准，规定了农场鸭及其产品的生产、处理、运输和贮存、贸易，农场食用肉鸭和蛋鸭饲养良好规范的一般原则和最低要求。

2017 年 10 月，菲律宾农业部和农渔标准局制定了散养鸡国家标准，规定了散养鸡产品的最低生产要求，包括鸡和鸡产品生产、收获、销售方法和使用散养标签。

三十八、俄罗斯

TBT 措施

1. 机动车辆

2017 年 1 月，俄罗斯颁布了海关联盟“关于铁路机车车辆安全”的技术法规（TRCU 001/2011）。

2017 年 1 月，俄罗斯颁布了海关联盟海关联盟“关于高速铁路运输安全”的技术法规（TRCU 002/2011）。

2017 年 1 月，俄罗斯颁布了海关联盟海关联盟“关于铁路机车车辆基础设施安全”的技术法规（TRCU 003/2011）。

2. 其他产品

2017 年 1 月，俄罗斯颁布了海关联盟海关联盟“关于超压设备安全”的技术法规（TRCU 032/2013）。

2017 年 2 月，俄罗斯颁布了海关联盟“关于润滑油、油和特殊液体要求”的技术法规（CUTR 030/2012）。

2017 年 3 月，俄罗斯颁布了海关联盟关于“乳及乳制品安全”的技术法规（TRCU 033/2013）。

法规修订了定义并制定了含乳产品标签附加要求，特别是关于“还原乳”“含乳产品”等。

2017年4月，俄罗斯颁布了海关联盟关于“高压设备安全”的技术法（TPTC 032/2013）。技术法规将公称直径大于25mm、最大允许工作压力高于0.05MPa的管道从技术法规的范围中排除。

2017年8月，俄罗斯颁布了“属于卫生一流行病学监督（控制）产品的通用卫生一流行病学和卫生要求”，要求禁止在合成洗涤剂和水软化剂中使用磷化合物。

2017年8月，俄罗斯颁布了“属于卫生一流行病学监督（控制）产品的通用卫生一流行病学和卫生要求”，要求规定了消毒剂要求和消毒剂功效的通用研究方法。

三十九、卢旺达

TBT措施

1. 食品

2017年4月，卢旺达发布“食品加工机械一规范”，规定了建造商业食品设备使用的材料的最低健康和卫生要求。

2017年4月，卢旺达发布“香蕉酒精饮料一规范”，规定了除乌尔格瓦（Urwagwa）以外的香蕉酒精饮料要求及取样与测试方法。

2017年4月，卢旺达发布“植物酒精饮料一规范”，规定了植物果酒要求及取样与测试方法。

2017年4月，卢旺达发布“混合木薯叶一规范”，规定了人类消费的混合木薯叶要求及取样与测试方法。

2017年4月，卢旺达发布“利口酒一规范”，规定了利口酒要求及取样与测试方法。

2017年8月，卢旺达发布“铁生物强化干豆一规范”国家标准，规定了人类消费的铁生物强化干豆要求及取样与测试方法。

2017年8月，卢旺达发布“蚕茧生产一操作规范”。

2017年8月，卢旺达发布“香蕉汁一规范”。标准规定了人类消费的香蕉汁要求和取样与测试方法。

2017年8月，卢旺达发布“螺旋藻产品一规范一第1部分：螺旋藻粉”。标准规定了螺旋藻粉要求及测试和取样方法。

2017年8月，卢旺达发布“鱼粉一规范”。标准规定了人类消费的各种鱼粉要求及测试和取样方法。

2017年9月，卢旺达发布“水果软饮料一规范一第2部分：粉碎水果软饮料”。标准规定了人类消费的粉碎的水果软饮料要求和取样与测试方法。

2017年9月，卢旺达发布“水果软饮料一规范一第1部分：果汁软饮料”。标准规定了人类消费的果汁软饮料要求和取样与测试方法，标准草案不包括基于水果或非水果的健康饮料和粉碎水果软饮料。

2017年9月，卢旺达发布“碳酸及非碳酸饮料一规范”。标准规定了碳酸及非碳酸饮料要求和取样与测试方法。

2. 其他产品

2017年4月，卢旺达发布“会议中心一指南”，规定了要求，以确保：会议中心结构、布局所需设施和技术设施的可用性；以可持续和专业方式提供的增强的活动服务能力，回应适用于当地和国际活动管理行业的当前和未来客户期望。

2017 年 6 月，卢旺达发布了“国内便携式生物气一要求”国家标准。标准涵盖了用于在家庭烹饪和照明中生成生物气能源的国内便携式塑料生物气（plasticbiogas）的测试要求和方法。

2017 年 8 月，卢旺达发布“电梯安装一安全要求”国家标准，规定了具备载人或人和货物的厢体、通过绳索或链条悬挂、在垂直方向倾斜不超过 15°的导轨之间移动的永久性新电梯安装安全要求。

2017 年 8 月，卢旺达发布“漂白剂一规范一第 2 部分：工业和家用次氯酸钠溶液”国家标准。标准规定了用作漂白和消毒剂的次氯酸钠要求和测试方法，适用于工业和家庭用的三种含水次氯酸钠溶液，标准不适用于灭菌器。

2017 年 8 月，卢旺达发布“草药凡士林一规范”，规定了草药凡士林要求和测试方法，但不适用于医疗产品。

2017 年 8 月，卢旺达发布“玻璃清洁剂规范一第 1 部分：液体玻璃清洁剂”国家标准。标准规定了液体玻璃清洁剂要求和测试方法。

2017 年 8 月，卢旺达发布“涡轮机润滑油一规范”国家标准。

2017 年 8 月，卢旺达发布“煤油一规范”国家标准。标准规定了照明或燃料用煤油要求及取样与测试方法，本文件包括适用于主要煤油燃烧器应用的两个等级的煤油：a）N01－K；b）N02－K。标准不适用于喷气发动机使用的煤油。

2017 年 8 月，卢旺达发布“水质一人类消费用水处理化学品一第 1 部分：硫酸铝”国家标准。标准规定了特征参数，规定了要求并给出了参考的硫酸铝分析方法；提供了水处理使用的信息，并确定了硫酸铝安全处理和使用规则；本标准仅适用于人类消费用水处理使用的硫酸铝。

2017 年 8 月，卢旺达发布“水质一人类消费用水处理化学品一第 2 部分：次氯酸钙”国家标准。标准规定了次氯酸钙特征参数，并规定了次氯酸钙要求和相关测试方法；提供了水处理使用的信息。

2017 年 8 月，卢旺达发布“非食品工业工人的职业健康和安全一设施要求”国家标准。

2017 年 8 月，卢旺达发布“美容和美容院健康一要求”国家标准。标准适用于所有美容院操作人员和客户，且无论在何处提供美容护理服务。

2017 年 8 月，卢旺达发布“袜子一规范”。标准规定了平纹、罗纹或花式针织无缝袜子要求及测试和取样方法，适用于尼龙、涤纶、羊毛、腈纶、棉和/或其各种混合物制成的无缝袜子。

2017 年 8 月，卢旺达发布“草药肥皂一规范”。标准规定了草药肥皂要求和测试方法。考虑到草药产品性质根据预期用途变化，本标准包括以下不同类型：a）草药香皂；b）草药洗衣皂；c）草药液体皂。本标准不适用于药用产品。

2017 年 8 月，卢旺达发布了“制革废水一安全处置一要求”。标准规定了制革厂废水及其副产品的处理和安全处置最低要求，标准仅适用于制革厂。

2017 年 8 月，卢旺达发布“钉子规范一第 1 部分：钢钉”。标准优规定了选形式和尺寸、加工尺寸和表面涂层公差、钢钉类型和通用松散钢丝钉要求。

四十、沙特阿拉伯

（一）TBT 措施

1. 食品、化妆品

2017 年 1 月，沙特阿拉伯制定了关于“特殊医疗膳食处理一般要求”的法规草案，适用于 12 个月以上患者特殊医疗膳食处理一般要求。

2017 年 1 月，沙特阿拉伯制定了关于“鲜秋葵”的法规草案，适用于人类消费的鲜秋葵要求，不包括生产用秋葵。

2017 年 1 月，沙特阿拉伯制定了关于“花生酱”的法规草案，适用于人类消费的花生酱要求。

2017 年 3 月，沙特阿拉伯制定了关于“农产品和食品农药残留最大限量”的法规草案，适用于食品和农产品农药残留最大限量。

2017 年 4 月，沙特阿拉伯制定了关于“食品厂及其人员卫生法规”的法规草案，适用于食品企业及其人员卫生要求。

2017 年 6 月，沙特阿拉伯制定了关于“果汁与果肉饮料”的法规草案，适用于供人饮用的果汁与果肉饮料一般标准。

2017 年 6 月，沙特阿拉伯制定了关于“反式脂肪酸”的法规草案，适用于反式脂肪酸及营养标签上注明的每份反式脂肪酸的最大许可限量。

2017 年 10 月，沙特阿拉伯制定了关于“植物脂肪涂抹物和混合涂抹物”的法规草案，适用于含脂肪成分不少于 10%、不超过 90%的植物脂肪和脂肪混合物，不适用于生产中需要添加其他物质的奶源脂肪和/或乳制品及脂肪含量低于 10%、黄油和乳脂肪高于 90%的产品。

2017 年 10 月，沙特阿拉伯制定了关于“冷冻鱼”的法规草案，适用于所有类型的冷冻鱼。

2017 年 10 月，沙特阿拉伯制定了关于“人类消费的冰”的法规草案，适用于人类消费的冰。

2017 年 10 月，沙特阿拉伯）制定了关于“乳脂产品”的法规草案，适用于进一步加工或烹饪用无水乳脂、乳脂、无水乳脂黄油、黄油和酥油。

2017 年 10 月，沙特阿拉伯制定了关于“食品包装－第 1 部分：一般要求”的法规草案，涉及所有食品包装材料一般要求，包装金属、玻璃、塑料、纸张、纸箱、多层纺织品和木材包装，以及用于包装食品的其他材料。

2017 年 11 月，沙特阿拉伯制定了关于“食品补充剂”的法规草案，适用于作为食品向最终消费者销售的食品补充剂。但法规不适用于任何医疗产品。

2017 年 11 月，沙特阿拉伯制定了关于“食品包装－第 2 部分：塑料包装－一般要求”的法规草案，涉及与食品接触的塑料包装一般要求。

2017 年 11 月，沙特阿拉伯制定了关于“非酒精麦芽饮料”的法规草案，适用于人类直接消费的非酒精麦芽饮料。

2017 年 11 月，沙特阿拉伯制定了关于“冷冻鱼片”的法规草案，适用于所有类型的带皮或不带皮的无额外生产加工的人类直接消费的冷冻鱼片。但不适用于深加工或其他工业用产品。

2017 年 11 月，沙特阿拉伯制定了关于“食品中添加必需营养素的通用原则”的法规草案，涉及食品添加基本必需营养素应遵循的通用原则，不包括维生素和矿物质补充剂。

2017 年 11 月，沙特阿拉伯制定了关于“咸鱼和干咸鱼”的法规草案，适用于已经完全饱和盐渍（重腌）的鳕科咸鱼和干咸鱼基本要求，或不需要进一步工业加工而供消费的盐含量不低于 12%的部分饱和盐渍咸鱼。

2017 年 11 月，沙特阿拉伯制定了关于“罐装树莓”的法规草案，涉及罐装树莓，包括定义、包装介质、缺陷、要求、取样、测试方法、包装、运输、贮存和标签。

2017 年 11 月，沙特阿拉伯制定了关于“冷冻泰米亚酱”的法规草案，涉及冷冻泰米亚酱必须遵守的要求，包括定义、要求、取样、测试方法、包装、运输、贮存和标签。

2017 年 11 月，沙特阿拉伯制定了关于“把总热量放在食品企业外销食品菜单上”的法规草案，涉及向家庭以外消费者提供食物的食品企业菜单中的总热量的要求。

2017 年 11 月，沙特阿拉伯制定了关于“速溶阿拉伯咖啡”的法规草案，涉及速溶阿拉伯咖啡和混合速溶阿拉伯咖啡。

2017 年 11 月，沙特阿拉伯制定了关于“散装精制食用油贮存、运输和处理一般要求”的法规草案，涉及所有食用类型的原油和精制油脂的处理、贮存和运输一般要求。

2. 机动车辆

2017 年 3 月，沙特阿拉伯制定了关于“机动车辆—车辆识别编码（VIN）—要求”的法规草案，删除海湾技术法规“按照国际标准化组织（ISO）标准分配车辆识别编码（VIN）的车辆被视为符合本标准要求”。

2017 年 5 月，沙特阿拉伯制定了关于 1998“机动车辆—定期技术检验手册”更新草案，规定了客车、卡车和公共汽车所需的定期技术检验。

2017 年 8 月，沙特阿拉伯制定了关于“汽车零配件”的技术法规草案，规定了以下方面：术语和定义、范围、目的、供应商责任、标签、合格评定程序、监管机关的责任、市场调查机构的责任、违法和处罚、一般规则、过渡规则、附录（清单、类型）。

2017 年 8 月，沙特阿拉伯制定了关于“挂车和半挂车”的技术法规草案，规定了以下方面：术语和定义、范围、目的、供应商责任、标签、合格评定程序、监管机关的责任、市场调查机构的责任、违法和处罚、一般规则、过渡规则、附录（清单、类型）。

2017 年 8 月，沙特阿拉伯制定了关于“BM—III 液压连杆及相关产品”的技术法规草案，规定了以下方面：术语和定义、范围、目的、供应商责任、标签、合格评定程序、监管机关的责任、市场调查机构的责任、违法和处罚、一般规则、过渡规则、附录（清单、类型）。

2017 年 8 月，沙特阿拉伯制定了关于“卡车和挂车前后与侧面护板”的技术法规草案，规定了以下方面：术语和定义、范围、目的、供应商责任、标签、合格评定程序、监管机关的责任、市场调查机构的责任、违法和处罚、一般规则、过渡规则、附录（清单、类型）。

3. 能效

2017 年 6 月，沙特阿拉伯制定了关于“电动衣服烘干机能源性能要求与标签”的法规草案，规定了容量为 25 公斤的电动衣服烘干机的性能与能源标签要求。

2017 年 6 月，沙特阿拉伯制定了关于“电动洗衣机—能源和水的性能要求与标签”的法规草案，规定了容量为 25 公斤的电动洗衣机的性能与能源标签要求。

2017 年 6 月，沙特阿拉伯制定了关于“热水器—能源性能、测试与标签要求”的法规草案，规定了热水器的性能与能源标签要求。

2017 年 11 月，沙特阿拉伯制定了关于“旋转电机—第 30—1 部分：线控交流电机的效率等级（IE 代码）”的法规草案，规定了 60Hz、单速、三相感应电机的效率等级。

2017 年 11 月，沙特阿拉伯制定了关于“照明产品的能效、功能和标签要求—第 2 部分”的法规草案，规定了光通量在 60 流明（lm）以上的电灯和灯具、光通量在 12 000 流明（lm）以上的白炽灯、光通量在 12 000 流明（lm）以上的卤素灯、有集成镇流器光通量在 12 000 流明（lm）以上的紧凑型荧光灯（CLFi）、没有集成镇流器的紧凑型荧光灯（CLFi）、荧光灯（所有类型）、高压气体放电灯和 LED 灯（包括光通量在 12 000 流明（lm）以上的改装 LED 灯）的能效、功能、标志信息、能效标签和有害物质。

4. 建材

2017 年 8 月，沙特阿拉伯制定了关于“BM—IV 砖、瓦、陶瓷、卫生洁具及相关产品”的法规草案，草案规定了以下方面：术语和定义、范围、目的、供应商责任、标签、合格评定程序、监管机关的责任、市场调查机构的责任、违法和处罚、一般规则、过渡规则、附录（清单、类型）。

2017 年 8 月，沙特阿拉伯制定了关于“建筑用升降机及其安装”的法规草案，草案规定了以下方面：术语和定义、范围、目的、供应商责任、标签、合格评定程序、监管机关的责任、市场调查机构的责任、违法和处罚、一般规则、过渡规则、附录（清单、类型）。

5. 家电

2017 年 9 月，沙特阿拉伯制定了关于“空调一低容量窗式和单体式空调最低能源性能、标签和测试要求”的法规草案，规定了窗式和单体式空调能源性能和能源标签要求。

2017 年 9 月，沙特阿拉伯制定了关于“冰箱、带冰柜的冰箱和冰柜一能源性能、测试和标签要求”的法规草案，规定了冰箱和冰柜能源性能和能源标签要求。

6. 纺织品

2017 年 8 月，沙特阿拉伯制定了关于“纺织品”的法规草案，规定了以下方面：术语和定义、范围、目的、供应商责任、标签、合格评定程序、监管机关的责任、市场调查机构的责任、违法和处罚、一般规则、过渡规则、附录（清单、类型）。

（二）SPS 措施

1. 关于食品安全的措施

2017 年，沙特阿拉伯食品药物管理局（SFDA）制定了冷冻鱼类、冷藏小虾、冷藏鱼鱼、冷冻鱼片、速冻小虾及对虾的技术法规草案。

2017 年 5 月，SFDA 制定了进口鱼及其他水产品的管理机构和企业的批准框架，确保国外相关企业接受沙特食品安全管理机构的管理。

2017 年 5 月，SFDA 制定了进口食品条件和要求。

2017 年 12 月，SFDA 制定了动物饲料中生产准用饲料添加剂的技术法规草案，规定了准许作为牲畜家禽饲料加工的添加剂物质、添加条件和百分比。

2017 年 12 月，SFDA 制定了饲料运输卫生规范技术法规草案。

2017 年 12 月，SFDA 制定了家禽副产品加工厂卫生要求的技术法规草案。

2017 年 12 月，SFDA 制定了饲料内微生物污染物及其限量，规定了微生物标准，不包括类似细菌和酵母菌的有益微生物。

2017 年 12 月，SFDA 制定了饲料及动物饲料中禁用物质的技术法规草案。

2017 年 12 月，SFDA 制定了饲料标签成分与分析值间许可公差的技术法规草案。

2. 关于动物及动物产品的卫生措施

2017 年，因德国、塞尔维亚、保加利亚、匈牙利琼格拉德州及亚斯一瑙吉孔一索尔诺克州、斯洛伐克、荷兰弗里斯兰省、法国塔恩、洛特一加龙及阿韦龙省、乌克兰赫尔松市、匈牙利巴奇一基什孔州、英国林肯郡、波兰卢布斯卡省、乌克兰敖德萨及切尔尼夫齐市、孟加拉、科威特、意大利、科威特、西班牙加泰罗尼亚、希腊、美国田纳西州、克罗地亚克拉平斯克一札格路斯卡县、越南、马来西亚吉兰丹、津巴布韦、比利时西佛兰德省、卢森堡、刚果伊图利省、津巴布韦东马绍纳兰省、南非、多哥及比利时西佛兰德省、老挝赛宋本特区及占巴塞省、菲律宾邦板牙省及新怡诗夏省、保加利亚多布里奇等地爆发高致病性禽流感病毒，沙特阿拉伯停进口上述地区的家禽肉、蛋和其产品（经热处理或其他保证免除禽流感病毒处理的加工家禽肉及蛋制品除外）、活禽鸟、孵化蛋及一日龄雏鸡。

2017 年，因德国、荷兰、瑞士、西班牙、前南斯拉夫马其顿共和国爆发了马传染性贫血病，沙特阿拉伯暂停进口上述地区马匹。

2017 年，因泰国、马来西亚爆发罗非鱼湖病毒，沙特阿拉伯暂停进口泰国和马来西亚活鱼。

2017 年 3 月，因印度安达曼群岛及尼科巴群岛联邦属地发现了白斑病及传染性皮下及造血组织坏死症，沙特阿拉伯暂停进口该地区的虾。

2017 年 5 月，因丹麦法罗群岛复发传染性鲑贫血病毒，沙特阿拉伯暂停进口丹麦法罗群岛大西洋鲑鱼。

2017 年 8 月，因斯威士兰爆发非洲马瘟，沙特阿拉伯暂停进口斯威士兰马匹。

2017 年 8 月，因埃及爆发罗非鱼湖病毒，沙特阿拉伯暂停进口埃及活鱼。

2017 年 8 月，因哥伦比亚、缅甸爆发口蹄疫，沙特阿拉伯暂停进口哥伦比亚和缅甸的牲畜。

2017 年 8 月，因爱尔兰爆发了螯虾瘟，沙特阿拉伯暂停进口爱尔兰活鱼。

2017 年 9 月，因比利时爆发鲤疱疹病毒病，沙特阿拉伯暂停进口比利时活观赏鱼。

2017 年 10 月，因尼日利亚爆发了裂谷热，沙特阿拉伯暂停进口尼日利亚牲畜。

2017 年 10 月，因意大利爆发锦鲤疱疹病毒，沙特阿拉伯暂停进口意大利活鱼。

2017 年 10 月，因美国德克萨斯州卡梅隆爆发急性肝胰腺坏死病，沙特阿拉伯暂停进口该地区水生养殖活虾。

2017 年 11 月，因关西班牙爆发西尼罗热病，沙特阿拉伯暂停进口西班牙活禽鸟。

2017 年 12 月，因西班牙出现牛海绵状脑病，沙特阿拉伯暂停进口西班牙活牛。

四十一、萨尔瓦多

TBT 措施

2017 年 1 月，萨尔瓦多制定了额定输出功率 0.746kW～373kW 的三相鼠笼交流感应电机能效的技术法规（RTS），规定了额定效率值、最低能效等级及评估效率值和等级的测试方法。

2017 年 6 月，萨尔瓦多通报了生干酪的中美洲技术法规（RTCA），规定了生干酪，包括新鲜奶酪等（即生产后不久即时消费的奶酪）必须符合的规范。

2017 年 6 月，萨尔瓦多通报了超高温巴氏杀菌奶的中美洲技术法规，规定了超高温巴氏杀菌奶的规范。该法规不适用于非无菌包装和要求冷藏的超高温巴氏杀菌奶。

2017 年 7 月，萨尔瓦多制定了家用液化石油气低压调节器的技术法规，规定了调节器的技术和安全规范及相关的合规评定程序。

2017 年 12 月，萨尔瓦多制定了干咸鱼的技术法规，规定了干咸鱼必须符合的安全参数。

四十二、新加坡

TBT 措施

1. 食品

2017 年 1 月，新加坡通报“食品法规”的修订提案，修订包括：a）允许使用以下新的符合使用标准规定的食品大麦 β 葡聚糖相关健康声明“大麦 β 葡聚糖可以降低/减少血液胆固醇。高血液胆固醇是形成冠心病的危险因素”；b）允许包装稻米使用克或公斤声明净含量，如适当；c）修订香油比重为

0.915－0.924，葵花籽油碘值为 118－141（上述修订也经 SPS 通报）。

2017 年 9 月，新加坡通报“食品法规”的修订提案，修订包括：a）规定了即食食品定义；b）规定了修订的即食食品微生物标准。上述修订案也通过 SPS 通报。

2017 年 11 月，新加坡通报“食品法规”中婴儿配方食品内容的修订提案，修订包括：标签必须包含“母乳最适合婴幼儿；应根据医生或保健医生的建议使用婴儿配方食品”确保消费者理解的强制声明；禁止使用健康声明；标签和广告不得包含陈述、建议或暗示婴儿配方食品的组分、成分、要素或其他特性具有或可能具有健康影响的声明；禁止理想化婴儿配方食品；禁止和限制在婴儿配方食品标签和广告上使用营养声明。

2. 机动车

2017 年 2 月，新加坡通报“环境保护与管理（车辆排放）法规”的修订提案，修订涉及针对环境保护与管理（车辆排放）法规一揽表 1 和 2—环境保护与管理（车辆排放）法规。

2017 年 7 月，新加坡通报“环境保护及管理（车辆排放）法规”的修订提案，拟对第 168/2013 号法规中列明的欧洲第 4 号排放标准中的两轮和三轮新摩托车提高排放要求。

3. 水能效

2017 年 7 月，新加坡通报有关水能效法规的修订提案，规定了新加坡认证委员会认可的“水效标签计划”认证机构对“强制水能效标签计划”（MWELS）和“自愿水能效标签计划”（VWELS）中的产品合规性认证与水效标签发放的程序。

2017 年 12 月，新加坡通报“公用事业（供水）法规”中的修订提案，要求供应、定购、展示或广告宣传的家用洗碗机从 2018 年 10 月 1 日起必须注册和粘贴水能效标签。

4. 其他

2017 年 7 月，新加坡通报“《环境保护和管理法》（EPMA）和《环境保护和管理（有害物质）（HS）条例》（EPM）”的修订提案，将多氯萘（PCN）和敌百虫作为有害物质进行控制，并逐步淘汰多氯萘的生产、进出口和使用。

四十三、南非

（一）TBT 措施

1. 食品

2017 年，南非制定了新鲜水果、香蕉、大蒜的等级、包装和标志法规，规定了等级/分类、质量标准、标志、包装、取样程序和检验方法等要求。

2017 年 10 月，南非制定了水产养殖活体和冷冻贝类软体动物强制规范，规定了供人类消费的相关产品须符合该强制规范要求和南非国家标准（SANS）2879 的要求。

2017 年 10 月，南非修订了进口鱼和渔业产品及罐装肉类产品的行政监管要求。

2017 年 12 月，南非制定了罐装鱼类、罐装海洋软体动物和罐装甲壳动物及其产品强制规范修订案，规定了供人类消费的相关产品须符合强制规范要求和南非国家标准（SANS）587 的要求。

2. 电子电气产品

2017 年 8 月，南非制定了电气电子设备强制性规范，规定了额定电压不超过 600V 的交直流电的电气电子设备安全要求。

2017年9月，南非制定了电磁干扰/电磁兼容（EMI/C）合格评定程序，明确了电磁干扰/电磁兼容合格评定程序的目的以及相关程序和流程。

3. 其他

2017年4月，南非修订了含转基因生物的商品标签规定。

2017年11月，南非制定了废物进出口和转运的程序和控制制度法规。

（二）SPS措施

1. 关于食品安全的措施

2017年4月，南非卫生部制定了食品内可能存在的杀虫剂残留最大限量管理法规草案，修改了食品内杀虫剂残留的最大限量。

2017年10月，南非贸易与工业部制定了两项食品法规草案，内容涉及双壳类软体动物的致病微生物化学、海洋生物毒素及微生物要求；鱼及渔业产品、肉罐头产品的行政监管要求。

2017年11月，南非卫生部制定了关于防腐剂和抗氧化剂的法规修订草案，规定可以将丙酸作为面包防腐剂。

2017年12月，南非贸易与工业部制定了鱼、海洋软体动物及甲壳类动物的罐头制品及其派生产品的强制规范，内容涉及产品的制造、生产、加工和处理要求，以及产品卫生要求、化学微生物污染物和包装厂雇员要求。

2. 关于动物及动物产品的卫生措施

2017年7月，南非农林渔业部制定了南方家犬进口的兽医卫生证书要求，规定家犬在出口前30天内应在出口国政府批准的实验室内检测以下五种疫病：布鲁氏菌、吉氏巴贝斯虫、犬恶丝虫、利什曼病和锥虫病。

四十四、泰国

TBT措施

2017年2月，泰国通报提出撤销TIS17－2532（1989）未增塑聚氯乙烯（PVC－U）饮用水管道标准，以强制标准TIS17－25××未增塑聚氯乙烯（PVC－U）饮用水管道标准代替。本标准草案规定了不暴露于直射阳光场所使用的未塑化聚氯乙烯饮用水管的类型和等级、材料、尺寸和公差、要求、标志和标签、取样和合格标准及测试方法。

2017年2月，泰国通报草案对“无麸质”食品标签规定如下：（1）a）符合以下标准的食品可以在食品标签上声明“无麸质”：除了天然包含有麸质的谷物或根茎植物之外的谷物；b）用（a）制成的面粉；c）包含（a）或（b）成分的食品；d）由一种或多种源自特别处理除去麸质的小麦品种（即硬粒小麦、斯佩尔特小麦、卡姆小麦）、黑麦，大麦、燕麦或其杂交品种成分组成的食品，销售给消费者的最终产品无麸水平不超过20mg/kg；（2）第（1）项中的食品声明只能显示为“无麸质”。如果是第（d）项中的食品，文字“特别处理除去麸质”与“无麸质”一起显示；（3）分析方法应基于不适于麸质的人的特殊膳食食品标准CODEXSTAN118－1979；（4）本MOPH通报在官方公报上公布之日起生效。

2017年6月，泰国通报“第TS1032－2560号标准：业余无线电服务的无线电通讯设备：一般设备”的修订方案，标准规定了各级业余无线电用户所用业务无线电服务电信设备的最低基数要求。设备技术要求包括无线电频率要求、安全要求及辐射照射要求。

2017 年 6 月，泰国通报对“泰国关于家用和类似用途无完整过流保护的残余电流操作断路器（RCCBs）的工业标准一第 1 部分：总则”的修订提案。修订的标准适用于功能独立于或功能上依赖于线路电压，没有过流保护（以下简称 RCCBS）的、额定电压不超过 440 伏交流电，额定电流不超过 125 安的、主要用于防止触电危害的家用或类似用途的残余电流操作断路器，主要修正了额定残余操作电流标准值，根据第 5.3.3 条所述，将其改为 0.006－0.01－0.015－0.03－0.1－0.2－0.3－0.5－1A。

2017 年 8 月，泰国通报对“烟草制品控制法”的修订提案。修订要求：任何人不得向未满 20 周岁的人销售或提供烟草制品，一任何人不得指派、雇用、要求或允许未满 18 周岁以下的人销售或提供烟草制品，任何人不得在特定场所销售烟草制品。

2017 年 8 月，泰国发布关于有害物质清单的通报，纠正和增补 2013 年 8 月 28 日有害物质清单通报 2013 中的特定有害物质。

2017 年 10 月，泰国提出撤销标准 TIS 1390－2539（1996）热轧钢板桩，代之以强制标准 TIS 1390－25××热轧钢板桩。该草案适用于护套、衬砌、结构基础和其他类似应用的热轧钢板桩。规定了类型（根据横截面形状）、等级（根据屈服强度）、尺寸和公差、化学成分和一般要求（如拉伸强度、屈服强度和伸长率）。

2017 年 10 月，泰国通报作为强制标准执行 TIS 2879－25××（20××）便携式充电宝一安全要求。本标准管辖至少一个充电接口、充电电流直流输出 6V 以下、包含蓄电池的便携式充电宝和便携式储能装置，还包括支持用于电气和电子设备快速充电的外部电源供电的充电宝。此外，也适用于充电宝按照预定用途和合理可预见误用的情况。

2017 年 11 月，泰国通报对作为强制执行标准 TIS 2721－2559（2016）湿表面滚动声排放与附着力和滚动阻力的修订提案。标准包括声音排放、潮湿表面附着性能和滚动阻力，也适用于主要为 C1、C2 和 C3 类车辆设计的机动车辆、商用车及挂车的新型充气轮胎，依照联合国法规 No.117 修订 3 和修订 2 第 1 项。

2017 年 12 月，泰国通报撤销标准 TIS 50－2548：热浸镀锌冷轧扁钢带、钢板和瓦楞板，代之以强制标准 TIS 50－25××：热浸镀锌冷轧扁钢带、钢板和瓦楞板。

四十五、土耳其

（一）TBT 措施

1. 食品

2017 年 4 月，土耳其发布“食品法典食品添加剂法规修订案”。法规对食品添加剂做出规定，对允许在食品中使用的食品添加剂及附录Ⅱ规定的使用条件和依照土耳其食品法典食品添加剂法规附录Ⅲ规定的使用条件在食品添加剂和食品酶及食品调料中使用的食品添加剂清单进行了更新。

2017 年 5 月，土耳其发布“食品法典公报：接触食品的活性智能材料及商品”技术法规。法规确定了接触食品的活性智能材料及商品的规则。

2017 年 5 月，土耳其发布“食品法典公报：与食品接触材料及物品”的技术法规。法规确定了与食品接触的材料及物品的一般规则，制定与食品接触的材料及物品所用物质的批准程序。

2017 年 8 月，土耳其发布“食品法典修订公报：蛋产品”的技术法规。目的是在从蛋鸡获取鸡蛋后，须以一种卫生方式进行包装、保藏、存储、运输和销售所应考虑的特性加以规定。

2017年9月，土耳其发布“食品法典修订公报：食品污染物”的技术法规。法规规定了某些污染物（硝酸盐、霉菌毒素、金属、二噁英、3－MCPD、PAH、三聚氰胺、固有植物毒素）的最高水平。

2017年10月，土耳其发布“食品法典修订公报：食品调料和具有调料特性的食品成分”技术法规，以与欧盟技术法规保持一致。

2017年10月，土耳其发布“食品法典修正公报：婴幼儿食品和控制体重代餐”技术法规。法规规定了婴幼儿食品和控制体重代餐的成分和信息要求以及这些食品可以添加的物质清单。

2017年10月，土耳其发布“食品法典修订公报：芳香葡萄酒、芳香葡萄酒饮料和芳香葡萄酒鸡尾酒”技术法规。法规规定了芳香葡萄酒、芳香葡萄酒饮料和芳香葡萄酒鸡尾酒的定义，规范了一般规则，以及芳香葡萄酒产品地理标志保护。

2017年11月，土耳其发布“食品法典公报：冰产品”技术法规。法规确定了产品规范，规定在冰产品的生产、制备、加工、包装、保存、贮存、运输和销售过程中必须符合卫生和相关技术要求。

2017年11月，土耳其发布“食品法典公报：冰淇淋”技术法规。法规确定了产品规范，规定在冰淇淋产品的生产、制备、加工、包装、保存、贮存、运输和销售过程中必须符合卫生和相关技术要求。

2. 紧固件

2017年7月，土耳其发布关于TSISO 7720常用扭矩全金属六角螺母－2型性能等级9的技术法规。

2017年7月，土耳其发布关于TSENISO 2398“压缩空气用纺织纤维增强橡胶软管－规范”的技术法规。

2017年8月，土耳其发布关于TS 9809“阀门－带铸铁－可燃气体的球阀”的技术法规。

2017年8月，土耳其发布关于TSISO 3315“螺钉和螺母装配工具－手动方形驱动套筒扳手的驱动部件－尺寸和测试”的技术法规。

2017年8月，土耳其发布关于TS 12435“钢结构用带六角螺母的六角头螺栓”的技术法规。

2017年8月，土耳其发布关于TS 7374“用于军用目的的铅酸电池－免维护、密封铅酸电池：一般要求和测试方法”的技术法规。

2017年8月，土耳其发布关于标准TS 1031“螺栓和垫圈－普通螺纹螺钉和非下降锥形弹簧垫圈”的技术法规。

2017年8月，土耳其发布关于标准TS 1029“紧固件－螺柱－焊接－公制螺纹”的技术法规。

3. 其他产品

2017年6月，土耳其发布“经过热处理工艺的木质包装材料及其标识相关规定的法规”。

2017年6月，土耳其发布“洗涤剂技术法规”。法规规定了洗涤剂和表面活性剂投放市场的原则和程序。

（二）SPS措施

1. 关于食品安全的措施

2017年4月，土耳其食品农业和家禽部制定了食品法典法规的修改草案，内容涉及允许使用的食品添加剂名单及其使用条件。

2017年5月，土耳其食品农业和家禽部制定了两项食品法典法规草案，内容涉及接触食品材料和商品的一般规则及用于食品接触材料和商品物质的批准程序、接触食品的活性和智能材料及商品的规则。

2017年7月，土耳其食品农业和家禽部制定了两项食品法规草案，内容涉及食品内霉菌毒素官方控制的采样分析方法、生产食品和食品成分的萃取剂。

2017 年 8 月，土耳其食品农业和家禽部制定了食品法典修改草案，根据产蛋鸡的蛋保护技术，详述该产品的卫生包装、保存、储藏、运输及销售所必须考虑的特点。

2017 年 9 月，土耳其食品农业和家禽部制定了食品污染物的食品法规草案，规定了硝酸盐、霉菌毒素、金属、二噁英、氯丙醇、多环芳烃、三聚氰胺及植物固有毒素等污染物的最大限量。

2017 年 10 月，土耳其食品农业和家禽部制定了三项食品法规草案，内容涉及食品香料及含香料特性的食品成分；加香葡萄酒、加香葡萄酒饮料、加香葡萄鸡尾酒的定义、描述、展示和标签以及加香葡萄酒产品地理标识保护；婴幼儿食品、代餐食品的成分和信息要求及可添加到此类食品中的物质名单。

2017 年 11 月，土耳其食品农业和家禽部制定了两项食品法规草案，规定了冰冻产品和冰淇淋的生产规范，使其生产、制备、加工、包装、保存、储藏、运输及销售符合相关技术卫生标准。

2. 关于动物及动物产品的卫生措施

2017 年 1 月，土耳其食品农业和家禽部制定了进口家禽及孵化蛋的动物卫生规则，内容设计进口繁殖、消费或作为狩猎动物饲养/圈养的家禽及孵化蛋的动物卫生要求。

2017 年 4 月，土耳其食品农业和家禽部发布了禽流感非疫区的相关指令，内容涉及禽流感非疫区的定义、确定禽流感非疫区的相关程序及所要实施的检验调查程序。

2017 年 7 月，土耳其食品农业和家禽部制定了规范非供人消费的动物副产品相关法规草案。

四十六、阿联酋

TBT 措施

1. 食品、化妆品

2017 年 1 月，阿联酋制定了关于“预制巴斯伯萨粉”的技术法规草案，适用于预制巴斯伯萨粉基本要求，包括定义、要求、取样、测试方法、包装、运输、存储和标签。

2017 年 3 月，阿联酋制定了关于“坚果处理一般要求”的技术法规草案，涉及坚果一般要求：处理、原材料和加热处理及各种处理过程，如去皮、焙烧腌制、熏制和不同阶段的其他处理过程，包括包装、运输和存储及供货。

2017 年 3 月，阿联酋制定了关于“面包生产技术要求”的技术法规草案，涉及麦粉制作的面包生产技术要求，本法规不适用于特殊营养用面包。

2017 年 4 月，阿联酋制定了关于“化妆品和个人护理用品”的技术法规草案，适用于法规第 2 条定义的化妆品及个人护理用品。

2017 年 5 月，阿联酋制定了关于“茶和草药袋”的技术法规草案，包含不同类型茶叶和草药袋的定义、要求（物理、化学、微生物学、放射性）、取样、检验和测试方法、运输、贮存和标签。

2017 年 9 月，阿联酋制定了关于“完整和粉碎的油菊（黑种草）种子”的技术法规草案，涉及完整和粉碎的油菊（黑种草）种子。

2017 年 9 月，阿联酋制定了关于“浓缩酸奶”的技术法规草案，涉及浓缩酸奶和保存在油中的浓缩酸奶及发酵后直接消费的浓缩酸奶必须遵守的要求。

2017 年 9 月，阿联酋制定了关于“预制肉食一汉堡包肉”的技术法规草案，涉及牛肉、水牛肉、绵羊肉、山羊肉、骆驼肉和家禽肉制成的汉堡包肉，不包括鱼肉制成的汉堡包。

2017 年 9 月，阿联酋制定了关于“蛋黄酱”的技术法规草案，涉及人类直接消费的蛋黄酱（含蛋和不含蛋）要求。

2017 年 9 月，阿联酋制定了关于“预制肉食—冷冻面包屑包裹家禽制品”的技术法规草案，涉及未煮熟、煮熟和冷冻的面包屑包裹家禽肉制品。

2017 年 9 月，阿联酋制定了关于“芥末酱”的技术法规草案，涉及人类直接消费的芥末酱要求。

2017 年 9 月，阿联酋制定了关于“色拉酱”的技术法规草案，涉及人类直接消费的色拉酱、乳化酱和蘸酱要求。本标准不包括非乳化酱，如番茄酱、乳酪酱、沙茶酱、甜辣椒酱或和水调酱（如鱼露、蚝油）。

2017 年 9 月，阿联酋制定了关于“番茄酱”的技术法规草案，涉及适用于保藏番茄产品（番茄酱）。

2017 年 11 月，阿联酋制定了关于“使用天然糖加工制成的可涂抹哈尔瓦花生糖要求”的技术法规草案，适用于可涂抹哈尔瓦花生糖基本要求，包括定义、要求、取样、测试方法、包装、运输、存储和标签要求。

2017 年 11 月，阿联酋制定了“能量产品通用要求”，对 2012“能量产品一般要求”第 11.4 条进行修订。

2017 年 12 月，阿联酋制定了“规定标签声明营养值公差的准则”，涉及确定食品标签上营养值声明的容许公差，添加的维生素和矿物质的允许公差，以及食品标签上营养健康声明的允许公差。

2017 年 12 月，阿联酋制定了“强制性警告、建议及声明”，涉及必须强制写在特定类型食品或含某些成分食品标签上的强制性警告、建议及声明。

2. 烟草

2017 年 1 月，阿联酋制定了关于“烟草和烟草产品技术法规草案—道哈”的技术法规草案，规定了产品定义、质量要求、取样、测试方法、运输、贮存和标签要求。

2017 年 9 月，阿联酋制定了关于“Almeassel 烟草”的技术法规草案，涉及 Almeassel 烟草，及其成分、添加剂和标准。

2017 年 9 月，阿联酋制定了关于“水果味烟草”的技术法规草案，涉及调味烟草必须遵守的要求，烟草以水果和水果成分及按比例和规格添加的混合原料调味。

3. 其他

2017 年 4 月，阿联酋制定了关于“内燃机用润滑油—第 2 部分：欧洲汽车制造商协会（ACEA）欧洲汽油发动机和柴油发动机润滑油序列”的技术法规草案，涉及轻型柴油发动机、带后处理装置的发动机和除船用以外的重型柴油发动机的润滑油。

2017 年 11 月，阿联酋制定了联邦产品安全法及其行政法规，适用于所有在本地市场进行交易的产品，包括自贸区等。以下产品被排除在法律规定之外：药品和兽药、疫苗、血清等。被列为古董的物品。在投放市场之前需要修理、修复或改装的旧产品。

2017 年 12 月，阿联酋制定了“家用洗涤剂通用安全要求”，规定了在海湾合作委员会国家上市的家用洗涤剂要求。本技术法规不包括工业和机构用洗涤剂以及具有消毒和杀菌性能的产品。

四十七、美国

（一）TBT 措施

1. 化学物质

2017 年 1 月，为解决三氯乙烯（TCE）在工业和商业加工中广泛使用对健康构成的危害，美国环保署（EPA）根据有毒物质控制法（TSCA）第 6 条提出禁止生产（包括进口）、加工和商业分销蒸气脱脂中使用的 TCE，禁止 TCE 在蒸气脱脂中的商业用途，要求生产商、加工商和分销商（除任何用途的 TCE 零售商外），通过供应链向下游通报这些禁令，并要求有限的记录保留。

2017 年 2 月，EPA 在确定二氯甲烷和 N-甲基吡咯烷酮（NMP）在油漆和涂层去除使用中的相关风险后，根据有毒物质控制法（TSCA）第 6 条，提出禁止所有消费类和商业油漆和涂层去除使用的 NMP 的生产（包括进口）、加工和商业分销；禁止在所有商业油漆和涂层去除中使用 NMP；要求为符合二氯甲烷限制，通过供应链向下游通报这些禁令；要求记录保留；对涉及国家安全的 NMP 涂层去除应用提供了免除本规定的有限时间。

2017 年 2 月，根据《有毒物质控制法案》（TSCA）第 6 条的要求，EPA 提出制定风险筛选程序和标准，用以确定化学物质是需要进行风险评估的高优先物质，还是不必风险评估的低优先物质。同时，EPA 还提出制定风险评估程序，以确定化学物质是否对健康或环境造成不合理的伤害风险。法规提案确定了风险评估过程的步骤，包括范围、危害评估、暴露评估、风险特征和最终风险确定。

2017 年 6 月，根据《有毒物质控制法案》规定，EPA 为一种须经生产前通知（PMN）的化学物质拟定重要新用途规则。该规则要求，任何想为法规提案指定的重要新用途活动而生产（包括进口）或加工这种化学物质，在开始此项活动前至少 90 天通报 EPA，以使其能够在审议期内对预定用途进行评估。

2017 年 9 月，EPA 根据《有毒物质控制法案》（TSCA）对 37 种须经生产前通知（PMNs）的化学物质颁布重要新用途规则（SNURs）。其中 6 种化学物质须经 TSCA 第 5（e）条规定的 EPA 认可令。该规则就法规提案指定的重要新用途活动要求生产（包括进口）或加工这 37 种化学物质的人员至少在活动开始之前 90 天通报 EPA，以使其能够在适用审议期内对预定用途进行评估。

2017 年 10 月，EPA 根据《有毒物质控制法案》（TSCA）对 29 种须经生产前通知（PMNs）的化学物质颁布重要新用途规则（SNURs）。

2017 年 12 月，根据重要新替代品政策（SNAP），EPA 就新生产的家用冰箱、冰柜和组合式冰箱冰柜所使用的 3 种易燃制冷剂，即异丁烷（R600a）、丙烷（R－290）和 R－441A 的使用条件提出修改。强调安全使用易燃制冷剂的使用条件，将美国保险商实验室的最新标准通过引用纳入进来。在《联邦公报》的“法规规章”部分，美拟作为无预先提案的直接最终法规修改这些使用条件。

2. 儿童相关产品

2017 年 2 月，美国消费品安全委员会（CPSC）根据消费品安全改善法（CPSIA）第 106 条的玩具安全规范标准和标准修订程序，将 ASTMF 963、ASTMF 963－16、玩具安全消费品安全规范标准（ASTMF 963－16）更新为强制性玩具标准。

2017 年 3 月，根据消费品安全改善法 2008（CPSIA）第 104（b）条，CPSC 于 2011 年 4 月公布了关于幼儿床的消费品安全标准，并颁布了标准更新程序。该标准通过引用编入了 ASTM 幼儿床自愿标准，并做出一些修改。依照程序，CPSC 公布了直接最终法规，修订 CPSC 幼儿床标准，通过引用将适用 ASTM 标准的最新版本编入其中

2017 年 4 月，根据消费品安全改善法 2008（CPSIA）第 104（b）条的指示，CPSC 颁布婴儿倾斜睡眠产品（倾斜睡眠产品）安全标准。此外，还提出修订法规，将倾斜睡眠产品包括在 CPSC 颁布的要求通告（NOR）清单中。CPSC 还明确将婴儿倾斜睡眠产品确定为受 CPSC 消费品注册要求管辖的耐用婴幼儿产品。

2017 年 5 月，根据消费品安全改善法 2008（CPSIA）第 104（b）条，CPSC 提出一项安全座椅的安全标准，并提出一项修改案，CPSC 将安全座椅纳入公布的要求通知（NORs）名单。

2017 年 10 月，CPSC 提出一项决定规则，某些未经处理和未完成的工程木制品（EWP），特别是

由原木或未经使用的废木材制成的刨花板、硬木胶合板和中密度纤维板，不得包含超过关于儿童产品、儿童玩具和儿童保育用品的CPSC法规规定的铅、ASTM F963元素或特定邻苯二甲酸盐限量。根据决定提案，特定EWP不必进行符合关于儿童产品、儿童玩具和儿童保育用品的铅、ASTMF 963元素或邻苯二甲酸盐要求的第三方测试。

2017年11月，CPSC法规制定提案公告（NPR），更新现行儿童玩具和儿童保育用品禁止包含规定邻苯二甲酸盐要求公告（NOR），根据消费品安全改善法（CPSIA）规定了消费产品安全委员会接受认可的标准和程序。提出的NOR将修订现行NOR，与关于邻苯二甲酸盐的最终法规一致，最终法规在同一期《联邦公报》公布，并编入联邦法规法典（CFR）。

2017年12月，根据消费品安全改善法（CPSIA）第104条制定的玩具安全消费品安全规范标准和标准修订程序，CPSC将ASTMF 963、ASTMF 963－17、玩具安全规范标准（ASTMF 963－17）成为强制性玩具标准，但有一例外情形。除一个例外情况，该直接最终法规通过引用ASTMF 963－17编入和更新了现行要求公告（NOR），规定了委员会接受依照消费品安全法（CPSA）执行ASTMF 963测试的第三方合格评定机构的认可标准和程序。

3. 农产品

2017年1月，美国农业部（USDA）农产品销售局（AMS）提出修订原产地标签（COOL）法规，增加鹿肉切块和鹿肉馅至强制性原产地标签（COOL）要求中。AMS颁布该法规提案以符合经《农业法案2014》授权的《农业市场法案1946》修订案，增加鹿肉切块和鹿肉馅至强制性原产地标签（COOL）管辖商品清单中。

2017年1月，为符合FDA新近完成的营养标签的修改，美国食品安全检验局（FSIS）提出修订肉类（包括鲶目鱼）和家禽类产品的营养标签要求，以更好地反映最新的科学研究和饮食建议，改进有助于消费者保持健康饮食习惯的营养信息内容。FSIS提出更新声明所要求的或允许的营养素清单；提供了根据大家认同的报告中膳食建议的最新每日参考值（DRV）和每日参考摄入量（RDI）；修订了4岁以下儿童和孕妇及哺乳妇女的特殊食品标签要求，并专门为这些人群制定了营养参考值。FSIS还提出修订营养素标签的格式和外观；修订一次性容器定义；要求某些容器使用双列标签；更新和修订了某些常规消费参考量（RACCs或参考量）。最后，FSIS提出将肉类和家禽类产品营养标签法规合并成一个联邦法规法典（CFR）的新部分。

2017年5月，应豌豆和扁豆行业的请求，USDA粮食检查、包装、贮存管理局（GIPSA）提出修订美国菜豆标准，以便制定鹰嘴豆类别和等级要求图表，规定新的等级确定系数、定义、系数限值和“对比鹰嘴豆”的视觉参考图像。同时，还修订美国扁豆标准，以便为“皱扁豆”规定附加等级系数、定义、等级要求和视觉参考图像，为“绿扁豆”规定特殊等级、定义、特殊等级要求、名称和视觉参考图像。

2017年6月，AMS拟定法规将实施加州沙漠葡萄行政委员会有关取消鲜食葡萄销售法令和鲜食葡萄进口法规规定的葡萄品种的豁免建议。该法令规定了加利福尼亚州东南部指定地区种植的鲜食葡萄的处理，以及由委员会对该法令进行地方性管理。该进口法规根据经修订的1937年“农业营销协议法”第8e节获得了授权，并规定了美国鲜食葡萄进口的规定。结合本拟定法规，以前授予其他品种的进口葡萄的行政豁免，包括基因上与上述法令和法规豁免的四个品种相关的其他品种的进口葡萄的豁免，将被取消。

2017年10月，AMS就修订美国猪肉标准征求公众意见。猪肉标准的最后修订是在1985年，标准不再准确反映今天猪肉产品的价值差异。现代猪肉生产的特点是产品颜色改善和大理石花纹含量更高，研究人员一致认定这两个因素是影响猪肉食用质量的主要因素。

2017年11月，AMS制定法规，执行柑橘管理委员会的建议，放宽目前根据市场营销令规定的在佛罗里达州种植的橙子、柚子、橘子和蜜柚的最小尺寸要求。委员会在当地实施法令，由在生产区内经营的种植者和装运商及一名公共成员组成。该法规放宽了橘子最小尺寸要求，最大限度地提高出货量，通过允许更多的橙子运到新鲜市场，有助于减少佛罗里达州2017年9月飓风期间柑橘产业遭受的损失。该法规还包含子部分引用格式更改，使法令语言符合《联邦公报》办公室的原则。

2017年12月，AMS制定法规，执行柑橘管理委员会的建议，放宽目前根据橙子、柚子、橘子和蜜柚市场营销令规定的在佛罗里达州种植的柚子的最小尺寸要求。委员会在当地实施法令，由在生产区内经营的种植者和装运商及一名公共成员组成。本法规放宽了柚子最小尺寸要求，最大限度地提高出货量，通过允许更多的柚子运到新鲜市场，有助于减少佛罗里达州2017年9月飓风期间柑橘产业遭受的损失。依照1937年农业销售协议法案第8e条必须相应修改柚子进口规定。

4. 能源效率

2017年1月，根据修订的《能源政策与节约法案1975》（EPCA）的要求，美国能源部（DOE）提出修订消费类中央空调和热泵能源节约标准。如果DOE收到反对意见，且认定理由合理，DOE将公布公告撤销直接最终法规，并继续沿用本法规提案。

2017年1月，根据修订的《能源政策与节约法案1975》（EPCA）中改善能效的规定，DOE提出修订专用水池泵的节能标准，与《联邦公报》公布的直接最终法规中宣布的标准相同。如果DOE收到反对意见，且认定理由合理，DOE将公布公告撤销直接最终法规，并继续沿用本法规提案。

2017年2月，DOE公布最终法规，执行《能源政策与节约法案1975》（EPCA）要求其更新的联邦低层住宅建筑建设基准能效性能标准的规定。该法规将联邦住宅基准标准更新为国际法典委员会（ICC）2015国际节能规范（IECC）。

2017年11月，联邦贸易委员会（FTC）提出修订能源标签规则，更新洗碗机、炉子、房间空调和游泳池加热器能源指南标签上的比较范围和单位能源成本数据。FTC还规定了为房间空调器上的能源指南标签的执行日期。

5. 医疗设备

2017年1月，FDA提出将脑震荡计算认知评估辅助器具和急性缺血性中风治疗使用的神经血管机械取栓设备分到II类（特别管控），以便为此类设备的安全和功效提供合理的保证。

2017年1月，美国建筑和交通无障碍委员会颁布医疗诊断设备无障碍标准。医疗诊断设备（MDE）标准包含确保医疗诊断设备对残疾人无障碍及可由残疾人使用的最低技术标准，包括但不限于检查桌、检查椅、体重秤、乳房摄影设备和医疗保健提供者用于诊断目的的其他成像设备。MDE标准允许残疾人最大限度地独立进入、使用和退出设备。MDE标准不对医疗保健提供者或医疗设备生产商施加任何强制性要求。

2017年4月，FDA将连续葡萄糖监测二次显示设备和振动反激装置分到II类（特别管控），以便为此类设备的安全和功效提供合理保证。

2017年11月，FDA将高强度超声前列腺组织消融系统、有机磷测试系统和检测和鉴定脑脊液中微生物病原体核酸的设备分到II类（特别管控），为设备的安全性和有效性提供合理保证。

6. 空气质量

2017年2月，依照《清洁空气法》（CAA），EPA批准加利福尼亚州空气资源委员会（CARB）修订商业港口船舶法规（CHC修订案）的授权请求。EPA决议确认CHC修订案的某些部分以前属于EPA授权范围。EPA还批准CARB就在用柴油燃料运输制冷装置（TRU）和TRU发电设备及TRUs

操作设施修订空气毒物控制措施的授权请求（统称2011TRU修订案）。EPA决议还确认2011TRU修订案的某些部分以前属于EPA授权范围。

2017年6月，依照《清洁空气法》（CAA），EPA批准2015年8月18日缅因州提交的州实施计划（SIP）修订案。该修正案包括了缅因州对新机动车辆排放标准的修订法规。缅因州已更新了其法规，以符合加利福尼亚州低排放车辆（LEV）计划的各种更新规定。缅因州根据CAA的规定，为减少温室气体，也批准了减少挥发性有机化合物（VOC）和氮氧化物（NOX）排放的修订法规。

2017年7月，EPA修订2016年12月12日在《联邦公报》上公布的关于复合木制品甲醛排放标准的最终法规。该修正案将允许在2017年12月12日之前制造的合规的复合木制品和包含合规复合木制品的成品被标记为符合《有毒物质控制法》（TSCA）第6编规定。这意味着受监管的复合木制品和满足要求的甲醛排放标准的成品一旦符合要求，就可自动标记为合规。

2017年7月，《清洁空气法》第211节要求EPA每年设定可再生燃料的百分比标准。该措施提出了在2018年生产或进口的纤维素生物燃料、生物质柴油、先进生物燃料及适用于汽油和柴油运输燃料的可再生燃料总量的年度百分比标准。依照法定豁免权（在预计纤维素生物燃料的生产量低于法规规定的适用量时适用），EPA正在拟定低于法定适用量及2017年要求的纤维素生物燃料、先进生物燃料和可再生燃料总量的量的要求。该措施还拟定2019年生物质柴油的适用量。

2017年9月，EPA提出措施以纠正可能导致与以前法规制定冲突的编辑疏忽。关于在2018年1月1日之前制造或进口的、汽车空调使用的不带自密封阀的2磅以下非豁免替代制冷剂容器，是否可以向非认证技术人员的个人出售，该措施澄清，依照《清洁空气法》608或609条，这些小罐可以继续出售给非认证技术人员的个人。

2017年10月，EPA修订2016年12月12日在《联邦公报》上公布的复合木制品甲醛排放标准最终法规。修订提案将更新自2013年6月10日以来已更新、替代或撤销的多项自愿共识标准，并修订现有的关于质量控制测试方法的法律规定。

2017年11月，EPA提出废除重型滑行车辆、滑行引擎和滑行装置的排放标准和其他要求，根据《清洁空气法》（CAA）的解释，滑行车辆不构成CAA第216（3）条所指的“新机动车辆”，滑行引擎被认定不构成CAA第216（3）条所指的“新机动车引擎”，滑行装置不视为“不完整”的新机动车辆。根据这一解释，EPA根据CAA第202（a）（1）条不具备对滑行车辆、滑行引擎和滑行装置进行管制的权力。

2017年12月，EPA提出，2016年6月3日《联邦公报》公布的“石油和天然气领域：新建、重建和改造的排放源排放标准”最终法规中包含的某些要求保留2年。2017年6月，EPA根据《清洁空气法》（CAA）公布了一项逸散性排放要求、井场气动泵标准和专业工程师关闭排气系统认证要求保留3个月的公告。EPA已根据对这些要求的具体反对意见批准了复议。

7. 飞行器及相关产品

2017年1月，联邦航空管理局（FAA）制定最终法规，允许操作人员使用飞行视觉系统（EFVS）代替自然视觉继续从高于接地区标高（TDZE）100ft[①]下降至跑道，并依靠某些直接着陆仪表进近程序（IAPs）按照仪表飞行规则（IFR）着陆。该最终法规还修订并重新定位了允许操作人员使用EFVS代替自然视觉下降至使用某些直着陆仪表进近程序（IAPs）的高于接地区标高（TDZE）100ft。安装了EFVS的飞机执行着陆和滑跑操作必须符合附加适航要求。最终法规还修订了使用飞行员视野以外透明显示板视觉系统的驾驶舱审查认证要求。

注：1ft＝30.40cm。

2017年4月，FAA制定措施，对特定类型运输机座椅安装的包含不可充电锂电池的充气约束系统的补充证明提出了特殊条件。原因在于，阿莫森航空安全公司（AmSafe）改装，这些飞机与运输类飞机适航标准中设想的技术状态相比，具有新颖或不同寻常的设计特点。这种设计特点就是不可充电锂电池。适用的适航规定不包含关于此类设计特点的充分的安全标准。措施中的特殊条件包含管理者认为必须建立的与现行适航标准相同安全等级的附加安全标准。

2017年11月，FAA提出修订普通和运输类直升机认证标准。修订提案对于解决旋翼飞机行业目前使用的现代设计是必要的，并且能够减少新旋翼飞机设计认证申请人的负担。修订提案能够减少或消除目前获得现代旋翼飞机认证所需的某些特定条件。修订提案还将编入FAA作为批准某些设计特性的条件所规定的同等水平安全调查结果要求。

2017年12月，FAA对安装有BRP－RotaxGmbH&Co. KG公司（原BRP－PowertrainGmbH&Co. KG公司；Bombardier－RotaxGmbH&Co. KG公司和Bombardier－RotaxGmbH公司）的912A系列发动机的各种飞机采用新适航指令（AD）。这项适航指令是由另一个国家航空当局发起的强制性持续适航信息（MCAI）引起的，以确定和纠正航空产品的不安全状况。MCAI描述了2016年6月8日至2017年10月2日之间制造的有缺陷的阀门推杆总成的不安全状态。FAA颁布该适航指令（AD），要求采取措施解决这些产品的不安全状况。

8. 食品标签

2017年1月，FDA批准膳食饱和脂肪与胆固醇和冠心病（CHD）风险之间关系的健康声明的规定，允许不符合“低脂肪”定义和/或最低营养含量要求的未加工水果蔬菜提供声明。

2017年2月，德克萨斯州酒精饮料委员会修订麦芽饮料净含量规则，规定标签上必须标明麦芽饮料净含量。

2017年11月，FDA经对公开可用科学证据总体情况的审查，认为其不支持FDA以前确定的大豆蛋白与降低冠心病风险之间关系健康声明的暂时结论，FDA撤销关于标签或食品标签上大豆蛋白与冠心病之间关系的健康声明授权使用规定。

9. 燃烧器具

2017年1月，美国科罗拉多州空气质量控制委员会、公共卫生与环境部提出木材燃烧器具方面的法规提案。该提案考虑修订《法规4》，制定新的木材炉定义。法规要求的测试、认证和标签要求适用于全州范围的新木材炉和弗兰特山脉地区的旧木材炉。

2017年1月，EPA制定措施，对现有商业和工业焚烧（CISWI）装置提出联邦计划。该提案在没有在联邦计划生效前批准州排放指南（EG）执行计划的州执行于2013年2月7日批准、2016年6月23日修订的排放指南（EG）。

10. 饲料

2017年1月，应巴斯夫公司（BASFCorp）提交的食品添加剂申请，FDA修订动物饲料和饮用水中许可添加的食品添加剂法规，以作为完全家禽饲料中饲料酸化剂的饲料级甲酸钠的安全使用。

2017年11月，为回应巴斯夫公司提交的关于饲料级甲酸钠（FAP2286）的食品添加剂申请，FDA修订动物饲料和饮用水中允许使用的食品添加剂法规，以便安全使用甲酸和甲酸铵。该申请还提出修订甲酸和甲酸铵的动物食品添加剂法规，以限制所有添加的甲酸和甲酸盐。

11. 机动车

2017年4月，加利福尼亚州运输和房屋署及机动车辆管理局修订法规以包括对不需要驾驶员车辆的车辆检测，确保此类车辆的检测以安全的方式在加州公路上行驶。

2017 年 9 月，《消费品安全改进法 2008》（CPSIA）要求 CPSC 颁布美国专用车辆学会（ANSI/SVIA1－2007）制定的关于 4 轮全地形车设备配置和性能要求的美国国家标准作为强制性消费品安全标准。CPSC 于 2008 年 11 月 14 日公布了强制性消费品安全标准。ANSI/SVIA 于 2017 年 6 月颁布了标准的 2017 版本。按照 CPSIA 要求，CPSC 提出修订委员会强制性 ATV（全地形车）标准，引用 ANSI/SVIA 标准的 2017 版本。

12. 其他

2017 年 1 月，EPA 提出基于饮用水中铅的《减少法案 2011》（RLDWA）和《社区消防安全法 2013》（CFSA），修订现行饮用水法规。RLDWA 第 1417 条禁止使用某些非无铅管道产品，并禁止进入商业流通。RLDWA 修订了无铅定义，将管道产品湿表面最大许可铅含量从 8.0％降低到 0.25％，并制定了铅含量的法定计算方法。此外，RLDWA 还规定了专用于非饮水服务的管道产品及其他专用产品无铅要求的豁免条件。CFSA 进一步修订了第 1417 条，使消防栓免除这些要求。EPA 提出制定新的要求，以确保购买、安装或检查饮用水系统的个人能够鉴别无铅管道材料。EPA 还提出制定标签要求，将符合无铅要求的管道产品与豁免无铅要求的管道产品区分开来，并要求生产商证明符合无铅要求。

2017 年 1 月，FDA 提出了规定成品无烟烟草产品中 N－亚硝基尼古丁（NNN）限制的烟草产品标准。FDA 采取该措施，因为 NNN 是在无烟烟草产品中发现的有效致癌物质，并且是与无烟烟草使用相关的癌症风险升高的主要原因。因为具有较高 NNN 水平的产品引起较高的癌症风险，FDA 认为规定成品无烟烟草产品 NNN 限制对于保护公众健康是适当的。

2017 年 1 月，PHMSA 计划修订《危险材料法规》（HMR）中适用的未精练石油产品和所有 3 类易燃液态危险材料在任何运输模式中的蒸汽压力限值。PHMSA 目前正在评估纽约州总检察长提交的关于原油运输蒸气压力标准的法规制定请求的价值，还将评估在未精练石油产品和 3 类危险材料分类过程使用蒸气压力阈值的潜在安全效益和成本。

2017 年 2 月，联邦通信委员会（FCC）就采取进一步措施征求意见，继续从过时文本电话（TTY）技术转换到提供实时文本（RTT）通信的可靠互操作方式，通过互联网协议（IP）为聋人、听力障碍者、盲聋人或有语音障碍者提供实时文本（RTT）网络服务。

2017 年 2 月，CPSC 提出根据联邦危险物质法案修正烟花装置法规。修订提案基于委员会对现有烟花法规、烟花市场、技术变化、烟花标准及烟花装置相关安全问题的审查。修订提案制定了新的要求，并修订或澄清了现有要求。修订提案的某些部分与现有烟花标准一致，或将委员会现有测试规范编入法典。

2017 年 4 月，国土安全部（DHS）海岸警卫队颁布临时法规，更新用于计算安全装载能力和所需漂浮材料数量的舷外发动机重量表。发动机重量表上一次更新是在 1984 年，海岸警卫队授权法案 2015 要求更新表格以反映具体标准

2017 年 4 月，FDA 公布由环境保护基金、地球正义、环境工作组、环境卫生中心等 13 家组织提出的请求，请求 FDA 撤销在头皮染发化妆品中使用醋酸铅颜色添加剂的规定。

2017 年 5 月，CPSC 已初步确定台锯存在不合理的刀片接触伤害风险。CPSC 工作人员的现有数据审查显示，目前的安全装置，如模块化刀片护板和劈刀，不能充分解决台锯刀片接触伤害不合理的风险问题。为解决此类风险，CPSC 提出了部分基于美国保险商实验室执行工作的法规。

2017 年 7 月，FTC 建议修订纺织品法规，删除注册商标的所有者在标签上使用商标前，向 FTC 提供其向美国专利商标局（“USPTO”）进行注册的副本的要求，且不再限制上述商标的使用人仅为将商标用作公司商标的人。

2017 年 7 月，作为对所有现行的 FTC 法规和指南系统审查的一部分，FTC 要求对其“关于电视

接收机显示的可视图片尺寸的欺骗性广告相关贸易条例法规”的整体成本、效益、必要性、以及联邦贸易委员会贸易条例法规的监管和经济影响进行公众评议。

2017 年 8 月，为与修订的国家预制房屋建筑安全标准法案 1974 保持一致，住房与城市发展部（HUD）邀请相关利益方提交修改建议，以便更新和修订 HUD 预制房屋建筑安全标准、预制房屋程序和实施细则、模制预制房屋安装标准及预制房屋安装程序法规。修改建议将提交至预制房屋共识委员会（MHCC）供其审议和考虑，作为定期向 HUD 提交建议供其采纳、修订和解释 HUD 标准和法规责任的一部分。

2017 年 9 月，美国核能管理委员会（NRC）收到马修·麦金利于 2017 年 4 月 14 日代表协议国组织（OAS）（申请人）提出的法规制定请求，请求 NRC 修订法规，增加放射性核素及其相关活动至“需要标明许可材料数量”列表中。该请求于 2017 年 6 月 21 日由 NRC 备案，NRC 正在审查其中出现的问题，以确定是否应在法规制定中考虑。NRC 现就此请求征求公众意见，包括专门针对产品或技术的问题，除了请求中引用锗－68 发生器外，这些产品或技术所需的放射性材料目前尚未列在联邦法规法典（CFR）第 10 编第 30 部分附录 B 的表格中，因此受到或可能受到负面影响。

2017 年 12 月，CPSC 考虑制定一项法规并启动了法规制定程序，以解决服装存储家具翻倒引起的伤亡风险。CPSC 征求有关服装存储装置翻倒引起的受伤风险、公告中讨论的替代方案以及解决风险的其他可能替代方案的意见。还邀请相关利益方提交现有的自愿标准或修订和制定解决本公告所述受伤风险的自愿标准的意向声明。

（二）SPS 措施

1. 关于食品安全的措施

2017 年 8 月，美国环境保护局（EPA）拟制定或修改美国联邦法规不同商品内/表的杀虫剂化学残留。

2017 年 9 月，美国食品安全检验局（FSIS）要求对计划实施公共卫生信息系统（PHIS）出口部分的执行日期至 2018 年 6 月 29 日。FSIS 将对有限数量的国家实施 PHIS 出口部分的措施，然后逐步扩大增加实施国家。

2017 年 11 月，食品药品监督管理局（FDA）归档了一份申请，该申请建议修改着色添加剂法规，扩大合成氧化铁作为着色添加的许可使用范围，包括用于日常膳食补充片剂和胶囊。

2017 年，美国共制定了 42 项关于农食产品中农兽药安全使用的措施，具体内容如下：EPA 制定了氟啶虫酰胺、氟啶胺、双环磺草酮、喹螨醚、啶嘧磺隆、吡唑萘菌胺、螺虫乙酯、异丙噻菌胺、氟虫双酰胺、啶磺草胺、茚嗪氟草胺、氟磺隆、氟啶虫酰胺、噻嗪酮、苯醚甲环唑、唑螨酯、苯唑嘧菌胺、咪唑菌酮、苯吡唑草酮、噻唑菌胺、丙硫菌唑、扑草灭、精稳杀得、氟噻唑吡乙酮、氟嘧菌酯、氯氟吡啶酯、三氟苯嘧啶、噻螨酮、苯丙烯氟菌唑、扑草净、二氯喹啉酸、乙氧呋草黄、三氯甲基吡啶、啶酰菌胺、虫酰肼、福美锌、茚虫威、氟唑环菌胺等 41 种杀虫剂、杀菌剂包括其代谢物和降解物的许可限量，涉及玉米、稻谷、茶叶、菠萝、橄榄、番茄、柿子椒等多种农作物及产品。此外，EPA 还撤销了铝酸盐、二硫化碳、灭蝇胺、敌草腈、异恶酰草胺、乙酰甲胺磷、毒草胺、甲磺草胺及硫双威的某些许可限量并免除右旋柠檬烯的许可限量；修改了铝酸盐及灭蝇胺的某些许可限量，新制定铝酸盐、灭蝇胺、敌草腈、异恶酰草胺及甲磺草胺的许可限量，免除右旋柠檬烯及柠檬黄的许可限量；修订了氯苯氧乙酸及敌草腈的许可限量的表达式，取消乙拌磷的到期许可限量；纠正噻虫啉的许可限量列表；纠正了特定杀虫剂活性成分的某些现有许可限量列表的重要数字。其中，我国对精稳杀得杀虫剂许可限量法规和苯并烯氟菌唑许可限量法规提出了评议意见。

2. 关于植物及植物产品的卫生措施

2017 年 3 月，美国动植物健康检验局（APHIS）延长了修订有关基因工程生物进口、州间流动及环境释放法规修订拟定规则的评议期。中方对此提出了评议意见。

3. 关于动物及动物产品的卫生措施

2017 年 3 月，美国制定了鲶形目鱼类及其制品屠宰和加工企业的合规指南。内容包括：申请检验许可（GOI）；提交标签进行审批——理解标签要求；遵守卫生执行标准（SPS）和卫生标准操作规程（卫生 SOP）要求；遵守危害分析和关键控制点（HACCP）要求；理解产品抽样要求；理解鲇形目鱼类和鱼制品进出口要求；制定书面召回计划和食品防护计划。中方对此提出了评议意见。

2017 年 6 月，FSIS 修改了家禽产品检验法规，将中国列为有资格对美出口屠宰家禽产品的国家，并规定此类产品进入美国之前，须遵行美国所有、包括 APHIS 的其他适用要求。所有此类产品要在美国入境口岸接受 FSIS 官员的复检。

2017 年 8 月，FSIS 制定了对美出口肉、家禽肉及蛋制品指南，以帮助美国进口商、报关员、官方进口检验企业、蛋制品工厂及其他相关方面了解和遵行 FSIS 的进口要求。

四十八、乌干达

TBT 措施

1. 食品农产品

2017 年 1 月～12 月，乌干达制定了一系列标准，规定多种农产品的要求及取样和测试方法。涉及产品包括：玉米粒、碾米、麦粒、干豆、蛋粉、腰果仁、烤澳洲坚果、豆粉、分离蛋白获取的植物蛋白酸奶、烤腰果仁、复合家禽饲料、复合奶牛饲料、澳洲坚果仁、作为复合动物饲料蛋白质来源的干虫产品、朗姆酒、杜松子酒、酒精饮料生产或混合使用的纯酒精、白兰地酒、伏特加酒、啤酒、饮用酒精、无气佐餐葡萄酒、加度葡萄酒、起泡葡萄酒、威士忌酒、食用壳蛋、供人类直接饮用的包装饮用水、矿泉水、食用冰与液体的或粉状/干的冰混合物、调味乳、生猪肉切块和屠体、生山羊肉切块和屠体、烘焙酵母、食品级三氯蔗糖、干烤银鲤鱼、干鱼肚、强化麦粉、强化玉米粉、强化食用油脂、包装肉类产品、肉和肉制品等。

2017 年 2 月，乌干达制定了玉米质量标准，规定干玉米的水分含量限制、除草剂的使用、注册要求、玉米种植的农艺规范、肥料和粪便的使用、玉米收获和收获后处理及农业投入。标准还包括穆本德地区玉米贸易要求。

2017 年 12 月，乌干达制定了动物存放路线、检查点和停泊地标准，规定了在特定地区为贸易、繁殖或除了放牧之外的其他目的而进行动物移动控制的动物存放路线、检查点和停泊地的准则和要求。

2. 工业产品

2017 年 1 月～12 月，乌干达制定了一系列标准，规定各种材料制成的轻工制品要求和测试方法，涉及产品包括：女式满帮鞋；女式开口鞋；儿童鞋；男式开口鞋；男式满帮鞋；有机肥料；无机叶面肥料；硫酸镁肥料；鞋油；采用自然或致密形态的固体生物质的烹调用炉；发胶；运动鞋；挂锁；各类校服及面料；可重复使用的卫生毛巾；一次性成人吸收用品；充气游乐设备、个人攀登设备、蹦床、砍刀、锹铁、锄头、镰刀、润唇膏、唇膏、须后水、牛油树果油等。

2017 年 3 月～9 月，乌干达制定了一系列标准，规定了相关工业产品的一般要求、生产工艺和测试方法，涉及产品包括：脚手架钢管、结构和一般工程用空心管及焊接或无缝管制成的冷拉和冷成型空心管；一般电气用铜杆、铜棒和铜丝；受痕量污染影响的试验用航空燃料采样容器、压制钢罐、二手机动车辆、冷轧低碳钢扁平钢、凝土混合物、混凝土添加剂、新拌混凝土、圆柱形混凝土试件、水凝水泥混凝土的坍落度、混凝土抗弯强度、实验室混凝土试样制备和养护、压力喷水清洗和切割设备、游乐轨道乘坐装置、娱乐用乘坐装置及设备、空中冒险轨道、位于或运行于（或两者）赌场游戏场地的游戏设备、有限支付机等。

2017 年 9 月，乌干达制定了混凝土抗快速冷冻和解冻特性的试验方法标准，包括通过两个不同程序在实验室中测定混凝土试样抗快速重复循环冷冻和解冻特性，拟用于测定混凝土特性变化对特定程序中规定的混凝土抗冷冻和解冻的影响。

2017 年 9 月，乌干达制定了硬化水凝水泥砂浆和混凝土长度变化的标准试验方法，规定了硬化水凝水泥砂浆和混凝土长度变化的测定。

3. 化工产品

2017 年 4 月～11 月，乌干达制定了一系列标准，规定各种化工产品的要求及取样与测试方法，涉及产品包括：碳酸氢钠、挥发性有机液体、用作烹饪或器具燃料的改性乙醇、黏合剂灰分含量、表面抛光剂、航空燃料中存在的胶质含量及汽油或其他成品形式的挥发性馏出物胶质含量、乳化炸药、墙面填料、建筑石灰、硝酸铵、硝酸铵燃油爆炸品、尿素肥料、硝硫酸铵肥料、硝酸铵钙肥料、规定了氯化钾（钾的氯盐）肥料、磷酸一铵和磷酸二铵肥料、照明用蜡烛、试剂水、液体工业化学品、工业甲醇酒精、普通消毒和清洁用成品甲醇酒精、身体护理油、除臭剂和止汗剂、杀虫剂和畜药等。

2017 年 5 月，乌干达制定了石油和石油产品自动取样标准，规定了从采样点到主容器自动获取液体石油和石油产品、原油及中间产品样品的一般程序和设备。该标准还规定了有关样品容器选择、准备和样品处理的附加信息。

2017 年 5 月，乌干达制定了石油和石油产品液样的混合和处理标准，包括处理、混合和调节程序，以确保将液体石油或石油产品的代表性样品从初级样品容器/接收器输送到分析测试装置或中间容器中。

2017 年 5 月，乌干达制定了工业化学品取样标准，规定了几类工业化学品取样程序以及关于测定这些样品的数量和地点的建议，以确保批次的代表性符合概率抽样原则。

4. 食品接触材料

2017 年 3 月，乌干达制定了与食品接触的包装材料标准，规定了食品接触包装物品及其后续使用一般要求。

2017 年 3 月，乌干达制定了与食品接触的塑料保鲜膜标准，规定了与食品接触的塑料保鲜膜的定义和术语、产品分类、标记、要求、测试方法、检验规则、标签、包装、运输和贮存。

2017 年 4 月，乌干达制定了食品包装裸箔标准，规定了包括退火铝和铝合金制成的食品包装裸箔使用一般要求。

2017 年 8 月，乌干达制定了一系列塑料制品与食品、药品和饮用水接触时的安全使用规范，规定了与食品、药品和饮用水接触的塑料物品生产的聚苯乙烯、聚氯乙烯、聚乙烯材料的要求、取样和测试方法。

5. 其他

2017 年 2 月，乌干达制定了陆上石油和天然气生产作业标准，规定了环境无害规范要求。

2017 年 2 月，乌干达制定了陆上石油和天然气生产作业实体标准，规定了钻井、建设、井维修和维护活动。

2017 年 3 月，乌干达制定了一系列标准，规定了医用消毒产品的要求及取样与测试方法，涉及产品包括：用于无生物表面的水溶性含碘载体的表面消毒剂/消毒杀菌剂、基于戊二醛的消毒杀菌剂、用于无生物表面（包括食品接触和非食品接触表面）的消毒剂/消毒杀菌剂等。

2017 年 4 月，乌干达制定了度量与测量法规草案（电表）标准，包括以下规定：计量单位与标准、电表计量要求、型式核准文件和仪表进口及仪表检验。

2017 年 4 月～10 月，乌干达制定了一系列测试方法，规定了各类石油及原油及其内容物产品在不同条件下的测定程序及测试方法，涉及测试对象包括：石油原油和石油产品比重度数；温度－36℃以下原油倾点温度；将稳定原油蒸馏至最终温度为 400℃ 环境等效温度；使用自动蒸气压力仪器测定原油真空蒸汽压力；使用手动蒸气压力仪器测定原油真空蒸汽压力；纯烃或石油馏出物的密度测量；测定汽油、挥发性原油和其他挥发性石油产品蒸气压的程序；原油和液态石油产品密度、相对密度或美国石油学会（API）比重；石油馏分沸程分布；温度计检验和鉴定；石油产品对铜的腐蚀性；石油产品倾点；原油和液态石油产品的密度、相对密度或 API 比重；获得液化石油气（LPG）的代表性样品的设备和程序；石油产品蒸气压；汽油中的醚类和醇类；石油馏分沸程分布；数字密度计测试液体密度、相对密度和 API 比重；用于石油产品和润滑油测试方法中精密度和偏差数据测定；100m 毛细管高分辨率气相色谱法测定火花点火发动机燃料中各成分；50m 毛细管高分辨率气相色谱法测定火花点火发动机燃料中各成分；100m 毛细管（带前柱）高分辨率气相色谱法测定火花点火发动机燃料中各成分；石油石脑油通过正壬烷详细分析毛细管气相色谱法；用气相色谱法测定含大于 20％乙醇的燃料中乙醇和甲醇含量；石油计量表使用标准；重质烃类混合物蒸馏；氯化物（盐）的浓度；原油过滤膜沉淀物；原油和燃料油中沉淀物；原油和残余燃料中镍、钒、铁和钠含量；原油和残余燃料中镍、钒和铁含量。

2017 年 4 月，乌干达制定了皮革柔韧性及皮革上涂饰黏着力的标准测试方法，用于成品皮革评估在经受反复弯曲时的抗磨损性、脱层性和变色性，不适用于蓝湿皮。

2017 年 4 月，乌干达制定了非矿物组合鞣皮剂和鞣皮度计算的标准，包括所有类型的植物鞣制皮革和有机复鞣皮革的组合鞣皮剂和非萃取有机树脂及鞣皮度的测定，不适用于蓝湿皮。

2017 年 4 月，乌干达制定了商品特殊标志标准，包括无特殊标志商品禁止交易规定；商品特殊标志申请；标志或特殊标志规定；进口商和生产商注册及使用特殊标志；国内生产商申请要求；进口商申请要求；测试产品取样；商品特殊标志申请；特殊标志使用术语；中止或撤销特殊标志使用授权；撤销特殊标志使用许可；拒绝批准或延续不符合本法规要求的特殊标志的使用授权；延续国内生产商特殊标志使用许可；行政制裁；批准特殊标志使用授权申请及其他事项的费用及收费；使用未授权特殊标志或假冒符合法规规定产品的违法及处罚等方面。

2017 年 4 月，乌干达制定了同物料特性度量下两个检测方法之间预期一致性的统计评价与改进标准，包括同物料特性度量下两个标准检测方法之间预期一致性评价的统计方法，及决定是否是简单线性。

2017 年 5 月，乌干达制定了用卡尔·菲歇尔库伦滴定法测定有机液体含水量的标准测试方法，包括使用自动化库仑滴定法以卡尔．菲歇尔试剂测定大多数液体有机化学品中 0％～2.0％质量的含水量。使用这种测试方法不适用于液化气体产品，如 LPG、丁烷、丙烷、液化天然气等。

2017 年 5 月，乌干达制定了石油和石油产品手工取样标准，规定了了由美国材料试验国际协会（ASTM International）、API 和能源研究所共同开发的广义原油、精练产品和润滑油的温度和压力体校正系数的使用。

2017 年 5 月，乌干达制定了用滴定法测定乙醇和乙醇混合物酸度的标准测试方法，包括常规可用级别的改性乙醇和 E95 至 E30 范围内的汽油乙醇混合物的醋酸酸度测定。

2017 年 6 月，乌干达制定了废物管理标准，规定了废物收集、贮存、运输、处理和处置规定及废物监管规定，适用于许多行业中产生、贮存或处理任何数量废物的活动。

2017 年 9 月，乌干达制定了获取定性分析用红外光谱的通用技术标准，规定了通过红外光谱技术用于定性分析液相、固相和气相样本的技术标准与规范。

2017 年 10 月，乌干达制定了游乐场地面 ASTM 标准指南，包括选择和确定游乐场设备下方和周围地面系统的标准，规定了在选择游乐场设备下方和周围地面系统时，如何将现有的 ASTM 标准用来评估减震、无障碍特性和产品特性。

2017 年 10 月，乌干达制定了一系列职业健康与安全相关标准，用于描述、界定及规定各类情况下的职业健康保护要求及规范，涉及方面包括：职业健康与安全相关术语；用于工人保护的废物管理设施空气监测；平板玻璃处理个人防护设备；职业接触可吸入结晶二氧化硅的健康要求；职业伤害和疾病记录；包括职业接触准则在内的职业安全与健康一致程序；将人体工程学/人为因素纳入新职业体系。

2017 年 10 月，乌干达制定了实验室化学品和样品处置标准，旨在向化学实验室管理员、化学实验室安全官员和其他相关人员提供以安全、环保方式处置少量实验室废物的指导方针，适用于产生少量化学或有毒废物的实验室。

2017 年 10 月，乌干达制定了疏散路线图标准，旨在提供建筑物使用的疏散路线图的设计和布置最低准则。包括应急部门在诸如火灾、地震和炸弹威胁等紧急情况下指挥建筑物居住者撤离。

2017 年 12 月，乌干达制定了屠宰场卫生标准，规定了适用于屠宰场的卫生要求，作为满足消费者安全需要的健康与卫生肉类和肉类产品的最低标准。

2017 年 12 月，乌干达制定了屠宰场的设计和运行标准，规定了适用于家养动物屠宰场的要求，即牛、水牛、绵羊、山羊、鹿、马、猪、走禽类、骆驼及家禽类。

2017 年 12 月，乌干达制定了屠宰场的处理和运输标准，规定了屠宰活体动物的处理和运输要求。

四十九、乌克兰

TBT 措施

1. 能源效率

2017 年 1 月，乌克兰发布“关于批准电视机能源标签的技术法规。该法规规定了电视机能源标签基本要求。

2017 年 1 月，乌克兰发布“关于批准家用转筒式干衣机能源标签的技术法规”。技术法规规定了家用转筒式干衣机能源标签基本要求。

2017 年 1 月，乌克兰发布“关于批准家用烤箱和抽油烟机能源标签的技术法规”。技术法规规定了家用烤箱和抽油烟机能源标签要求。

2017 年 9 月，乌克兰发布了“关于批准电机生态设计要求的技术法规”，规定了上市销售和投入使用的电机生态设计要求，包括整合到其他产品中的电机。

2017 年 9 月，乌克兰发布“关于批准定向灯、发光二极管灯及相关设备生态设计要求的技术法规”，规定了上市销售的电器照明产品生态设计要求。

2017 年 9 月，乌克兰发布“关于批准小型、中型和大型电力变压器生态设计要求的技术法规”。技术法规规定了上市销售和投入使用的 50Hz 电力输配电网络或工业应用中使用的最小额定功率为

1kVA 的电力变压器生态设计要求。

2017 年 9 月，乌克兰发布“关于批准独立无轴封循环器和产品内置无轴封循环器生态设计要求的技术法规”，规定了上市销售的独立无轴封循环器和产品内置无轴封循环器生态设计要求。

2017 年 9 月，乌克兰发布了“关于批准水泵生态设计要求的技术法规”。技术法规规定了上市销售的抽清洁水用叶片水泵（包括产品内置水泵）生态设计要求。

2017 年 9 月，乌克兰发布“关于批准输入功率 125W～500kW 的电机驱动的风扇生态设计要求技术法规”，规定了上市销售的风扇（包括其他能源相关产品内置风扇）生态设计要求。

2017 年 9 月，乌克兰发布“关于批准制定能源相关产品生态设计要求框架的技术法规”，规定了能源相关产品生态设计要求框架，确保此类产品在内部市场的自由流通。

2017 年 8 月，乌克兰发布“关于批准燃烧气体燃料的电器的技术法规”。技术法规规定了燃烧气体燃料的电器及配件投放市场和投入使用的要求和规则，以及合规评定程序。

2. 食品化妆品

2017 年 1 月，乌克兰发布了“关于批准化妆品技术法规”，规定了化妆品基本要求，不适用于药品、医疗设备和生物产品。

3. 建筑材料

2017 年 1 月，乌克兰发布“关于建筑与结构基本要求及与欧盟法律保持一致的建筑产品上市条件”的技术法规。该法规对所有寿命期内的建筑与结构、建筑产品上市技术测试程序、参与技术测试程序的对象及建筑领域内的声明规定了基本要求。

2017 年 8 月，乌克兰发布“关于批准建筑材料、产品和构筑物的强制性认证规则”的技术法规。法规规定了建筑材料、产品和构筑物在国家认证体系中进行强制性认证的程序和要求，以及其他国家产品进行合格认证的规则。

4. 其他产品

2017 年 9 月，乌克兰发布“关于批准玩具安全技术法规”，规定了在乌克兰市场上销售的玩具安全要求、经营者（生产商、授权代理商、进口商、分销商）的责任；玩具的基本安全要求；市场监督有关符合性推断的规定；拟定合格声明、产品标志、合格评定机构要求。

2017 年 9 月，乌克兰发布了“关于批准烟火制品技术法规”，规定了烟火制品上市销售必须遵守的基本安全要求。

2017 年 10 月，乌克兰发布了“关于修订乌克兰关于转基因生物可追溯性和标签及转基因生物生产的食品、饲料和/或饲料添加剂、兽药的流通、可追溯性和标签的法律”的技术法规。

2017 年 11 月，乌克兰发布了“关于批准便携式压力设备技术法规”，规定了在乌克兰上市的便携式压力设备要求，规定了经济实体（制造商、授权代理商、进口商、分销商、所有者和经营者）的义务；制定了关于合格评定、重新评定、产品标识、指定合格评定机构、国家市场监督的规定。

五十、乌拉圭

TBT 措施

1. 食品

2017 年 6 月，乌拉圭通报“包装食品标签法规”的修订提案，规定在其国内无客户在场的情况下包装供消费的食品，在加工过程中，若添加了钠、糖或脂肪，或将它们添加至任何成分中，并且最终的组合物中的钠、糖、脂肪或饱和脂肪的量超过了规定值时，必须在正面标签上包含警告信息。

2017 年 8 月，乌拉圭通报“关于南方共同市场乳品鉴定和质量技术法规的第 4/17 号共同市场集团（GMC）决议草案”，规定用于人类消费的奶粉和速溶奶粉的鉴定和最低质量要求。

2017 年 8 月，乌拉圭通报共同市场集团（GMC）决议草案：南方共同市场关于预包装产品净含量的技术法规”的修订提案，规定了各种形式的某些预包装产品的净含量要求。

2017 年 8 月，乌拉圭通报批准“南方共同市场关于第 8 类食品：肉类和肉制品的添加剂及其最高浓度水平测定的技术法规”。

2017 年 10 月，乌拉圭通报“畜牧服务总局（DGSG）决议 No. 315/017”，批准进口肉类、肉制品和副产品以及蛋产品标签和专著注册说明和表格，规定了上述进口产品的标签和专著注册技术要求。

2. 建筑材料

2017 年 7 月，乌拉圭通报“波特兰结构用水泥的质量技术法规”的修订提案，规定了所有类型和等级的波特兰结构用水泥的机械、物理和化学要求，以监管本产品在国内市场上的销售，规定的所有要求也适用于具有特殊性能的波特兰水泥。

3. 机动车

2017 年 7 月，乌拉圭通报“轻便摩托车、越野摩托车、摩托车、小轮摩托车和类似车辆的气动轮胎法规”的修订提案，规定了所涵盖的产品应符合的技术规范。

五十一、越南

（一）TBT 措施

1. 石油化工产品

2017 年 1 月，越南通报关于“纺织品偶氮着色剂中甲醛和某些芳香胺含量技术法规”的修订草案，草案规定了越南市场消费的纺织品偶氮着色剂的甲醛和芳香胺许可限制要求，及取样方法、测试方法和相关质量管理。草案适用于在越南消费纺织品的组织和个人，主管机关认可和指定的合格评定机构及其他相关组织和个人。

2017 年 1 月，越南修订了关于“关于汽油、柴油和生物燃料的技术法规”的草案。

2017 年 5 月，越南通报关于“液化石油气、液化天然气、压缩天然气交易法令”的修订草案，草案制定了越南天然气相关业务规定及从事天然气业务的条件，包括：天然气进口商和出口商资格证书批准条件；天然气生产商和制造商条件；天然气交易商资格证书批准条件；液化石油气（LPG）零售商资格证书批准条件；液化石油气（LPG）瓶充装站、液化石油气（LPG）罐车充装站、液化石油气（LPG）/液化天然气（LNG）/压缩天然气（CNG）槽车充装站资格证书批准条件；液化石油气（LPG）/液化天然气（LNG）/压缩天然气（CNG）供应站资格证书批准条件；液化石油气（LPG）瓶生产及维修资格证书批准条件；液化石油气（LPG）瓶检定资格证书批准条件；液化石油气（LPG）、液化石油气（LPG）瓶上市条件。据此，交易商只能进口、供应和消费质量符合国家技术法规和适用标准的气体。

2017 年 7 月，越南通报关于“化学品法”条款细则和指导法令”的修订草案，详细介绍了许多化学品法律条款并提供了指导，其中包括：确保生产和交易化学品安全的通用要求；工业生产和交易的化学品；条件、文件、为在工业状况下生产和交易化学品授予证书的顺序和程序；生产和交易的工业先驱者的条件；条件、文件、为工业先驱者授予进出口许可证的顺序和程序；在工业领域生产和交易限制性化学品；条件、文件、为在工业领域生产和交易限制性化学品授予许可证的顺序和程序；禁止化学品，有毒化学品；预防和响应化学品事故的计划和措施；危险化学品设施的安全距离；化学品分类，化学品安全数据表；化学声明，化学品信息；化学品安全培训。

2017 年 10 月，越南通报关于化学品法案条款实施规定和指导的修订草案及关于化学品法案条款实施细则和指导的政府法令，要求包括：工业部门预防和应对化学品事故的计划和措施的介绍、格式和内容；化学品分类和标签；制定化学品安全说明；个人、组织在不同化学品处理中使用的表格；工业和贸易部门的化学品管理报告；授予、重新授予、调整、延长化学品许可证的责任。

2017 年 12 月，越南通报关于“压缩天然气（CNG）和液化天然气（LNG）技术法规”的修订草案，草案规定了压缩天然气（CNG）和液化天然气（LNG）安全、健康、环境技术规范限制和质量管理要求。适用于在越南生产、交易、加工、进口和分销 CNG 和 LNG 的企业，组织和个人。

2. 个人防护产品

2017 年 6 月，越南通报关于“放疗中的直线加速器国家技术法规”的修订草案，规定了放疗中的直线加速器的使用和认证技术要求和管理要求及认证程序。规定适用于：使用直线加速器的机构和个人；直线加速器认证机构；主管机关和其他关机构和个人。

2017 年 7 月，越南通报关于“防护装备技术法规”的修订草案，规定了保护工人免受工作时可能掉落或挤压的重型物体影响的安全鞋或靴子的基本技术要求。草案适用于：生产、进口、提供和使用安全鞋或靴子的组织和个人；国家管理机关及其他相关组织和个人。无鞋底和衬里的鞋或靴子或无鞋底但有可拆卸衬里的鞋或靴子都不受本技术法规的约束。

2017 年 7 月，越南通报关于“热和火焰防护服技术法规”的修订草案，规定了包括与柔软材料制成的防护服相关的护腿、护罩和膝高靴在内的服装功能要求的工作安全要求，旨在保护穿戴者的身体及手免受热和/或火。法规不适用于消防中使用的防护服和焊接和铸造中使用的和服装。适用于：生产、进口、提供和使用防护服的组织和个人一防热和/或火的服装优质检验机构、国家管理机关及其他相关组织和个人。

2017 年 11 月，越南通报关于“人员眼部防护设备技术法规”的修订草案，草案规定了用于防止工人眼部伤害和视力受损的职业眼部防护设备安全要求。

3. 建筑材料

2017 年 8 月，越南通报关于建筑材料物品的国家技术法规修订草案。

2017 年 8 月，越南通报关于“木材黏合剂质量技术法规”的修订草案，规定了在越南使用的国产、进口木材黏合剂产品和商品必须遵守的质量要求。不适用于作为测试样品、展示商品而进口的产品和商品及为再出口、转口而临时进口的商品。

2017 年 12 月，越南通报关于“关于钢筋混凝土用钢技术法规”的修订草案，规定了钢筋混凝土用钢、预应力混凝土用钢和混凝土加固用环氧涂层钢（以下称为钢筋混凝土用钢）的技术要求限制等级和国内生产及进口和流通的钢筋混凝土用钢质量管理要求。草案不适用于型钢、钢筋混凝土和纤维增强涂层钢，适用于钢筋混凝土用钢生产、进口、配送和使用的组织和个人及国家管理机构和其他相关组织和个人。

4. 机动车辆

2017 年 7 月，越南通报关于“内燃机润滑油技术法规”的修订草案，规定了二冲程或四冲程发动机的技术特性限值和质量管理要求。草案适用于越南内燃机润滑油的进口、制造、准备、分销和零售相关活动的机构、组织和个人。不适用于船用发动机润滑油及防御和安全用内燃机润滑油。

2017 年 11 月，越南通报关于“机动车防火结构”的修订草案，防止车辆 M、N、O 的火灾风险的技术要求和结构安全质量控制，包括油箱技术要求和油箱安装。

2017 年 11 月，越南通报关于“某些类别机动车辆内部结构所用材料燃烧行为的技术法规”的修订草案，以管制某些类别机动车辆（总质量超过 5t 并允许携带包括驾驶员在内的人员的客车）内部结构所用材料燃烧行为的测试。

5. 其他产品

2017 年 7 月，越南通报关于“高山滑道安全工作的技术法规”的修订草案，以监管在公共游乐设施中使用滑雪具运送运动人员的、并且在机器、设备和用品列表中的滑道系统，以满足劳动部无效和社会事务部颁布的严格的工作安全要求。草案适用于生产、进口、提供和使用公共游乐设施中的商用滑道的组织和个人；国家管理机关及其他相关组织和个人。

2017 年 7 月，越南通报关于“家用电梯安全工作技术法规”的修订草案，草案适用于永久性安装并仅用于人运输、定位停止、垂直引导或偏离垂直电梯（家用电梯是电动紧凑型和自动控制的低速电梯）的最大角度为 15°。草案范围包括：生产、进口、提供、安装、维护、修理和使用家用电梯的组织和个人；国家管理机关及其他相关组织和个人。

2017 年 8 月，越南修订“进口盐质量检验指南”的草案，规定了农业和农村发展部管辖的进口盐的质量检验的内容和程序。

2017 年 9 月，越南通报关于“在越南禁止或限制使用的家庭和医疗用途活性杀虫剂和消毒剂清单”的修订草案，适用于生产、出口、进口和使用家庭与公共卫生使用的杀虫剂和消毒剂的机构、组织和个人。

2017 年 12 月，越南通报关于“玩具安全国家技术法规”的修订草案，增加了两项新的技术要求并规定了新的标签要求，规定了玩具安全要求，国内生产、进口并在市场上销售的玩具相关测试和质量要求。

（二）SPS 措施

1. 关于食品安全的措施

2017 年 3 月，越南卫生部制定了食品安全法规草案，内容涉及有资格免除食品安检的进口新产品、修改部分国家食品安全管理职责。

2017 年 9 月，越南卫生部制定了直接接触食品的合成树脂器具、容器及包装安全限值及乳和乳制品容器包装安全限值的相关技术法规，主要涉及合成树脂工具、容器及包装的一般技术性规范和安全限值。

2017 年 10 月，越南农业乡村发展部制定了关于植物源性食品的相关食品安全保证措施。

2017 年 11 月，越南农业乡村发展部制定了渔业食品经营者食品安全条件的国家技术法规，规定了渔业供应商的食品安全生产条件、捕捞鱼加工企业、即烹及即食渔产品的基本条件。

2. 关于植物及植物产品的卫生措施

2017 年 4 月，越南农业乡村发展部制定了肥料管理指令草案，内容涉及肥料的注册、测试、生产、包装、标签及质量控制；肥料进出口；肥料内影响人体健康或作物的某些物质或微生物。

2017 年 11 月，越南农业乡村发展部修订了有关进出口及过境货物植物卫生程序指南，规定了进口供人消费的监管物品的植物卫生一食品安全检验证书的应用与签发。

3. 关于动物及动物产品的卫生措施

2017 年 2 月，越南农业乡村发展部制定了渔业法修订草案，规定了渔业活动包括渔船、水产养殖、渔业开发、渔业资源保护和加工、渔业品进出口、渔业资源监护。

2017 年 7 月，越南农业乡村发展部制定了牲畜和水产业所用国家动物饲料管理法规的实施原则草案，适用于牲畜饲料生产和贸易相关的所有个人和组织。内容涉及：落实饲料相关抗生素法规；饲料质量检测及饲料质量控制；交易前新饲料产品的研究。

第三章　国外技术性贸易措施对中国出口影响情况调查报告

2018年，中华人民共和国WTO/TBT－SPS国家通报咨询中心在全国范围内组织了2017年国外技术性贸易措施对中国出口企业影响情况的调查。调查采用了双层复合不等比例抽样法，从全国随机抽取了4 700家出口企业进行问卷调查，共收到有效问卷4 419份，回收率为94%。经过对调查结果的统计分析，2017年中国有30.1%的出口企业遭受到国外技术性贸易措施的影响，比2016年下降了4.0个百分点；直接损失总额2 481.2亿元，比2016年减少了784.4亿元；企业因国外技术性贸易措施而新增加的成本为689.7亿元，比2016年减少了1 357.7亿元；在进出口管理和地方政府部门的大力帮扶下，企业因国外技术性贸易措施所导致的损失减少881.4亿元，占2017年全年出口总额的0.6%。

本次调查依据HS编码，根据所经营产品，将中国出口企业分为七大类（表3－1）：

第一，农食产品类企业，包括HS编码01～24的产品，主要涉及农产品、动植物产品（包括油脂）、食品、饮料、酒、烟草等；

第二，机电仪器类企业，包括HS编码84～93的产品，主要涉及机械设备、车辆、航空器、船舶、光学仪器、钟表、乐器、武器类的产品；

第三，化矿金属类企业，包括HS编码25～38、72～83的产品，主要涉及矿物产品、化学产品、贱金属及其制品等；

第四，纺织鞋帽类企业，包括HS编码50～67的产品，主要涉及各种天然纤维、化学纤维、纺织品、服装、鞋、帽类产品等；

第五，橡塑皮革类企业，包括HS编码39～43的产品，主要涉及塑料、橡胶、皮革、毛皮及其制品等；

第六，玩具家具类企业，包括HS编码71、94～97的产品，主要涉及珠宝、贵金属及其制品、家具、灯具、玩具、游戏及运动用品、艺术品、收藏品、古物、杂项制品等；

第七，木材纸张非金属类企业，包括HS编码44～49、68～70的产品，主要涉及木及木制品、纸浆及纸制品、印刷品、矿物材料制品、陶瓷产品、玻璃及其制品等。

表3－1　七大类别企业分类与HS编码对照

七类企业	HS编码	产品名称
一	01	第1章　活动物
	02	第2章　肉及食用杂碎
	03	第3章　鱼及其他水生无脊椎动物
	04	第4章　乳；蛋；蜂蜜；其他食用动物产品
	05	第5章　其他动物产品
	06	第6章　活植物；茎、根；插花、簇叶
	07	第7章　食用蔬菜、根及块茎
	08	第8章　食用水果及坚果；甜瓜等水果的果皮

续表 3-1

七类企业	HS 编码	产品名称
一	09	第 9 章　咖啡、茶、马黛茶及调味香料
	10	第 10 章　谷物
	11	第 11 章　制粉工业产品；麦芽；淀粉等；面筋
	12	第 12 章　油籽；子仁；工业或药用植物；饲料
	13	第 13 章　虫胶；树胶、树脂及其他植物液、汁
	14	第 14 章　编结用植物材料；其他植物产品
	15	第 15 章　动、植物油、脂、蜡；精制食用油脂
	16	第 16 章　肉、鱼及其他水生无脊椎动物的制品
	17	第 17 章　糖及糖食
	18	第 18 章　可可及可可制品
	19	第 19 章　谷物粉、淀粉等或乳的制品；糕饼
	20	第 20 章　蔬菜、水果等或植物其他部分的制品
	21	第 21 章　杂项食品
	22	第 22 章　饮料、酒及醋
	23	第 23 章　食品工业的残渣及废料；配制的饲料
	24	第 24 章　烟草、烟草及烟草代用品的制品
二	84	第 84 章　核反应堆、锅炉、机械器具及零件
	85	第 85 章　电机、电气、音像设备及其零附件
	86	第 86 章　铁道车辆；轨道装置；信号设备
	87	第 87 章　车辆及其零附件，但铁道车辆除外
	88	第 88 章　航空器、航天器及其零件
	89	第 89 章　船舶及浮动结构体
	90	第 90 章　光学、照相、医疗等设备及零附件
	91	第 91 章　钟表及其零件
	92	第 92 章　乐器及其零件、附件
	93	第 93 章　武器、弹药及其零件、附件
三	25	第 25 章　盐；硫磺；土及石料；石灰及水泥等
	26	第 26 章　矿砂、矿渣及矿灰
	27	第 27 章　矿物燃料、矿物油及其产品；沥
	28	第 28 章　无机化学品；贵金属等的化合物
	29	第 29 章　有机化学品
	30	第 30 章　药品
	31	第 31 章　肥料
	32	第 32 章　鞣料；着色料；涂料；油灰；墨水等
	33	第 33 章　精油及香膏，芳香料制品，化妆盥洗品
	34	第 34 章　洗涤剂、润滑剂、人造蜡、塑型膏等
	35	第 35 章　蛋白类物质；改性淀粉；胶；酶

续表 3-1

七类企业	HS 编码	产品名称
三	36	第 36 章　炸药；烟火；引火品；易燃材料制品
	37	第 37 章　照相及电影用品
	38	第 38 章　杂项化学产品
	72	第 72 章　钢铁
	73	第 73 章　钢铁制品
	74	第 74 章　铜及其制品
	75	第 75 章　镍及其制品
	76	第 76 章　铝及其制品
	78	第 78 章　铅及其制品
	79	第 79 章　锌及其制品
	80	第 80 章　锡及其制品
	81	第 81 章　其他贱金属、金属陶瓷及其制品
	82	第 82 章　贱金属器具、利口器、餐具及零件
	83	第 83 章　贱金属杂项制品
四	50	第 50 章　蚕丝
	51	第 51 章　羊毛等动物毛；马毛纱线及其机
	52	第 52 章　棉花
	53	第 53 章　其他植物纤维；纸纱线及其机织物
	54	第 54 章　化学纤维长丝
	55	第 55 章　化学纤维短纤
	56	第 56 章　絮胎、毡呢及无纺织物；线绳制品等
	57	第 57 章　地毯及纺织材料的其他铺地制品
	58	第 58 章　特种机织物；簇绒织物；刺绣品等
	59	第 59 章　特种机织物；簇绒织物；刺绣品等
	60	第 60 章　针织物及钩编织物
	61	第 61 章　针织或钩编的服装及衣着附件
	62	第 62 章　非针织或非钩编的服装及衣着附件
	63	第 63 章　其他纺织制品；成套物品；旧纺
	64	第 64 章　鞋靴、护腿和类似品及其零件
	65	第 65 章　帽类及其零件
	66	第 66 章　伞、手杖、鞭子、马鞭及其零件
	67	第 67 章　加工羽毛及制品；人造花；人发制品
五	39	第 39 章　塑料及其制品
	40	第 40 章　橡胶及其制品
	41	第 41 章　生皮（毛皮除外）及皮革
	42	第 42 章　皮革制品；旅行箱包；动物肠线
	43	第 43 章　毛皮、人造毛皮及其制品

续表 3-1

七类企业	HS 编码	产品名称
六	71	第 71 章　珠宝、贵金属及制品；仿首饰；硬币
	94	第 94 章　家具；寝具等；灯具；活动房
	95	第 95 章　玩具、游戏或运动用品及其零附件
	96	第 96 章　杂项制品
	97	第 97 章　艺术品、收藏品及古物
七	44	第 44 章　木及木制品；木炭
	45	第 45 章　软木及软木制品
	46	第 46 章　编结材料制品；篮筐及柳条编结品
	47	第 47 章　木浆等纤维状纤维素浆；废纸及纸板
	48	第 48 章　纸及纸板；纸浆、纸或纸板制品
	49	第 49 章　印刷品；手稿、打字稿及设计图纸
	68	第 68 章　矿物材料的制品
	69	第 69 章　陶瓷产品
	70	第 70 章　玻璃及其制品

将各个类别所有企业按出口额由大到小的顺序排列，若前 N 家企业出口额占到该类企业总出口额的 80%，则称这 N 家企业为该类企业中的大型企业，其他企业为该类企业中的小型企业。以下分析中涉及产品类别和大小规模的均依据该分类标准。

第一节　出口贸易损失分析

一、贸易损失形式分析：丧失定单是贸易损失的最主要形式

进口方往往以中国企业出口产品不能满足其特定的技术要求为由取消定单，或对货物进行扣留、销毁、退回、口岸处理、改变用途、降级等处理，而使中国企业遭受经济损失。

从表 3-2 和图 3-1 可以看出，2017 年，丧失定单是造成损失的最主要表现形式，在全部损失形式中所占的比例为 42.8%，其次是退回货物、其他以及降级处理，在全部损失形式中占比分别为 13.9%、11.6%和 10.5%。与此同时，2017 年小型出口企业遭遇丧失定单、扣留货物、销毁货物、退回货物、口岸处理、改变用途、降级处理的数量均多于大型出口企业。

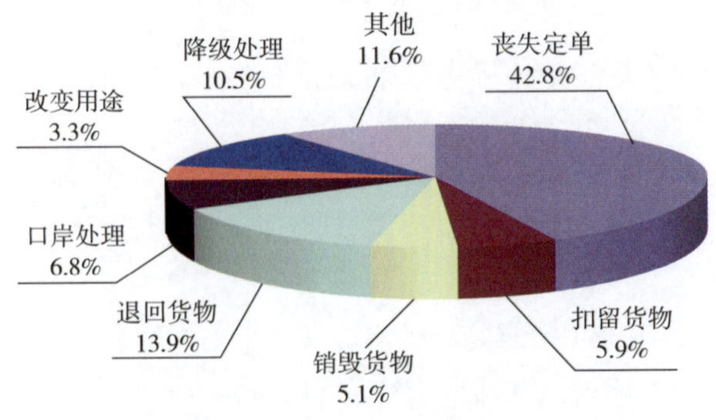

图 3-1　遭受国外技术性贸易措施损失的形式

表 3-2 不同类别、不同规模出口企业遭受损失的主要形式

单位：个

规模	类别	丧失定单	扣留货物	销毁货物	退回货物	口岸处理	改变用途	降级处理	其他	合计
大型企业	农食产品	67	11	8	25	7	4	18	13	153
	机电仪器	29	3	3	12	4	2	5	8	66
	化矿金属	27	3		3	2	1	3	13	52
	纺织鞋帽	27	3	2	9	5	5	13	4	68
	橡塑皮革	23	2	1	5	4	1	4	5	45
	玩具家具	10		1	6	2	1	2	1	23
	木材纸张非金属	15	2	3	7	5	2	3	12	49
大型企业合计		198	24	18	67	29	16	48	56	456
小型企业	农食产品	79	11	14	29	8	3	12	13	169
	机电仪器	94	15	10	33	19	9	19	26	225
	化矿金属	53	8	6	10	7	5	13	17	119
	纺织鞋帽	56	9	4	17	8	3	17	20	134
	橡塑皮革	22	5	4	7	3	1	8	8	58
	玩具家具	41	5	8	16	13	5	15	10	113
	木材纸张非金属	26	2	4	6	4	2	8	4	56
小型企业合计		371	55	50	118	62	28	92	98	874
总计		569	79	68	185	91	44	140	154	1 330

表 3-3 显示的是 2017 年中国不同地区出口企业遭受损失的主要形式。浙江遭遇丧失定单、退回货物、降级处理、口岸处理以及销毁货物等损失形式的企业数均为全国第一，分别为 67 家、37 家、30 家，在这三种损失形式中的占比分别为 11.8%、20.0%、21.4%、14.3%和 16.2%；遭遇货物被扣留、销毁、退回的企业居全国第二。广东货物被扣留的企业数列全国第一，为 14 家，在这损失形式中的占比为 17.7%；遭受丧失定单、退回货物、销毁货物、口岸处理的和降级处理的企业数均为全国第二。

表 3-3 不同地区出口企业遭受损失的主要形式

单位：个

地区	损失形式								
	丧失定单	扣留货物	销毁货物	退回货物	口岸处理	改变用途	降级处理	其他	合计
北京	17	1	2	4	3	2	3	3	35
天津	5			1		1		3	10
河北	35	3	3	6	3	2	10	5	67
山西	14	1	2	3	1		2	1	24
内蒙古	5	1		2	2	1	2	1	14
辽宁	9	1	2	2	2		1	3	20
吉林	12	1		4	1		3	6	27
黑龙江	7	1	2	5	2	1	5	7	30
上海	19	5	3	7	5	3	5	10	57

续表 3－3

地区	损失形式								
	丧失定单	扣留货物	销毁货物	退回货物	口岸处理	改变用途	降级处理	其他	合计
江苏	28	5	2	5	3	3	5	8	59
浙江	67	10	11	37	13	10	30	36	214
安徽	25	1	2	7	3		4	9	51
福建	14	1		4	3	1	1	1	25
江西	14	2	2	4	2	1	3	4	32
山东	55	5	4	12	6	1	8	15	106
河南	18	2	3	6	6	1	8	1	45
湖北	28	6	6	8	9	4	10	7	78
湖南	24	1	2	5	3		4	4	43
广东	63	14	8	19	9	5	11	12	141
广西	23	4	4	7	3	2	2	4	49
海南	2			1	1				4
四川	19	2	2	5	2	2	3	5	40
重庆	4	2		1				3	10
贵州	9	2		6	4		5		26
云南	8	1	1	6			3	4	23
陕西	22	4	6	9	2	2	7	1	53
甘肃	10	2	1	3	2				18
青海	1			1					2
宁夏	5	1		3	1	2	5		17
新疆	7			2				1	10
总计	569	79	68	185	91	44	140	154	1 330

表 3－4 显示了 2017 年中国出口企业在不同国家或地区遭受损失的形式。以美国、欧盟、日本等主要贸易伙伴为例，丧失定单分别占中国企业出口到上述国家和地区各种损失形式总数的 55.1%、53.6%、48.6%，分别较 2016 年降低了 1.6、4.1 和 4.6 个百分点。另外，在对美国、欧盟、日本出口时，货物被退回与被降级处理分别占企业出口到上述国家和地区各种损失形式总数的 11.4%和 11.5%、13.9%和 8.5%、11.7%和 10.1%。

二、企业直接损失分析

本报告中的直接损失是指进口国技术性贸易措施给企业出口造成的直接损失，包括产品被进口国主管机构扣留、销毁、拒绝进口（退货）、产品降级、丧失定单等造成的损失；直接损失率为出口企业因国外技术性贸易措施所发生的直接损失额与出口企业出口总额之间的比率。

表 3-4　产品出口到不同国家或地区时遭受损失的主要形式

单位：个

到岸地	损失形式								
	丧失定单	扣留货物	销毁货物	退回货物	口岸处理	改变用途	降级处理	其他	合计
美国	266	26	20	60	20	10	41	40	483
欧盟	294	18	21	63	24	16	64	48	548
日本	101	8	11	29	11	5	21	22	208
东盟国家	83	9	3	22	13	3	16	18	167
韩国	64	6	5	19	8	4	12	10	128
欧亚经济联盟（除俄罗斯）	37	4	1	7	4	4	7	6	70
加拿大	54	7	3	15	3	2	10	11	105
澳大利亚/新西兰	59	7	4	7	7	2	9	12	107
印度	51	4	4	11	12	2	5	9	98
非洲国家	41	3	2	8	4	2	5	8	73
拉美国家	44	3	1	4	3	1	4	10	70
西亚国家	25	5	1	5	3	0	6	5	50
其他	37	24	22	25	25	17	21	62	233
总计	1 156	124	98	275	137	68	221	261	2 340

1. 行业分析：机电仪器类企业直接损失最多

表 3-5 显示了中国不同类别、不同规模、不同地区的出口企业，在 2017 年所遭受的直接损失总额。从表 3-6 可以看出，2017 年中国出口企业因国外技术性贸易措施而遭受的直接损失总额约为 2 481.2 亿元，较 2016 年减少 784.4 亿元左右，直接损失总额占全年出口额 153 321 亿元的 1.6%，低于 2016 年 2.4%的比例。其中，机电仪器类企业遭受的直接损失最大，达到 1 143.0 亿元，占直接损失总额的 46.1%；其次为化矿金属类企业，其直接损失额为 579.7 亿元，占直接损失总额的 23.4%；纺织鞋帽类企业的直接损失额居第三位，为 327.5 亿元，占 13.2%；塑料皮革类企业的直接损失额为 132.9 亿元，占 5.4%，居第四位；农食产品类企业的直接损失额为 131.2 亿元，占 5.3%；玩具家具类企业直接损失额 96.4 亿元，占 3.9%；木材纸张非金属类企业直接损失额 70.0 亿元，占直接损失总额的 2.8%。

表 3-5　不同类别、不同规模、不同地区出口企业遭受的直接损失总额估算值

单位:万元

企业规模	企业类别	地区										
		北京	天津	河北	山西	内蒙古	辽宁	吉林	黑龙江	上海	江苏	浙江
		直接损失总额估算值										
大型企业	农食产品	6 319.6	61 104.0	2 413.1	0.0	0.0	0.0	30 457.7	610.5	4 060.0	0.0	12 720.0
	机电仪器	0.0	0.0	9 183.3	25.5	0.0	0.0	430.0	0.0	59 442.5	0.0	17 953.7
	化矿金属	0.0	66 600.0	116 500.0	17 200.0	0.0	506 300.0	3 750.0	0.0	110 799.2	0.0	7 692.6
	纺织鞋帽	0.0	0.0	3 770.0	0.0	0.0	0.0	880.0	1 120.0	0.0	830 180.0	494 141.1
	橡塑皮革	0.0	0.0	27 795.0	0.0	0.0	0.0	0.0	0.0	0.0	0.0	6 671.3
	玩具家具	361.2	0.0	130.0	0.0	0.0	0.0	0.0	13 066.7	0.0	0.0	1 001.0
	木材纸张非金属	0.0	0.0	28 500.0	975.0	0.0	0.0	62 000.0	0.0	0.0	65.4	0.0
大型企业合计		6 680.8	127 704.0	188 291.5	18 200.5	0.0	506 300.0	97 517.7	14 797.2	174 301.7	830 245.4	540 179.7
小型企业	农食产品	10 976.0	0.0	19 807.5	3 451.3	56 100.0	8 172.0	0.0	0.0	128 100.0	0.0	47 530.0
	机电仪器	151 015.7	0.0	128 397.4	0.0	54 933.3	0.0	8 234.9	0.0	68 490.5	801 791.9	2 154 490.3
	化矿金属	122 870.0	0.0	190 468.9	4 812.9	25 422.0	783.0	0.0	24 900.0	20 605.0	2 135 857.5	1 126 353.5
	纺织鞋帽	0.0	0.0	21 700.8	1 920.0	0.0	58 926.0	0.0	0.0	0.0	410 763.0	220 859.3
	橡塑皮革	0.0	0.0	11 490.0	1 560.0	16.0	0.0	0.0	0.0	0.0	60 666.7	80 015.0
	玩具家具	83 025.0	0.0	8 923.2	0.0	0.0	3 197.6	0.0	0.0	84 376.7	14 948.7	216 847.5
	木材纸张非金属	0.0	0.0	21 595.1	6 440.0	0.0	15 780.0	0.0	678.0	0.0	0.0	10 456.3
小型企业合计		367 886.7	0.0	402 382.9	18 184.2	136 471.3	86 858.6	8 234.9	25 578.0	301 572.1	3 424 027.7	3 856 551.8
总计		374 567.5	127 704.0	590 674.3	36 384.8	136 471.3	593 158.6	105 752.6	40 375.2	475 873.8	4 254 273.1	4 396 731.6

续表 3-5

企业规模	企业类别	地区									
		安徽	福建	江西	山东	河南	湖北	湖南	广东	广西	海南
		直接损失总额估算值									
大型企业	农食产品	14 065.3	0.0	26 780.0	118 285.3	1 796.0	43 343.8	33 838.0	0.0	25 277.0	0.0
	机电仪器	0.0	0.0	0.0	2 312.2	0.0	0.0	0.0	0.0	1 312.0	0.0
	化矿金属	256.0	0.0	0.0	272 873.1	3 732.4	0.0	96 600.0	18 424.2	0.0	0.0
	纺织鞋帽	0.0	0.0	65 357.7	104 550.0	2 566.8	18 600.0	616.7	63 188.4	0.0	0.0
	橡塑皮革	108.0	0.0	0.0	878 900.0	2 000.0	1 805.0	440.0	506.9	565.0	0.0
	家具玩具	18 500.0	0.0	0.0	0.0	0.0	0.0	10 500.0	0.0	2 190.0	0.0
	木材纸张非金属	37 633.8	22 400.0	0.0	12 313.2	0.0	2 790.0	193.5	7 839.0	0.0	0.0
大型企业合计		70 563.1	22 400.0	92 137.7	1 389 233.8	10 095.2	66 538.8	142 188.2	89 958.5	29 344.0	0.0
小型企业	农食产品	53 504.0	0.0	90 000.0	323 125.3	9 880.0	23 108.3	6 136.0	60 970.0	13 980.0	0.0
	机电仪器	269 657.1	1 203 938.9	65 625.2	52 582.5	110 019.5	0.0	3 400.0	5 937 852.7	19 304.0	0.0
	化矿金属	26 480.0	1 478.4	57 855.0	408 559.5	48 794.0	4 246.7	34 578.0	251 631.6	7 131.7	0.0
	纺织鞋帽	17 550.0	318 973.2	0.0	376 216.0	6 160.0	52 600.0	55 783.0	133 519.6	1 460.0	0.0
	橡塑皮革	542.5	0.0	1 564.9	58 945.6	0.0	26 711.6	665.0	136 890.0	0.0	0.0
	玩具家具	1 568.0	0.0	0.0	66 030.0	0.0	0.0	25 928.6	410 037.0	1 077.5	0.0
	木材纸张非金属	666.0	30 090.0	5 350.0	198 212.5	2 233.0	0.0	303.3	229 478.3	0.0	0.0
小型企业合计		369 967.6	1 554 480.5	220 395.2	1 483 671.4	177 086.5	106 666.5	126 793.9	7 160 379.2	42 953.2	0.0
总计		440 530.7	1 576 880.5	312 532.9	2 872 905.2	187 181.7	173 205.3	268 982.1	7 250 337.7	72 297.2	0.0

续表 3 - 5

企业规模	企业类别	地区										
		四川	重庆	贵州	云南	西藏	陕西	甘肃	青海	宁夏	新疆	合计
		直接损失总额估算值										
大型企业	农食产品	786.0	0.0	0.0	3 362.5	0.0	7 144.0	2 268.0	0.0	400.0	800.0	395 830.7
	机电仪器	3 300.0	0.0	0.0	0.0	0.0	13 000.0	0.0	0.0	0.0	900.0	107 859.3
	化矿金属	20 700.0	120.1	0.0	6 262.2	0.0	0.0	0.0	0.0	40 000.0	0.0	1 287 809.8
	纺织鞋帽	0.0	0.0	66.0	0.0	0.0	0.0	0.0	0.0	0.0	0.0	1 585 036.8
	橡塑皮革	4 007.7	0.0	694.1	0.0	0.0	0.0	0.0	0.0	0.0	20 000.0	943 492.9
	玩具家具	0.0	0.0	0.0	0.0	0.0	0.0	0.0	0.0	0.0	0.0	45 748.8
	木材纸张非金属	0.0	0.0	0.0	0.0	0.0	3 766.7	0.0	0.0	0.0	0.0	178 476.5
大型企业合计		28 793.7	120.1	760.1	9 624.6	0.0	23 910.7	2 268.0	0.0	40 400.0	21 700.0	4 544 254.9
小型企业	农食产品	17 678.8	162.0	2 478.0	28 754.0	0.0	6 477.2	3 659.3	360.0	2 489.1	4 080.0	920 978.7
	机电仪器	0.0	122 933.3	64 200.0	0.0	0.0	105 501.4	0.0	0.0	0.0	0.0	11 322 368.7
	化矿金属	7 488.0	0.0	4 160.0	1 830.0	0.0	2 555.0	0.0	0.0	0.0	0.0	4 508 860.6
	纺织鞋帽	7 950.0	0.0	1 110.0	0.0	0.0	0.0	0.0	4 500.0	0.0	0.0	1 689 990.9
	橡塑皮革	4 465.0	0.0	0.0	0.0	0.0	2 130.0	0.0	0.0	0.0	0.0	385 662.3
	玩具家具	262.0	0.0	0.0	0.0	0.0	2 210.0	0.0	0.0	0.0	0.0	918 431.7
	木材纸张非金属	0.0	0.0	0.0	0.0	0.0	0.0	0.0	0.0	0.0	0.0	521 282.4
小型企业合计		37 843.8	123 095.3	71 948.0	30 584.0	0.0	118 873.7	3 659.3	4 860.0	2 489.1	4 080.0	20 267 575.4
总计		66 637.5	123 215.4	72 708.1	40 208.6	0.0	142 784.3	5 927.3	4 860.0	42 889.1	25 780.0	24 811 830.3

表 3-6 不同类别出口企业因国外技术性贸易措施所遭受的直接损失额 单位：万元

企业类别	损失额						
	大型企业直接损失额		小型企业直接损失额		直接损失总额		占直接损失总额的比例
	2017 年	比 2016 年变动额	2017 年	比 2016 年变动额	2017 年	比 2016 年变动额	
农食产品	395 830.7	−528 367.2	920 978.7	−527 996.6	1 316 809.5	−1 056 363.7	5.3%
机电仪器	107 859.3	−666 982.7	11 322 368.7	799 344.1	11 430 228.0	132 361.4	46.1%
化矿金属	1 287 809.8	−333 183.9	4 508 860.6	209 375.9	5 796 670.4	−123 808.0	23.4%
纺织鞋帽	1 585 036.8	953 022.4	1 689 990.9	−913 803.0	3 275 027.7	39 219.4	13.2%
橡塑皮革	943 492.9	520 019.4	385 662.3	−1 843 701.0	1 329 155.2	−1 323 681.6	5.4%
玩具家具	45 748.8	−62 156.5	918 431.7	−322 557.0	964 180.5	−384 713.5	3.9%
木材纸张非金属	178 476.5	−1 266 948.6	521 282.4	−3 860 296.5	699 759.0	−5 127 245.0	2.8%
总计	4 544 254.9	−1 384 597.1	20 267 575.4	−6 459 633.9	24 811 830.3	−7 844 231.0	100.0%

2. 企业规模分析：大型企业与小型企业直接损失额均大幅减少

图 3-2 显示了不同类别、不同规模出口企业因国外技术性贸易措施所遭受的直接损失情况。从总体看，2017 年我国大型出口企业和小型出口企业遭受的直接损失额分别比 2016 年减少了 138.4 亿元和 646.0 亿元。从不同类别出口企业的情况看，各个类别小型出口企业发生的直接损失额均高于大型出口企业，其中机电仪器类、玩具家具类、化矿金属类、木材纸张非金属类小型出口企业直接损失额分别为该类大型出口企业的 105 倍、20.1 倍、3.5 倍和 2.9 倍。图 3—3 说明了不同类别出口企业直接损失额在直接损失总额中所占比重情况。可以看出，机电仪器类出口企业遭受的直接损失额最高，在直接损失额中所占比例达到 46.1%；在化矿金属类出口企业中，该比例为 23.4%，在各类出口企业中居第二位；纺织鞋帽类出口企业发生的直接损失额则占直接损失总额的 13.2%，位居第三。

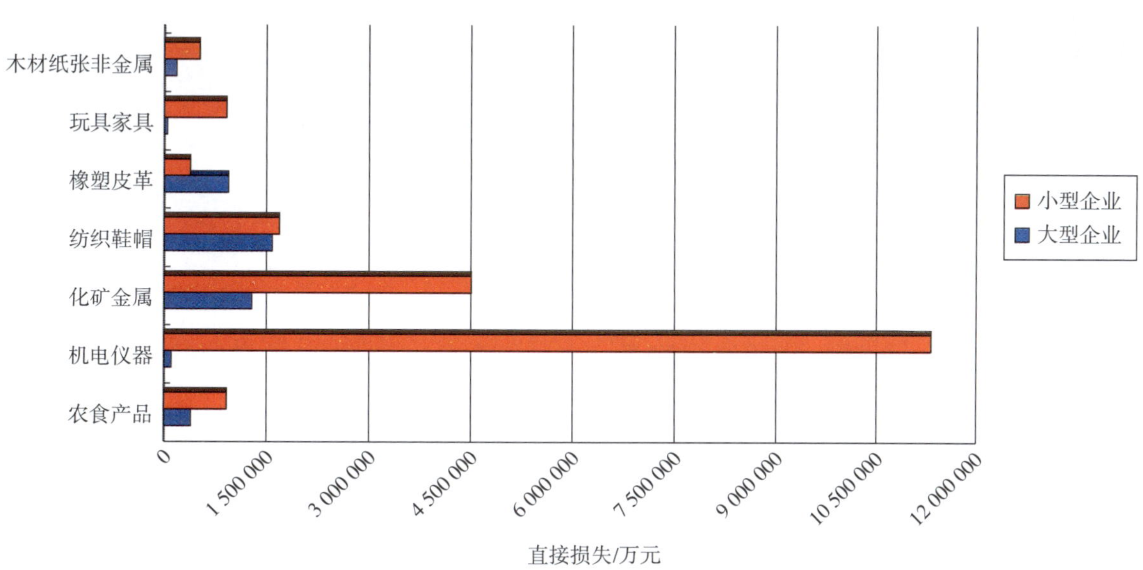

图 3-2 不同类别、不同规模出口企业的直接损失情况

由表 3-6 还可以看出不同类别出口企业遭受直接损失的变化情况。与 2016 年相比，机电仪器类企业的直接损失额增加了 13.2 亿元，其中小型企业的直接损失额增加 79.9 亿元，大型企业直接损失则减少 66.7 亿元。纺织鞋帽类企业的直接损失额总体上增加了 3.9 亿元，但其小型企业的直接损失额

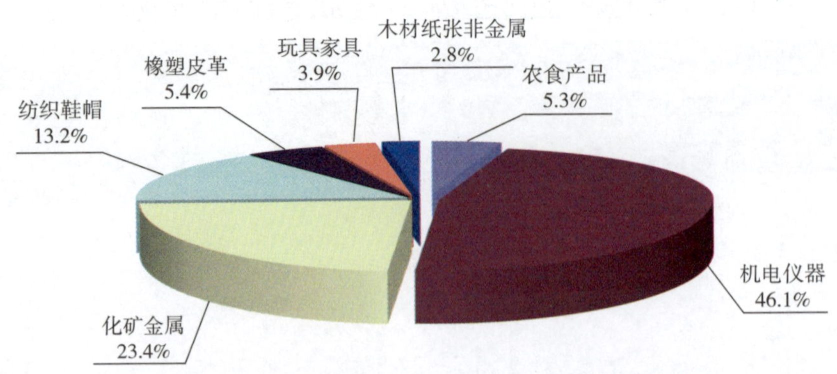

图3－3　不同类别出口企业的直接损失额占总额的比例

却比2016年减少了91.4亿元。化矿金属类企业直接损失额较2016年减少了12.4亿元，在各类企业中直接损失减幅最大，其小型出口企业发生的直接损失额比2016年增加了20.9亿元，大型出口企业发生的直接损失则减少了33.3亿元。玩具家具类大型出口企业直接损失减少了6.2亿元，小型出口企业减少了32.3亿元，直接损失总额较2016年减少38.5亿元。农食产品类出口企业直接损失总额减少了105.6亿元，其中大型企业和小型企业直接损失额均减少了52.8亿元。木材纸张非金属类出口企业2017年遭受的直接损失减幅最为明显，小型出口企业和大型出口企业分别减少126.7亿元和386.0亿元，直接损失总额减少512.7亿元。

3. 省份分析：粤、浙、苏、鲁等地企业遭受的直接损失最多

由于各地区生产企业制造水平、出口产品结构、出口目标市场不尽相同，所以各地区因国外技术性贸易措施而遭受的直接损失情况也有所不同。表3－7由表3－5得出，说明了各地区2017年出口产品所遭受的直接损失额。

表3－7　不同地区出口企业所遭受的直接损失额估算值　　单位：万元

地区	损失额						
	大型企业直接损失额		小型企业直接损失额		直接损失总额		在直接损失总额中所占比例
	2017年损失额	比2016年变动额	2017年损失额	比2016年变动额	2017年损失额	比2016年变动额	
北京	6 680.8	−645 892.5	367 886.7	41 301.8	374 567.5	−604 590.7	1.5%
天津	127 704.0	67 840.0	0.0	−47 668.5	127 704.0	20 171.5	0.5%
河北	188 291.5	−98 740.3	402 382.9	76 183.4	590 674.3	−22 556.9	2.4%
山西	18 200.5	11 015.5	18 184.2	−52 900.6	36 384.8	−41 885.0	0.1%
内蒙古	0.0	−2 117.0	136 471.3	81 616.5	136 471.3	79 499.5	0.6%
辽宁	506 300.0	421 618.0	86 858.6	−581 779.4	593 158.6	−160 161.4	2.4%
吉林	97 517.7	90 324.9	8 234.9	−74 569.6	105 752.6	15 755.3	0.4%
黑龙江	14 797.2	−9 739.8	25 578.0	−696.5	40 375.2	−10 436.3	0.2%
上海	174 301.7	82 955.2	301 572.1	−2 326 003.1	475 873.8	−2 243 047.9	1.9%
江苏	830 245.4	−825 528.1	3 424 027.7	−70 351.5	4 254 273.1	−895 879.6	17.1%

续表 3-7

地区	损失额						
	大型企业直接损失额		小型企业直接损失额		直接损失总额		在直接损失总额中所占比例
	2017 年损失额	比 2016 年变动额	2017 年损失额	比 2016 年变动额	2017 年损失额	比 2016 年变动额	
浙江	540 179.7	−63 062.5	3 856 551.8	452 907.1	4 396 731.6	389 844.8	17.7%
安徽	70 563.1	35 776.4	369 967.6	81 163.1	440 530.7	116 939.4	1.8%
福建	22 400.0	−14 219.0	1 554 480.5	213 035.0	1 576 880.5	198 816.0	6.4%
江西	92 137.7	−17 659.0	220 395.2	−615 676.6	312 532.9	−633 335.6	1.3%
山东	1 389 233.8	674 343.9	1 483 671.4	−3 871 154.9	2 872 905.2	−3 196 811.0	11.6%
河南	10 095.2	−137 555.8	177 086.5	−466 842.2	187 181.7	−604 397.9	0.8%
湖北	66 538.8	37 916.3	106 666.5	−649 669.3	173 205.3	−611 753.0	0.7%
湖南	142 188.2	110 034.0	126 793.9	−737 360.1	268 982.1	−627 326.1	1.1%
广东	89 958.5	−605 131.1	7 160 379.2	3 656 690.3	7 250 337.7	3 051 559.2	29.2%
广西	29 344.0	−72 412.6	42 953.2	−382 117.2	72 297.2	−454 529.8	0.3%
海南	0.0	−79 312.6	0.0	−4 918.8	0.0	−84 231.4	0.0%
四川	28 793.7	15 699.2	37 843.8	−108 851.8	66 637.5	−93 152.6	0.3%
重庆	120.1	−11 922.7	123 095.3	−7 079.7	123 215.4	−19 002.3	0.5%
贵州	760.1	−7 439.9	71 948.0	−120 087.0	72 708.1	−127 526.9	0.3%
云南	9 624.6	−229 861.4	30 584.0	−551 072.5	40 208.6	−780 933.9	0.2%
西藏	0.0	0.0	0.0	0.0	0.0	0.0	0.0%
陕西	23 910.7	−20 971.2	118 873.7	−26 717.4	142 784.3	−47 688.7	0.6%
甘肃	2 268.0	1 824.6	3 659.3	−272 758.9	5 927.3	−270 934.4	0.0%
青海	0.0	−240.0	4 860.0	3 342.2	4 860.0	3 102.2	0.0%
宁夏	40 400.0	24 000.0	2 489.1	−9 827.0	42 889.1	14 173.0	0.2%
新疆	21 700.0	−116 139.6	4 080.0	−87 771.0	25 780.0	−203 910.6	0.1%
总计	4 544 254.9	−1 384 597.1	20 267 575.4	−6 459 633.9	24 811 830.3	−7 844 231.0	100.0%

由表 3-7 可以看出，国外技术性贸易措施对中国不同地区出口企业造成的直接损失额存在很大差别。广东、浙江、江苏、山东、福建、辽宁遭受的直接损失额分别达到 725.0 亿元、439.7 亿元、425.4 亿元、287.3 亿元、157.7 亿元和 59.3 亿元，六者之和约占全国直接损失总额的 84.4%。

与 2016 年的情况相比，广东、浙江、福建、安徽、内蒙古、天津、吉林、宁夏、青海等省区的出口企业 2016 年的直接损失额分别增加了 305.2 亿元、39.0 亿元、19.9 亿元、11.7 亿元、7.9 亿元、2.0 亿元、1.6 亿元、1.4 亿元和 0.3 亿元，其他地区的直接损失额则都比 2016 年有所减少，其中，上海、山东、江苏、云南、江西的直接损失额减幅较大，分别减少了 319.7 亿元、224.3 亿元、89.6 亿元、78.1 亿元和 63.3 亿元。

由于各地区生产和出口的产品结构不尽相同，生产企业规模和制造水平也有一定差异，所以各地区受国外技术性贸易措施影响的企业的主要类别也有所不同。表 3-8 表明了不同地区、不同类别出口企业所遭受的直接损失额。

表3-8　不同地区、不同类别出口企业遭受的直接损失总额估算值

单位:万元

出口企业	地区										
企业类别	北京	天津	河北	山西	内蒙古	辽宁	吉林	黑龙江	上海	江苏	浙江
	直接损失总额估算值										
农食产品	17 295.6	61 104.0	22 220.6	3 451.3	56 100.0	8 172.0	30 457.7	610.5	132 160.0	0.0	60 250.0
机电仪器	151 015.7	0.0	137 580.8	25.5	54 933.3	0.0	8 664.9	0.0	127 933.0	801 791.9	2 172 444.0
化矿金属	122 870.0	66 600.0	306 968.9	22 012.9	25 422.0	507 083.0	3 750.0	24 900.0	131 404.2	2 135 857.5	1 134 046.1
纺织鞋帽	0.0	0.0	25 470.8	1 920.0	0.0	58 926.0	880.0	1 120.0	0.0	1 240 943.0	715 000.5
橡塑皮革	0.0	0.0	39 285.0	1 560.0	16.0	0.0	0.0	0.0	0.0	60 666.7	86 686.3
玩具家具	83 386.2	0.0	9 053.2	0.0	0.0	3 197.6	0.0	13 066.7	84 376.7	14 948.7	217 848.5
木材纸张非金属	0.0	0.0	50 095.1	7 415.0	0.0	15 780.0	62 000.0	678.0	0.0	65.4	10 456.3
总计	374 567.5	127 704.0	590 674.3	36 384.8	136 471.3	593 158.6	105 752.6	40 375.2	475 873.8	4 254 273.1	4 396 731.6
企业类别	安徽	福建	江西	山东	河南	湖北	湖南	广东	广西	海南	四川
农食产品	67 569.3	0.0	116 780.0	441 410.6	11 676.0	66 452.0	39 974.0	60 970.0	39 257.0	0.0	18 464.8
机电仪器	269 657.1	1 203 938.9	65 625.2	54 894.7	110 019.5	0.0	3 400.0	5 937 852.7	20 616.0	0.0	3 300.0
化矿金属	26 736.0	1 478.4	57 855.0	681 432.6	52 526.4	4 246.7	131 178.0	270 055.8	7 131.7	0.0	28 188.0
纺织鞋帽	17 550.0	318 973.2	65 357.7	480 766.0	8 726.8	71 200.0	56 399.7	196 708.1	1 460.0	0.0	7 950.0
橡塑皮革	650.5	0.0	1 564.9	937 845.6	2 000.0	28 516.6	1 105.0	137 396.9	565.0	0.0	8 472.7
玩具家具	20 068.0	0.0	0.0	66 030.0	0.0	0.0	36 428.6	410 037.0	3 267.5	0.0	262.0
木材纸张非金属	38 299.8	52 490.0	5 350.0	210 525.7	2 233.0	2 790.0	496.8	237 317.3	0.0	0.0	0.0
总计	440 530.7	1 576 880.5	312 532.9	2 872 905.2	187 181.7	173 205.3	268 982.1	7 250 337.7	72 297.2	0.0	66 637.5
企业类别	重庆	贵州	云南	西藏	陕西	甘肃	青海	宁夏	新疆	合计	
农食产品	162.0	2 478.0	32 116.4	0.0	13 621.2	5 927.3	360.0	2 889.1	4 880.0	1 316 809.5	
机电仪器	122 933.3	64 200.0	0.0	0.0	118 501.4	0.0	0.0	0.0	900.0	11 430 228.0	
化矿金属	120.1	4 160.0	8 092.2	0.0	2 555.0	0.0	0.0	40 000.0	0.0	5 796 670.4	
纺织鞋帽	0.0	1 176.0	0.0	0.0	0.0	0.0	4 500.0	0.0	0.0	3 275 027.7	
橡塑皮革	0.0	694.1	0.0	0.0	2 130.0	0.0	0.0	0.0	20 000.0	1 329 155.2	
玩具家具	0.0	0.0	0.0	0.0	2 210.0	0.0	0.0	0.0	0.0	964 180.5	
木材纸张非金属	0.0	0.0	0.0	0.0	3 766.7	0.0	0.0	0.0	0.0	699 759.0	
总计	123 215.4	72 708.1	40 208.6	0.0	142 784.3	5 927.3	4 860.0	42 889.1	25 780.0	24 811 830.3	

以直接损失额超过200亿元的山东、江苏、广东、浙江为例，可以看出其受影响企业在类别上的差异。

广东出口企业2017年因国外技术性贸易措施而造成的直接损失额为725.0亿元，较2016年增加了305.2亿元，列全国之首。其损失主要发生在机电仪器类企业、玩具家具类企业，直接损失额分别为593.8亿元和41.0亿元，占该类企业全国直接损失总额的比例分别为51.9%和42.5%。与2016年相比，机电仪器类企业直接损失额剧增475.2亿元，玩具家具类企业直接损失额则减少了8.4亿元。此外，广东木材纸张非金属类出口企业2017年遭受的直接总额为23.7亿元，在该类企业直接损失总额中所占比例达到了33.9%。图3-4和图3-5分别说明了广东直接损失在各类别出口企业的分布情况，以及广东不同类别出口企业直接损失额与全国各类别企业直接损失总值的比较情况。

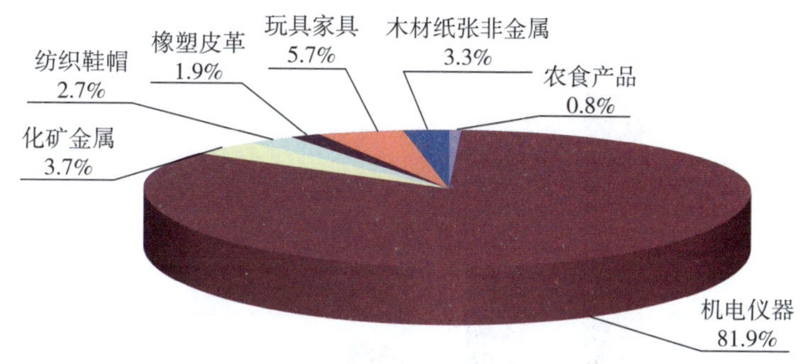

图3-4　广东不同类别企业直接损失额分布情况

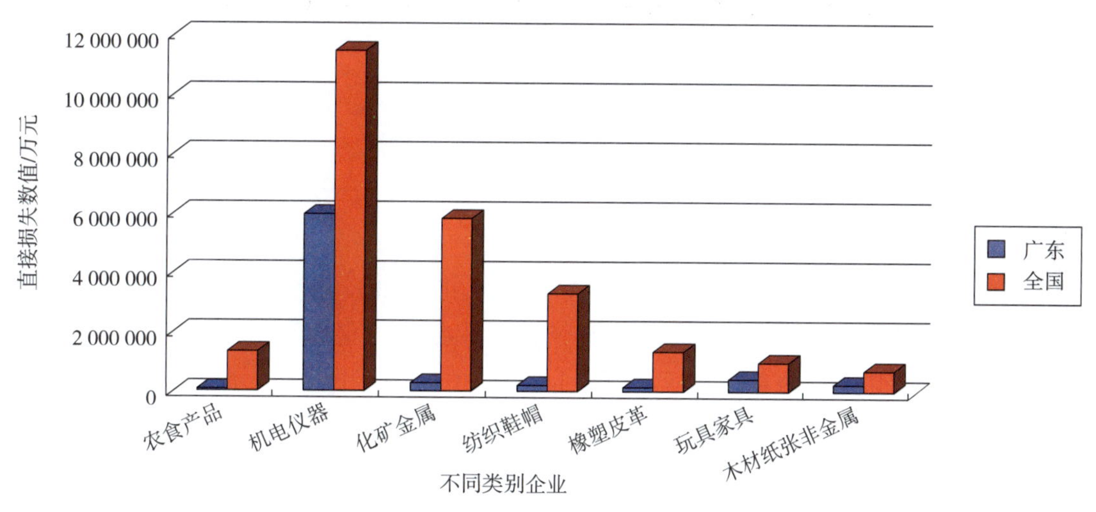

图3-5　广东不同类别企业直接损失额与该类企业全国直接损失总值的比较

浙江出口企业2017年因国外技术性贸易措施而发生的直接损失额为439.7亿元，较2016年增加了39.0亿元，位列全国第二位。从各类别企业的具体情况看，直接损失主要发生在机电仪器类、化矿金属类出口企业，直接损失额分别为217.2亿元、113.4亿元。其中，化矿金属类、玩具家具类、农食产品类和木材纸张非金属类企业的直接损失较2016年分别增加了72.6亿元、3.3亿元、1.4亿元和0.9亿元。图3-6和图3-7分别说明了浙江直接损失在各类别出口企业的分布情况，以及浙江不同类别出口企业直接损失额与全国各类别企业直接损失总值的比较情况。

江苏因国外技术性贸易措施而造成的直接损失额为425.4亿元，较2016年减少了89.6亿元，列全国第三位。其中化矿金属类企业发生的直接损失最大，直接损失额为213.6亿元，比2016年增加了129.4亿元，占该类企业全国直接损失总额的36.8%，在江苏各类企业直接损失总额中的比例为50.2%。江苏纺织鞋帽类企业直接损失额为124.1亿元，在该类企业全国直接损失总额和江苏各类企

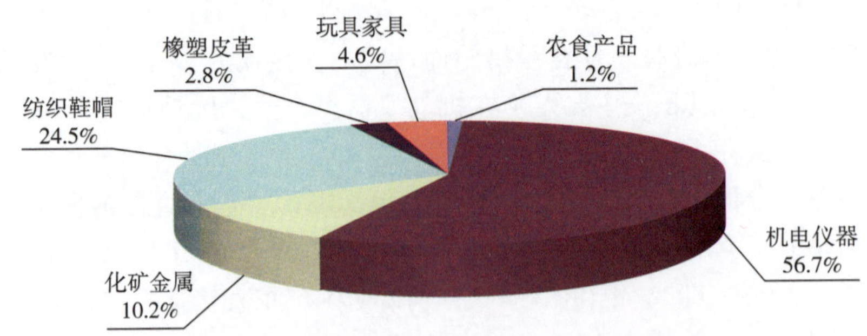

图 3－6　浙江不同类别企业直接损失额分布情况

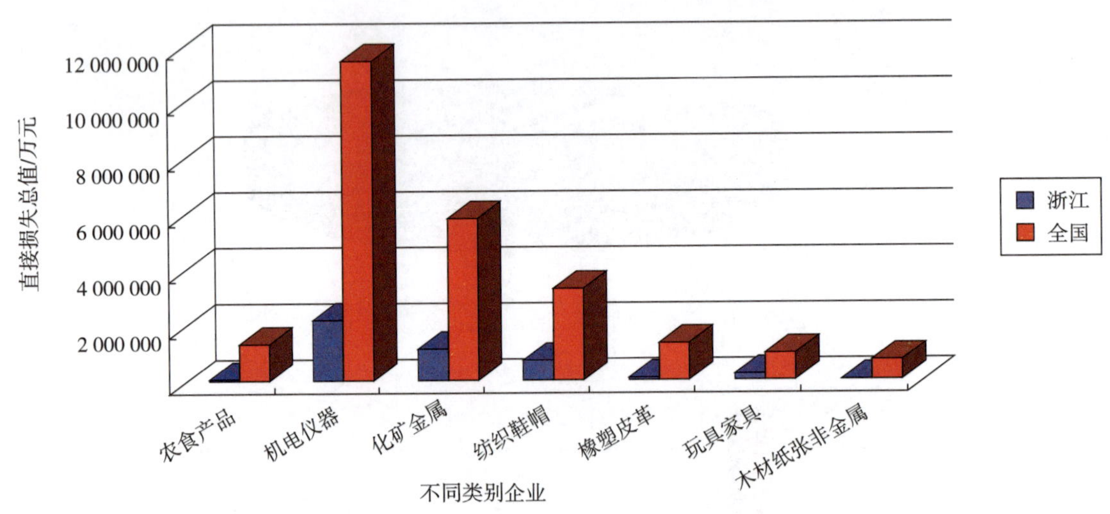

图 3－7　浙江不同类别企业直接损失额与该类企业全国直接损失总值的比较

业直接损失总额中所占比例分别为 37.9％和 29.2％。除上述两类企业外，江苏机电仪器类、塑料皮革类、玩具家具类企业的直接损失额分别为 80.2 亿元、6.1 亿元和 1.5 亿元。塑料皮革类企业损失额较 2016 年增加 1.2 亿元，机电仪器类、玩具家具类企业分别减少 96 亿元和 18.3 亿元，在相应类别出口企业全国损失总额中占比依次为 4.6％、7.0％和 1.6％。图 3－8 和图 3－9 分别说明了江苏直接损失在各类别出口企业的分布情况，以及江苏不同类别出口企业直接损失额与全国各类别企业直接损失总值的比较情况。

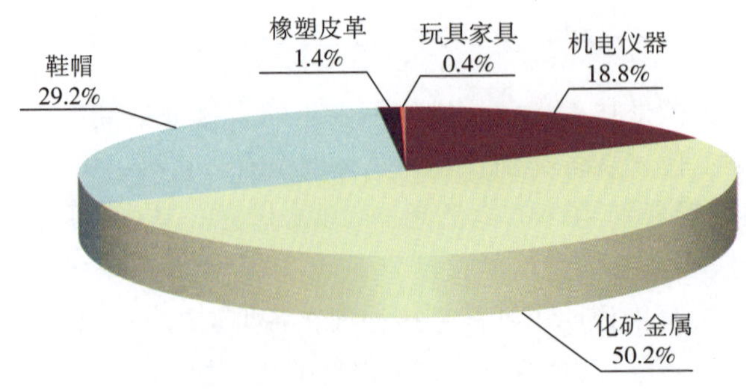

图 3－8　江苏不同类别企业直接损失额分布情况

山东省出口企业因国外技术性贸易措施造成的直接损失额，虽然由 2016 年的 607.0 亿元减少到了 2017 年的 287.3 亿元，但仍居全国第四位。其中，塑料皮革类企业的直接损失额最大，为 93.8 亿元，

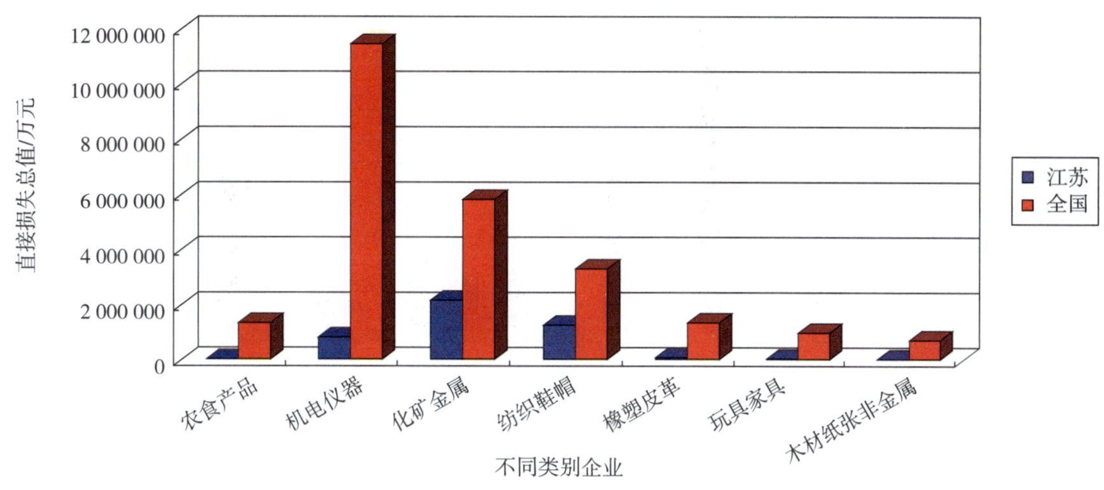

图 3-9　江苏不同类别企业直接损失额与该类企业全国直接损失总值的比较

较 2016 年的 173.6 亿元减少了 79.8 亿元，占该类企业全国直接损失总额的 70.6%，也占山东各类企业直接损失总额的 32.6%。化矿金属类企业的直接损失额为 68.1 亿元，较 2016 年增加了 2.1 亿元，占该类企业全国直接损失总额和山东各类企业直接损失总额的比例分别为 11.8%和 23.7%。纺织鞋帽类企业的直接损失额为 48.1 亿元，比 2016 年增加了 1.1 亿元，占所在类别企业直接损失总额和山东各类企业直接损失总额的比例分别为 14.7%和 16.7%。农食产品类企业的直接损失额为 44.1 亿元，较 2016 年减少了 26.5 亿元，占所在类别企业直接损失总额的 33.5%，占山东各类企业直接损失总额的 15.4%。木材纸张非金属类企业 2017 年的直接损失额为 21.1 亿元，较 2016 年减少了 14.4 亿元，占该类别企业直接损失总额的 30.1%，占山东各类企业直接损失总额的 7.3%。玩具家具类企业直接损失额为 6.6 亿元，占该类别企业直接损失总额和山东各类企业直接损失总额的比例分别为 6.8%和 2.3%。最后，2017 年山东机电仪器企业直接损失额相对较小，为 5.5 亿元，与 2016 年相比，大幅下降了 208.4 亿元。图 3-10 和图 3-11 分别说明了山东直接损失在各类别出口企业的分布情况，以及山东不同类别出口企业直接损失额与全国各类别企业直接损失总值的比较情况。

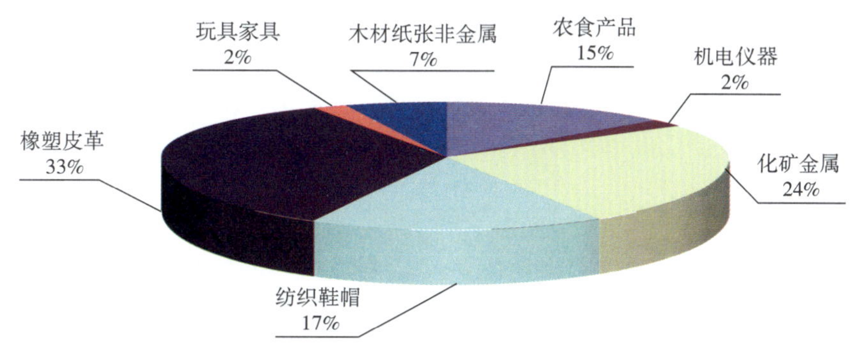

图 3-10　山东不同类别企业直接损失额分布情况

4. 目标市场分析：中国产品出口到欧盟和美国时所遭受的直接损失额最大

由于进口国家或地区经济发展水平、经济结构以及政府经济政策等方面的不同，其技术性贸易措施对中国出口企业产生的影响也存在差异。表 3-9 和图 3-12 列出了 2017 年中国产品出口到不同国家或地区时，其技术性贸易措施给中国出口企业造成的直接损失情况。

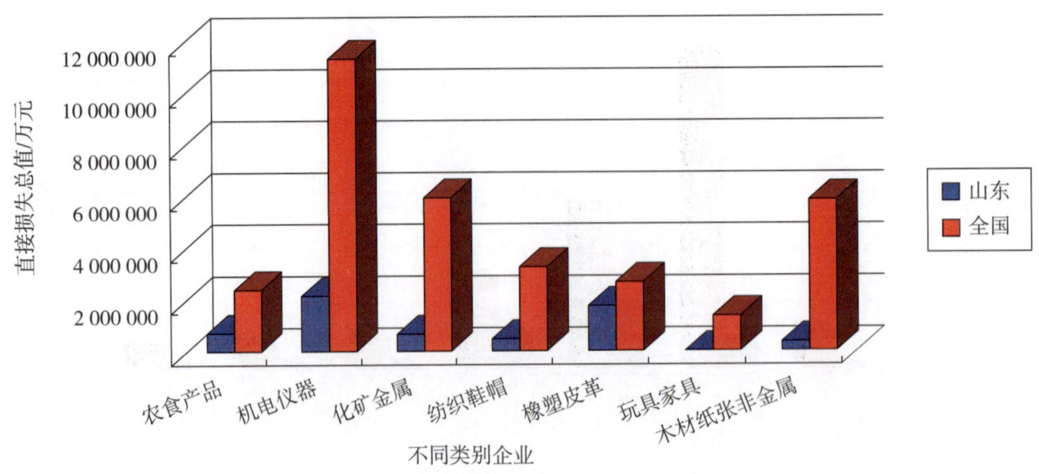

图 3－11　山东不同类别企业直接损失额与该类企业全国直接损失总值的比较

表 3－9　出口到不同国家或地区所遭受的直接损失估算值　　单位：万元

出口到岸地	大型企业直接损失额		小型企业直接损失额		直接损失总额		在全部直接损失额中所占比例
	2017 年损失额	比 2016 年变动额	2017 年损失额	比 2016 年变动额	2017 年损失额	比 2016 年变动额	
美国	1 304 510.40	−1 447 677.50	6 811 240.20	−571 240.10	8 115 750.60	−2 018 917.60	32.70%
欧盟	828 073.60	−473 783.50	3 875 969.30	−5 726 654.00	4 704 042.90	−6 200 437.40	19.00%
日本	525 561.30	371 080.80	458 426.50	−936 751.40	983 987.80	−565 670.60	4.00%
东盟国家	533 562.70	338 201.80	3 614 056.80	2 333 235.90	4 147 619.60	2 671 437.70	16.70%
韩国	138 756.70	49 423.10	463 749.70	−46 187.00	602 506.40	3 236.00	2.40%
欧亚经济联盟（除俄罗斯）	123 872.90	62 933.70	223 090.20	−58 500.50	346 963.10	4 433.20	1.40%
加拿大	43 047.50	11 583.10	318 271.40	−1 223 718.20	361 318.90	−1 212 135.10	1.50%
澳大利亚/新西兰	99 241.30	−63 500.60	370 474.20	−307 393.00	469 715.50	−370 893.50	1.90%
印度	349 629.70	279 310.70	1 717 463.20	1 044 905.70	2 067 092.90	1 324 216.40	8.30%
非洲国家	97 487.30	−382 289.00	541 401.40	−522 374.40	638 888.70	−904 663.40	2.60%
拉美国家	306 615.60	220 220.20	471 930.30	−45 163.20	778 545.90	175 057.00	3.10%
西亚国家	144 810.60	−13 628.50	364 751.70	−545 627.50	509 562.40	−559 255.90	2.10%
其他	49 085.30	−336 471.20	1 036 750.50	145 833.60	1 085 835.70	−190 637.70	4.40%
总计	4 544 254.90	−1 384 597.10	20 267 575.40	−6 459 633.90	24 811 830.30	−7 844 231.00	100.00%

由表 3－9 可以看出，美国和欧盟作为中国最主要的两个出口市场，其技术性贸易措施给中国出口企业带来的直接损失也最大，分别达到了 811.6 亿元和 470.4 亿元，分别比 2016 年减少了 201.9 亿元和 620.0 亿元，在直接损失总额中的比例分别达到 32.7%和 19.0%。二者造成的直接损失额合计 1 282.0 亿元，占直接损失总额的 51.7%。东盟和印度的技术性贸易措施给中国出口企业带来的直接损失也都超过了 200 亿元，分别达到 414.8 亿元和 206.7 亿元，分别比 2016 年增加了 267.1 亿元、

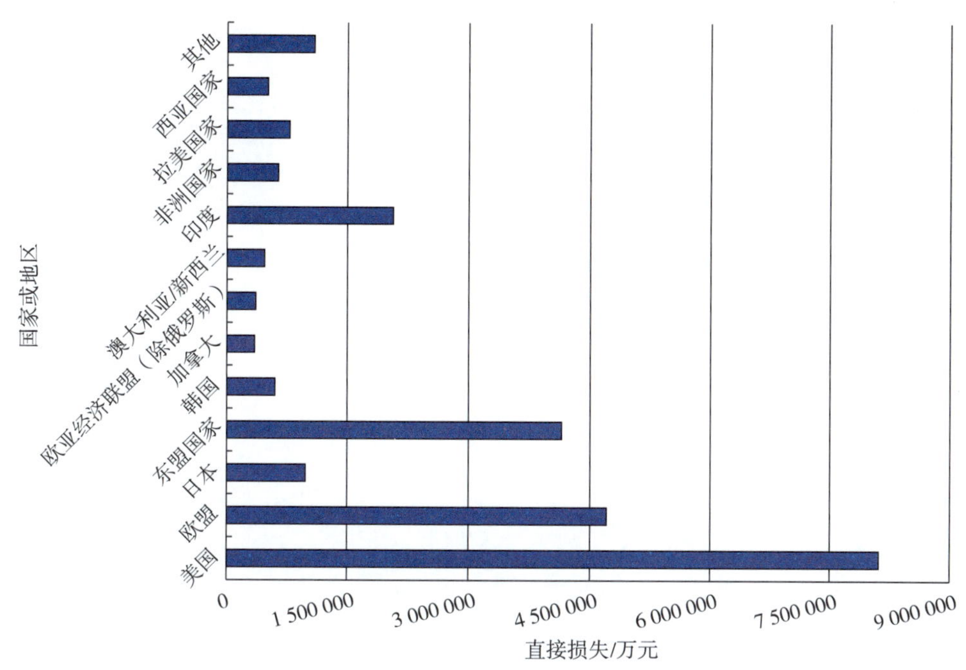

图 3-12 出口到不同国家或地区所遭受的直接损失

132.4 亿元。应该注意的是，从出口到不同国家/地区所遭受的直接损失占全部损失额的比例来看，2017 年欧美、美国、加拿大、澳大利亚/加拿大以及非洲国家的占比有所下降，东盟、印度、日本、拉美、欧亚经济联盟（除俄罗斯外）的占比则均较 2016 年有明显的提高，尤其是东盟国家的占比，较 2016 年提高了 11.2%。

图 3-13 说明了我国产品出口到不同国家或地区所遭受的直接损失占全部损失额的比例，由图中可以看出美国与欧盟的技术性贸易措施给我国出口企业造成的损失远大于世界其他国家或地区。

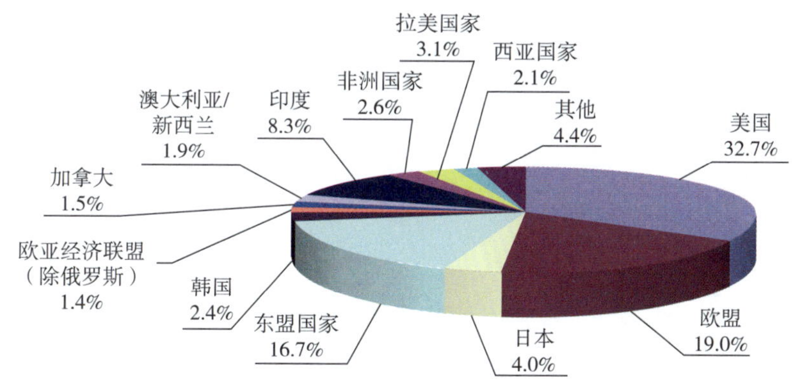

图 3-13 出口到不同国家或地区所遭受的直接损失占全部损失额的比例分布

表 3-10 进一步说明了 2017 年中国不同类别、不同规模的出口企业在出口到不同国家或地区时，因对方的技术性贸易措施所遭受的直接损失情况。

表 3－10　不同类别、不同规模出口企业出口到不同国家或地区所遭受的直接损失额估算值

单位：万元

企业规模	企业类别	国家或地区													合计
		美国	欧盟	日本	东盟国家	韩国	欧亚经济联盟(除俄罗斯)	加拿大	澳大利亚/新西兰	印度	非洲国家	拉美国家	西亚国家	其他	
		直接损失额估算值													
大型企业	农食产品	121 568.6	55 396.1	4 466.5	75 042.7	4 830.6	52 022.1	12 169.5	22.3	21 270.4	4 161.8	0.0	245.2	44 635.0	395 830.7
	机电仪器	38 066.4	25 669.3	4 037.4	17 066.2	3 394.8	3 978.5	3 341.9	11 235.3	0.0	1 018.5	0.0	50.9	0.0	107 859.3
	化矿金属	51 076.7	217 180.3	192 879.3	315 796.6	64 245.0	2 062.4	10.7	6 187.3	292 887.0	1 031.2	41 248.8	103 183.8	20.6	1 287 809.8
	纺织鞋帽	478 780.8	367 266.5	311 953.7	56 099.2	52 429.2	65 536.5	27 525.3	78 643.8	26 214.6	89 129.6	26 214.6	5 242.9	0.0	1 585 036.8
	橡塑皮革	450 942.7	120 183.2	136.7	69 020.9	13 857.2	273.3	0.0	0.0	8 915.6	1 913.2	239 152.2	35 954.8	3 143.1	943 492.9
	玩具家具	17 485.1	13 774.4	12 087.8	522.1	0.0	0.0	0.0	1 606.3	40.2	232.9	0.0	0.0	0.0	45 748.8
	木材纸张非金属	146 590.0	28 603.8	0.0	15.1	0.0	0.0	0.0	1 546.2	302.0	0.0	0.0	132.9	1 286.5	178 476.5
大型企业合计		1304 510.4	828 073.6	525 561.3	533 562.7	138 756.7	123 872.9	43 047.5	99 241.3	349 629.7	97 487.3	306 615.6	144 810.6	49 085.3	4 544 254.9
小型企业	农食产品	131 676.4	254 271.9	110 592.8	78 240.9	23 096.8	8 161.4	979.4	21 546.2	90 047.7	119 972.9	0.0	6 583.5	75 808.8	920 978.7
	机电仪器	3 377 939.7	1 376 695.0	80 899.7	3 141 093.4	15 359.8	46 180.2	65 505.1	144 215.5	1 599 228.2	71 993.1	419 462.7	349 244.7	634 551.6	11 322 368.7
	化矿金属	2 317 468.6	1 172 302.3	59 699.4	362 821.2	147 242.7	97 925.9	189 244.7	36 150.0	0.0	124 590.0	0.0	1 415.8	0.0	4 508 860.6
	纺织鞋帽	412 869.5	550 646.8	77 349.5	9 246.8	46 234.0	0.0	4 623.4	136 390.3	15 719.6	128 530.5	13 870.2	0.0	294 510.5	1 689 990.9
	橡塑皮革	124 695.4	143 766.5	28 283.9	8 215.2	7 628.4	8 201.1	6 748.2	3 872.9	5 868.0	19 951.3	22 298.5	4 724.5	1 408.3	385 662.3
	玩具家具	275 866.8	252 678.8	77 233.3	6 958.0	144 029.6	62 621.6	37 810.9	26 963.5	0.0	31 207.8	0.0	2 783.2	278.3	918 431.7
	木材纸张非金属	170 723.7	125 608.0	24 368.1	7 481.4	80 158.2	0.0	13 359.7	1 336.0	6 599.7	45 155.8	16 298.8	0.0	30 192.9	521 282.4
小型企业合计		6 811 240.2	3 875 969.3	458 426.5	3 614 056.8	463 749.7	223 090.2	318 271.4	370 474.2	1 717 463.2	541 401.4	471 930.3	364 751.7	1 036 750.5	20 267 575.4
总计		8 115 750.6	4 704 042.9	983 987.8	4 147 619.6	602 506.4	346 963.1	361 318.9	469 715.5	2 067 092.9	638 888.7	778 545.9	509 562.4	1 085 835.7	24 811 830.3

农食产品类出口企业遭受的直接损失额为131.7亿元，较2016年减少了105.6亿元，在各类出口企业中列第五位。其中，对美国、欧盟出口的直接损失额分别为25.3亿元、31.0亿元，在该类出口企业直接损失总额中所占比例分别为19.2%、23.5%。从企业规模角度看，对美国出口农食产品时，中国大型出口企业和小型出口企业遭受的直接损失额相当，分别为12.2亿元和13.2亿元；对欧盟出口农食产品时，中国小型出口企业遭受的直接损失额为25.4亿元，明显高于大型出口企业5.5亿元的直接损失额。此外，农食产品对日本、欧亚经济联盟（除俄罗斯）、印度和非洲出口时，出口企业遭受的直接损失额均超过10亿元，分别达到11.5亿元、15.3亿元、11.1亿元和12.4亿元。

机电仪器类出口企业遭受的直接损失额为1143.0亿元，较2016年上升了13.2亿元，是各类别企业中受国外技术性贸易措施影响最大的。其中，该类企业出口欧盟、美国、欧亚经济联盟（除俄罗斯）、印度时遭受的直接损失额分别为341.6亿元、140.2亿元、315.8亿元和159.9亿元，在该类企业总损失额中所占比例分别为29.9%、12.3%、27.6%、和14.0%。对澳大利亚/新西兰、拉美和西亚出口时，企业的直接损失额也均超过10亿元，分别为15.5亿元、41.9亿元和34.9亿元。从该类出口企业总体情况看，小型出口企业遭受的直接损失额达到1132.2亿元，远远高于大型企业10.8亿元的损失额。

化矿金属类出口企业直接损失额为579.7亿元，较2016年减少了12.4亿元，直接损失额在各类别企业中列第二位。其中对美国、欧盟出口时所遭受的直接损失额分别为236.9亿元、138.9亿元，在该类出口企业直接损失额中所占比例分别为40.9%和24.0%。从总体上看，该类小型出口企业的直接损失额为450.9亿元，远远超过大型出口企业128.8亿元的直接损失额。但在对美国出口该类产品时，我国大型出口企业遭受的直接损失为231.7亿元，明显高于小型企业5.1亿元的直接损失额。

纺织鞋帽类出口企业所遭受的直接损失额较2016年略微增加了3.9亿元，为327.5亿元，直接损失额在各类企业中居第三位。其中对欧盟、美国、日本出口的直接损失额分别为91.8亿元、89.2亿元、38.9亿元，分别占该类企业出口直接损失总额的28.0%、27.2%、11.9%。在出口该类产品时，小型出口企业共遭受了169.0亿元的直接损失，略高于于小型企业158.5亿元的直接损失额。

橡塑皮革类出口企业遭受的直接损失总额为132.9亿元，比2016年减少了132.4亿元，在各类出口企业中列第四位。直接损失主要发生在对美国、欧盟、拉美国家出口该类产品时，直接损失额分别为57.6亿元、26.4亿元和26.1亿元，在该类企业出口直接损失总额中的比例分别为43.3%、19.9%和19.7%。从不同规模的企业情况看，出口该类产品时，我国大型出口企业遭受的直接损失额为94.3亿元，高于小型出口企业38.6亿元的直接损失规模。

玩具家具类出口企业遭受了96.4亿元的直接损失，较2016年减少了38.5亿元，在各类出口企业中居第六位。其中，对美国、欧盟和东盟出口的直接损失额分别为29.3亿元、26.6亿元和14.4亿元，三者合计占该类企业出口直接损失总额的73.0%。从企业规模看，小型出口企业出口美国、欧盟和东盟时发生的直接损失分别为27.6亿元、25.3亿元和14.4亿元，远高于大型出口企业的直接损失额。

木材纸张非金属类出口企业遭受的直接损失总额为70.0亿元，较2016年锐减512.7亿元，在各类出口企业中遭受直接损失最少。该类产品在对美国、欧盟和东盟出口时所遭受的直接损失为31.7亿元、15.4亿元和8.0亿元，在该类企业出口直接损失总额中占78.8%。另外，该类产品出口时，我国小型出口企业发生的直接损失额为52.1亿元，远远高于大型出口企业17.9亿元的直接损失。

三、直接损失率分析

1. 行业分析：塑料皮革类企业直接损失率最高

表 3－11 和图 3－14 显示了 2016 年中国不同类别出口企业的直接损失率情况，可以看出，2016 年中国出口企业因国外技术性贸易措施而遭受的直接损失率平均水平为 1.6%，机电仪器类、纺织鞋帽类、玩具家具、木材纸张非金属类出口企业直接损失率低于平均值，而农食产品类、橡塑皮革类、化矿金属、塑料皮革类出口企业的直接损失率均高于平均值。尤其是塑料皮革类出口企业，直接损失率在各类出口企业中最高，达到 9.0%；农食产品类出口企业的直接损失率也较高，达到了 2.7%。

表 3－11　不同类别出口企业直接损失率

企业类别	出口额/万元	直接损失额/万元	直接损失率/%
农食产品	49 608 819	1 316 810	2.7%
机电仪器	806 232 048	11 430 228	1.4%
化矿金属	233 253 901	5 796 670	2.5%
纺织鞋帽	215 850 934	3 275 028	1.5%
橡塑皮革	14 717 634	1 329 155	9.0%
玩具家具	162 497 574	964 181	0.6%
木材纸张非金属	51 044 867	699 759	1.4%
合计	1 533 205 774	24 811 830	1.6%

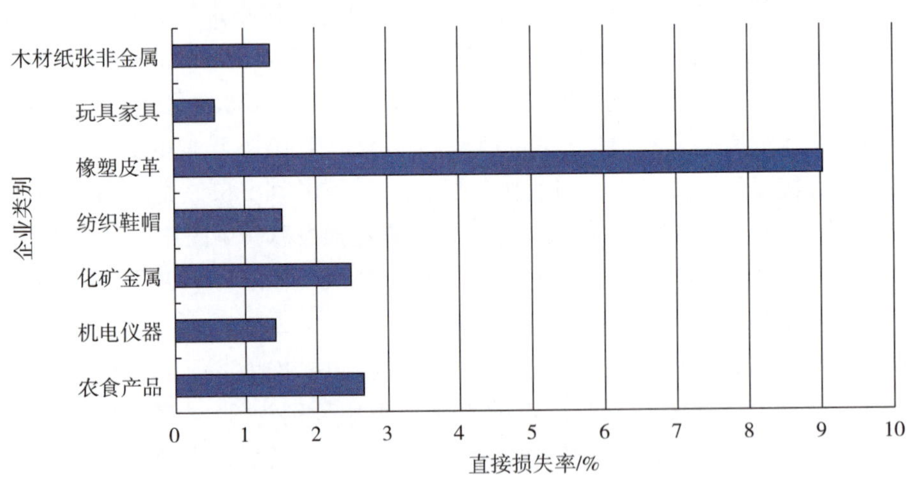

图 3－14　不同类别出口企业直接损失率

2. 省份分析：蒙、鲁、吉等地企业直接损失率最高

由表 3－12 可以看出，我国不同地区的出口企业遭受的直接损失率有比较明显的差异，河北、内蒙古、辽宁、吉林、江苏、浙江、安徽、福建、山东、湖南、广东、贵州、青海、宁夏等地出口企业发生的直接损失率都高于 1.6%的全国平均水平，其中内蒙古出口企业直接损失率最高，为 4.1%。北京、天津、山西、上海、河南、湖北、四川、重庆等地出口企业的直接损失率均低于 1%。此外，上海的出口总额位居全国第二，但其直接损失率却仅为 0.4%。

表 3-12 不同地区出口企业直接损失率

地区	出口额/亿元	直接损失额/万元	直接损失率/%
北京	39 624 999	374 567.5	0.9
天津	29 522 902	127 704.0	0.4
河北	21 261 511	590 674.3	2.8
山西	6 903 055	36 384.8	0.5
内蒙古	3 347 680	136 471.3	4.1
辽宁	30 434 844	593 158.6	1.9
吉林	2 999 242	105 752.6	3.5
黑龙江	3 481 564	40 375.2	1.2
上海	131 203 123	475 873.8	0.4
江苏	246 071 632	4 254 273.1	1.7
浙江	194 459 468	4 396 731.6	2.3
安徽	20 651 673	440 530.7	2.1
福建	71 140 861	1 576 880.5	2.2
江西	22 225 647	312 532.9	1.4
山东	99 654 000	2 872 905.2	2.9
河南	31 717 910	187 181.7	0.6
湖北	20 641 224	173 205.3	0.8
湖南	15 657 946	268 982.1	1.7
广东	421 868 061	7 250 337.7	1.7
广西	18 552 015	72 297.2	0.4
海南	2 956 618	0.0	0.0
四川	25 385 157	66 637.5	0.3
重庆	28 837 099	123 215.4	0.4
贵州	3 912 732	72 708.1	1.9
云南	7 792 607	40 208.6	0.5
西藏	295 037	0.0	0.0
陕西	16 600 479	142 784.3	0.9
甘肃	1 237 528	5 927.3	0.5
青海	287 499	4 860.0	1.7
宁夏	2 477 360	42 889.1	1.7
新疆	12 004 302	25 780.0	0.2
总计	1 533 205 774	24 811 830.3	1.6

3. 目标市场分析：对印度出口直接损失率最高

表 3-13 和图 3-15 说明了中国出口企业出口到不同国家或地区所发生的直接损失率情况。从表 3-13中可以看出，中国企业出口到日本、韩国、澳大利亚/新西兰、非洲、拉美、西亚国家时发生的直接损失率低于1.6%的平均水平，但出口到美国、欧盟、东盟、加拿大、欧亚经济联盟（除俄罗斯）、印度时所发生的直接损失率则高于平均水平，尤其是对印度出口时，中国企业发生的直接损失率达到4.5%。对欧盟和美国出口时，中国企业直接损失率也较高，分别为1.9%和2.8%。

表 3 - 13　出口到不同国家或地区的直接损失率

出口到岸地	出口额/万元	直接损失额/万元	直接损失率/%
美国	291 027 845	8 115 750.6	2.8
欧盟	251 988 411	4 704 042.9	1.9
日本	93 014 472	983 987.8	1.1
东盟国家	189 017 720	4 147 619.6	2.2
韩国	69 646 576	602 506.4	0.9
欧亚经济联盟（除俄罗斯）	8 509 219	346 963.1	4.1
加拿大	21 260 298	361 318.9	1.7
澳大利亚/新西兰	31 508 561	469 715.5	1.5
印度	46 148 382	2 067 092.9	4.5
非洲国家	64 262 738	638 888.7	1.0
拉美国家	88 651 211	778 545.9	0.9
西亚国家	80 402 966	509 562.4	0.6
其他	297 767 374	1 085 835.7	0.4
总计	1 533 205 774	24 811 830.3	1.6

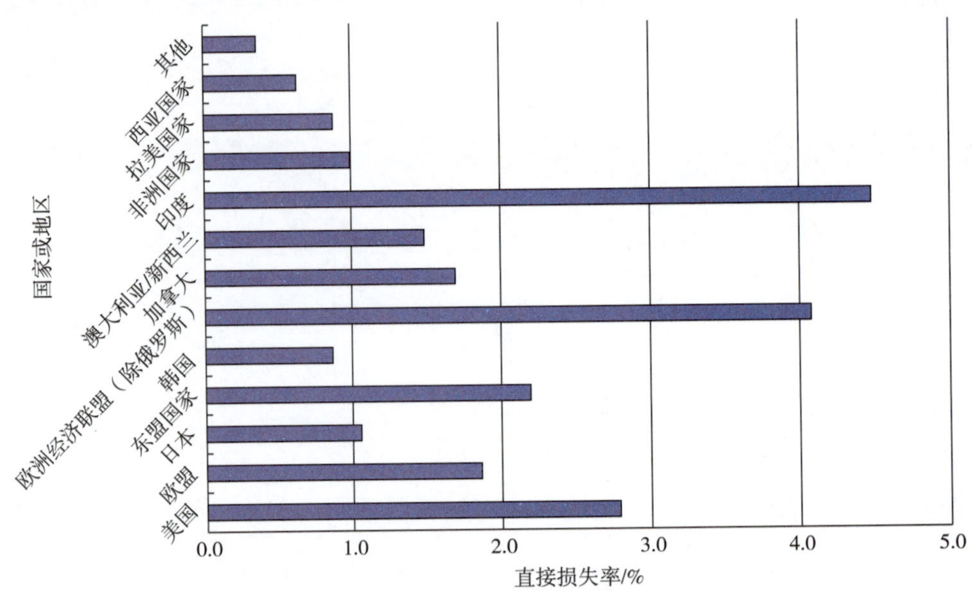

图 3 - 15　出口到不同国家或地区的直接损失率

第二节　企业应对成本分析

本报告所指的新增成本包括中国出口企业为适应进口国的新要求进行技术改造、包装及标签更换、新增检验、检疫、认证、处理、注册等产生的费用，以及在采购、物流、通关等方面增加的费用。

为满足进口国家或地区对产品的新要求，中国出口企业需要对产品进行测试、检验、认证、注册，或改进产品生产技术、更换产品包装及标签、对产品进行其他处理，或办理其他手续，从而增加了出口成本，减少了利润。

一、检测等成本分析：化矿金属类小型企业负担最重

表 3 - 14 与图 3 - 16 显示了 2017 年中国不同类别、不同规模的出口企业为满足国外技术要求而发

生的产品测试、检验、认证、注册费在出口产品销售额中所占的百分比情况。从图表中可以看出，测试、检验、认证、注册费在纺织鞋帽、机电仪器和塑料皮革类大型企业出口产品销售额中所占比例较高，分别为3.8%、3.1%与2.2%；而小型出口企业中，农食产品类、化矿金属和塑料皮革类的比例较高，分别为3.8%、4.0%和3.4%。

表3-14　产品测试、检验、认证、注册费用在出口销售额中的百分比

企业规模	企业类别	测试、检验、认证、注册费比例/%
大型企业	农食产品	1.9
	机电仪器	3.1
	化矿金属	1.7
	纺织鞋帽	3.8
	橡塑皮革	2.2
	玩具家具	1.5
	木材纸张非金属	1.7
大型企业汇总		2.3
小型企业	农食产品	3.8
	机电仪器	2.7
	化矿金属	4.0
	纺织鞋帽	2.0
	橡塑皮革	3.4
	玩具家具	2.7
	木材纸张非金属	2.2
小型企业汇总		3.1
总计		2.8

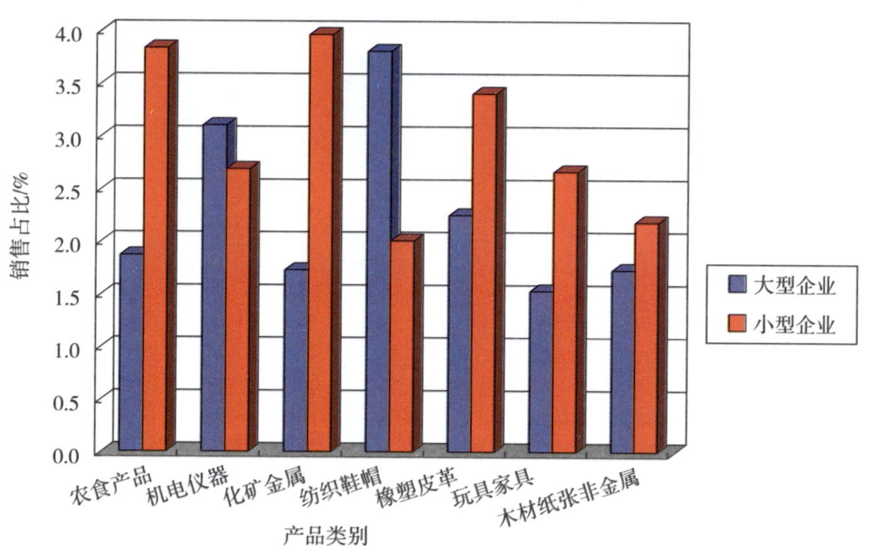

图3-16　产品测试、检验、认证、注册费用在出口产品销售额中的百分比

二、企业新增成本分析

1. 行业分析：机电仪器类企业最高

表3-15列出了中国2017年不同地区、不同类别、不同规模的出口企业在出口时所发生的新增成

表 3-15　不同地区、不同类别、不同规模出口企业出口新增成本估算值

单位:万元

企业规模	企业类别	北京	天津	河北	山西	内蒙古	辽宁	吉林	黑龙江	上海	江苏	浙江	安徽
		新增成本估算值											
大型企业	农食产品	350.0	103.1	1 561.2	420.7	74.7	390.9	1 964.4	148.9	580.0	0.0	219.4	2 000.0
	机电仪器	2 394.0	0.0	3 926.7	1 030.4	0.0	0.0	0.0	0.0	8 983.6	0.0	4 427.3	1 813.0
	化矿金属	0.0	22 200.0	23 105.8	430 000.0	377.0	16 065.1	55.0	140.0	8 609.0	0.0	1 153.8	396.8
	纺织鞋帽	631.8	0.0	1 392.0	0.0	517.0	0.0	160.0	1 890.0	586.0	30 090.7	5 145.0	845.0
	橡塑皮革	0.0	493.5	2 550.0	0.0	6.0	0.0	0.0	390.0	0.0	4 720.0	5 167.6	1 620.0
	玩具家具	84.3	175.0	104.0	0.0	0.0	0.0	0.0	3 920.0	12 592.5	0.0	646.7	6 253.0
	木材纸张非金属	70.0	150.0	15 200.0	375.0	0.0	0.0	310.0	0.0	0.0	0.0	0.0	225 000.0
大型企业汇合计		3 530.1	23 121.6	47 839.7	431 826.1	974.7	16 456.0	2 489.4	6 488.9	31 351.0	34 810.7	16 759.8	237 927.8
小型企业	农食产品	3 792.6	0.0	1 668.0	831.4	4 111.3	9 391.3	0.0	9 295.0	811.6	0.0	126 888.5	8 420.6
	机电仪器	13 758.3	0.0	217 536.4	0.0	0.0	0.0	0.0	0.0	50 756.3	863 882.5	341 934.5	94 951.1
	化矿金属	55 850.0	0.0	85 011.1	73 200.0	42 295.7	15 921.0	0.0	17 430.0	12 363.0	187 922.8	113 818.7	926.8
	纺织鞋帽	0.0	1 395.0	63 242.1	504.0	59.1	55 184.7	0.0	880.2	32 060.0	90 563.3	55 778.3	9 750.0
	橡塑皮革	0.0	0.0	2 068.2	900.0	170.7	0.0	0.0	0.0	0.0	26 000.0	15 695.3	0.0
	玩具家具	3 186.0	5 160.0	676.0	103.5	0.0	1 443.2	0.0	0.0	20 846.0	2 226.5	166 948.0	2 965.8
	木材纸张非金属	0.0	0.0	962.7	876.0	305.0	0.0	0.0	9.7	0.0	0.0	6 134.3	166.5
小型企业合计		76 586.9	6 555.0	371 164.6	76 414.9	46 941.7	81 940.2	0.0	27 614.9	116 836.9	1 170 595.1	827 197.5	117 180.8
总计		80 117.0	29 676.6	419 004.3	508 240.9	47 916.4	98 396.1	2 489.4	34 103.7	148 188.0	1 205 405.8	843 957.2	355 108.6

续表 3-15

企业规模	企业类别	地区									
		福建	江西	山东	河南	湖北	湖南	广东	广西	海南	四川
		新增成本估算值									
大型企业	农食产品	0.0	1 484.4	310 074.5	1 951.8	4 047.9	2 884.6	1 410.8	1 460.7	1 955.2	156.0
	机电仪器	38 400.0	381.3	1 143.7	1 595.0	0.0	1 665.0	20 948.9	12.3	0.0	858.0
	化矿金属	6 978.5	44.0	74 460.3	636.4	15 762.5	491.1	123 334.0	3 833.7	0.0	46 312.8
	纺织鞋帽	0.0	3 572.9	22 164.6	562.7	682.0	197.3	10 327.4	0.0	0.0	0.0
	橡塑皮革	0.0	0.0	33 911.6	1 058.3	2 299.0	101.5	4 885.3	3.0	0.0	261.6
	玩具家具	0.0	0.0	0.0	0.0	0.0	1 410.0	108 071.2	83.0	0.0	0.0
	木材纸张非金属	89 600.0	292.5	1 643.0	0.0	206.7	126.0	5 226.0	293.3	0.0	0.0
大型企业合计		134 978.5	5 775.1	443 397.7	5 804.1	22 998.0	6 875.6	274 203.6	5 686.0	1 955.2	47 588.4
小型企业	农食产品	0.0	6 955.7	46 035.4	2 821.5	5 016.2	1 205.3	1 088.8	3 117.6	275.0	32 561.2
	机电仪器	60 280.9	0.0	15 801.7	43 586.0	9 155.3	104.6	260 082.9	3 365.5	9 600.0	4 410.9
	化矿金属	15 840.0	8 977.5	88 620.1	0.0	0.0	24 214.3	129 975.0	5 454.6	0.0	3 911.1
	纺织鞋帽	14 508.5	0.0	209 346.0	1 680.0	0.0	18 200.0	53 241.6	7 300.0	0.0	1 325.0
	橡塑皮革	40 633.3	3 109.2	7 795.6	0.0	3 956.0	0.0	153 887.4	0.0	0.0	1 382.3
	玩具家具	2 386.8	3 483.0	66 030.0	2 800.0	745.0	1 785.7	315 247.1	693.0	0.0	406.1
	木材纸张非金属	9 170.3	239.7	138 061.9	918.3	0.0	32.1	55 196.8	0.0	0.0	3 520.0
小型企业合计		142 819.8	22 765.1	571 690.7	51 805.8	18 872.4	45 542.0	968 719.6	19 930.8	9 875.0	47 516.6
总计		277 798.3	28 540.2	1 015 088.4	57 610.0	41 870.5	52 417.6	1 242 923.2	25 616.8	11 830.2	95 105.0

续表 3-15

企业规模	企业类别	地区									
		重庆	贵州	云南	西藏	陕西	甘肃	青海	宁夏	新疆	合计
		新增成本估算值									
大型企业	农食产品	0.0	0.0	2 194.0	0.0	870.2	9 000.0	0.0	88.0	4 045.6	349 436.8
	机电仪器	0.0	0.0	0.0	0.0	0.0	0.0	0.0	0.0	90.0	87 669.2
	化矿金属	150.3	0.0	307.8	0.0	380.6	0.0	0.0	0.0	0.0	774 794.4
	纺织鞋帽	0.0	440.0	0.0	0.0	8 000.0	0.0	0.0	0.0	0.0	87 204.3
	橡塑皮革	23.9	47.5	0.0	0.0	0.0	0.0	0.0	0.0	150.0	57 688.8
	玩具家具	0.0	0.0	0.0	0.0	0.0	0.0	0.0	0.0	0.0	133 339.8
	木材纸张非金属	0.0	0.0	0.0	0.0	0.0	0.0	0.0	0.0	0.0	338 492.5
大型企业合计		174.2	487.5	2 501.8	0.0	9 250.7	9 000.0	0.0	88.0	4 285.6	1 828 625.8
小型企业	农食产品	243.0	855.8	4 562.4	0.0	5 279.7	467.4	36.0	446.0	1 440.8	277 617.9
	机电仪器	139 222.0	36 856.2	0.0	0.0	36 638.6	0.0	0.0	0.0	0.0	2 201 923.7
	化矿金属	0.0	845.0	183.0	0.0	2 657.2	0.0	0.0	0.0	0.0	885 417.0
	纺织鞋帽	0.0	44.4	0.0	0.0	0.0	0.0	450.0	0.0	0.0	615 512.1
	橡塑皮革	0.0	0.0	0.0	0.0	18 022.2	0.0	0.0	0.0	0.0	273 620.1
	玩具家具	0.0	0.0	0.0	0.0	1 572.5	0.0	0.0	0.0	0.0	598 704.1
	木材纸张非金属	0.0	0.0	0.0	0.0	0.0	0.0	0.0	0.0	0.0	215 593.3
小型企业合计		139 465.0	38 601.3	4 745.4	0.0	64 170.1	467.4	486.0	446.0	1 440.8	5 068 388.2
总计		139 639.2	39 088.8	7 247.2	0.0	73 420.9	9 467.4	486.0	534.0	5 726.4	6 897 013.9

本情况。表 3 - 16、图 3 - 17 为不同类别、不同规模出口企业新增成本估算值，图 3 - 18 显示了各类别出口企业新增成本在新增成本总值中的比例。

表 3 - 16　不同类别、不同规模出口企业新增成本估算值　　单位：万元

产品类别	大型企业新增成本		小型企业新增成本		新增成本总和		各类企业新增成本占新增成本总额的百分比/%
	2017 年新增成本	比 2016 年变动额	2017 年新增成本	比 2016 年变动额	2017 年新增成本	比 2016 年变动额	
农食产品	349 436.8	227 392.46	277 617.9	42 349.62	627 054.68	269 742.08	9.1
机电仪器	87 669.2	−394 348.63	2 201 923.7	−13 482 336.35	2 289 592.82	−13 876 685.08	33.2
化矿金属	774 794.4	337 191.88	885 417.0	319 925.61	1 660 211.39	657 117.49	24.1
纺织鞋帽	87 204.3	−188 793.16	615 512.1	−523 209.43	702 716.41	−712 002.49	10.2
橡塑皮革	57 688.8	−150 618.09	273 620.1	50 303.48	331 308.89	−100 314.61	4.8
玩具家具	133 339.8	45 513.00	598 704.1	107 922.63	732 043.93	153 435.73	10.6
木材纸张非金属	338 492.5	75 224.90	215 593.3	−43 218.78	554 085.82	32 006.12	8.0
总计	1 828 625.8	−48 437.6	5 068 388.2	−13 528 263.1	6 897 013.9	−13 576 700.8	100.0

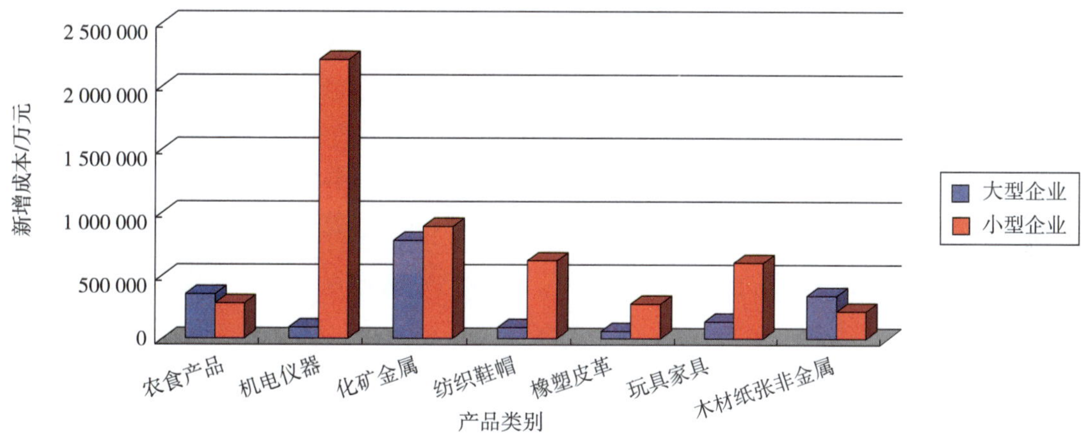

图 3 - 17　不同类别、不同规模出口企业 2017 年新增成本情况

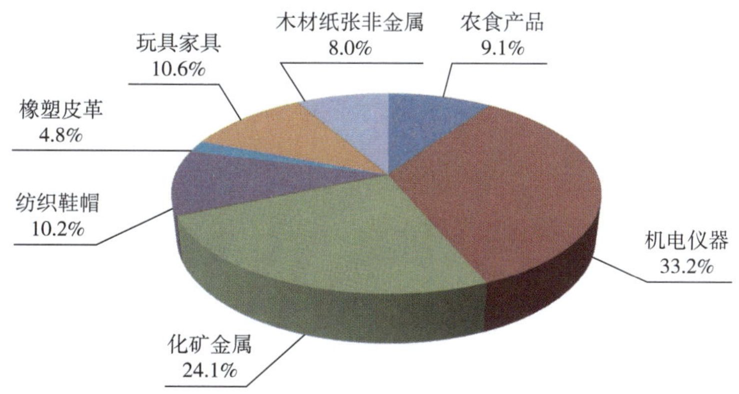

图 3 - 18　不同类别出口企业新增成本占新增成本总额的比例

从表3-16中可以看出，为满足国外技术新要求，中国2017年出口企业所发生的新增成本总额为689.7亿元，比2016年减少了1 357.7亿元。七大类别企业按照新增成本由多到少的顺序分别为：机电仪器类、化矿金属类、玩具家具类、纺织鞋帽类、农食产品类、木材纸张非金属类和橡塑皮革类企业。其中，机电仪器类企业的新增成本为229.0亿元，比2016年减少了1 387.7亿元，在新增成本中所占比例为33.2%，居各类企业之首。化矿金属类企业新增成本为166.0亿元，比2016年增加了65.7亿元，在新增成本总额中所占比例为24.1%，在各类企业中位列第二。玩具家具类企业新增成本为73.2亿元，比2016年增加15.3亿元，在各类企业中排在第三位，其新增成本占七大类别出口企业全部新增成本总额的10.6%。纺织鞋帽类企业新增成本70.3亿元，比2016年减少了71.2亿元，在七大类别出口企业中列第四位。农食产品类企业新增加成本较2016年增加了27.0亿元，为62.7亿元。木材纸张非金属类企业和塑料皮革类企业的新增成本则分别为55.4亿元和33.1亿元。

按企业规模，2017年中国大型出口企业为适应国外技术性贸易措施的要求发生的新增成本为182.9亿元，小型出口企业所发生的新增成本则为506.8亿元，比大型出口企业多323.9亿元。具体到不同类别的出口企业，除农食产品类和木材纸张非金属类大型出口企业的新增成本分别比小型出口企业高出7.2亿元、12.3亿元外，其余五个类别小型出口企业新增成本均高于大型出口企业。机电仪器类、化矿金属类、玩具家具类、纺织鞋帽类、橡塑皮革类小型出口企业的新增成本分别比大型出口企业高211.4亿元、11.1亿元、46.5亿元、52.8亿元和21.6亿元。

2. 省份分析：粤、苏、鲁三地企业新增成本最高

表3-17显示了不同地区出口企业新增成本估算值及在新增成本总估算值中所占的比例。从表3-17中可以看出，中国各地区新增成本的情况有很大的差异。广东、江苏、山东新增成本均超过100亿元，分别为124.3亿元、120.5亿元和101.5亿元，占全国新增成本总额的18.0%、17.5%和14.7%，在全国各地区中居于前三位。

表3-17 不同地区出口企业新增成本估算值

地区	新增成本/万元	占新增成本总额的比例/%
北京	80 117.0	1.2
天津	29 676.6	0.4
河北	419 004.3	6.1
山西	508 240.9	7.4
内蒙古	47 916.4	0.7
辽宁	98 396.1	1.4
吉林	2 489.4	0.0
黑龙江	34 103.7	0.5
上海	148 188.0	2.1
江苏	1 205 405.8	17.5
浙江	843 957.2	12.2
安徽	355 108.6	5.1
福建	277 798.3	4.0
江西	28 540.2	0.4
山东	1 015 088.4	14.7
河南	57 610.0	0.8

续表 3-17

地区	新增成本/万元	占新增成本总额的比例/%
湖北	41 870.5	0.6
湖南	52 417.6	0.8
广东	1 242 923.2	18.0
广西	25 616.8	0.4
海南	11 830.2	0.2
四川	95 105.0	1.4
重庆	139 639.2	2.0
贵州	39 088.8	0.6
云南	7 247.2	0.1
西藏	0.0	0.0
陕西	73 420.9	1.1
甘肃	9 467.4	0.1
青海	486.0	0.0
宁夏	534.0	0.0
新疆	5 726.4	0.1
总计	6 897 013.9	100.0

3. 目标市场分析：对欧盟出口企业新增成本最多

图 3-19、表 3-18 和表 3-19 说明了中国出口到不同国家或地区的新增成本情况。从表 3—18 可以看出，造成中国出口企业新增成本增加较多的国家和地区为欧盟、美国、东盟国家、非洲国家，相应的新增成本均超过 40 亿元，分别为 197.5 亿元、165.5 亿元、71.0 亿元、47.6 亿元，四者合计，占全国出口企业新增成本总额的 69.8%，而其中欧盟技术性贸易措施导致中国出口企业发生的新增成本接近 200 亿元，在全部新增成本中所占比重达到 28.6%。与 2016 年相比，2017 年对加拿大和东盟国家出口时发生的新增成本分别增加了 5.8 亿元和 3.9 亿元，对非洲国家、欧盟、美国、拉美、印度、欧亚经济联盟（除俄罗斯）、日本出口时发生的新增成本均大幅减少，减少额分别为 1046.5 亿元、129.4 亿元、65.4 亿元、50.0 亿元、19.0 亿元、17.9 亿元、17.6 亿元和 15.5 亿元。

表 3-18 出口到不同国家的出口产品新增成本估算值

出口到岸地	新增成本/万元	占新增成本总额的比例/%
美国	1 654 573.1	24.0
欧盟	1 975 163.8	28.6
日本	388 976.6	5.6
东盟国家	710 442.0	10.3
韩国	236 022.9	3.4
欧亚经济联盟（除俄罗斯）	55 422.2	0.8
加拿大	349 178.5	5.1

续表 3-18

出口到岸地	新增成本/万元	占新增成本总额的比例/%
澳大利亚/新西兰	260 601.5	3.8
印度	68 554.0	1.0
非洲国家	475 706.1	6.9
拉美国家	146 209.9	2.1
西亚国家	279 650.0	4.1
其他	296 513.4	4.3
总计	6 897 013.9	100.0

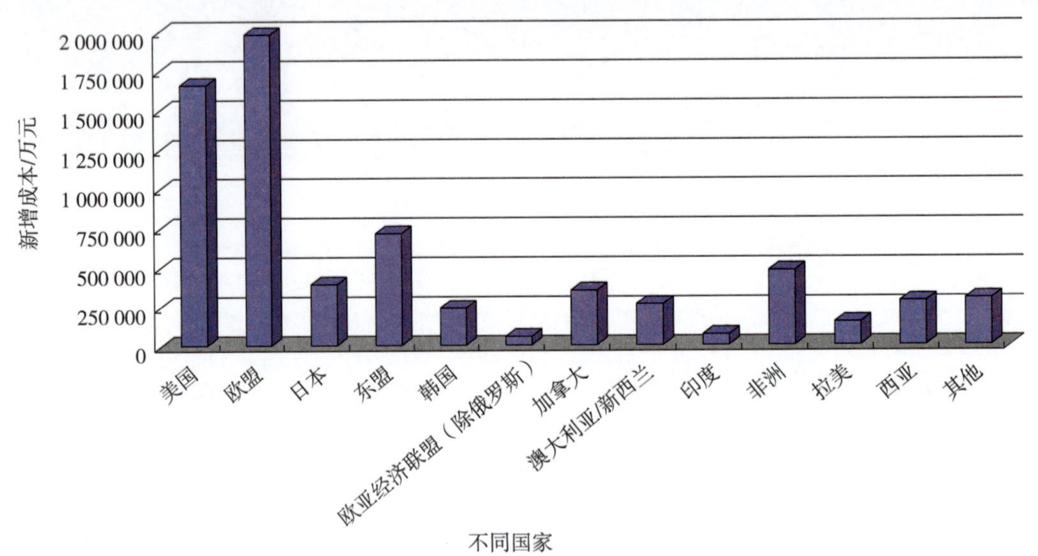

图 3-19 出口到不同国家的新增成本情况

表 3-19 详细列出了中国不同类别、不同规模的企业出口到不同国家或地区所发生的新增成本的情况。

从表 3-19 中可以看到，农食产品类出口企业 2017 年共发生新增成本 62.7 亿元，在七大类别出口企业中排名第五。新增成本主要发生在对东盟、欧盟、日本的出口中，其中对东盟出口该类产品时新增成本最多，为 24.9 亿元；对欧盟和日本出口时，企业发生的新增成本分别为 13.0 亿元和 11.7 亿元。从企业规模角度看，该类别小型出口企业发生的新增成本为 27.8 亿元，较 2016 年增加了 15.6 亿元；大型出口企业发生的新增成本为 34.9 亿元，较 2016 年增加了 11.4 亿元。

机电仪器类出口企业 2017 年发生新增成本 229.0 亿元，比 2016 年减少了 1387.7 亿元，仍是七类企业中发生新增成本最多的。为适应欧盟、美国和东盟国家的相关技术要求，该类出口企业分别发生了 79.4 亿元、50.2 亿元和 39.2 亿元的新增成本，除对西亚国家出口时发生的新增成本比 2016 年增加 1.7 亿元外，出口非洲、欧盟、美国、日本、加拿大所发生的新增成本分别比 2016 年减少了 1 081 亿元、79.5 亿元、55.1 亿元、24.7 亿元和 19.0 亿元。从企业规模角度看，该类别小型出口企业发生的新增成本为 220.2 亿元，较 2016 年大幅下降 1 348.0 亿元，单仍然明显大于大型出口企业 8.8 亿元的新增成本总额，占该类企业新增成本总额的 43.4%。

表 3－19　不同类别、不同规模企业出口产品到不同国家或地区新增成本

单位：万元

企业规模	企业类别	国家或地区													合计
		美国	欧盟	日本	东盟国家	韩国	欧亚经济联盟（除俄罗斯）	加拿大	澳大利亚/新西兰	印度	非洲国家	拉美国家	西亚国家	其他	
		新增成本													
大型企业	农食产品	46 907.3	75 713.7	10 507.7	202 283.5	5 738.3	212.3	2 565.4	3 163.3	930.6	498.9	0.0	140.8	774.9	349 436.8
	机电仪器	32 374.7	24 520.7	5 081.5	3 074.5	2 111.2	3 028.4	3 803.5	2 596.9	1 512.8	623.8	2 665.4	5 814.8	461.0	87 669.2
	化矿金属	70 298.3	184 584.0	43 192.4	18 769.4	32 470.8	973.2	918.9	5 101.4	9 012.5	386 298.0	7 093.1	5 848.5	10 233.8	774 794.4
	纺织鞋帽	24 698.4	25 214.1	2 491.9	898.2	347.7	579.5	405.7	956.2	318.7	13 073.6	17 871.8	319.6	29.0	87 204.3
	橡塑皮革	23 877.0	14 207.1	1 190.8	2 336.4	410.6	1 539.8	205.3	0.0	1 334.5	1 231.8	6 719.7	698.0	3 937.8	57 688.8
	玩具家具	33 409.5	42 268.8	27 214.3	1 924.2	1 952.2	0.0	2 948.7	23 351.0	271.0	0.0	0.0	0.0	0.0	133 339.8
	木材纸张非金属	290 066.2	44 672.8	0.0	160.7	0.0	0.0	0.0	1 418.2	0.0	1 985.5	0.0	189.1	0.0	338 492.5
大型企业合计		521 631.4	411 181.3	89 678.4	229 447.1	43 030.9	6 333.2	10 847.5	36 586.9	13 380.1	403 711.7	34 349.9	13 010.8	15 436.5	1 828 625.8
小型企业	农食产品	40 198.9	54 053.8	106 023.0	46 481.9	4 656.3	848.5	586.8	4 478.9	5 487.1	9 342.2	2 956.4	987.4	1 516.6	277 617.9
	机电仪器	469 543.6	769 911.2	31 628.1	388 477.8	21 217.4	25 467.5	25 399.7	33 764.2	39 783.6	33 208.6	103 624.8	257 432.8	2 464.2	2 201 923.7
	化矿金属	242 601.0	336 184.3	87 519.4	26 462.6	100 948.2	17 424.9	23 256.4	18 726.0	7 202.3	7 202.3	0.0	0.0	17 889.6	885 417.0
	纺织鞋帽	146 461.3	128 181.6	47 432.7	8 840.1	12 707.7	0.0	2 210.0	4 143.8	0.0	8 287.6	884.0	552.5	255 810.7	615 512.1
	橡塑皮革	56 981.1	41 604.1	4 609.1	3 478.0	1 222.8	846.6	5 173.5	141 875.2	1 890.7	6 208.2	2 972.4	3 362.9	3 395.7	273 620.1
	玩具家具	124 212.3	162 445.4	16 235.5	4 501.5	7 502.6	4 501.5	250 480.4	19 209.5	810.3	4 501.5	0.0	4 303.5	0.0	598 704.1
	木材纸张非金属	52 943.4	71 602.1	5 850.2	2 753.0	44 737.0	0.0	31 224.1	1 817.0	0.0	3 244.0	1 422.4	0.0	0.0	215 593.3
小型企业合计		1 132 941.7	1 563 982.5	299 298.2	480 995.0	192 992.0	49 089.0	338 331.0	224 014.6	55 173.9	71 994.4	111 860.0	266 639.2	281 076.8	5 068 388.2
总计		1 654 573.1	1 975 163.8	388 976.6	710 442.0	236 022.9	55 422.2	349 178.5	260 601.5	68 554.0	475 706.1	146 209.9	279 650.0	296 513.4	6 897 013.9

化矿金属类出口企业 2017 年共发生新增成本 166.0 亿元，较 2016 年增加 65.7 亿元，在七大类别出口企业中列第二位。新增成本主要发生在对欧盟、非洲国家和韩国的出口中，分别为 52.1 亿元、39.4 亿元和 13.3 亿元。从企业规模角度看，2017 年该类产品对外出口时，大型出口企业、小型出口企业发生新增成本为 77.5 亿元和 88.5 亿元，分别比 2016 年增加了 33.7 亿元、32.0 亿元。如果从不同到岸地角度看，该类产品对拉美和西亚国家出口时，中国大型出口企业发生的新增成本比较多；在对其他国家出口时，中国小型出口企业发生的新增成本均高于大型企业。

纺织鞋帽类出口企业 2017 年共发生新增成本 70.3 亿元，较 2016 年减少了 71.2 亿元，在七类别出口企业中列第四位。其中，对欧盟、美国出口时，中国出口企业发生的新增成本分别为 15.3 亿元、17.1 亿元，比 2016 年减少了 39.1 亿元和 25.2 亿元；对日本出口时，中国企业发生的新增成本为 5.0 亿元，与 2016 年相比减少了 6.3 亿元；而对非洲国家出口该类产品时，发生的新增成本也达到了 2.1 亿元。就企业规模而言，2017 年该类产品对外出口时，小型出口企业发生新增成本为 61.6 亿元，比 2016 年减少了 52.3 亿元；大型出口企业发生的新增成本额则为 8.7 27.6 亿元，比 2016 年减少了 18.9 亿元。对所有国家出口时，小型口企业发生的新增成本额均不低于大型出口企业。

橡塑皮革类出口企业 2017 年新增成本总额为 33.1 亿元，比 2016 年减少了 10.1 亿元，在七类别出口企业中最低。新增成本主要发生在对澳大利亚/新西兰和欧盟的出口中，新增成本额达到了 14.2 亿元、5.6 亿元，合计占该类出口企业发生的新增成本总额的 59.8%。对拉美和非洲出口该类产品时的新增成本也相对较高，分别达到了 1.0 亿元、0.7 亿元。在对拉美国家出口时，大型出口企业发生的新增成本为 0.7 亿元，小型出口企业的新增成本则相对较低，为 0.3 亿元。对澳大利亚/新西兰出口时，小型出口企业发生的新增成本为 14.2 亿元，而大型出口企业无新增成本额。

玩具家具类出口企业 2017 年新增成本为 73.2 亿元，比 2016 年增加了 15.3 亿元。其中，对欧盟、加拿大出口新增成本分别为 20.5 亿元和 25.3 亿元，二者合计占该类出口企业全部新增成本的比例约为 62.6%。相对于大型出口企业，小型出口企业在对这两个主要出口市场出口时发生的新增成本更大，分别为 16.2 亿元和 25.0 亿元。

木材纸张非金属类出口企业 2017 年新增成本为 55.4 亿元，比 2016 年增加了 3.2 亿元。新增成本主要发生在对美国和欧盟的出口中，分别为 34.3 亿元和 11.6 亿元。对美国出口时，大型出口企业发生的新增成本为 29 亿元，远远大于小型出口企业；而对欧盟出口时，小型出口企业发生的新增成本为 7.2 亿元，高于大型出口企业。

三、新增成本率分析

新增成本率则是指出口企业为适应国外技术性贸易措施的要求而发生的新增成本，与企业出口额的比率。

1. 行业分析：塑料皮革类企业新增成本率最高

表 3 - 20 和图 3 - 20 显示了中国不同类别出口企业为适应国外技术性贸易措施的要求所发生的新增成本率。从表 3 - 20 中可以看出，2017 年中国出口企业为了满足国外技术性贸易措施的要求而发生的新增成本率为 0.4%，在不同类别的出口企业中，塑料皮革类出口企业该比率高于平均水平，为 2.3%，其他类别出口企业新增成本率则低于平均水平。

表 3－20　不同类别出口企业新增成本率

企业类别	出口额/万元	新增成本/万元	新增成本率/%
农食产品	49 608 819	627 054.7	1.3
机电仪器	806 232 048	2 289 592.8	0.3
化矿金属	233 253 901	1 660 211.4	0.7
纺织鞋帽	215 850 934	702 716.4	0.3
橡塑皮革	14 717 634	331 308.9	2.3
玩具家具	162 497 574	732 043.9	0.5
木材纸张非金属	51 044 867	554 085.8	1.1
合计	1 533 205 774	6 897 013.9	0.4

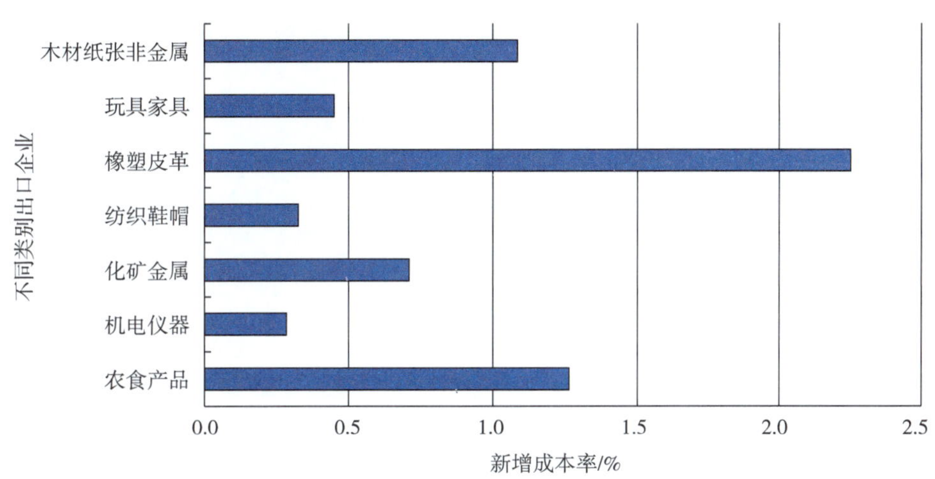

图 3－20　不同类别出口企业新增成本率

2. 省份分析：晋、冀企业新增成本率最高

从表 3－21 可以看出中国不同地区出口企业的新增成本率情况，其中，山西、河北、安徽、内蒙古等 10 个省区的出口企业，新增成本率要高于 0.4%的全国平均水平，尤其是山西、河北的出口企业，新增成本率分别达到 7.4%和 2.0%。

表 3－21　不同地区出口企业新增成本率

地区	出口额/万元	新增成本/万元	新增成本率/%
北京	39 624 999	80 117.00	0.2
天津	29 522 902	29 676.60	0.1
河北	21 261 511	419 004.30	2.0
山西	6 903 055	508 240.90	7.4
内蒙古	3 347 680	47 916.40	1.4
辽宁	30 434 844	98 396.10	0.3
吉林	2 999 242	2 489.40	0.1
黑龙江	3 481 564	34 103.70	1.0
上海	131 203 123	148 188.00	0.1

续表 3-21

地区	出口额/万元	新增成本/万元	新增成本率/%
江苏	246 071 632	1 205 405.80	0.5
浙江	194 459 468	843 957.20	0.4
安徽	20 651 673	355 108.60	1.7
福建	71 140 861	277 798.30	0.4
江西	22 225 647	28 540.20	0.1
山东	99 654 000	1 015 088.40	1.0
河南	31 717 910	57 610.00	0.2
湖北	20 641 224	41 870.50	0.2
湖南	15 657 946	52 417.60	0.3
广东	421 868 061	1 242 923.20	0.3
广西	18 552 015	25 616.80	0.1
海南	2 956 618	11 830.20	0.4
四川	25 385 157	95 105.00	0.4
重庆	28 837 099	139 639.20	0.5
贵州	3 912 732	39 088.80	1.0
云南	7 792 607	7 247.20	0.1
西藏	295 037	0	0.0
陕西	16 600 479	73 420.90	0.4
甘肃	1 237 528	9 467.40	0.8
青海	287 499	486	0.2
宁夏	2 477 360	534	0.0
新疆	12 004 302	5 726.40	0.0
总计	1 533 205 774	6 897 013.90	0.4

3. 目标市场分析：对加拿大出口企业新增成本率最高

表 3-22 和图 3-21 显示了中国出口企业出口到不同国家或地区的新增成本率情况。从表 3—22 中可以看出，中国出口企业在对加拿大、欧盟、澳大利亚/新西兰等 6 个国家和地区出口时，新增成本率高于全国出口企业 0.4%的平均水平，特别是对加拿大出口时，新增成本率高达 1.6%。

表 3-22　出口到不同国家或地区的新增成本率

出口到岸地	出口额/万元	新增成本/万元	新增成本率/%
美国	291 027 845	1 654 573.1	0.6
欧盟	251 988 411	1 975 163.8	0.8
日本	93 014 472	388 976.6	0.4
东盟国家	189 017 720	710 442.0	0.4
韩国	69 646 576	236 022.9	0.3
欧亚经济联盟（除俄罗斯）	8 509 219	55 422.2	0.7
加拿大	21 260 298	349 178.5	1.6

续表 3-22

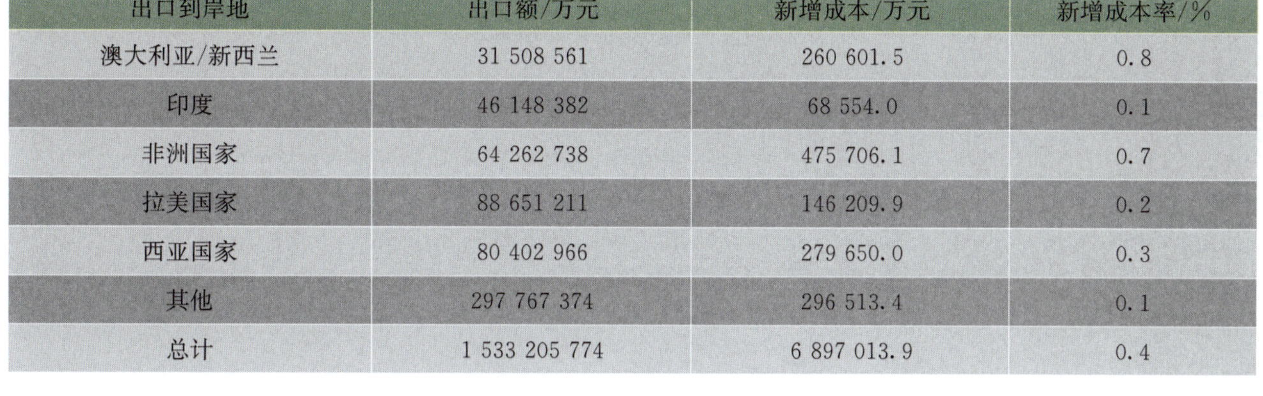

出口到岸地	出口额/万元	新增成本/万元	新增成本率/%
澳大利亚/新西兰	31 508 561	260 601.5	0.8
印度	46 148 382	68 554.0	0.1
非洲国家	64 262 738	475 706.1	0.7
拉美国家	88 651 211	146 209.9	0.2
西亚国家	80 402 966	279 650.0	0.3
其他	297 767 374	296 513.4	0.1
总计	1 533 205 774	6 897 013.9	0.4

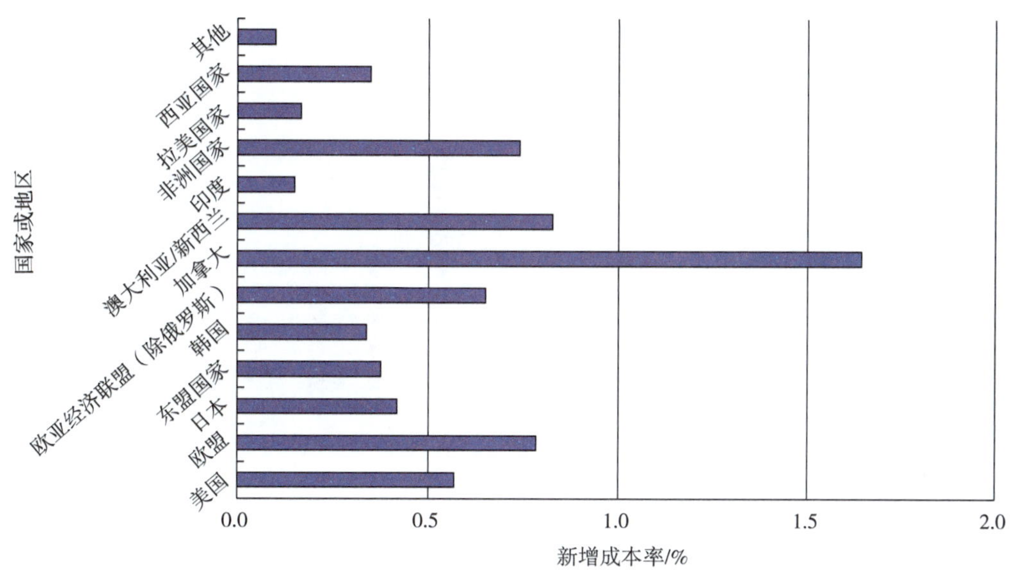

图 3-21 出口到不同国家或地区的新增成本率

第三节 受影响企业范围分析

一、企业分析

1. 行业分析：农食产品类企业受影响比例最高

中国不同类别、不同规模的出口企业受到了国外技术性贸易措施不同程度的影响。由表 3-23 可以看出，2017 年受到国外技术性贸易措施影响的企业数，分别占七类出口企业的 30.9%、21.9%、23.4%、21.2%、24.4%、25.1%、26.1%，平均比例为 24.6%。从总体上看，七类出口企业受国外技术性贸易措施影响的企业比例均较 2016 年降低；其中，塑料皮革、木材纸张非金属、玩具家具类企业受影响的降幅最大，分别为 12.3、11.9 和 10.8 个百分点；农食产品类企业受影响的比例降幅相对最小，为 7.4 个百分点。

表 3-23　不同类别出口企业受国外技术性贸易措施影响的数目

企业类别	是			否	合计/个
	企业数/个	在该类别企业中比例/%	与 2016 年比较的比例变化/%	企业个数/个	
农食产品	262	30.9	−7.4	586	848
机电仪器	246	21.9	−9.8	875	1 121
化矿金属	147	23.4	−9.5	480	627
纺织鞋帽	153	21.2	−9.3	569	722
橡塑皮革	94	24.4	−12.3	291	385
玩具家具	98	25.1	−10.8	292	390
木材纸张非金属	85	26.1	−11.9	241	326
总计	1 085	24.6	−9.5	3 334	4 419

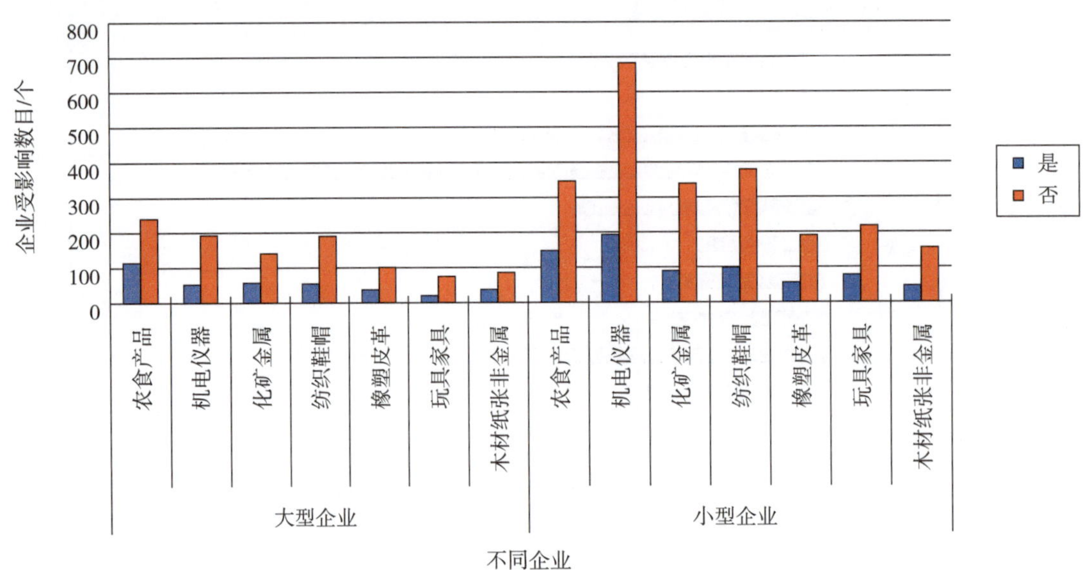

图 3-22　不同类别、不同规模出口企业受技术性贸易措施影响的情况

2. 规模分析：大型企业受影响比例高于小型企业

即便是在同一类别出口企业中，若企业规模不同，则其受国外技术性贸易措施的影响情况也不尽相同。图 3-22 直观地显示出各类不同规模的出口企业受影响的情况，而表 3-24 则列出了不同类别、不同规模出口企业受影响的具体数目。

根据表 3-24 数据可知，2017 年中国大型出口企业受国外技术性贸易措施影响的比例为 26.9%，比 2016 年降低了 10.5 个百分点。七类大型企业受影响的比例分别为 27.9%、17.1%、21.1%、18.0%、23.0%、13.7%、24.2%。其中，七大类企业均较 2016 年有所降低，其中塑料皮革类类大型企业受影响的比例降幅最大，为 26.6 个百分点，玩具家具类、化矿金属类、机电仪器类企业受影响比例的降幅也比较明显，分别下降 21.1、18.5 和 15.7 个百分点。

2017 年，中国小型出口企业遭遇国外技术性贸易措施的比例为 23.5%，比 2016 年降低了 8.3 个百分点。从不同类别企业的分布看，农食产品类、玩具家具类的小型企业受国外技术性贸易措施影响比其他类别严重，受影响的企业比例超过平均值。从变化情况看，2017 年七类小型出口企业受影响的比例较 2016 年均有所降低，特别是木材纸张非金属类、玩具家具类小型企业，受影响的企业比例降幅分别达到 13.8 和 10.2 个百分点，机电仪器类、纺织鞋帽类、化矿金属类、农食产品类和橡塑皮革类小型出口企业受影响的比例也分别比 2016 年降低了 8.8、8.6、7.5、6.0 和 4.3 个百分点。

表 3－24　不同类别、不同规模出口企业受国外技术性贸易措施影响的数目

规模	类别	是			否	合计/个
		企业数/个	在该类别、该规模企业中比例/%	与 2016 年比较的比例变化/%	企业数/个	
大型企业	农食产品	99	27.9	－13.8	256	355
	机电仪器	42	17.1	－15.7	204	246
	化矿金属	42	21.1	－18.5	157	199
	纺织鞋帽	44	18.0	－14.4	201	245
	橡塑皮革	32	23.0	－26.6	107	139
	玩具家具	13	13.7	－21.1	82	95
	木材纸张非金属	30	24.2	－14.8	94	124
大型企业合计		377	26.9	－10.5	1 026	1 403
小型企业	农食产品	147	29.8	－6.0	346	493
	机电仪器	193	22.1	－8.8	682	875
	化矿金属	89	20.8	－7.5	339	428
	纺织鞋帽	98	20.5	－8.6	379	477
	橡塑皮革	56	22.8	－4.3	190	246
	玩具家具	78	26.4	－10.2	217	295
	木材纸张非金属	47	23.3	－13.8	155	202
小型企业合计		708	23.5	－8.3	2 308	3 016
总计		1 085	24.6	－9.5	3 334	4 419

按员工人数将企业规模分为 50 人及以下、51～200 人、201～500 人、501 人及以上四类，图 3－23 列出了不同规模出口企业遭遇国外技术性贸易措施的情况。如表 3－25 所示，2017 年该四类企业受到国外技术性贸易措施影响的比例分别为 20.0%、24.7%、27.5%和 31.4%，均较 2016 年有所下降。其中，规模在 51～200 人、201～500 人的企业比例，分别比 2016 年大幅下降 10.2、10.3 个百分点。

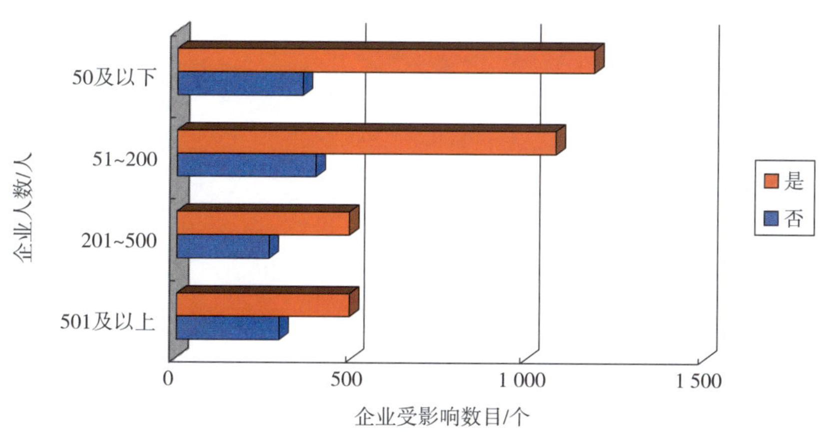

图 3－23　不同规模出口企业（按企业员工数划分）受国外技术性贸易措施影响情况

表 3－25 不同规模出口企业（按企业员工数划分）受国外技术性贸易措施影响情况

企业规模	是			否	合计/个
	企业数/个	在该类企业中的比例/%	与2016年相比的比例变化/%	企业数/个	
50人及以下	312	20.0	－5.0	1 249	1 561
51人～200人	362	24.7	－10.2	1 104	1 466
201人～500人	186	27.5	－10.3	490	676
501人及以上	225	31.4	－8.9	491	716
总计	1 085	24.6	－9.5	3 334	4 419

3. 性质分析：国有企业受影响比例最高

据调查，2017年中国约有24.6%的出口企业受到国外技术性贸易措施的影响。图3－24列出了不同性质的出口企业遭遇国外技术性贸易措施的情况。如表3－26所示，出口企业中，国有经济性质的企业受影响的比例为37.9%，而2016年国有企业受影响的比例为33.9%；同样是2017年，港澳台资企业和外商投资性质的出口企业受影响的比例均为22.6%，2016年港澳台投资与外资企业受影响的比例则分别为44.1%和29.0%。

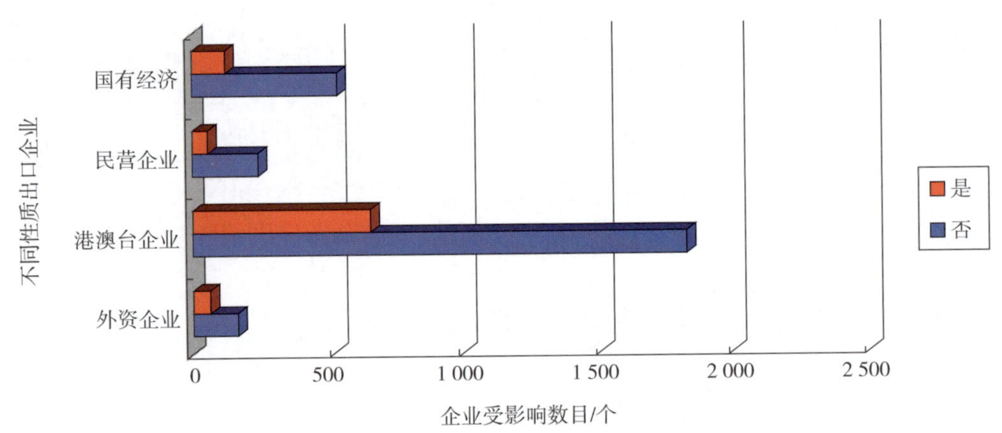

图3－24 不同性质出口企业受国外技术性贸易措施影响情况

表 3－26 不同性质出口企业受国外技术性贸易措施影响情况

企业性质	是		否	合计/个
	企业数/个	在该类企业中的比例/%	企业数/个	
国有经济	75	37.9	198	273
民营企业	796	36.3	2 190	2 986
港、澳、台企业	67	22.6	296	363
外资企业	147	22.6	650	797
总计	1 085	32.5	3 334	4 419

4. 出口额分析：企业出口额与受影响比例是正相关关系

按企业年出口额，将农产品出口企业分为低于50万元、50万元(含)～500万元、500万元(含)～20 000万元、超过20 000万元四类，同时将工业品出口企业分为低于300万元、300万元(含)～2 000万元、

2 000 万元(含)～40 000 万元、超过 40 000 万元四类。图 3－25 显示不同规模出口企业遭遇国外技术性贸易措施的情况。从表 3－27 可以看出，2017 年出口企业出口额越大，遭受国外技术性贸易措施影响的比例就越高。其中，出口额低于 50 万元的农产品出口企业和出口额低于 300 万元的工业品出口企业，受影响的比例分别为 14.0%和 10.9%，而出口额超过 20 000 万元的农产品出口企业和出口额超过 40 000 万元的工业品出口企业，受影响的比例则分别达到了 40.9%和 30.0%，明显高于农产品出口企业和工业品出口企业受影响的平均水平。

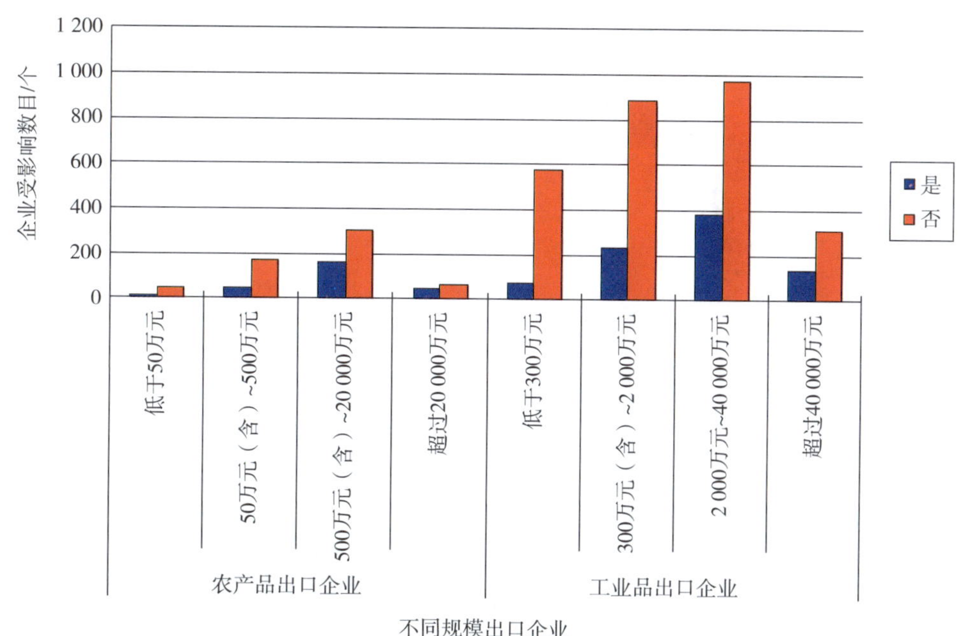

图 3－25　不同规模出口企业（按年出口额划分）受国外技术性贸易措施影响情况

表 3－27　不同规模出口企业（按年出口额划分）受国外技术性贸易措施影响情况

类别	规模	是		否	合计/个
		企业数/个	在该类企业中比例/%	企业数/个	
农产品	低于 50 万元	8	14.0	49	57
	50 万元（含）～500 万元	49	22.5	169	218
	500 万元（含）～20 000 万元	158	34.5	300	458
	超过 20 000 万元	47	40.9	68	115
农产品出口企业合计		262	30.9	586	848
工业品	低于 300 万元	71	10.9	580	651
	300 万元（含）～2 000 万元	236	21.1	885	1 121
	2 000 万元（含）～40 000 万元	382	28.3	970	1 352
	超过 40 000 万元	134	30.0	313	447
工业品出口企业合计		823	23.0	2 748	3 571
总计		1 085	24.6	3 334	4 419

5. 业务类型分析：生产/加工/制造型企业受影响比例较高

按经营业务的性质，将企业分成生产/加工/制造型（含自营出口）、流通贸易型与其他三种类型，

图 3－26 显示了不同类型企业受国外技术性贸易措施影响的情况。由表 3－28 可以看出，2017 年生产/加工/制造型、流通贸易型企业受国外技术性贸易措施影响的比例分别为 26.8%和 17.4%，与 2016 年相比分别下降了 9.8 和 9.7 个百分点；其他类型企业受国外技术性贸易措施影响的比例为 17.8%，较 2016 年上升 12 个百分点。

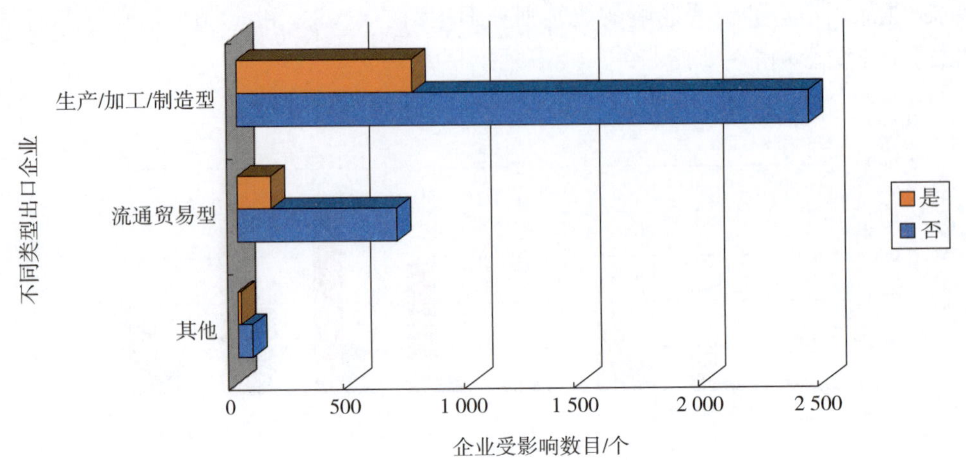

图 3－26 不同类型出口企业受国外技术性贸易措施影响情况

表 3－28 不同类型出口企业受国外技术性贸易措施影响情况

企业类型	是			否	合计/个
	企业数/个	在该类企业中的比例/%	与 2016 年相比的比例变化/%	企业数/个	
生产/加工/制造型（含自营出口）	897	26.8	−9.8	2 445	3 342
流通贸易型企业	172	17.4	−9.7	815	987
其他	16	17.8	12.0	74	90
总计	1 085	24.6	−9.5	3 334	4 419

二、省份分析

1. 总体分析：陕、皖两省出口企业受影响比例超过 40%

2017 年，中国不同地区的出口企业受国外技术性贸易措施影响的程度有所不同。

从表 3－29 可以看出，各地区受国外技术性贸易措施影响的出口企业占当地出口企业总数的比例有很大差别，陕西、安徽、山西等 9 个省区被调查的样本企业中，受影响企业比例超过了 30%，其中，陕西该比例为 44.8%，仅次于青海。与 2016 年相比，安徽、湖北、浙江、甘肃、新疆、北京受影响的企业比例有明显的下降，降幅分别为 25.3、21.1、19.6、19.3、18.9 和 18.2 个百分点；青海、贵州、吉林、山东受影响企业的比例则有比较明显的提高，增加幅度分别为 51.9、12.0、7.5 和 1.0 个百分点。

表 3-29 不同地区出口企业受国外技术性贸易措施影响的情况

地区	是	否	合计（个）	受影响企业所占比例/%	与2016年相比的比例变化/%
	企业数/个	企业数/个			
北京	22	99	121	18.2	−17.4
天津	10	80	90	11.1	−11.4
河北	70	138	208	33.7	−3.5
山西	30	47	77	39.0	−5.4
内蒙古	13	76	89	14.6	−15.8
辽宁	22	173	195	11.3	0.0
吉林	20	70	90	22.2	7.5
黑龙江	14	78	92	15.2	−2.9
上海	57	151	208	27.4	−2.8
江苏	56	226	282	19.9	−12.2
浙江	143	327	470	30.4	−19.6
安徽	60	87	147	40.8	−25.3
福建	36	152	188	19.1	−12.3
江西	25	74	99	25.3	−1.5
山东	86	218	304	28.3	1.0
河南	34	100	134	25.4	−18.9
湖北	38	78	116	32.8	−21.1
湖南	34	70	104	32.7	−11.9
广东	118	397	515	22.9	−13.2
广西	28	69	97	28.9	−3.2
海南	7	61	68	10.3	−15.6
四川	35	99	134	26.1	−6.9
重庆	11	74	85	12.9	−8.7
贵州	22	48	70	31.4	12.0
云南	15	74	89	16.9	−6.3
西藏		24	24	0.0	0.0
陕西	43	53	96	44.8	−10.4
甘肃	13	74	87	14.9	−19.3
青海	3	1	4	75.0	51.9
宁夏	11	51	62	17.7	−8.2
新疆	9	65	74	12.2	−18.2
总计	1 085	3 334	4 419	24.6	−9.5

2. 交叉分析：不同行业间企业受影响比例差异明显

利用表 3-30 和表 3-31 可以进一步对不同类别出口企业遭受影响的地区分布进行分析。表 3-30 显示了不同出口地区各类不同规模出口企业遭遇国外技术性贸易措施的数量。表 3-31 显示了各地区不同类别受影响企业在该地区、该类别出口企业总量中所占的比例。

表 3-30　不同地区、不同类别出口企业受到国外技术性贸易措施影响的数目

单位：个

企业规模	企业类别	地区																							
		北京		天津		河北		山西		内蒙古		辽宁		吉林		黑龙江		上海		江苏		浙江		安徽	
		是否受影响企业数目																							
		是	否	是	否	是	否	是	否	是	否	是	否	是	否	是	否	是	否	是	否	是	否	是	否
大型企业	农食产品	3	11	4	14	7	8	2	3	3	11	1	13	3	13	3	15	3	4		1	2	7	6	10
	机电仪器		6		8	3	8	3	2		1		17	1	4	1	2	11	31		6	9	3	7	8
	化矿金属		2	1	3	2	7	2	3	2	3	3	11	2	3		3	6	9		6	4	8	3	2
	纺织鞋帽	1	3		4	4	6		1	1	3		7	3	3	2	5	1	15	2	10	9	22	4	2
	橡塑皮革		7		4	1	10				5		5		3	1	3		5	1	2	2	6	2	3
	玩具家具	1	2	1	3	1	4		1				5		1	2	1	1	4		1	5	3	3	2
	木材纸张非金属	2	2	2	2	2	6	2	4		2		7	4	3		5		2	1	2		2	2	3
大型企业合计		7	33	8	38	20	49	9	14	6	25	4	65	13	30	9	34	22	70	4	28	31	51	27	30
小型企业	农食产品	6	14			4	14	10	9	3	15	3	13	1	15	1	17	4	4		4	6	16	10	7
	机电仪器	4	26		21	11	21		6	1	9	3	46	2	3	1	4	19	36	25	74	40	105	10	25
	化矿金属	1	5		7	13	18	3	6	1	11	4	27	1	4	1	4	7	13	11	36	12	33	2	4
	纺织鞋帽		9	1	3	11	20	2	3		6	2	6		5		8	1	16	9	46	21	60	5	10
	橡塑皮革	1	4		4	4	10	3	2	2	2	1	6		5	1	3	1	4	3	14	9	19	2	4
	玩具家具	3	4	1	3	2	3	1	4		2	3	6	1	4		4	3	5	3	16	22	34	3	3
	木材纸张非金属		4		4	5	3	2	3		6	2	4	2	4	1	4		3	1	8	2	9	1	4
小型企业合计		15	66	2	42	50	89	21	33	7	51	18	108	7	40	5	44	35	81	52	198	112	276	33	57
总计		22	99	10	80	70	138	30	47	13	76	22	173	20	70	14	78	57	151	56	226	143	327	60	87

续表 3-30

企业规模	企业类别	地区																							
		福建		江西		山东		河南		湖北		湖南		广东		广西		海南		四川		重庆		贵州	
		是否受影响企业数目																							
		是	否	是	否	是	否	是	否	是	否	是	否	是	否	是	否	是	否	是	否	是	否	是	否
大型企业	农食产品	1	3	4	7	14	13	6	10	9	7	7	9	3	7	7	8	3	4	2	13	1	5		5
	机电仪器	2	4	1	8	2	16		5		5	1	4	3	20	1	4		2	3	11		2		1
	化矿金属	2	4	1	4	8	18	1	4	1	4	3	3	4	4	2	3		5	3	2	3	4		3
	纺织鞋帽		15	3	6	5	19	4	5	1	5	2	3	7	15		6		5	2	5	1	4	2	
	橡塑皮革	1	3	1	4	9	9	2	3	4	1	1	4	2	8	2	3		2	5	2	1	1	1	
	玩具家具		4		4		3	1	4		2	2	3	2	14	1	2				1		1		
	木材纸张非金属	1	2	1	4	7	6	1	4	1	3	4	2	3	7	1	4	2	3		2		4		
大型企业合计		7	35	11	37	45	84	15	35	16	27	20	28	24	75	14	30	5	21	15	36	6	21	3	9
小型企业	农食产品		9	2	6	13	24	6	10	10	6	6	10	2	18	5	12	1	13	8	14	2	15	9	20
	机电仪器	8	27	4	7	5	29	4	15	4	11	2	7	33	114	2	9	1	3	2	26	2	10	4	7
	化矿金属	2	11	2	5	4	19	1	11	2	9	2	8	4	48	4	5		4	3	11	1	5	2	3
	纺织鞋帽	5	28	1	8	6	30	4	15	2	5		6	19	42	1	3		5	1	3		5	2	5
	橡塑皮革	3	12	1	4	4	19	1	4	4	3		5	12	29		3		5	2			5		3
	玩具家具	5	13	1	4	1	7		8		9	2	3	18	48	2	2		5	3	6		9	2	
	木材纸张非金属	6	17	3	3	8	6	3	2		8	2	3	6	23		5		5	1	3		4		1
小型企业合计		29	117	14	37	41	134	19	65	22	51	14	42	94	322	14	39	2	40	20	63	5	53	19	39
总计		36	152	25	74	86	218	34	100	38	78	34	70	118	397	28	69	7	61	35	99	11	74	22	48

续表 3－30

企业规模	企业类别	地区																合计
		云南		西藏		陕西		甘肃		青海		宁夏		新疆		合计		
		是否受影响企业数目																
		是	否	是	否	是	否	是	否	是	否	是	否	是	否	是	否	
大型企业	农食产品	5	11		1	7	4	4	12			2		3	11	115	240	355
	机电仪器		4			2	3	2	2				2	1	4	53	193	246
	化矿金属	2	5		1	2	2		6			1	4		5	58	141	199
	纺织鞋帽		4		6	1	2		2				5		2	55	190	245
	橡塑皮革		1				2		1				2	2	2	38	101	139
	玩具家具						2		1				4		3	20	75	95
	木材纸张非金属		1			2	1		1				2			38	86	124
大型企业合计		7	26		8	14	16	6	25			3	19	6	27	377	1 026	1 403
小型企业	农食产品	7	19	3	3	10	9	6	13	2		8	6	2	11	147	346	493
	机电仪器		7	4	4	5	13		7		1		5	1	4	193	682	875
	化矿金属	1	5	3	3	4	5	1	10				4		5	89	339	428
	纺织鞋帽		6	5	5	4	2		10	1			5		4	98	379	477
	橡塑皮革		3	1	1	2	3		5				5		4	56	190	246
	玩具家具					2	3		2				5		5	78	217	295
	木材纸张非金属		8			2	2		2				2		5	47	155	202
小型企业合计		8	48		16	29	37	7	49	3	1	8	32	3	38	708	2 308	3 016
总计		15	74		24	43	53	13	74	3	1	11	51	9	65	1 085	3 334	4 419

表 3-31　各出口地区各类不同规模出口企业受影响的比例

%

企业类别	地区																				
	北京			天津			河北			山西			内蒙古			辽宁			吉林		
	不同规模企业受影响比例																				
	大型	小型	总体	大型	小型	总体	大型	小型	总体	大型	小型	总体	大型	小型	总体	大型	小型	总体	大型	小型	总体
农食产品	21.4	30	26.5	22.2	0	22.2	46.7	22.2	33.3	40	52.6	50	21.4	16.7	18.8	7.1	18.8	13.3	18.8	6.3	12.5
机电仪器	0	13.3	11.1	0	0	0	27.3	34.4	32.6	60	0	27.3	0	10	9.1	0	6.1	4.5	20	40	30
化矿金属	0	16.7	12.5	25.0	0	9.1	22.2	41.9	37.5	40	33.3	35.7	40	8.3	17.6	21.4	12.9	15.6	40	20	30
纺织鞋帽	25.0	0	7.7	0	25.0	12.5	40	35.5	36.6	0	40	33.3	25.0	0	10	0	25.0	13.3	50	0	27.3
橡塑皮革	0	20	8.3	0	0	0	9.1	28.6	20	0	60	60	0	50	22.2	0	14.3	8.3	0	0	0
玩具家具	33.3	42.9	40	25.0	25.0	25.0	20	40	30	0	20	16.7	0	0	0	0	33.3	21.4	0	20	16.7
木材纸张非金属	50	0	25.0	50	0	25.0	25.0	62.5	43.8	33.3	40	36.4	0	0	0	0	33.3	15.4	57.1	33.3	46.2

企业类别	黑龙江			上海			江苏			浙江			安徽			福建			江西		
	大型	小型	总体	大型	小型	总体	大型	小型	总体	大型	小型	总体	大型	小型	总体	大型	小型	总体	大型	小型	总体
农食产品	16.7	5.6	11.1	42.9	50	46.7	0	0	0	22.2	27.3	25.8	37.5	58.8	48.5	25.0	0	7.7	36.4	25.0	31.6
机电仪器	33.3	20	25.0	26.2	34.5	30.9	0	25.3	23.8	75.0	27.6	31.2	46.7	28.6	34.0	33.3	22.9	24.4	11.1	36.4	25.0
化矿金属	0	20	12.5	40	35.0	37.1	0	23.4	20.8	33.3	26.7	28.1	60	33.3	45.5	33.3	15.4	21.1	20	28.6	25.0
纺织鞋帽	28.6	0	13.3	6.3	5.9	6.1	16.7	16.4	16.4	29.0	25.9	26.8	66.7	33.3	42.9	0	15.2	10.4	33.3	11.1	22.2
橡塑皮革	25.0	25.0	25.0	0	20	10	33.3	17.6	20	25.0	32.1	30.6	40	33.3	36.4	25.0	20	21.1	20	20	20
玩具家具	66.7	0	28.6	20	37.5	30.8	0	15.8	15.0	62.5	39.3	42.2	60	50	54.5	0	27.8	22.7	0	20	11.1
木材纸张非金属	0	20	10	0	0	0	33.3	11.1	16.7	0	18.2	15.4	40	20	30	33.3	26.1	26.9	20	50	36.4

企业类别	海南			山东			河南			湖北			湖南			广东			广西		
	总体	大型	小型	总体	大型	小型	总体	大型	小型	总体	大型	小型	总体	大型	小型	总体	大型	小型	总体	大型	小型
农食产品	51.9	35.1	42.2	37.5	37.5	37.5	56.3	62.5	59.4	43.8	37.5	40.6	30	10	16.7	46.7	29.4	37.5	42.9	7.1	19.0
机电仪器	11.1	14.7	13.5	0	21.1	16.7	0	26.7	20	20	22.2	21.4	13.0	22.4	21.2	20	18.2	18.8	0	25.0	16.7
化矿金属	30.8	17.4	24.5	20	8.3	11.8	20	18.2	18.8	50	20	31.3	50	7.7	13.3	40	44.4	42.9	0	0	0
纺织鞋帽	20.8	16.7	18.3	44.4	21.1	28.6	16.7	28.6	23.1	40	0	18.2	31.8	31.1	31.3	0	25.0	10	0	0	0
橡塑皮革	50	17.4	31.7	40	20	30	80	57.1	66.7	20	0	10	20	29.3	27.5	40	0	25.0	0	0	0
玩具家具	0	12.5	9.1	20	0	7.7	0	0	0	40	40	40	12.5	27.3	24.4	33.3	50	42.9	0	0	0
木材纸张非金属	53.8	57.1	55.6	20	60	40	25.0	0	8.3	66.7	40	54.5	30	20.7	23.1	20	0	10	40	0	20

续表 3-31

企业类别	地区																				
	四川			重庆			贵州			云南			西藏			陕西			甘肃		
	不同规模企业受影响比例																				
	大型	小型	总体	大型	小型	总体	大型	小型	总体	大型	小型	总体	大型	小型	总体	大型	小型	总体	大型	小型	总体
农食产品	13.3	36.4	27.0	16.7	11.8	13.0	0	31.0	26.5	31.3	26.9	28.6	0	0	0	63.6	52.6	56.7	25.0	31.6	28.6
机电仪器	21.4	7.1	11.9	0	16.7	14.3	0	36.4	33.3	0	0	0	0	0	0	40	27.8	30.4	50	0	18.2
化矿金属	60	21.4	31.6	42.9	16.7	30.8	0	40	25.0	28.6	16.7	23.1	0	0	0	50	44.4	46.2	0	9.1	5.9
纺织鞋帽	28.6	25.0	27.3	20	0	10	100	28.6	44.4	0	0	0	0	0	0	33.3	66.7	55.6	0	0	0
橡塑皮革	71.4	100	77.8	50	0	14.3	100	0	25.0	0	0	0	0	0	0	0	40	28.6	0	0	0
玩具家具	0	33.3	30	0	0	0	0	100	100	0	0	0	0	0	0	0	40	28.6	0	0	0
木材纸张非金属	0	25.0	16.7	0	0	0	0	0	0	0	0	0	0	0	0	66.7	50	57.1	0	0	0

企业类别	青海			宁夏			新疆			总计		
	大型	小型	总体	大型	小型	总体	大型	小型	总体	大型	小型	总体
农食产品	0	100	100	50	0	0	21.4	15.4	18.5	32.4	29.8	30.9
机电仪器	0	0	0	0	0	0	20	20	20	21.5	22.1	21.9
化矿金属	0		0	20	0	0	0	0	0	29.1	20.8	23.4
纺织鞋帽	0	100	100	0	0	0	0	0	0	22.4	20.5	21.2
橡塑皮革	0	0	0	0	0	0	50	0	25.0	27.3	22.8	24.4
玩具家具	0	0	0	0	0	0	0	0	0	21.1	26.4	25.1
木材纸张非金属	0	0	0	0	0	0	0	0	0	30.6	23.3	26.1

从表3－31中可以看到，各地区不同类别、不同规模的出口企业受影响的程度有很大差异。

2017年农食产品类企业受国外技术性贸易措施影响的总体比例为30.9%，在各类企业中位列第一，较2016年减少了7.4个百分点。从企业规模看，大型出口企业受影响的比例为32.4%，高于小型出口企业29.8%的水平。从地区分布看，按受影响出口企业的比例从小到大排列，依次为江西、河北、河南、广西、湖南、山东、上海、安徽、山西、陕西、湖北和青海[①]，上述地区都高于该类企业的全国平均比例，其中，湖北该比例为59.4%，居全国首位。

在机电仪器和交通工具类企业中，受影响的企业比例较2016年下降了9.8个百分点，其中江苏、福建、江西、黑龙江、山西、吉林、陕西、上海、浙江、河北、贵州、安徽等12个省区受影响的出口企业比例均超过21.9%的全国平均比例，尤其是安徽，该比例达到了34.0%。

在化矿金属类企业中，受影响的企业比例为23.4%，比2016年降低了9.5个百分点，陕西该比例全国各地区中最高，为46.2%。除陕西以外，山东、江西、贵州、浙江、吉林、重庆、湖南、四川、陕西、上海、河北、广西、安徽等13个地区受影响出口企业的比例均超过了全国平均比例。

在纺织鞋帽类企业中，平均有21.2%的出口企业受到影响，较2016年减少了9.3个百分点，其中青海该比例达到100%，而江西、湖北、浙江、吉林、四川、河南、广东、陕西、河北、安徽、贵州、陕西、青海等13个地区受影响的出口企业比例也高于全国平均水平。

在橡塑皮革类企业中，平均有24.4%的出口企业受到影响，比2016年36.7%的水平下降12.3个百分点。其中，山西、湖北和四川该比例均超过60%，黑龙江、广西、贵州、新疆、广东、陕西、河南、浙江、山东、安徽等10个省区受影响的企业比例也高于该类企业全国平均水平。

在玩具家具类企业中，平均有25.1%的出口企业受到影响，较2016年降低了10.8个百分点。不仅黑龙江、陕西、河北、四川、上海、北京、湖南、浙江、广西、安徽等10个省区出口企业受影响的比例高于该类企业的全国平均水平，而且贵州以100%的比例居第一位。

在木材纸张非金属类企业中，出口企业受国外技术性贸易措施影响的比例为26.1%，比2016年减少了11.9个百分点，在各类企业中受影响的比例居第二位。福建、安徽、江西、山西、河南、河北、吉林、湖南、山东、陕西等10个地区受影响的企业比例均高于该类企业的全国平均水平，陕西该比例为57.1%，为全国最高。

三、目标市场分析

由于进口国家或地区在经济和技术发展水平、政府经济政策等方面存在差异，它们对进口产品所采取的措施也各有侧重，对中国不同类别的出口企业产生着不同的影响。但总体上来说，国外技术性贸易措施已成为中国出口企业普遍面临的问题。

1. 总体分析：对欧美日出口企业受影响最集中

图3－27说明了2017年我国不同产品出口到不同国家或地区时遭遇技术性贸易措施的分布情况，配合表3－4中不同类别、不同规模企业出口到不同国家或地区时遭遇技术性贸易措施的累计数，可以看出，被调查企业受国外技术性贸易措施影响的地区分布比较集中，受欧盟、美国、日本技术性贸易措施影响的企业累计数分别为3 968、3 568、2 019，合计约占总数18 177[②]的52.6%。

2. 交叉分析：机电仪器类企业受影响范围最广

图3－28反映了不同类别企业出口时遭遇国外技术性贸易措施的分布情况，配合表3－32中的数

注1：青海受影响影响的企业比例高达100%，但由于青海抽样企业仅为4家，因此不对青海做详细分析。

注2：由于一家企业出口可能受到多个国家或地区技术性贸易措施的影响，所以受影响企业累计数量大于样本企业总数。

据可以看出，机电仪器类企业受国外技术性贸易措施的影响范围最广，受影响的企业累计数为 5 437，在总数中所占比例达到 29.9%；农食产品类企业中，受国外技术性贸易措施影响的企业累计数为 4 733，约占总数的 26.0%；化矿金属类与纺织鞋帽类出口企业中，受国外技术性贸易措施影响的企业累计数分别为 2 338 和 2 130，在总数中的占比分别为 12.9%和 11.7%。

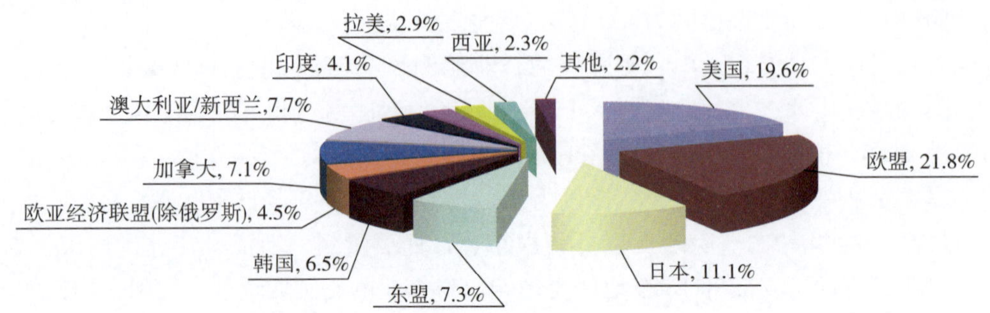

图 3-27　中国出口企业在不同国家或地区遭遇技术性贸易措施的分布情况

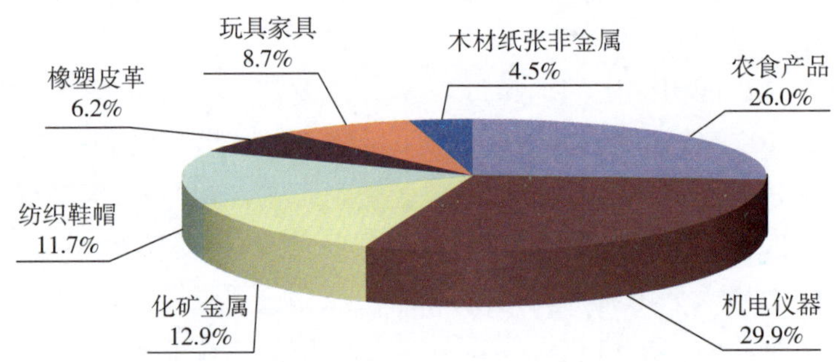

图 3-28　中国不同类别企业遭遇国外技术性贸易措施的分布情况

表 3－32　不同类别企业出口到不同国家或地区遭遇不同技术性贸易措施的企业数

单位:个

企业类别		国家或地区													合计
		美国	欧盟	日本	东盟国家	韩国	欧亚经济联盟（除俄罗斯）	加拿大	澳大利亚/新西兰	印度	非洲国家	拉美国家	西亚国家	其他国家	
		遭遇技术性贸易措施的企业数													
大型企业	农食产品	563	481	316	167	153	128	167	191	83	64	19	51	35	2 418
	机电仪器	192	267	245	83	97	59	98	110	88	45	38	35	21	1 378
	化矿金属	165	187	103	82	74	35	41	49	42	54	36	18	8	894
	纺织鞋帽	218	238	98	68	63	63	116	95	63	37	58	26	24	1 167
	橡塑皮革	76	108	33	40	28	7	29	28	31	30	20	12	26	468
	玩具家具	78	65	38	21	15	4	43	39	11	0	6	0	0	320
	木材纸张非金属	86	68	19	9	11	6	28	63	14	15	22	8	7	356
大型企业合计		1 378	1 414	852	470	441	302	522	575	332	245	199	150	121	7 001
小型企业	农食产品	477	528	333	195	167	61	171	136	49	15	14	37	132	2 315
	机电仪器	634	813	334	398	229	289	267	301	243	152	200	154	45	4 059
	化矿金属	261	343	156	105	166	75	81	100	36	37	43	20	21	1 444
	纺织鞋帽	243	257	153	24	48	20	84	23	14	23	17	7	50	963
	橡塑皮革	139	179	70	44	32	16	30	52	27	14	25	29	11	668
	玩具家具	324	328	88	65	66	33	95	178	29	29	10	13	7	1 265
	木材纸张非金属	112	106	33	26	35	15	45	33	13	16	18	4	6	462
小型企业合计		2 190	2 554	1 167	857	743	509	773	823	411	286	327	264	272	11 176
总计		3 568	3 968	2 019	1 327	1 184	811	1 295	1 398	743	531	526	414	393	18 177

第四节　企业遭遇措施情况分析

技术性贸易措施包括技术法规、标准、合格评定程序、动植物卫生与食品安全措施等，通常表现为产品安全、环保、技术标准、认证认可、包装及包装材料、动植物检疫、农兽药残留限量等要求。

一、措施类型分析：企业遭遇农兽药残留限量与认证要求最多

从表 3 - 33 可以看出，农食产品类企业遭遇较多的技术性贸易措施依次是食品中农兽药残留限量、重金属等有害物质限量要求、食品微生物指标要求、食品标签要求、种养殖基地/加工厂/仓库注册要求、植物病虫害杂草方面的要求等。

机电仪器类企业继 2006 年之后，连续十二年成为遭遇国外各类技术性贸易措施次数最多的一类企业，企业遭遇的主要措施为认证、技术标准、标签和标志、木质包装要求、包装及材料的要求等要求、厂商或产品的注册要求（包括审核）、环保以及有毒有害物质限量要求等。

化矿金属类企业出口时，各种认证、木质包装的要求、技术标准、包装及材料、有毒有害物质限量、标签和标志要求是企业最常遭遇的技术性贸易措施。

纺织鞋帽类企业遭遇国外技术性贸易措施种类主要为有毒有害物质限量、认证、技术标准、包装及材料、标签和标志等要求。

橡塑皮革类出口企业遭遇最多的是认证、产品技术标准、标签和标志、有毒有害物质限量、环保（包括节能及回收）等要求。

玩具家具类出口企业遭遇国外技术性贸易措施的次数次于机电仪器类、农食产品类和化矿金属类企业，对其影响最大的是包装及材料、技术标准、标签和标志、环保、有毒有害物质限量等要求。

对木材纸张非金属类企业而言，能否满足认证、木质包装、环保、标签和标志、技术标准、包装及材料要求等，对企业产品能否顺利出口至关重要。

表 3 - 34 是不同地区被调查企业遭受国外各种技术性贸易措施的累计数。由于中国各地区出口的产品结构、生产技术水平不同，其所遭受的国外技术性贸易措施主要类型也存在差异。

浙江企业遭受技术性贸易措施影响的次数居全国第一，主要集中在工业品的出口中，以认证、技术标准、标志和标签、包装及材料、环保要求为最主要的内容。在农产品方面，制约浙江出口企业的主要是农兽药残留限量、种养殖基地/加工厂/仓库注册要求等。

广东企业受国外技术性贸易措施影响次数其次，主要也集中在工业品的出口中，尤以认证、有毒有害物质限量、包装及材料、标签和标志等要求为最多；在农产品出口中，广东企业则主要受到国外食品微生物指标、农兽药残留限量等要求的影响。

上海企业遭受国外技术性贸易措施影响次数位居全国第三，与广东和浙江的情况类似，也主要集中在工业品的出口中，出口企业主要受国外包装及材料、技术标准、木质包装、标签和标志、有毒有害物质限量要求的影响。上海农产品出口遭遇国外技术性贸易措施主要集中在木质包装、农兽药残留以及重金属等有害物质限量要求等方面。

江苏企业遭受国外技术性贸易措施影响的次数位居全国第四，其工业品出口遭遇的技术性贸易措施主要集中在木质包装、认证、技术标准、标签和标志、包装及材料要求等方面。

陕西出口企业受国外技术性贸易措施影响的次数列全国第五位，其工业品出口时遭受的技术性贸易措施主要包括认证、技术标准、木质包装、环保、包装及材料等要求。此外，在农产品出口中，陕西企业遭遇国外技术型贸易措施的次数是最多的，主要包括进口国家（地区）对重金属等有害物质限量、食品微生物、木质包装、接触材料、农兽药残留限量等方面的要求。

表 3-33　不同类别、不同规模出口企业遭遇不同措施影响的企业数

单位：个

产品类别	措施种类	受影响企业数																
		大型企业							大型企业合计	小型企业							小型企业合计	合计
		农食产品	机电仪器	化矿金属	纺织鞋帽	橡塑皮革	玩具家具	木材纸张非金属		农食产品	机电仪器	化矿金属	纺织鞋帽	橡塑皮革	玩具家具	木材纸张非金属		
工业品	厂商或产品的注册要求（包括审核）	42	102	43	70	53	13	18	341	33	350	103	61	38	73	31	689	1 030
	技术标准要求	42	179	84	115	67	40	33	560	20	470	158	120	101	141	42	1 052	1 612
	认证要求	62	190	140	139	76	31	51	689	28	572	196	99	107	139	52	1 193	1 882
	标签和标志要求	52	126	81	107	51	36	31	484	51	444	130	109	69	141	53	997	1 481
	包装及材料的要求	43	109	81	129	25	38	23	448	33	400	149	105	79	151	49	966	1 414
	环保要求（包括节能及产品回收）	19	111	87	108	50	38	37	450	15	314	84	99	57	125	51	745	1 195
	特殊的检验要求（如指定检验地点、机构、方法）	17	92	41	94	31	23	22	320	13	248	86	87	32	84	43	593	913
	产品的人身安全要求	35	118	39	77	32	23	19	343	13	294	90	78	33	112	27	647	990
	工业产品中有毒有害物质限量要求	52	113	94	129	38	37	20	483	24	312	124	111	71	111	43	796	1 279
	计量单位要求	9	77	31	56	15	7	10	205	15	169	72	41	21	50	29	397	602
	木质包装的要求	17	124	158	69	14	20	59	461	6	430	133	14	52	68	38	741	1 202
	其他		11	12	69	11	1	18	122	1	31	12	16	3	5	2	70	192
工业品合计		390	1 352	891	1 162	463	307	341	4 906	252	4 034	1 337	940	663	1 200	460	8 886	13 792

续表 3-33

产品类别	措施的种类	受影响企业数																
		大型企业							大型企业合计	小型企业							小型企业合计	合计
		农食产品	机电仪器	化矿金属	纺织鞋帽	橡塑皮革	玩具家具	木材纸张非金属		农食产品	机电仪器	化矿金属	纺织鞋帽	橡塑皮革	玩具家具	木材纸张非金属		
农业品	种养殖基地、加工厂、仓库注册要求	171	8					1	180	191	1	5	5	2	2		206	386
	动物疫病方面的要求	99	4		5		2	1	111	61	5	9	5	3	8		91	202
	植物病虫害杂草方面的要求	141	7				5	1	154	201	5	2	2		8	1	219	373
	食品中农兽药残留限量要求	271	7					1	279	332	3	16	1		6		358	637
	食品微生物指标要求	285						1	286	265	3	15	1		6		290	576
	食品添加剂要求	163		3				1	167	148	4	11	2		4	1	170	337
	食品中重金属等有害物质的限量要求	290						1	291	273	1	11	1		10		296	587
	食品接触材料的要求	147				4		1	152	154	1	11	1		6		173	325
	食品标签要求	185						1	186	224		10	2		4		240	426
	木质包装的要求	155				1	6	1	163	112	2	3	1		10		128	291
	食品化妆品中过敏原的要求	92						1	93	75		12	1				88	181
	其他	29						4	33	27		2	1		1		31	64
农业品合计		2 028	26	3	5	5	13	15	2 095	2 063	25	107	23	5	65	2	2 290	4 385
总计		2 418	1 378	894	1 167	468	320	356	7 001	2 315	4 059	1 444	963	668	1 265	462	11 176	18 177

表 3-34　不同地区遭遇不同贸易措施影响的企业数

单位：个

产品类别	措施种类	地区															
		北京	天津	河北	山西	内蒙古	辽宁	吉林	黑龙江	上海	江苏	浙江	安徽	福建	江西	山东	河南
		受影响企业数															
工业品	厂商或产品的注册要求（包括审核）	21	2	36	12	18	10	12	12	100	62	143	48	26	51	47	35
	技术标准要求	24	22	65	25	17	21	2	22	139	95	322	62	46	65	109	34
	认证要求	52	19	81	26	12	37	22	24	104	106	323	93	66	69	120	54
	标签和标志要求	38	19	60	28	11	20	22	23	128	89	292	53	36	71	39	24
	包装及材料的要求	35	15	58	27	14	16	9	21	141	86	224	48	55	67	47	25
	环保要求（包括节能及产品回收）	18	3	27	10	23	8	16	16	100	63	218	63	50	56	54	19
	特殊的检验要求（如指定检验地点、机构、方法）	18	3	49	22	7	10	13	18	80	44	100	49	29	55	49	17
	产品的人身安全要求	19	3	32	23	9	4	8	10	104	53	205	38	25	36	40	22
	工业产品中有毒有害物质限量要求	27	10	39	31	21	7	11	12	118	67	195	50	59	47	55	20
	计量单位要求	16		23	7	6	5	2	11	80	32	72	30	8	37	14	5
	木质包装的要求	51	17	43	21	16	18	11	8	137	107	181	39	55	101	33	20
	其他		1	5		1	1		2	14	6	15	2	2	74	10	
工业品合计		319	114	518	232	155	157	128	179	1 245	810	2 290	575	457	729	617	275
农业品	种养殖基地、加工厂、仓库注册要求	15	2	47	11		5	27	18	5		43	13	11	3	30	18
	动物疫病方面的要求	1			1		22	15		8		31	9	12		5	5
	植物病虫害杂草方面的要求	18		19	9	4	14	15	21	35		35	8	1	1	25	14
	食品中农兽药残留限量要求	17	4	29	11	3	3	19	19	40		48	28	2	6	59	29
	食品微生物指标要求	21	2	30	12	4	19	32	15	29		25	16	11	3	37	25
	食品添加剂要求	18	2	5	16		13	31	11	2		19	11		1	18	19
	食品中重金属等有害物质的限量要求	6	6	28	15	1	6	32	25	39		41	19	10	3	29	31
	食品接触材料的要求	9		4	6		1	31	11	35		23	11		1	16	15
	食品标签要求	4	4	28	17		6	32	21	31		40	11	1	5	38	20
	木质包装的要求	14		3	8			15	9	43		6	7	9	1	9	13
	食品化妆品中过敏原的要求				5		4	13	9	29		1	4			15	5
	其他	2	2	6	2	6	1	1	4			3	5			5	
农业品合计		125	22	199	113	18	94	263	163	296		315	142	57	24	286	19
总计		444	136	717	345	173	251	391	342	1 541	810	2 605	717	514	753	903	294

续表 3-34

产品类别	措施种类	地区															
		湖北	湖南	广东	广西	海南	四川	重庆	贵州	云南	西藏	陕西	甘肃	青海	宁夏	新疆	总计
		受影响企业数															
工业品	厂商或产品的注册要求(包括审核)	24	22	173	31		20	15	23	6		66	4		1	10	1 030
	技术标准要求	22	63	218	18		35	29	40	2		84	4	2	3	22	1 612
	认证要求	40	49	266	41		58	24	36	23		88	7	2	7	33	1 882
	标签和标志要求	36	37	243	27		27	29	26	10		67			2	24	1 481
	包装及材料的要求	33	52	246	26		36	15	17	8		70			4	19	1 414
	环保要求(包括节能及产品回收)	36	41	215	15		37	14	12			70			5	6	1 195
	特殊的检验要求（如指定检验地点、机构、方法）	17	21	171	17		22	5	12	1		71	2		4	7	913
	产品的人身安全要求	12	39	196	14		27	4	26			23				18	990
	工业产品中有毒有害物质限量要求	18	49	262	22		39	3	14			68		2		33	1 279
	计量单位要求	10	31	120	9		19	13	20	1		30	1				602
	木质包装的要求	51	29	114	16		20	12	3	2		77				20	1 202
	其他	4	6	24	4	12	6	2					1				192
工业品合计		303	439	2 248	240	12	346	165	229	53		714	19	6	26	192	13 792
农业品	种养殖基地、加工厂、仓库注册要求	30	9	8	13	6	6	8	9	11		15	10	1	9	3	386
	动物疫病方面的要求	5	6	13	12	4	10	2		9		5	3		2	22	202
	植物病虫害杂草方面的要求	16	12	13	5	6	12	7	8	18		18	9		4	26	373
	食品中农兽药残留限量要求	40	27	25	23	8	36	7	9	26		39	3	5	28	44	637
	食品微生物指标要求	37	16	26	17	10	25	9	9	26		76	5	1	12	26	576
	食品添加剂要求	12	13	20	13	9	32	6	4	9		21	1		6	25	337
	食品中重金属等有害物质的限量要求	39	13	19	17	5	29	7	12	31		77	1	2	19	25	587
	食品接触材料的要求	18	9	15	2	1	13	5	3	15		50	2	1	4	24	325
	食品标签要求	21	13	12	14	4	23	8	5	18		15			9	26	426
	木质包装的要求	9	10	9	3		7	4	6			70	3		11	22	291
	食品化妆品中过敏原的要求	1	7	2	11		8	3		16		21			5	22	181
	其他		6	1	6	1	4			4		2	3				64
农业品合计		228	141	163	136	54	205	66	65	183		409	40	10	109	265	4 385
总计		531	580	2 411	376	66	551	231	294	236		1 123	59	16	135	457	18 177

表 3-35　出口到不同国家或地区遭遇不同技术性贸易措施的企业数

单位：个

产品类别	措施种类	国家或地区													
		美国	欧盟	日本	东盟国家	韩国	欧亚经济联盟（除俄罗斯）	加拿大	澳大利亚/新西兰	印度	非洲国家	拉美国家	西亚国家	其他国家	合计
		遭遇技术性贸易措施企业数													
工业品	厂商或产品的注册要求（包括审核）	186	198	100	83	72	50	73	76	53	42	55	23	19	1 030
	技术标准要求	306	349	174	116	110	76	107	127	79	55	51	36	26	1 612
	认证要求	368	472	144	131	109	75	131	132	83	81	67	55	34	1 882
	标签和标志要求	276	294	144	121	109	79	109	110	75	51	47	35	31	1 481
	包装及材料的要求	251	314	160	107	101	62	92	115	71	43	42	30	26	1 414
	环保要求（包括节能及产品回收）	245	317	128	72	64	51	92	99	33	19	32	20	23	1 195
	特殊的检验要求（如指定检验地点、机构、方法）	184	206	88	67	36	30	59	59	38	61	29	30	26	913
	产品的人身安全要求	204	212	107	57	62	45	85	78	42	28	31	25	14	990
	工业产品中有毒有害物质限量要求	248	318	144	79	85	63	95	97	45	29	32	26	18	1 279
	计量单位要求	107	109	68	44	41	29	46	49	33	23	21	13	19	602
	木质包装的要求	187	212	119	96	89	62	81	127	65	43	59	42	20	1 202
	其他	26	27	14	12	12	9	9	9	19	6	17	4	28	192
工业品合计		2 588	3 028	1 390	985	890	631	979	1 078	636	481	483	339	284	13 792

续表 3-35

产品类别	措施种类	国家或地区													
		美国	欧盟	日本	东盟国家	韩国	欧亚经济联盟（除俄罗斯）	加拿大	澳大利亚/新西兰	印度	非洲国家	拉美国家	西亚国家	其他国家	合计
		遭遇技术性贸易措施企业数													
农业品	种养殖基地、加工厂、仓库注册要求	92	76	67	31	29	10	27	24	6	3	2	5	14	386
	动物疫病方面的要求	50	41	26	19	12	5	11	19	6	4	1	3	5	202
	植物病虫害杂草方面的要求	75	73	54	32	25	11	26	25	22	7	4	9	10	373
	食品中农兽药残留限量要求	133	148	110	53	45	21	37	48	8	6	5	9	14	637
	食品微生物指标要求	131	128	73	42	37	30	42	37	15	4	9	15	13	576
	食品添加剂要求	73	59	57	23	31	16	22	18	10	5	5	9	9	337
	食品中重金属等有害物质的限量要求	134	129	81	45	39	32	41	42	11	4	7	7	15	587
	食品接触材料的要求	74	80	49	20	16	14	28	26	4	3	3	4	4	325
	食品标签要求	92	86	59	40	29	15	37	29	11	5	4	7	12	426
	木质包装的要求	70	66	24	18	14	16	28	34	9	4	1	5	2	291
	食品化妆品中过敏原的要求	47	39	21	12	10	9	17	15	3	2	2	2	2	181
	其他	9	15	8	7	7	1	0	3	2	3	0	0	9	64
农业品合计		980	940	629	342	294	180	316	320	107	50	43	75	109	4 385
总计		3 568	3 968	2 019	1 327	1 184	811	1 295	1 398	743	531	526	414	393	18 177

表 3－35 列出了出口到不同国家或地区遭遇各类技术性贸易措施的情况。中国出口到欧盟的工业品主要受认证、技术标准、有毒有害物质限量、环保、包装及材料、标签和标志、木质包装、产品的人身安全要求等的限制；农产品遇到的措施主要有食品中农兽药残留、重金属等有害物质限量、食品微生物、食品标签、食品接触材料、种养殖基地/加工厂/仓库注册要求等。

出口到美国的工业品遇到的措施主要有认证、产品技术标准、标签与标志、包装及材料、有毒有害物质限量、环保和产品的人身安全等要求；农产品遇到的措施主要有重金属等有害物质限量、农兽药残留、食品微生物、种养殖基地/加工厂/仓库注册、食品标签等要求。

日本对中国工业品的限制主要集中在技术标准、包装及材料、认证、有毒有害物质限量、标签与标志、环保、木质包装、人身安全等要求上；而作为中国重要的农食产品出口市场，其农兽药残留、重金属等有害物质限量、食品微生物、种养殖基地/加工厂/仓库注册、食品标签、食品添加剂、食品接触材料和植物病虫害杂草方面的要求对中国出口企业的影响尤为突出。

二、出口贸易障碍分析：技术性贸易措施是第三大贸易障碍

在调查问卷中，针对中国企业在 2017 年出口中可能遇到的障碍，共设计了以下 8 个项目供选择：（1）技术性贸易措施；（2）反倾销；（3）反补贴；（4）配额；（5）许可证；（6）关税；（7）汇率；（8）其他。

表 3－36 中国出口企业出口时所遇到的主要障碍 单位：个

企业类别		主要障碍							
		技术性贸易措施	反倾销	反补贴	配额	许可证	关税	汇率	其他
大型企业	农食产品	205	43	29	38	97	180	246	24
	机电仪器	92	50	19	20	60	105	119	13
	化矿金属	62	54	23	23	43	104	114	14
	纺织鞋帽	104	47	14	25	42	130	170	15
	橡塑皮革	54	33	15	12	23	73	86	6
	玩具家具	42	17	4	7	13	53	61	6
	木材纸张非金属	45	38	21	14	22	63	82	7
大型企业合计		604	282	125	139	300	708	878	85
小型企业	农食产品	282	49	34	66	134	209	320	27
	机电仪器	324	155	67	65	230	433	521	52
	化矿金属	152	97	39	37	107	217	270	20
	纺织鞋帽	178	74	34	39	78	269	350	27
	橡塑皮革	97	44	18	14	46	138	163	11
	玩具家具	139	53	24	23	59	168	209	11
	木材纸张非金属	85	45	13	16	35	100	128	12
小型企业合计		1 257	517	229	260	689	1 534	1 961	160
总计		1 861	799	354	399	989	2 242	2 839	238

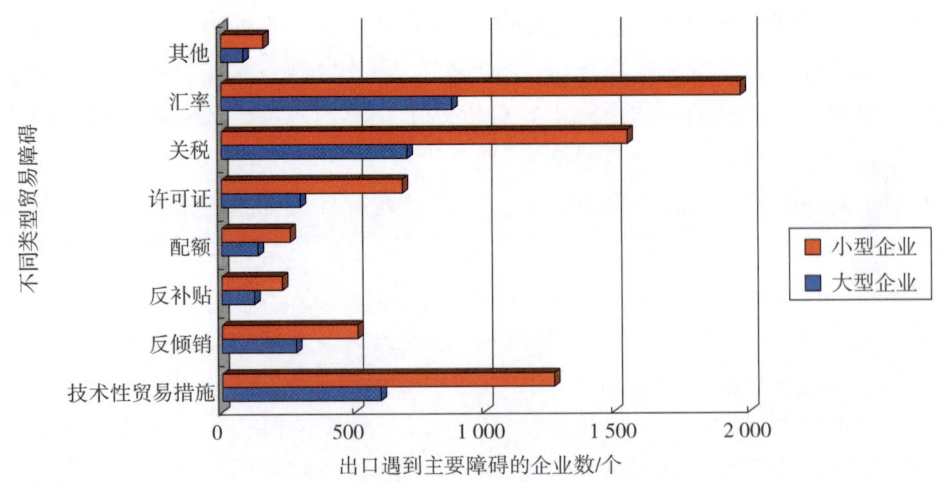

图 3-29　中国不同规模出口企业出口遇到的主要障碍

表 3-36 和图 3-29 显示了中国出口企业在出口时遇到的主要障碍。从企业对各选项的总选择次数看，无论从中国出口企业总体而言，还是分别从大型出口企业和小型出口企业的角度看，技术性贸易措施都是仅次于汇率、关税的第三大贸易障碍，并且遭遇国外技术性贸易措施的小型出口企业明显多于大型出口企业。

表 3-37　中国出口企业出口时所遇到的最大障碍　　单位：个

企业类别	最大障碍							
	汇率	技术性贸易措施	关税	许可证	反倾销	反补贴	配额	其他
第一位选择企业数	1 466	880	625	224	312	35	121	134
第二位选择企业数	716	374	1 157	382	271	153	136	45
第三位选择企业数	657	607	460	383	216	166	142	66

从表 3-37 可以看出，在 3 797 家回答该问题的受访企业中，有 880 家企业认为技术性贸易措施是企业产品出口的最大障碍，占比 31.3%，较 2016 年减少了 8.1 个百分点。另外，有 374 家和 607 家企业分别认为技术性贸易措施是影响企业出口的第二大和第三大障碍。综合企业对各选项的选择次数和影响力排序，企业在出口中遇到的障碍由大到小依次为：汇率、关税、技术性贸易措施、许可证、反倾销、反补贴、配额、其他贸易措施。从总体上看，2017 年国外技术性贸易措施仍然排在汇率和关税之后，成为我国企业出口的第三大障碍。

表 3-38 列出了中国不同地区企业出口过程中所遇到的主要障碍。从表中可以看到，只在湖北省，国外技术性贸易措施在企业的出口时遇到的各种障碍中排在首位；在北京、山西、辽宁、安徽、湖南、四川、陕西、青海等地区，国外技术性贸易措施已成为企业出口时遇到的第二大障碍；而在天津、河北、内蒙古、吉林、黑龙江、上海、江苏、浙江、福建、江西、山东、河南、广东、广西、海南、四川、贵州、云南、宁夏，受访企业认为国外技术性贸易措施是影响产品出口的第三大障碍。

表 3-38　中国不同地区出口企业出口时所遇到的主要障碍　　单位：个

地区	主要障碍							
	技术性贸易措施	反倾销	反补贴	配额	许可证	关税	汇率	其他
北京	42	12	2	7	22	39	53	8
天津	39	13	5	6	19	62	65	5
河北	86	57	26	19	48	124	147	14

续表 3-38

地区	主要障碍							
	技术性贸易措施	反倾销	反补贴	配额	许可证	关税	汇率	其他
山西	40	14	3	5	13	36	63	6
内蒙古	30	13	9	10	18	36	50	8
辽宁	54	25	13	5	22	53	82	7
吉林	29	13	6	11	24	36	55	8
黑龙江	35	10	9	15	27	38	50	4
上海	65	44	19	13	45	74	111	12
江苏	105	65	33	23	50	156	182	12
浙江	237	96	26	22	96	268	355	47
安徽	94	18	15	17	34	85	123	4
福建	87	55	13	12	32	104	136	10
江西	42	23	11	7	17	47	61	4
山东	131	66	31	39	62	157	194	21
河南	43	22	4	7	29	85	87	5
湖北	73	17	7	9	30	53	72	7
湖南	51	13	2	17	27	50	82	6
广东	236	96	39	32	112	259	304	19
广西	52	15	14	14	30	64	68	3
海南	21	16	12	7	10	40	45	0
四川	60	21	12	13	25	60	76	10
重庆	23	20	6	6	26	41	52	6
贵州	29	3	4	7	16	31	30	4
云南	55	12	6	17	28	64	71	5
西藏	0	8	8	5	14	22	15	0
陕西	39	13	7	13	26	34	49	4
甘肃	17	7	5	6	48	50	71	4
青海	3	0	0	1	1	1	4	0
宁夏	24	6	3	9	12	33	37	1
新疆	19	6	4	25	26	40	49	1
总计	1 861	799	354	399	989	2 242	2 839	245

三、措施制约原因分析：为达到国外要求导致成本过高是最主要原因

在调查问卷中，针对 2017 年中国企业在出口中受到国外技术性贸易措施制约的原因，共设计了以下 9 个项目供选择：（1）生产技术水平达不到国外技术要求、标准、限量等；（2）为达到国外要求导致成本过高；（3）不了解国外规定；（4）国外措施针对进口产品具有歧视性；（5）认证、注册周期长费用高；（6）国外检验检测项目繁多；（7）不合理的出口证书要求；（8）动植物及其产品的检疫要求；（9）其他。

表 3-39　企业受国外技术性贸易措施制约的原因　　单位：个

规模	类别	技术水平达不到要求	为达要求导致成本过高	不了解国外规定	国外措施具有歧视性	认证、注册周期长费用高	检验检测项目繁多	不合理的出口证书要求	动植物及其产品检疫要求	其他
大型企业	农食产品	113	165	123	67	102	111	40	69	4
	机电仪器	85	85	83	41	59	28	24	3	3
	化矿金属	82	68	62	38	64	29	28	5	4
	纺织鞋帽	97	110	79	29	45	57	28	10	1
	橡塑皮革	49	52	32	25	34	18	16	9	3
	玩具家具	41	46	26	15	22	22	8	10	1
	木材纸张非金属	41	52	40	21	29	22	12	17	4
大型企业合计		508	578	445	236	355	287	156	123	20
小型企业	农食产品	156	215	168	76	116	148	50	99	8
	机电仪器	337	336	293	118	251	116	86	16	12
	化矿金属	167	157	163	49	106	79	45	21	2
	纺织鞋帽	174	201	172	37	73	95	23	24	6
	橡塑皮革	100	95	84	29	45	46	18	7	2
	玩具家具	106	144	103	24	77	64	25	10	4
	木材纸张非金属	81	88	62	24	40	39	16	14	8
小型企业合计		1 121	1 236	1 045	357	708	587	263	191	42
总计		1 629	1 814	1 490	593	1 063	874	419	314	62

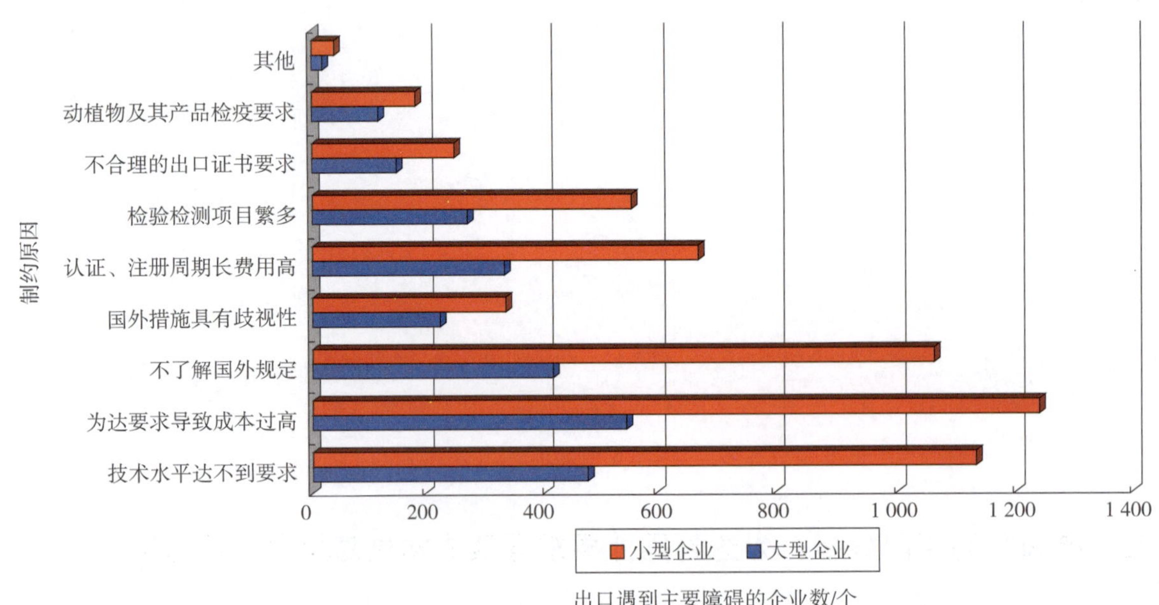

图 3-30　企业受国外技术性贸易措施制约的原因

表 3-39 和图 3-30 显示了中国出口企业在出口时受国外技术性贸易措施制约的原因。从企业对各选项的总选择次数看，无论从中国出口企业总体而言，还是分别从大型出口企业和小型出口企业的

角度看，企业认为出口受到国外技术性贸易措施制约的最主要的两个原因为：为达到国外要求导致成本过高和生产技术水平达不到国外技术要求、标准、限量等。此外，企业认为不了解国外规定以及认证、注册周期长费用高也是其受到国外技术型贸易措施制约的重要原因。

若区分不同类别的出口企业，从表 3－39 可以看出，“生产技术水平达不到国外技术要求、标准、限量”是机电仪器、化矿金属、塑料皮革类出口企业受国外技术性贸易措施影响最主要的原因，纺织鞋帽、玩具家具、木材纸张非金属类企业认为其为次要原因；农食产品、纺织鞋帽、玩具家具、木材纸张非金属类企业都将“为达到国外要求导致成本过高”作为出口时遭受国外技术性贸易措施制约的最重要原因。除此之外，其中农食产品、化矿金属类企业认为“不了解外国规定”是出口受国外技术性贸易措施影响的次重要原因。

表 3－40 列出了中国不同地区出口企业受国外技术性贸易措施制约的原因。从表中可以看到，河北、山西、内蒙古、黑龙江、浙江、安徽、福建、江西、山东、河南、湖北、湖南、广东、四川、重庆、贵州、陕西、青海等地区，为达到国外要求导致成本过高被认为是出口企业受国外技术性贸易措施制约的最主要原因；而在天津、辽宁、江苏、广西、海南、宁夏等省区，企业认为生产技术水平达不到国外技术要求、标准、限量等，是导致出口时受到国外技术性贸易措施制约的最主要原因；对于北京、吉林、上海、云南、西藏、甘肃和新疆的出口企业而言，不了解国外规定是为克服国外技术性贸易措施的制约而亟待解决的问题。

表 3－40 中国不同地区出口企业受国外技术性贸易措施制约的原因 单位：个

地区	原因								
	技术水平达不到要求	为达要求导致成本过高	不了解国外规定	国外措施具有歧视性	认证、注册周期长费用高	检验检测项目繁多	不合理的出口证书要求	动植物及其产品检疫要求	其他
北京	21	29	38	11	24	21	13	12	2
天津	32	29	22	8	14	12	5	3	1
河北	65	93	75	27	52	50	14	10	3
山西	32	43	19	14	17	15	3	7	
内蒙古	31	33	30	10	17	18	13	7	1
辽宁	99	53	72	19	36	24	10	10	1
吉林	21	24	31	15	12	16	5	7	2
黑龙江	27	29	27	7	15	20	10	13	1
上海	61	72	80	46	34	26	30	11	8
江苏	123	111	105	34	65	35	17	7	2
浙江	211	217	170	55	116	100	32	17	2
安徽	63	83	35	30	53	41	12	8	2
福建	85	96	64	29	41	32	23	15	1
江西	36	46	40	18	27	31	9	8	2
山东	85	138	82	49	68	51	34	22	4
河南	52	56	46	16	30	23	7	12	
湖北	51	56	34	18	47	42	13	17	4
湖南	50	65	32	19	35	34	15	11	
广东	165	210	149	53	113	99	35	23	3
广西	41	38	41	18	32	23	16	8	2

续表 3-40

地区	原因								
	技术水平达不到要求	为达要求导致成本过高	不了解国外规定	国外措施具有歧视性	认证、注册周期长费用高	检验检测项目繁多	不合理的出口证书要求	动植物及其产品检疫要求	其他
海南	36	30	22	10	16	15	14	7	
四川	32	52	39	20	35	21	14	12	3
重庆	27	36	29	13	26	16	8	7	1
贵州	24	25	21	5	18	10	2	7	
云南	29	34	41	10	27	24	13	9	2
西藏	12	5	29	2	9	3	7	12	
陕西	33	43	29	13	34	24	9	4	1
甘肃	32	21	44	6	23	11	16	9	2
青海	1	3			2	2			
宁夏	27	16	27	4	9	19	3	7	
新疆	25	28	34	14	16	16	17	12	
总计	1 629	1 814	1 490	593	1 063	874	419	314	50

第五节　企业应对情况分析

一、应对方式分析：提高产品竞争力是企业采取的最主要做法

在调查问卷中，针对中国企业在遭遇国外技术性贸易措施时采取的做法，设计了以下 10 个项目供企业选择：（1）向国家质检部门报告；（2）向商务部门报告；（3）向我驻外使馆报告；（4）向行业商协会报告；（5）向其他主管部门报告；（6）与国外进口商交涉；（7）与国外主管部门交涉；（8）不寻求任何解决方式，不再出口或寻求新市场；（9）加强技术攻关和升级改造，提高产品竞争力；（10）其他。

表 3-41　不同类别、不同规模出口企业遭遇技术性贸易措施时采取的做法　　单位：个

企业类别		做法									
		向质检部门报告	向商务部门报告	向驻外使馆报告	向行业商协会报告	向其他主管部门报告	与外商交涉	与国外主管部门交涉	不再出口	提高竞争力	其他
大型企业	农食产品	240	113	13	81	50	183	23	5	227	3
	机电仪器	105	70	13	50	32	116	22	9	134	8
	化矿金属	91	68	16	47	23	89	23	8	97	4
	纺织鞋帽	108	78	17	56	24	123	14	4	119	1
	橡塑皮革	54	37	4	25	15	54	8	2	77	6
	玩具家具	51	36	8	25	18	32	10	4	55	2
	木材纸张非金属	67	45	7	37	12	54	13	2	56	4
大型企业合计		716	447	78	321	174	651	113	34	765	28

续表 3-41

企业类别		做法									
		向质检部门报告	向商务部门报告	向驻外使馆报告	向行业商协会报告	向其他主管部门报告	与外商交涉	与国外主管部门交涉	不再出口	提高竞争力	其他
小型企业	农食产品	302	125	27	84	71	235	30	17	266	7
	机电仪器	355	203	39	125	85	401	58	34	458	7
	化矿金属	189	104	21	96	41	189	28	24	193	6
	纺织鞋帽	211	114	24	72	38	213	30	28	220	5
	橡塑皮革	100	63	12	48	24	111	13	12	114	4
	玩具家具	125	54	16	58	25	126	20	10	177	5
	木材纸张非金属	92	57	8	38	20	93	15	14	86	2
小型企业合计		1 374	720	147	521	304	1 368	194	139	1 514	36
总计		2 090	1 167	225	842	478	2 019	307	173	2 279	64

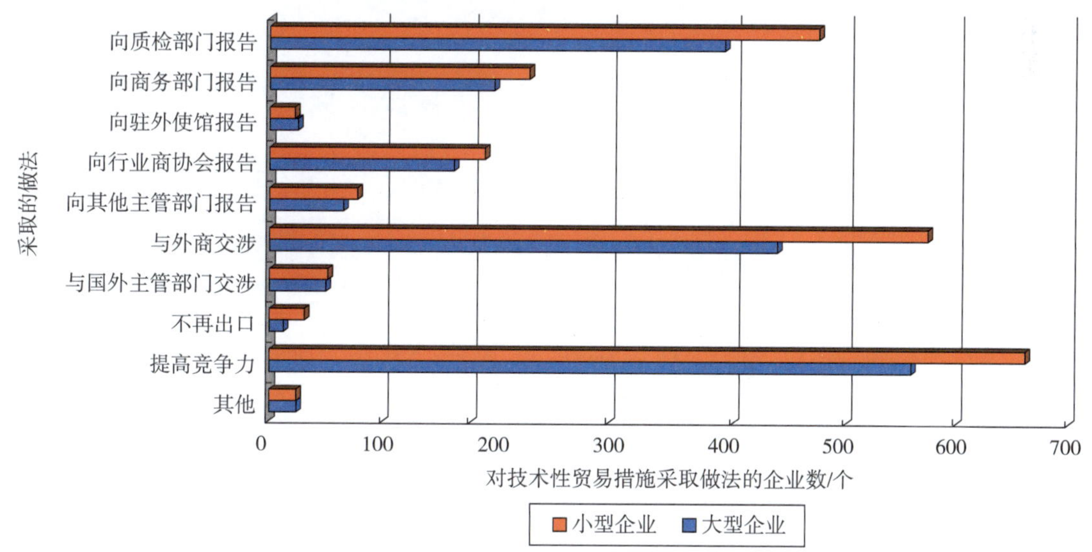

图 3-31　不同规模出口企业遭遇技术性贸易措施时采取的做法

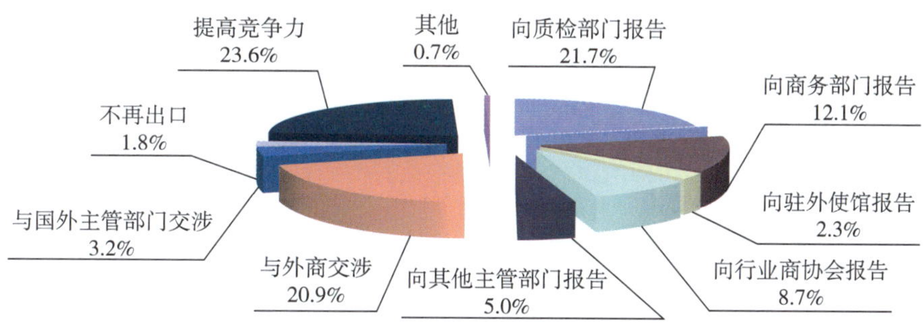

图 3-32　企业应对技术性贸易措施不同做法的比例

表 3-41 共记录了 4 056 家企业的选择，其中选择“加强技术攻关和升级改造，提高产品竞争力”的有 2 279 次，排列在第一位；选择“向质检部门报告”的次数为 2 090 次，排在第二位；选择“与外

商交涉”的次数为 2 019 次，排第三位。从图 3－31 中也可以看出同样的结果。图 3－32 则显示了企业应对国外技术性贸易措施的各种做法的占比情况，可以看出，选择提高自身产品竞争力的占 23.6%，选择向质检部门报告的占 21.7%，选择与外商交涉的占 20.9%，三者合计，占全部选项次数的 66.2%。

表 3－42　不同地区出口企业遭遇技术性贸易措施时采取的做法　　单位：个

地区	做法									
	向质检部门报告	向商务部门报告	向驻外使馆报告	向行业商协会报告	向其他主管部门报告	与外商交涉	与国外主管部门交涉	不再出口	提高竞争力	其他
北京	53	17	2	11	10	61	9	2	56	3
天津	36	22	2	10	4	36	9	4	39	1
河北	94	52	13	32	28	96	13	15	115	4
山西	31	19	2	10	4	41	10	5	45	1
内蒙古	55	36	3	14	7	42	4	6	45	2
辽宁	112	16	15	19	19	67	16	3	82	1
吉林	45	22	6	10	9	38	4	1	36	2
黑龙江	42	33	9	17	14	46	8	2	42	2
上海	88	45	11	33	25	101	17	3	98	4
江苏	118	70	9	44	20	133	19	12	149	2
浙江	206	111	18	83	55	252	32	11	277	5
安徽	86	64	6	32	23	63	16	2	92	2
福建	99	49	8	56	20	98	9	9	112	1
江西	56	43	5	19	21	50	7	5	67	3
山东	136	74	16	60	27	136	22	16	174	6
河南	69	41	9	29	12	46	9	3	62	
湖北	58	42	6	32	17	55	12	4	68	1
湖南	74	59	13	48	27	65	12	5	59	4
广东	182	77	25	79	43	211	24	25	284	7
广西	55	39	4	30	15	46	5	5	58	4
海南	49	25	10	21	12	32	10		28	1
四川	55	37	4	23	14	65	3		82	4
重庆	39	18	3	15	13	39	5	5	37	
贵州	32	28	3	9	7	24	6		33	2
云南	20	15	3	9	3	14	4	1	19	
西藏	23	12	7	12	3	9			6	
陕西	40	28	6	26	9	40	6	5	55	
甘肃	71	26	1	26	3	48	6	2	17	
青海	2				1	3			4	
宁夏	16	16	1	11	5	26	4	20	20	
新疆	48	31	5	22	8	36	6	2	18	2
总计	2 090	1 167	225	842	478	2 019	307	173	2 279	64

从表 3－42 中可以看到中国不同地区出口企业在遭遇国外技术性贸易措施时所采取的行动非常相似。绝大多数地区企业都将“加强技术攻关和升级改造，提高产品竞争力”作为遭遇国外技术性贸易措施时的首要选择，其次是“向国家质检部门报告”和“与国外进口商交涉”。

二、信息渠道分析：各级质量监督检验检疫机构是出口企业获取信息的最主要来源

在调查问卷中，针对中国出口企业获取国外技术性贸易措施信息的途径，共设计了以下 12 个项目供选择：（1）各级质量监督检验检疫机构；（2）其他政府部门；（3）直接与我国 TBT、SPS 咨询点联系；（4）通过 TBT、SPS 咨询点网站；（5）我国驻外使领馆；（6）外国驻华使领馆；（7）我国有关行业协会和商会；（8）媒体（报刊、杂志、电视等）；（9）国外经销商提供的信息；（10）国外 TBT、SPS 咨询点；（11）国外政府网站；（12）其他。

表 3－43 不同类别、不同规模出口企业获取国外技术性贸易措施信息的途径　　单位：个

企业类别		途径											
		检验检疫机构	其他政府部门	我国TBT/SPS咨询点	TBT/SPS网站	驻外使馆	驻华使馆	行业商协会	媒体	国外经销商	国外TBT/SPS咨询点	国外政府网站	其他
大型企业	农食产品	282	70	11	28	7	3	162	98	215	4	43	13
	机电仪器	144	38	13	18	4	3	88	69	113	12	20	20
	化矿金属	121	37	8	15	8	4	84	55	104	7	17	8
	纺织鞋帽	144	49	9	15	3	1	81	62	128	2	9	5
	橡塑皮革	72	22	7	9	3	1	49	41	77	2	14	8
	玩具家具	70	16	9	9	5	4	39	25	48	5	5	2
	木材纸张非金属	75	22	5	10	3		40	33	65	3	6	5
大型企业合计		908	254	62	104	33	16	543	383	750	35	114	61
小型企业	农食产品	378	81	22	30	9	6	166	143	283	15	47	20
	机电仪器	415	107	37	49	21	10	263	212	466	16	62	41
	化矿金属	237	61	19	35	7	3	154	124	216	10	27	13
	纺织鞋帽	234	62	25	26	9	3	146	115	232	5	24	19
	橡塑皮革	132	36	14	13	9	4	79	63	125	5	12	8
	玩具家具	162	37	13	24	4	4	113	95	150	11	16	13
	木材纸张非金属	122	31	7	22	3		55	52	91	4	6	8
小型企业合计		1 680	415	137	199	62	30	976	804	1 563	66	194	122
总计		2 588	669	199	303	95	46	1 519	1 187	2 313	101	308	183

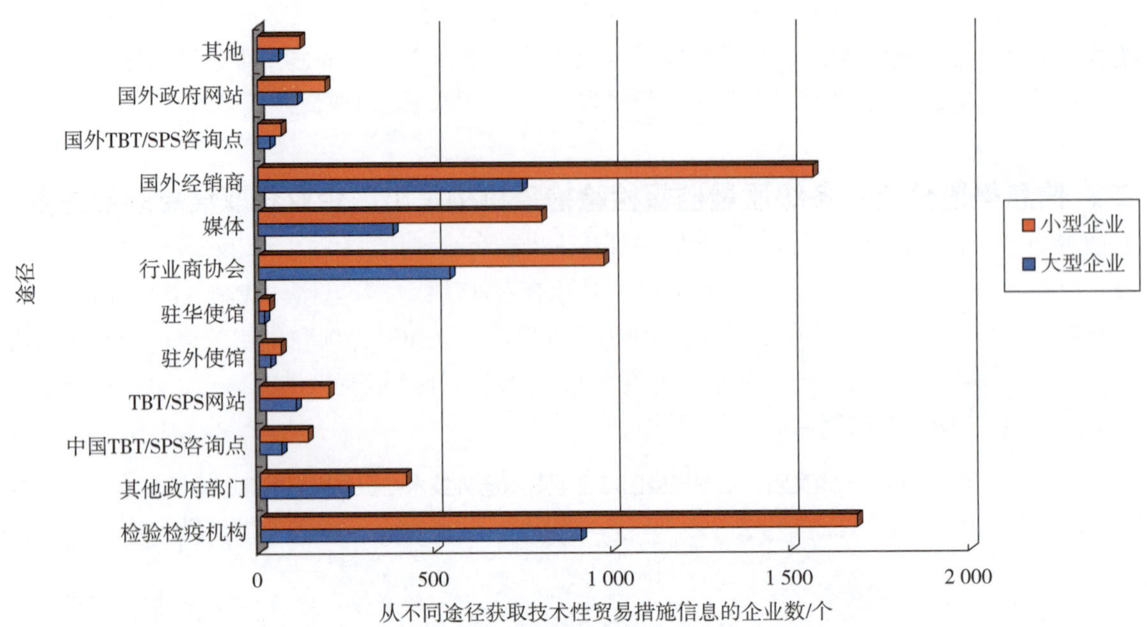

图 3－33　中国出口企业获取国外技术性贸易措施信息的途径

表 3－44　不同地区出口企业获取国外技术性贸易措施信息的途径　　单位：个

地区	途径											
	检验检疫机构	其他政府部门	中国TBT/SPS咨询点	TBT/SPS网站	驻外使馆	驻华使馆	行业商协会	媒体	国外经销商	国外TBT/SPS咨询点	国外政府网站	其他
北京	52	7	2	1			31	20	65	1	9	8
天津	47	10	3	5			22	23	44		2	6
河北	113	28	6	9	3	2	61	52	131	3	16	4
山西	43	16	1	1	1		24	24	45		3	3
内蒙古	61	13	4	4	2	1	30	19	49	2	5	2
辽宁	120	16	13	8	3	1	37	31	62	1	9	10
吉林	49	11	2	1		1	19	19	46		3	6
黑龙江	58	17	4	4	8	2	28	13	45		6	4
上海	126	32	8	13	5	2	69	51	83	5	20	10
江苏	147	39	15	19	5	4	82	69	143	6	12	14
浙江	265	56	18	24	8	2	170	159	275	7	34	17
安徽	109	42	8	15	6	1	61	37	71	3	12	10
福建	111	24	12	20	3	3	74	56	117	9	19	3
江西	60	29	12	13	5	4	40	33	46	9	14	6
山东	181	52	11	23	10	3	87	73	167	7	23	10
河南	88	15	9	12	2	4	40	37	62	3	6	3
湖北	69	22	8	11	5	2	48	30	66	5	11	3
湖南	79	42	15	33	8	5	67	41	62	6	11	5

续表 3 - 44

地区	途径											
	检验检疫机构	其他政府部门	中国TBT/SPS咨询点	TBT/SPS网站	驻外使馆	驻华使馆	行业商协会	媒体	国外经销商	国外TBT/SPS咨询点	国外政府网站	其他
广东	261	66	15	32	4	2	166	142	267	14	36	23
广西	57	18	5	7	5	2	41	36	60	4	11	6
海南	52	16	1	8			31	30	29	1	3	1
四川	76	23	1	5	1		42	34	72	2	11	12
重庆	40	9	4	5	3	3	33	17	46	3	9	1
贵州	40	11	4	2			28	18	31	1	4	9
云南	67	17	3	11	2		36	29	63	2	6	4
西藏	21	2	1		2		14	12	4		2	
陕西	46	13	2	10			37	31	44	4	9	3
甘肃	76	3	1	1			40	16	42	1		
青海	2						2		4			
宁夏	16	10	4	5	1	2	28	8	33	1		
新疆	56	10	7	1	3		31	27	39	1	2	
总计	2 588	669	199	303	95	46	1 519	1 187	2 313	101	308	183

表 3 - 43、表 3 - 44、图 3 - 33 说明了中国出口企业获取国外技术性贸易措施信息的途径情况。从表 3 - 43、3 - 44 中可以看出，各个类别、不同规模、大多数地区的企业获取国外技术性贸易措施信息的主要来源总体一致，各级质量监督检验检疫机构是出口企业获取信息的最主要来源。此外，国外经销商、我国有关行业协会和商会、媒体（包括报刊、杂志、电视等）、其他政府部门也是企业获取国外技术性贸易措施信息的主要来源。

三、信息获取难易程度分析

在调查问卷中，针对中国出口企业获取技术性贸易措施信息动态的难易程度，共设计了以下 5 个选项供选择：(1) 非常容易；(2) 比较容易；(3) 一般/正常；(4) 比较困难；(5) 非常困难。关于此题本次调研共录得 4 179 条记录。

1. 规模分析：大型企业较小型企业容易

表 3 - 45、图 3 - 34 给出了企业在获取技术性贸易措施信息不同难易程度上的个数占比。从总体上来看，有 66.6%的出口企业认为获取技术性贸易措施信息的难易程度为“一般/正常”，排名第一；选择比较“比较困难”的企业有 758 家，占比为 18.1%位列第二；仅仅有 1.3%的企业认为“非常容易”。表 3 - 46 反映了不同规模企业获取技术性贸易措施信息的难易程度，小型企业中有 20.1%的受访企业认为获取技术性贸易措施信息比较困难，而这一比例在大型企业中只有 13.9%；小型企业中仅有 10.4%的受访企业认为“比较容易”，低于大型企业中 15.3%的认同比例。

表 3-45　不同行业、不同规模出口企业获取技术性贸易措施信息难易程度

企业类别		比较困难	比较容易	非常困难	非常容易	一般/正常	合计
大型企业	农食产品	56	49	4	5	232	346
	机电仪器	26	36	5	12	153	232
	化矿金属	24	29	3	2	129	187
	纺织鞋帽	28	31	3	4	158	224
	橡塑皮革	16	13	2	1	96	128
	玩具家具	16	20	1	1	53	91
	木材纸张非金属	18	24	3	1	70	116
大型企业合计		184	202	21	26	891	1 324
小型企业	农食产品	91	58	4	10	312	475
	机电仪器	175	77	12	5	550	819
	化矿金属	70	37	13	3	277	400
	纺织鞋帽	98	52	21	5	272	448
	橡塑皮革	48	16	4		165	233
	玩具家具	56	34	3	5	190	288
	木材纸张非金属	36	22	7		127	192
小型企业合计		574	296	64	28	1 893	2 855
总计		758	498	85	54	2 784	4 179

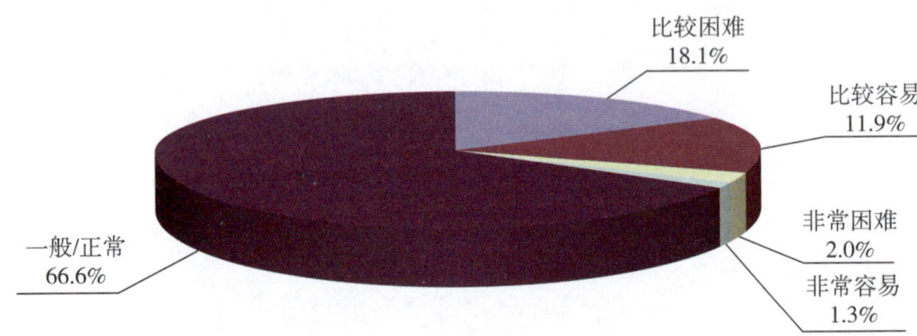

图 3-34　在获取技术性贸易措施信息上不同难易程度的企业个数占比

表 3-46　不同规模的企业获取技术性贸易措施信息的难易程度

难易程度	大型企业		小型企业		企业数合计/个
	企业数/个	占本类型企业总数的比/%	企业数/个	占本类型企业总数的比/%	
比较困难	184	13.9	574	20.1	758
比较容易	202	15.3	296	10.4	498
非常困难	21	1.6	64	2.2	85
非常容易	26	2.0	28	1.0	54
一般/正常	891	67.3	1 893	66.3	2 784
总计	1 324	100.0	2 855	100.0	4 179

2. 所有制结构分析：外资企业在信息获取方面具有优势

由表 3－47 可知，从企业所有制结构来看，不管是哪种类型的企业，普遍认为获取技术性贸易措施信息的难易程度为“一般/正常”。从选择“比较困难”这一选项的企业占比来看，港澳台企业中选择的比例最高，为 20.3%；其次民营企业，占比为 19.1%；外资企业占比最低，为 14.1%。在港澳台企业、国有企业、民营企业、外资企业中，选择“比较容易”这一选项的比例分别为 14.2%、14.7%、11.0%和 13.3%，民营企业这一比例最低。因此我们可以认为，外资企业在获得技术性贸易措施信息方面具有一定的优势，民营企业的劣势相对突出。

表 3－47　不同所有制结构的企业获取技术性贸易措施信息的难易程度

难易程度	所有制							
	港澳台企业		国有企业		民营企业		外资企业	
	个数/个	占本类企业比/%	个数/个	占本类企业比/%	个数/个	占本类企业比/%	个数/个	占本类企业比/%
比较困难	70	20.3	42	16.2	542	19.1	104	14.1
比较容易	49	14.2	38	14.7	313	11.0	98	13.3
非常困难	3	0.9	7	2.7	59	2.1	16	2.2
非常容易	2	0.6	0	0.0	39	1.4	13	1.8
一般/正常	221	64.1	172	66.4	1 883	66.4	508	68.7
总计	345	100.0	259	100.0	2 836	100.0	739	100.0

3. 行业分析：纺织鞋帽类企业相对困难，玩具家具类企业相对容易

表 3－48 给出了不同行业的企业获取技术性贸易措施信息的情况，不管哪种行业，都有超过 60%比例的企业选择了“一般/正常”选项，均位居各行业首位；其中塑料皮革类企业中，选择这一选项的比例高达 72.3%。将“比较困难”和“非常困难”两个选项合并分析发现，纺织鞋帽类企业选择上述选项的比例为 22.4%；其次为木材纸张非金属类企业，合并占比为 20.8%；占比最低的为化矿金属类企业，合并占比 18.7%。将“非常容易”和“比较容易”选项合并分析发现，玩具家具类企业合并占比最高，为 15.8%；塑料皮革类企业合并占比最低，仅为 8.3%。

表 3－48　分行业企业获取技术性贸易措施信息的难易程度

行业类别	难易程度									
	比较困难		比较容易		非常困难		非常容易		一般/正常	
	个数/个	本类企业占比/%	个数/个	本类企业占比/%	个数/个	本类企业占比/%	个数/个	本类企业占比/%	个数/个	本类企业占比/%
农食产品	147	17.9	107	13.0	8	1.0	17	1.6	544	66.3
机电仪器	201	19.1	113	10.8	17	1.6	5	0.9	703	66.9
化矿金属	94	16.0	66	11.2	16	2.7	9	1.3	406	69.2
纺织鞋帽	126	18.8	83	12.4	24	3.6	1	0.3	430	64.0
橡塑皮革	64	17.7	29	8.0	6	1.7	6	1.6	261	72.3
玩具家具	72	19.0	54	14.2	4	1.1	1	0.3	243	64.1
木材纸张非金属	54	17.5	46	14.9	10	3.2	54	1.3	197	64.0
总计	758	18.1	498	11.9	85	2.0	17	1.6	2 784	66.6

四、应对需求分析：及时提供国外技术性贸易措施的最新信息、技术指南和咨询是企业最希望得到的帮助

在调查问卷中，就出口企业在应对国外技术性贸易措施时希望政府主管机构和中介组织采取的措施，共设计了以下 6 个项目供选择：（1）及时提供国外技术性贸易措施的最新信息、技术指南和咨询；（2）强化认证认可工作，建立与国外权威认证机构的互认机制；（3）实施与国际接轨的标准化战略，推动企业参与国际标准制修定；（4）搭建公共检测服务平台，为企业提供便捷的检测服务；（5）及时对外交涉、谈判，将影响降至最低；（6）其他。

表 3-49　不同类别、不同规模出口企业在应对国外技术性贸易措施时希望得到的帮助　　单位：个

企业类别		所需帮助					
		提供信息	认证认可	标准化战略	公共检测	对外交涉	其他
大型企业	农食产品	318	208	184	207	179	5
	机电仪器	194	153	141	135	117	6
	化矿金属	163	126	109	98	97	
	橡塑皮革	198	129	99	135	96	2
	纺织鞋帽	107	69	55	77	68	2
	玩具家具	84	55	43	49	39	2
	木材纸张非金属	101	69	57	65	53	1
大型企业合计		1 165	809	688	766	649	18
小型企业	农食产品	416	264	201	266	218	9
	机电仪器	684	475	406	465	356	20
	化矿金属	346	241	206	244	177	3
	橡塑皮革	374	226	196	251	173	11
	纺织鞋帽	203	120	106	132	95	4
	玩具家具	243	154	119	163	129	6
	木材纸张非金属	171	98	95	111	81	5
小型企业合计		2 437	1 578	1 329	1 632	1 229	58
总计		3 602	2 387	2 017	2 398	1 878	76

表 3-50　不同地区出口企业在应对国外技术性贸易措施时希望得到的帮助　　单位：个

地区	所需帮助					
	提供信息	认证认可	标准化战略	公共检测	对外交涉	其他
北京	80	63	61	59	47	6
天津	72	44	32	42	28	6
河北	171	110	90	121	91	1
山西	61	40	36	44	34	2
内蒙古	80	56	43	45	46	
辽宁	156	85	71	73	59	2
吉林	61	30	24	31	27	1

续表 3-50

地区	所需帮助					
	提供信息	认证认可	标准化战略	公共检测	对外交涉	其他
黑龙江	68	55	42	52	43	2
上海	163	115	103	116	99	5
江苏	228	141	119	150	97	3
浙江	402	260	206	276	187	11
安徽	123	91	76	84	71	3
福建	168	101	96	123	84	3
江西	85	64	54	57	43	5
山东	265	156	135	159	132	4
河南	105	81	54	67	59	1
湖北	93	74	63	70	60	
湖南	94	69	69	62	66	2
广东	413	257	213	265	208	9
广西	77	51	45	57	65	
海南	64	34	34	33	34	
四川	102	68	60	70	48	2
重庆	62	51	41	52	42	
贵州	52	40	28	32	25	2
云南	76	57	44	52	42	1
西藏	18	10	9	14	8	
陕西	75	57	45	59	43	3
甘肃	78	54	51	57	24	2
青海	3	4	4	4	3	
宁夏	43	25	23	30	24	
新疆	64	44	46	42	39	
总计	3 602	2 387	2 017	2 398	1 878	76

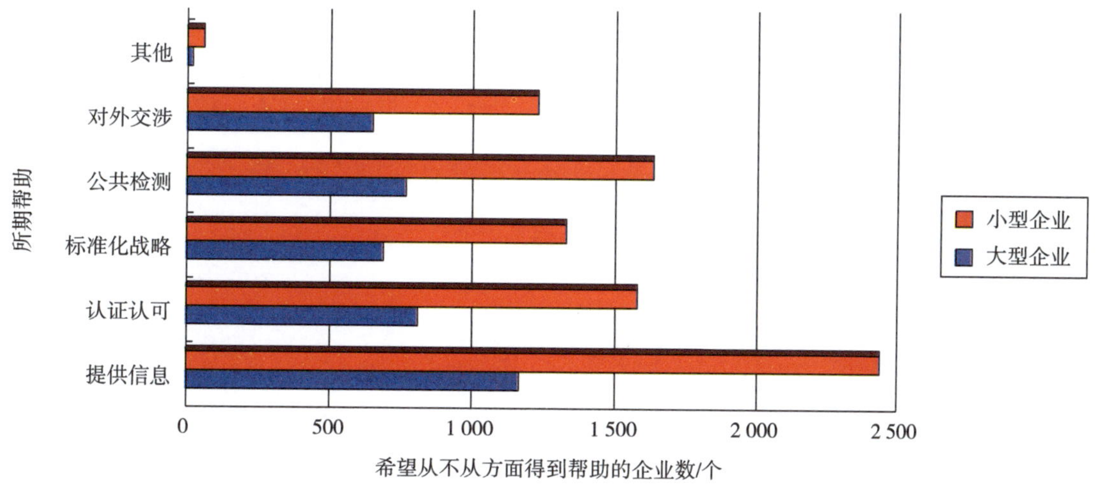

图 3-35　不同规模出口企业在应对国外技术性贸易措施时所期帮助

表3-49、表3-50、图3-35显示了中国出口企业在应对国外技术性贸易措施时希望得到的帮助情况。由表3-49、表3-50可以看出，不同类别、不同规模、所有地区的企业在应对国外技术性贸易措施时，最希望得到的帮助都是“及时提供国外技术性贸易措施的最新信息、技术指南和咨询”；与此同时，绝大多数企业将“搭建公共检测服务平台，为企业提供便捷的检测服务”和“强化认证认可工作，建立与国外权威认证机构的互认机制”作为位列第二和第三的需求。另外，企业对“实施与国际接轨的标准化战略，推动企业参与国际标准制修定”的希望也比较强烈。这种状况反映出中国出口企业仍然迫切需要相关机构及时提供有关的最新信息和检测服务，并推进在认证、标准等方面的国际合作。

五、应对结果分析：国外技术性贸易措施倒逼企业竞争力提升

为调查技术性贸易措施对企业竞争力的影响，本调研设计了“在符合国际技术性贸易措施过程中，企业国际市场竞争力和产品质量安全水平是否有所提升”这一问题，共录得4 059条记录。

表3-51　技术性贸易措施对企业国际竞争力的影响

行业类别	选　项			
	是		否	
	个数/个	本类企业占比/%	个数/个	本类企业占比/%
农食产品	314	92.4	26	7.6
机电仪器	189	86.7	29	13.3
化矿金属	166	89.2	20	10.8
纺织鞋帽	199	89.6	23	10.4
橡塑皮革	117	93.6	8	6.4
玩具家具	77	86.5	12	13.5
木材纸张非金属	95	84.8	17	15.2
大型企业总计	1 157	89.6	135	10.4
农食产品	421	91.5	39	8.5
机电仪器	695	88.6	89	11.4
化矿金属	331	85.1	58	14.9
纺织鞋帽	374	84.8	67	15.2
橡塑皮革	197	88.3	26	11.7
玩具家具	254	90.7	26	9.3
木材纸张非金属	161	84.7	29	15.3
小型企业总计	2 433	87.9	334	12.1
总计	3 590	88.4	569	11.6

表3-51反应了技术性贸易措施对企业市场竞争力和产品质量安全提升的影响。从总体上来看，有88.4%的企业都认为在符合技术性贸易措施的过程中提升了竞争力和质量；分企业规模来看，大型企业中有89.6%的企业认为其国际市场竞争力和产品质量安全水平得到了提升，高于小型企业的87.9%；分行业类别来看，农食产品类中有91.9%的企业认为技术性贸易措施有利于提高自身的国际竞争力和产品质量安全，其次为塑料皮革类企业，占比为90.2%。

第六节 政府部门减损情况分析

政府部门减损是指进出口管理和地方政府部门为应对技术性贸易措施，通过采取发布国外预警信息、指导技术改进、协助产品备案、提供认证便利、取得国外认可、协助交涉维权、列入质检示范、参与通报评议等多种措施，帮助减少企业因技术性贸易措施所导致的损失。

一、减损措施分析：发布预警信息、提供认证便利和取得国外认可是最有效的方式

在调查问卷中，针对中国企业在遭遇国外技术性贸易措施时进出口管理和地方政府部门采取的帮扶措施，设计了以下9个项目供企业选择：（1）由于得到质检等政府部门发布的国外措施预警信息，及时作出调整，避免了退运或整改等一系列后续问题；（2）遇到国外技术性贸易措施时，得到质检等政府部门的技术指导、产品改造、质量提升后顺利出口；（3）产品经质检等政府部门帮扶后在国外备案或注册，获准进入国外市场；（4）由于得到质检等政府部门的检测认证，取得了通行的检测认证证书，从而避免了产品送国外检测的不便；（5）产品经质检部门认证，得到国外认可，成功进入国外市场；（6）被国外客户或官方通报产品不合格，经质检等政府部门交涉后成功维权或成功交易；（7）产品被列入质检等政府部门的示范区，在进出口的通关时间、效率有明显提高；（8）参与质检等政府部门的国外措施通报评议、特别贸易关注等工作，相关产品出口形势得到了扭转；（9）其他。

表3-52 针对不同类别、不同规模出口企业减损时采取的措施　　单位：个

企业类别		做法								
		发布预警信息	指导技术改进	协助产品备案	取得国外认可	提供认证便利	协助交涉维权	列入质检示范	参与通报评议	其他
大型企业	农食产品	45	32	23	35	47	5	32	9	1
	机电仪器	8	4	6	12	12	3	8	3	
	化矿金属	8	1		3	6		6		1
	纺织鞋帽	12	4	2	6	6		6	1	1
	橡塑皮革	7	5	5	6	6		2	1	
	玩具家具	4	3	1	10	8		6		
	木材纸张非金属	6	3		6	4		6	1	
大型企业合计		90	52	37	78	89	8	66	15	3
小型企业	农食产品	58	34	22	55	50	5	40	14	1
	机电仪器	24	14	16	32	31	6	18	10	2
	化矿金属	11	7	9	15	16	1	14	5	1
	纺织鞋帽	10	3	4	10	9		3	1	
	橡塑皮革	8	4	2	10	9	1	4	2	
	玩具家具	18	12	2	17	15	1	4	2	
	木材纸张非金属	10	7	3	10	9	1	10	2	1
小型企业合计		139	81	58	149	139	15	93	36	5
总计		229	133	95	227	228	23	159	51	8

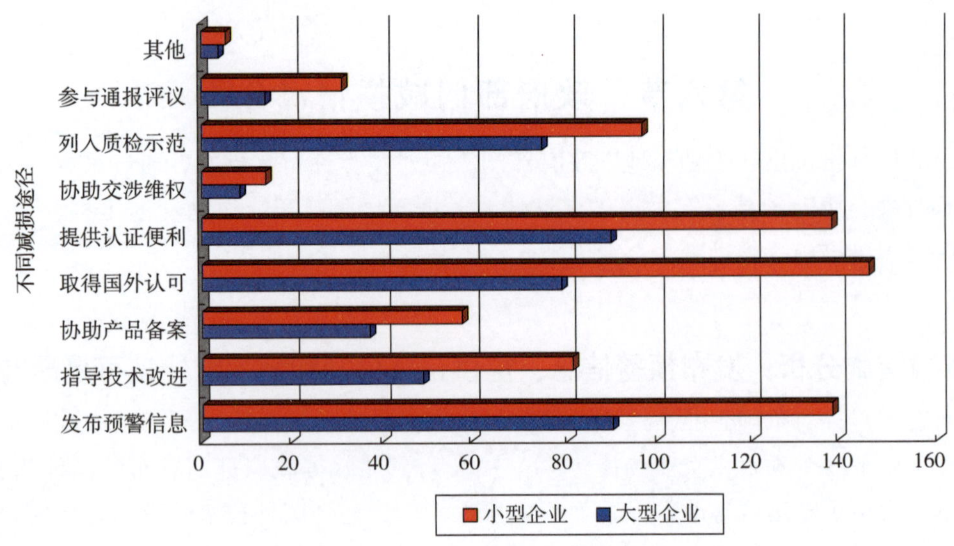

图 3－36　政府部门减少国外技术性贸易措施致损额时采取的措施

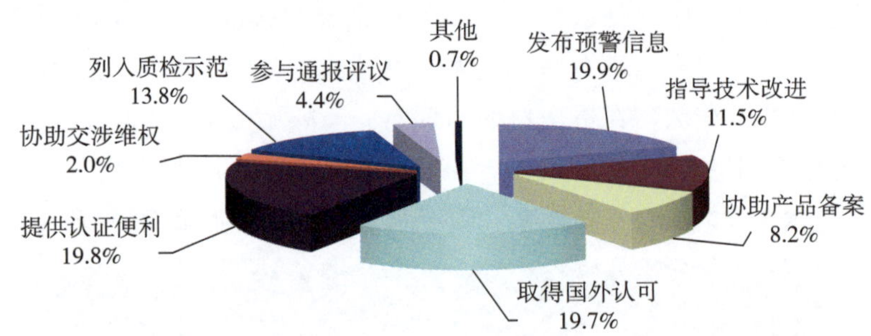

图 3－37　政府部门减少技术性贸易措施致损额采取的不同措施占比

表 3－52、图 3－36、图 3－37 显示了进出口管理和地方政府部门在减少国外技术性贸易措施致损额时采取的措施。从企业对各选项的总选择次数看，无论从中国出口企业总体而言，还是分别从大型出口企业和小型出口企业的角度看，进出口管理和地方政府部门主要采取以下三方面的措施减少企业损失，即发布的国外措施预警信息、提供通行的检测认证证书便利以及帮助企业取得国外认可，三者合计占全部选项次数的 59.4％。此外，企业认为指导技术改进、列入质检示范区也是减少技术型贸易措施致损额的重要措施。

若区分不同类别的出口企业，从表 3－52 可以看出，有 508 家农食产品类企业认为进出口管理和地方政府部门的帮扶减少了其损失额，数量最多；其次为机电仪器类企业，有 209 家。这也意味着，在进出口管理和地方政府部门的努力下，农食产品类、机电仪器类的企业受益相对较多。

二、减损额分析

1. 行业分析：机电仪器类企业减损最多

图 3－38、表 3－53 显示了中国不同类别、不同规模、不同地区的出口企业，于 2017 年在进出口管理和地方政府部门的帮扶下减少的损失总额。从图 3－38、表 3－53 可以看出，2017 年中国出口企业因进出口管理和地方政府部门帮扶而减少的损失总额约为 881.4 亿元，减损总额占全年出口额 153 321 亿元的 0.6％。其中，机电仪器类企业减损额最大，达到 508.8 亿元，占减损总额的 57.7％；其次为化矿金属类企业，其减损额为 173.6 亿元，占减损总额的 19.7％；纺织鞋帽类企业的减损额居第三位，为

表 3 - 53　不同类别、不同规模、不同地区出口企业减损总额估算值

单位:万元

企业规模	企业类别	地区										
		北京	天津	河北	山西	内蒙古	辽宁	吉林	黑龙江	上海	江苏	浙江
		减损总额估算值										
大型企业	农食产品	0.0	380.0	6 063.5	0.0	80.0	1 140.0	5 700.0	962.0	0.0	0.0	21 200.0
	机电仪器	0.0	0.0	380.0	0.0	0.0	0.0	0.0	550.0	40 300.0	0.0	7 220.0
	化矿金属	0.0	0.0	233.0	0.0	5 800.0	166 290.5	30.0	0.0	24 365.0	0.0	0.0
	纺织鞋帽	0.0	0.0	8 700.0	0.0	0.0	0.0	0.0	0.0	0.0	4 836.0	0.0
	橡塑皮革	0.0	0.0	11 220.0	0.0	0.0	0.0	0.0	380.0	0.0	0.0	36 173.0
	玩具家具	440.0	0.0	0.0	0.0	0.0	0.0	0.0	2 695.0	0.0	0.0	3 571.4
	木材纸张非金属	0.0	0.0	0.0	150.0	0.0	0.0	15.5	0.0	0.0	0.0	0.0
大型企业合计		6 680.8	440.0	380.0	26 596.5	150.0	5 880.0	167 430.5	5 745.5	4 587.0	64 665.0	4 836.0
小型企业	农食产品	5 880.0	0.0	69 222.0	2 232.0	9 792.0	0.0	0.0	6 309.3	21 228.0	0.0	19 788.0
	机电仪器	0.0	0.0	325.4	0.0	0.0	27 010.0	0.0	0.0	17 906.0	1 141 530.0	1 529 424.0
	化矿金属	0.0	0.0	93 998.0	0.0	28 990.0	25 557.1	0.0	24 900.0	412 100.0	0.0	183 180.0
	纺织鞋帽	0.0	0.0	21 345.0	360.0	417.0	28 060.0	0.0	1 630.0	0.0	8 070.0	81 132.0
	橡塑皮革	0.0	0.0	3 447.0	0.0	0.0	0.0	0.0	0.0	0.0	0.0	52 933.0
	玩具家具	32 400.0	0.0	0.0	0.0	0.0	4 510.0	0.0	0.0	0.0	13 190.0	100 663.3
	木材纸张非金属	0.0	0.0	1 689.0	840.0	0.0	0.0	0.0	0.0	0.0	0.0	5 019.0
小型企业合计		367 886.7	38 280.0	0.0	190 026.4	3 432.0	39 199.0	85 137.1	0.0	32 839.3	451 234.0	1 162 790.0
总计		374 567.5	38 720.0	380.0	216 622.9	3 582.0	45 079.0	252 567.6	5 745.5	37 426.3	515 899.0	1 167 626.0

续表 3－53

企业规模	企业类别	地区									
		安徽	福建	江西	山东	河南	湖北	湖南	广东	广西	海南
		减损总额估算值									
大型企业	农食产品	5 488.0	1 390.0	13 000.0	27 093.2	3 000.0	33 183.7	4 603.5	0.0	8 740.0	0.0
	机电仪器	0.0	2 560.0	0.0	39 000.0	0.0	7 600.0	0.0	7 230.0	0.0	0.0
	化矿金属	0.0	0.0	0.0	9 700.0	0.0	0.0	0.0	101 060.0	0.0	0.0
	纺织鞋帽	1 690.0	0.0	86 100.0	69 700.0	1 395.0	0.0	74.0	53 167.0	0.0	450.0
	橡塑皮革	0.0	4 775.0	0.0	56 100.0	4 062.5	0.0	0.0	0.0	0.0	0.0
	家具玩具	0.0	0.0	0.0	0.0	0.0	0.0	1 155.0	50 350.0	0.0	0.0
	木材纸张非金属	7 500.0	0.0	0.0	24 877.5	0.0	0.0	36.0	17 420.0	123.2	0.0
大型企业合计		14 678.0	8 725.0	99 100.0	226 470.7	8 457.5	40 783.7	5 868.5	229 227.0	8 863.2	450.0
小型企业	农食产品	5 374.3	113 400.0	9 000.0	38 098.3	1 482.0	6 135.9	1 966.7	0.0	10 879.8	0.0
	机电仪器	21 780.0	15 680.0	0.0	71 250.0	7 030.0	107 156.0	0.0	2 016 650.0	0.0	0.0
	化矿金属	0.0	0.0	0.0	53 545.5	0.0	0.0	0.0	571 890.0	1 815.3	0.0
	纺织鞋帽	0.0	13 361.7	0.0	14 158.7	1 120.0	52 600.0	0.0	61 648.1	0.0	0.0
	橡塑皮革	0.0	0.0	3 660.0	0.0	0.0	602.0	0.0	92 781.0	0.0	0.0
	玩具家具	448.0	0.0	0.0	55 575.3	0.0	2 980.0	27 500.0	65 541.0	21 000.0	0.0
	木材纸张非金属	0.0	5 616.8	6 420.0	164 850.0	1 450.0	13 500.0	546.0	80 430.0	3 050.0	0.0
小型企业合计		27 602.3	148 058.5	19 080.0	397 477.7	11 082.0	182 973.9	30 012.7	2 888 940.1	36 745.2	0.0
总计		42 280.3	156 783.5	118 180.0	623 948.4	19 539.5	223 757.6	35 881.2	3 118 167.1	45 608.4	450.0

续表 3-53

企业规模	企业类别	地区										
		四川	重庆	贵州	云南	西藏	陕西	甘肃	青海	宁夏	新疆	合计
		减损总额估算值										
大型企业	农食产品	3 600.0	160.0	0.0	379.2	0.0	3 616.0	90.0	0.0	0.0	0.0	139 869.1
	机电仪器	220.0	0.0	0.0	0.0	0.0	0.0	0.0	0.0	0.0	0.0	105 060.0
	化矿金属	0.0	0.0	0.0	0.0	0.0	0.0	0.0	0.0	0.0	0.0	307 478.5
	纺织鞋帽	0.0	0.0	0.0	0.0	0.0	256.0	0.0	0.0	0.0	0.0	226 368.0
	橡塑皮革	450.0	0.0	0.0	0.0	0.0	0.0	0.0	0.0	0.0	0.0	113 160.5
	玩具家具	0.0	0.0	0.0	0.0	0.0	0.0	0.0	0.0	0.0	0.0	58 211.4
	木材纸张非金属	0.0	0.0	0.0	0.0	0.0	1 000.0	0.0	0.0	0.0	0.0	51 122.2
大型企业合计		4 270.0	160.0	0.0	379.2	0.0	4 872.0	90.0	0.0	0.0	0.0	1 001 269.6
小型企业	农食产品	3 285.0	1 944.0	2 016.0	4 954.6	0.0	5 109.0	0.0	0.0	2 040.0	0.0	340 136.9
	机电仪器	0.0	922.0	12 037.5	0.0	0.0	11 330.0	0.0	0.0	0.0	3 045.0	4 983 075.9
	化矿金属	7 312.5	11 000.0	0.0	0.0	0.0	14 052.5	0.0	0.0	0.0	0.0	1 428 341.0
	纺织鞋帽	5 300.0	0.0	1 850.0	0.0	0.0	0.0	0.0	0.0	0.0	0.0	291 052.5
	橡塑皮革	5 700.0	0.0	0.0	0.0	0.0	1 065.0	0.0	0.0	0.0	0.0	160 188.0
	玩具家具	2 620.0	0.0	0.0	0.0	0.0	0.0	0.0	0.0	0.0	0.0	326 427.6
	木材纸张非金属	0.0	0.0	0.0	368.0	0.0	0.0	0.0	0.0	0.0	0.0	283 778.8
小型企业合计		24 217.5	13 866.0	15 903.5	5 322.6	0.0	31 556.5	0.0	0.0	2 040.0	3 045.0	7 813 000.6
总计		28 487.5	14 026.0	15 903.5	5 701.8	0.0	36 428.5	90.0	0.0	2 040.0	3 045.0	8 814 270.3

51.7 亿元，占 5.9%；农食产品类企业的减损额为 48.0 亿元，占 5.4%，居第四位；玩具家具类企业的减损额为 38.5 亿元，占 4.4%；木材纸张非金属类企业减损额 33.5 亿元，占 3.8%；塑料皮革非金属类企业减损额最少，为 27.3 亿元，占减损总额的 3.1%。

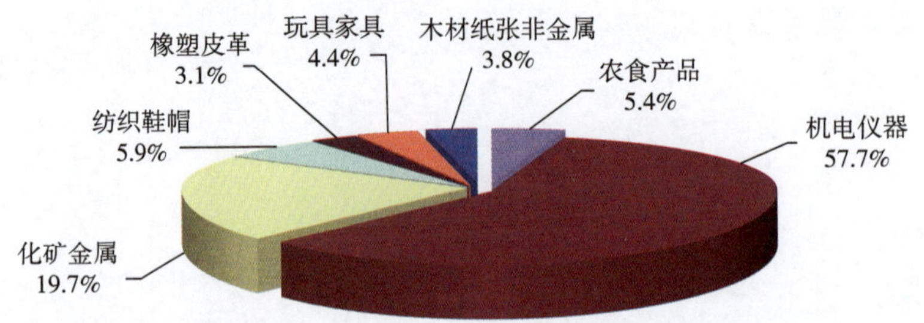

图 3-38　不同类别出口企业减损额占全部企业减损总额的比例

2. 企业规模分析：小型企业的减损额远高于大型企业

图 3-39 显示了不同类别、不同规模出口企业因进出口管理和地方政府部门帮扶所减少的损失情况。从总体看，2017 年我国小型出口企业的减损额为 781.3 亿元，远高于大型企业的 100.1 亿元。从不同类别出口企业的情况看，各个类别小型出口企业发生的减损额均高于大型出口企业，其中机电仪器类、玩具家具类、木材纸张非金属类小型出口企业减损额分别为该类大型出口企业的 47.4 倍、5.6 倍和 5.6 倍。另外还可以看出，机电仪器类小型出口企业减损额最高，在全国企业减损总额中所占比例达到 56.5%；其次为化矿金属类小型出口企业，该比例为 16.2%。

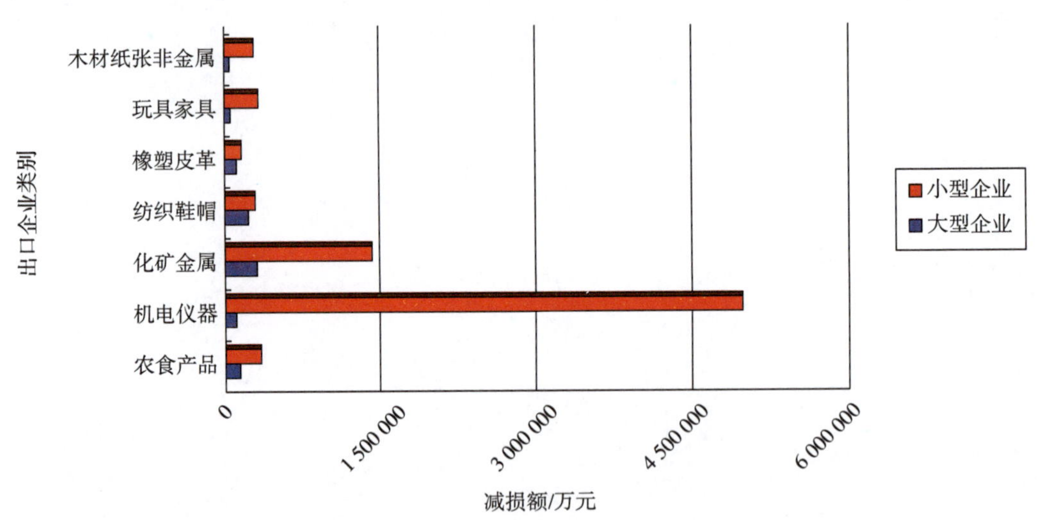

图 3-39　不同类别、不同规模出口企业的减损情况

3. 省份分析：粤、浙、苏三地减损力度最大

表 3-54 显示了不同地区出口企业减损额估算值及在减损总估算值中所占的比例。从表 3-54 中可以看出，中国各地区减损额的情况有很大的差异。广东、浙江、江苏减损额均超过 100 亿元，分别为 311.8 亿元、204.0 亿元和 116.8 亿元，占全国减损总额的 35.4%、23.1%和 13.2%，在全国各地区中居于前三位，三者之和约占全国减损总额的 71.7%。

表 3-54　2017 年不同地区出口企业减损额估算值　　单位：万元

地区	减损额			
	大型企业减损额	小型企业减损额	减损总额	在减损总额中所占比例/%
北京	440.0	38 280.0	38 720.0	0.4
天津	380.0	0.0	380.0	0.0
河北	26 596.5	190 026.4	216 622.9	2.5
山西	150.0	3 432.0	3 582.0	0.0
内蒙古	5 880.0	39 199.0	45 079.0	0.5
辽宁	167 430.5	85 137.1	252 567.6	2.9
吉林	5 745.5	0.0	5 745.5	0.1
黑龙江	4 587.0	32 839.3	37 426.3	0.4
上海	64 665.0	451 234.0	515 899.0	5.9
江苏	4 836.0	1 162 790.0	1 167 626.0	13.2
浙江	68 164.4	1 972 139.3	2 040 303.8	23.1
安徽	14 678.0	27 602.3	42 280.3	0.5
福建	8 725.0	148 058.5	156 783.5	1.8
江西	99 100.0	19 080.0	118 180.0	1.3
山东	226 470.7	397 477.7	623 948.4	7.1
河南	8 457.5	11 082.0	19 539.5	0.2
湖北	40 783.7	182 973.9	223 757.6	2.5
湖南	5 868.5	30 012.7	35 881.2	0.4
广东	229 227.0	2 888 940.1	3 118 167.1	35.4
广西	8 863.2	36 745.2	45 608.4	0.5
海南	450.0	0.0	450.0	0.0
四川	4 270.0	24 217.5	28 487.5	0.3
重庆	160.0	13 866.0	14 026.0	0.2
贵州	0.0	15 903.5	15 903.5	0.2
云南	379.2	5 322.6	5 701.8	0.1
西藏	0.0	0.0	0.0	0.0
陕西	4 872.0	31 556.5	36 428.5	0.4
甘肃	90.0	0.0	90.0	0.0
青海	0.0	0.0	0.0	0.0
宁夏	0.0	2 040.0	2 040.0	0.0
新疆	0.0	3 045.0	3 045.0	0.0
总计	1 001 269.6	7 813 000.6	8 814 270.3	100.0

三、减损率分析

减损率则是指出口企业因进出口管理和地方政府部门帮扶而减少的损失与企业出口额的比率。

1. 行业分析：塑料皮革类企业减损率最高

表 3 - 55 和图 3 - 40 显示了中国不同类别出口企业得益于进出口管理和地方政府部门帮扶而取到的减损率。从表 3 - 55 中可以看出，2017 年中国出口企业因进出口管理和地方政府部门帮扶而取得的减损率为 0.6%，在不同类别的出口企业中，除玩具家具类、纺织鞋帽类出口企业外，其他类别企业该比率均高于平均水平。其中，塑料皮革类出口企业该比率最高，为 1.9%；其次为农产产品类出口企业，为 1.0%。

表 3 - 55　不同类别出口企业减损率

企业类别	出口额/万元	减损额/万元	减损率/%
农食产品	49 608 819	480 006.0	1.0
机电仪器	806 232 048	5 088 135.9	0.6
化矿金属	233 253 901	1 735 819.5	0.7
纺织鞋帽	215 850 934	517 420.4	0.2
橡塑皮革	14 717 634	273 348.5	1.9
玩具家具	162 497 574	384 639.0	0.2
木材纸张非金属	51 044 867	334 901.0	0.7
合计	1 533 205 774	8 814 270.3	0.6

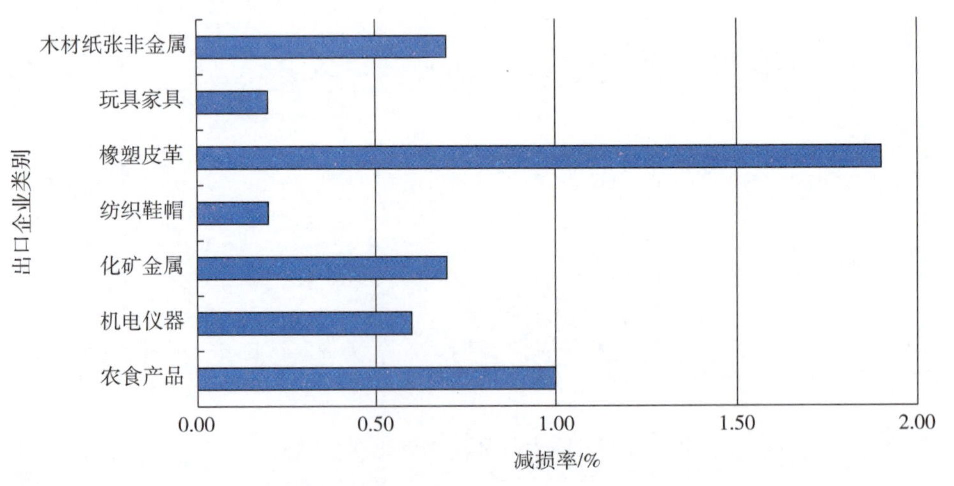

图 3 - 40　不同类别出口企业减损率

2. 省份分析：蒙、鄂、黑三省企业减损率最高

从表 3 - 56 可以看出中国不同地区出口企业的减损率情况，其中，内蒙古、湖北、黑龙江、浙江、河北、辽宁以及广东 6 省区的出口企业，减损率要高于 0.6%的全国平均水平。尤其是内蒙古、湖北以及黑龙江的出口企业，在进出口管理和地方政府部门出台的各种政策措施的帮扶下，减损率分别达到 1.3%、1.1%和 1.1%。

表 3－56　不同地区出口企业减损率　　单位：万元

地区	出口额	减损额	减损率/%
北京	39 624 999	38 720.00	0.1
天津	29 522 902	380	0.0
河北	21 261 511	216 622.90	1.0
山西	6 903 055	3 582.00	0.1
内蒙古	3 347 680	45 079.00	1.3
辽宁	30 434 844	252 567.60	0.8
吉林	2 999 242	5 745.50	0.2
黑龙江	3 481 564	37 426.30	1.1
上海	131 203 123	515 899.00	0.4
江苏	246 071 632	1 167 626.00	0.5
浙江	194 459 468	2 040 303.80	1.0
安徽	20 651 673	42 280.30	0.2
福建	71 140 861	156 783.50	0.2
江西	22 225 647	118 180.00	0.5
山东	99 654 000	623 948.40	0.6
河南	31 717 910	19 539.50	0.1
湖北	20 641 224	223 757.60	1.1
湖南	15 657 946	35 881.20	0.2
广东	421 868 061	3 118 167.10	0.7
广西	18 552 015	45 608.40	0.2
海南	2 956 618	450	0.0
四川	25 385 157	28 487.50	0.1
重庆	28 837 099	14 026.00	0.0
贵州	3 912 732	15 903.50	0.4
云南	7 792 607	5 701.80	0.1
西藏	295 037	0	0.0
陕西	16 600 479	36 428.50	0.2
甘肃	1 237 528	90	0.0
青海	287 499	0	0.0
宁夏	2 477 360	2 040.00	0.1
新疆	12 004 302	3 045.00	0.0
总计	1 533 205 774	8 814 270.30	0.6

第四章　应对国外技术性贸易措施情况

第一节　对国外重点 TBT 措施的评议

一、概况

2017 年中国跟踪其他 WTO 成员 TBT 通报措施并对其中 391 件进行了评议，最终向国外 80 件 TBT 通报发出书面评议意见。中国关注的范围主要集中在与中国贸易关系密切的成员所发布的技术性贸易措施。这 80 件通报中涉及到 21 个 WTO 成员，排在前三位的分别是美国、韩国和欧盟。评议涉及机电能效、玩具、食品、化学品和车辆等重点领域。

中国所发出的书面评议意见，共收到包括美国等 5 个国家和地区对中方提出的 6 份通报评议意见做出回复，共采纳了 3 条，并对另外 12 条做出说明解释。中国提出的评议意见和其他成员的答复，对于促进相关专业领域的技术交流和改进业内的技术路线，以及指导如何保护中国相关行业的发展，都具有一定的借鉴作用。

对国外 TBT 通报的评议工作，时效性强、专业覆盖面广，需要集中并调动社会各方面的力量和积极性，共同参与研究。关注国外的通报法规，是关系到我国能否切实享受 WTO/TBT 协定所赋予权利的关键。除组织原质检系统的评议专家参与评议活动外，国家 WTO/TBT 通报咨询中心与相关政府部门、科研院所和行业协会建立了良好的联系和沟通机制。商务部、国家发改委、工业和信息化部、农业农村部、卫健委、生态环境部、交通运输部、中国铁路总公司、国家认监委、国家标准委等都对 TBT 评议工作给予了大力支持和配合，并积极参与了对外评议工作。中国轻工业联合会、中国纺织工业协会、中国石油和化学工业联合会、中国机电产品进出口商会、中国灯具协会、杭州市婴童协会等专业协会商会，以及高等院校、科研院所、众多出口企业也都积极参与了 TBT 通报评议，为中国的对外评议工作做出了贡献。

二、重点评议

（一）对欧盟平板电脑的评议

2016 年底，欧盟发布了 G/TBT/N/EU/433 号通报，执行欧洲议会和理事会关于电子显示器生态设计要求的指令 2009/125/EC，撤销关于电视机生态设计要求的法规（EC）No. 642/2009，修订关于家用和办公用电气电器设备待机与关机模式电能耗生态设计要求的法规（EC）No. 1275/2008 及关于计算机与计算机服务器生态设计要求的法规（EU）No. 617/2013。

中方对欧盟方便提出了 14 点意见，建议欧盟重新考虑该通报法规草案中涵盖的产品范围，并对数字显示屏的定义范围予以澄清、以及待机模式的定义沿用（EC）No. 1275/2008 中待机模式的定义、并对其中的部分计算公式提出探讨，还包括一些执行时间和具体技术细节的质疑。

（二）对加拿大玩具法规的评议

2016 年 12 月，加拿大发布 G/TBT/N/CAN/509 号通报，内容为依照加拿大消费品安全法（CCPSA）修订玩具法规，澄清现行要求，更新测试方法并删除多余或过时的要求。

中方认为加方应适当地推迟法规生效日期，给包括中国在内的发展中国家有效执行该法规留出合理的时间，并建议对该法规草案生效给予不少于 6 个月的过渡期。

（三）对加拿大玩具法规的评议

2017 年 1 月，加拿大发布了 G/TBT/N/CAN/511 号通报，对含铅（接触嘴部）消费产品规定了总铅 90mg/kg 的限制。

中方建议加方采用国际通行的限量要求，特别是针对儿童服装和配件的铅限量要求，适当放宽至 500ppm；并建议加方能根据实际情况，考虑列入相应的豁免清单，并予以明确和说明；此外还希望加方明确相关的测试方法，以及对获得中国合格评定国家认可委员会（CNAS）认可的实验室出具的检测数据和结果予以认可。

（四）对欧盟化妆品系列法规的评议

2017 年初，欧盟发布了一系列化妆品通报 G/TBT/EU/436、G/TBT/EU/438、G/TBT/EU/446、G/TBT/EU/458，内容为禁止 3 种香料过敏原；修订关于化妆品的欧洲议会和理事会法规（EC）No. 1223/2009 附录Ⅳ；修订关于化妆品的欧洲议会和理事会法规（EC）No. 1223/2009 附录Ⅳ和修订关于化妆品的欧洲议会和理事会法规（EC）No. 1223/2009 附录Ⅲ等。

中方的意见包括：（1）建议欧盟进一步提供羟异己基 3-环己烯基甲醛（HICC）、苔黑醛和氯化苔黑醛对人体造成过敏的相关数据或风险评估报告；（2）明确“氧化锌的不能被使用者的肺部吸入”的具体限制方法和定量测试方法；（3）进一步提供纳米形式亚甲基双一苯并三唑基四甲基丁基酚作为紫外吸收剂对人体产生危害最大限制的风险评估报告；（4）进一步提供花生油及其提取物和衍生物的花生蛋白、水解小麦蛋白质对人体造成过敏的相关数据或风险评估报告等。

（五）对智利燃气热水器法规的评议

2017 年 1 月，智利发布了 G/TBT/N/CHL/387 号通报，内容为即热式家用燃气热水器能效标签设计技术规范。规范包括适用的范围和领域、能效等级、标签设计和标签的位置。

中方意见包括：（1）将家用快速燃气热水器能效技术法规的适用范围限定在热负荷 70kW 以下的产品；（2）对热水器进行能效测试的抽样量给予明确；（3）对有关法规的表述进行修改。

（六）对巴拿马能效法规的评议

2017 年 2 月，巴拿马发布了 G/TBT/N/PAN/91 号通报，规定了中央空调、一体式空调和分体式空调最低能效水平和标签要求，旨在防止误导行为。

中方意见包括：（1）预留充足的通报评议时间；（2）法规部分内容前后内容不一致，请予以澄清。

（七）对海湾经合组织能效法规的评议

2017 年 2 月，海湾组织发布了 G/TBT/N/QAT/464，内容规定了家用和类似用途电动洗衣机的性能和能源标签要求，以便其可以粘贴有效的能效标签。

中方意见包括：（1）在引用 IEC 标准上存在的差异性问题，建议采用原标准中内容；（2）建议对仅有单洗衣功能的洗衣机的能效要求给予豁免。如无法豁免，则在测算此类洗衣机的平均脱水率 WEI-av 时指定一个值作为评价能效指数 EER 的一个参数。

（八）对海湾组织冷藏设备法规的评议

2017 年 2 月，海湾组织发布了 G/TBT/N/QAT/465，规定了家用冰箱、冰箱一冷柜和冷柜的能源性能、容量和标签要求。

中方意见主要针对法规中提出的要求在高温环境（43.0±1）℃下和 32℃环境温度下产品的间室温度之差的范围不超过±2.0℃这部分要求提出质疑，建议其取消。

（九）对美国泵类法规的评议

2017 年 3 月，美国发布了 G/TBT/N/USA/1263 号通报，修订能源政策与节约法案 1975（EP-CA）宣布了改善能效的各种规定。标题 III 第 C 部分规定了“某些工业设备能源节约计划”。

该通报法规中自吸式的泳池泵最小允许的 WEF 值为 5.55 时，hhp 值的范围定义前后不一致，中方建议美方予以澄清。

（十）对巴西 LED 灯具法规的评议

2017 年 4 月，巴西发布了 G/TBT/N/BRA/709 号通报，内容为 INMETRO 法令 N°86一具有集成底座装置的 LED 灯合格评定程序。

中方意见包括：（1）请巴方对有关试验报告转化的流程予以明确，并建议为避免重复测试而允许述认证报告转化的情况；（2）合格认证流程测试方法中的有关规定，有可能在正常实验时间内不满足法令 8 个月时间要求的问题。建议巴方考虑调整并延长 8 个月限期的要求。

（十一）对印尼机电设备法规的评议

2017 年 4 月，印尼发布了 G/TBT/N/IDN/114 和 G/TBT/N/IDN/115 号通报，内容为能源与矿产资源部法令草案，关于执行电机设备最低能源性能标准及包括节能标签和能源与矿产资源部法令草案 No. 07/2015，关于执行冰箱设备最低能源性能标准及包括节能标签。

中方意见包括：（1）对电动机的定义范围予以明确以便导致不必要的混乱；（2）对节能标识、节能证书、证书有效期、企业使用程序等予以明确；（3）引用的国际标准是空调标准，与所列产品不匹配。

（十二）对沙特插头插座法规的评议

2017 年 4 月，沙特发布了 G/TBT/N/SAU/975 号通报，内容为技术法规 No. SASO 2203：2015（SASO）更新草案/家庭及类似一般用途插头和插座。

中方意见包括：（1）建议沙特方面在 5.1.1 条款后增加相应说明；（2）建议沙特方面修改 4.4.4.1 条款为：如果插座配有开关，应为单极断开相线开关或双极开关。

（十三）对加拿大儿童用品法规的评议

2017 年 5 月，加拿大发布了 G/TBT/N/CAN/524 号通报，撤销并代替现行加拿大消费品安全法

(CCPSA）的婴儿围栏法规。婴儿围栏法规提案包括一些主要修订，处理涉及婴儿围栏相关危害。修订包括附加性能要求和测试方法，以处理婴儿围栏上横梁无意折叠或倒塌，并提出了围栏配件性能要求和测试方法，包括用于无人监护的婴儿睡眠配件。

中方对其法规严格程度的必要性、等同采用现有国际标准和过渡期等三方面内容提出意见。

（十四）对美国儿童用品法规的评议

2017年4月，美国发布了G/TBT/N/1026/A1、G/TBT/N/1285、G/TBT/N/1293号通报，根据消费品安全改善法2008（CPSIA）第104条，要求美国消费品安全委员会（委员会或CPSC）颁布关于不同耐用婴幼儿产品的消费品安全标准。

中方意见包括：（1）对其评估报告中的案例数据提出质疑，热舞内应该加强监护人责任；（2）ASTMF2670—2017 7.5条款中，测试前水位高度需比座位高度高2inch（1inch＝2.54cm），该水位高度会直接影响测试结果，建议提供相应的理论依据；（3）进一步明确法规中的相关定义；（4）建议明确适用安全座椅的成人椅安全标准，否则无法满足CPSC认可的第三方合格评定机构的评定；（5）建议将法规的过渡期由6个月延长至1年，以便为相关企业预留充裕的时间准备相关材料。

（十五）对加拿大车辆法规的评议

2017年3月，加拿大发布了G/TBT/N/CAN/520号通报，内容为修订重型车辆与发动机温室气体排放法规及根据加拿大环境保护法案1999制定的其他法规的提案。

中方希望其就透明度问题予以关注，建议保留法规制定和实施必要的过渡时间。

（十六）对欧盟车辆法规的评议

2017年4月，欧盟发布了G/TBT/N/EU/480号通报，补充了欧盟法规（EU）No 582/2011规定的关于排放和车辆维修与维护信息的机动车辆和发动机型式核准法律框架，通过规定测定新车辆二氧化碳排放和燃料消耗的模拟工具的运行许可颁发规则和模拟工具的运行规则及测定的排放和消耗的声明规则。

中方建议在进行欧盟认证时，提供模拟计算工具或等效于欧盟模拟计算工具的实测驾驶工况进行燃料消耗量的检测试验。

（十七）对韩国车辆法规的评议

2017年4月，韩国发布了G/TBT/N/KOR/718号通报，内容为额外颁布和修订铁路车辆技术法规的制造商批准技术规范。

中方意见包括：（1）国际质量标准ISO 9001已是被国际社会广泛接受的质量标准体系，IRIS（国际铁路行业标准）是国际质量标准ISO 9001的拓展，请韩方说明设置质量管理体系的适用性；（2）全部车辆分系统经过UIC（国铁铁路联盟）、AAR（美国）、EN（欧洲）或TB（中国）等相关国际通行标准的认证，请韩方说明相关标准认证是否适用，或者其他等效方式。

（十八）对新加坡车辆法规的评议

2017年5月，新加坡发布了G/TBT/N/SGP/33号通报，内容为国家环境署（NEA）提出对新的汽油和柴油车辆执行欧VI排放标准，通过纳入环境保护与管理（车辆排放）法规立法。

中方希望其就透明度问题予以关注，建议保留法规制定和实施必要的过渡时间。

（十九）对美国机动车法规的评议

2017年5月，美国发布了G/TBT/N/USA/1297、G/TBT/N/USA/1197A1和G/TBT/N/USA/1198A1号通报，内容为根据“清洁空气法”（CAA）的规定，为减少温室气体，批准减少挥发性有机化合物（VOC）和氮氧化物（NOX）排放的修订法规，由此制定不同机动车辆的排放标准。

中方建议美方明确几项法规中的相关定义范围，并给予法规制定和实施必要的过渡时间。

（二十）对美国电视机法规的评议

2017年5月，美国发布了G/TBT/N/USA/1300号通报，内容关于电视接收机显示的可视图片尺寸的欺骗性广告相关贸易条例法规。

中方意见包括：（1）对法规草案中电视机屏幕尺寸新测量方法提出质疑；（2）对于凹曲面显示屏幕，应在形成凹曲面之前的单平面基准上进行测量；（3）建议在标注以英寸为单位的尺寸同时，还应标注以厘米为单位的尺寸。

（二十一）对沙特插头插座法规的评议

2017年5月，沙特发布了G/TBT/N/SAU/975号通报，内容为技术法规No.SASO 2203：2015（SASO）更新草案/家庭及类似一般用途插头和插座。

中方意见包括：（1）对是否包含绝缘保护门打开装置予以明确说明；（2）建议沙特方面修改4.4.4.1条款为：如果插座配有开关，应为单极断开相线开关或双极开关。

（二十二）对新西兰空调法规的评议

2017年5月，新西兰发布了G/TBT/N/NZL/78号通报，内容为修订现行空调法律，公布采用国际标准的相应能效标签和测试方法。

中方意见包括：（1）其标准强制性后应予以正式公布；（2）保留相应过渡期。

（二十三）对美国消费品法规的评议

2017年5月，美国发布了G/TBT/N/USA/1294号通报，内容修订法规，为11种新消费品确立挥发性有机化合物新标准，并加强15种现有消费品的挥发性有机化合物标准。

中方意见包括：（1）建议美方充分利用国际现有标准进行VOC方法测试；（2）建议明确规定实验机构的资质，对于美国境外符合相关标准的实验机构所出具的数据予以承认；（3）建议列出VOC的名录清单。

（二十四）对美国运输包装法规的评议

2017年5月，美国发布了G/TBT/N/USA/1187A1号通报，内容管道与危险品安全管理局（PHMSA）现颁布修订危险材料法规（HMR）的最终法规，通过编入各类修订与国际法规和标准保持一致，包括修订正确的货运名称、危险等级、包装类别、特殊规定、包装授权、空运数量限制、船运装载要求

中方意见包括：（1）建议删除特殊规定182条款；（2）对分解温度予以明确；（3）对SAPT与SADT的概念予以澄清；（4）建议美方对于执行该条款提供1年～2年的过渡期。

（二十五）对韩国化学品法规的评议

2017 年 5 月，韩国发布了 G/TBT/N/KOR/719 号通报，内容化学物质注册和评估法执行规则修订版化学物质注册和评估法执行法令修订版。

中方意见包括：(1) 建议韩方通过提高审核能力、简化批准程序或提高审查效率等方式；(2) 建议韩方对于外国政府、国际组织等的范围予以明确；(3) 建议韩方可参考其他国家的管理措施，但应对这些管理措施的支撑分析材料进行分析，并考虑到本地区的具体情况。

（二十六）对智利食品法规的评议

2017 年 5 月，智利发布了 G/TBT/N/CHL/407 号通报，内容为关于修订卫生部第 977/96 号最高法令第 518 条食品卫生法规。

中方建议智利政府采纳目前 CODEX 对“不含麸质”标签阈值的设置，即 20×10^{-6}。

（二十七）对韩国食品标法规的评议

2017 年 4 月，韩国发布了 G/TBT/N/KOR/714 号通报，内容为“食品和药品测试实验室评估法规”修订提案。

中方意见包括：(1) 请韩方详细给出本次法案修改所涉及的风险分析报告及支持材料；(2) 请进一步明确“并已进行相关培训进修”的具体要求；(3) 请进一步明确实现“获得指定”的途径，以及当多于一家检测机构符合该要求，如何指定的具体措施；(4) 建议提供何种证明材料证明“利用认证标准物质或者标准物质的评价结果”。

（二十八）对巴西化妆品的评议

2017 年 5 月，巴西发布了 G/TBT/N/BRA/711 和 G/TBT/N/BRA/713 号通报，内容为技术决议草案 n. 323 和技术决议草案 n. 325，制定了通过改变化学结构修改发型的化妆品许可活性成分清单及使用要求。

中方意见包括：(1) 建议巴西采用国际标准中的有关方法来进行管理；(2) 对 BRA/711 号通报法规第七条中的证明要求予以明确；(3) 对半胱胺盐酸，半胱氨酸盐酸，角蛋白乙醛酸氨基酸+羧甲司坦乙醛酸，乙醛酸水解小麦蛋白/丝胶蛋白和乙醛酸的允许使用的最大浓度和/或 pH 值进行了相应的规定，建议巴西政府对该项条款的来源及依据提供进一步说明；(4) 建议巴西政府对化妆品中使用邻苯三酚的安全性提供进一步说明。

（二十九）对韩国化妆品法规的评议

2017 年 4 月～5 月，韩国发布了 G/TBT/N/KOR/711、G/TBT/N/KOR/712、G/TBT/N/KOR/716 号通报，内容分别为“功能性化妆品检验法规”修订提案、“化妆品安全标准法规”修订提案和“关于批准化妆品标签和广告认证保证机构可靠性法规”的法律提案。

中方意见包括：(1) 关于过氧化氢限量的规定不符合 WTO 的国民待遇原则；(2) 对脱毛剂限量部分 90%～110%的具体含义，建议请韩方做进一步的说明；(3) 请韩方提供新法规中化妆品原料标准的评估资料；(4) 进一步明确“可以确认信赖性机构”的评判标准；(5) 进一步明确“同等或高于国内标准”的具体判定规则；(6) 进一步明确要提交的材料的具体清单以及提交材料的具体要求等具可操作性的规定；(7) 进一步明确信赖性认证具体操作程序及其时限要求，如对申请材料初审时间、补正材料后的审核时间等应做出具体规定。

（三十）对乌干达化妆品法规的评议

2017年6月，乌干达发布了G/TBT/N/UGA/691号通报，规定了发胶要求、抽样和测试方法。本工作草案适用于通过气溶胶或非气溶胶系统生产的水基发胶和油基发胶。本标准草案不适用于具有治疗声明的药用产品。此类产品应在卫生部进行注册。

中方建议乌方提供需氧嗜温细菌和白色念珠菌作为《发胶（化妆品）标准》草案中微生物指标的相关数据支撑和风险评估报告。

（三十一）对美国压缩机法规的评议

2017年6月，美国发布了G/TBT/N/USA/1122A4和G/TBT/N/USA/1132号通报，内容为规定了某些品种的压缩机的定义、参考资料、采样计划、陈述要求、执行规定和测试程序。

中方意见包括：(1) 建议美方在检测结果出现争议时采用行业内通用方法——ASME喷嘴法进行容积流量测试；(2) 建议美方保留使用机组比功率法描述空压机能效；(3) 建议美方研究使用等温效率考核空压机能效的可行性；(4) 建议美方将空压机润滑分类修改为“有油润滑”与“无油润滑”；(5) 建议美方暂不将水润滑回转式空压机列入本次法规适用范围；(6) 请美方对实际容积流量范围划分分界点对应的系数给予明确；(7) 建议对有关公式和单位制予以明确。

（三十二）对菲律宾认证认可法规的评议

2017年7月，菲律宾发布了G/TBT/N/PHL/190A1号通报，内容为依照菲律宾产品标准局（BPS）技术法规对所有本地生产/组装或进口产品规定了产品安全认证计划的规则和规定。

中方意见包括：(1) 对进口产品的批认证处理程序要求以及批认证的规定不符合WTO的国民待遇原则；(2) 请菲律宾政府提供将履约保证金大幅度提高的合理原因。我方建议履约保证金的金额与原法规保持不变；(3) 希望菲方降低技术文档保存年限的要求，建议保存年限为5年。

（三十三）对加拿大无线电法规的评议

2017年7月，加拿大发布了G/TBT/N/CAN/532号通报，内容为认证无线设备合格评定程序修订提案。

中方意见包括：(1) 建议将咨询意见的第9条中拟定的六个月过渡期延长至一年有效期；(2) 通报的第9条，细化过渡期相关内容，新增测试报告有效过渡期相关规定；(3) 建议ISED尽快授权指定相关认可机构（AB）对中国内地实验室进行资质审核。

（三十四）对法国无人机法规的评议

2017年9月，法国发布了G/TBT/N/FRA/174、G/TBT/N/FRA/176、G/TBT/N/FRA/177、G/TBT/N/FRA/178、G/TBT/N/FRA/179号通报，对无人机的重量限制、安全技术要求、飞行高度、声音警告、能力限制等做出一系列新规定。

中方针对这五项通报提交了16条评议意见，重点从WTO国民待遇问题、定义适用范围、认证注册流程、国际标准等同采用、具体安全技术要求等方面提出问题和建议。

（三十五）对巴西机电产品法规的评议

2017年10月，巴西发布了G/TBT/N/BRA/750、G/TBT/N/BRA/751、G/TBT/N/BRA/752号

通报，提出了空调机、变频器和冰箱产品的具体规定和目标计划，根据相关技术指标制定在国内生产销售的机械与电器的能耗最高水平和能效；

中方意见包括：(1) 增加最低能效水平具体实施的间隔时间；(2) 不将整体式空调列入本法规草案；(3) 将"批发商和零售商的销售期限"和"生产和进口的期限"的期限间隔增加到两年以上；(4) 建议巴方能引用现行有效的国际标准对产品重新进行分类，并重新起草 BRA752 技术法规。

(三十六) 对欧盟儿童产品法规的评议

2017 年 9 月，欧盟发布了 G/TBT/N/EU/504 号通报，为适应科技进步修订欧洲议会和理事会玩具安全指令 2009/48/EC 关于六价铬的附录 II 第 III 部分第 13 项。

中方建议欧方只对玩具产品中某些高危物料或者有可能产生危害的物料进行六价铬迁移限值的检测。

(三十七) 对美国玩具法规的评议

2017 年 10 月，美国发布 G/TBT/N/USA/947A2 和 G/TBT/N/USA/1186A1 号通报，禁止儿童玩具和儿童保育品包含浓度超过 0.1% 的邻苯二甲酸二异壬酯 (DINP)、邻苯二甲酸二异丁酯 (DIBP)、邻苯二甲酸二正戊酯 (DPENP)、邻苯二甲酸二正己酯 (DHEXP) 和邻苯二甲酸二环己酯 (DCHP)。消费品安全改善法 2008 (CPSIA) 第 108 条对含有特定邻苯二甲酸盐的某些消费品规定了永久性和临时销售禁令。

中方意见包括：(1) 请美方说明对低接触类产品中邻苯二甲酸盐进行限制的必要性；(2) 请美方考虑修改该法案的产品范围，与其他成员的要求协调一致；(3) 请美方考虑修改该法案的产品范围，与其他成员的要求协调一致。

(三十八) 对韩国食品法规的评议

2017 年 10 月，韩国发布了 G/TBT/N/KOR/732 号通报，内容为"食品标签标准"修订提案。

中方意见包括：(1) 标识大豆含量信息及食品成分名称及其含量信息可能涉及知识产权问题，有违 TBT 协定相关规定的精神，请韩方对此做出调整，建议按照国际通行的做法，按成分多少顺序排列，以保护企业知识产权；(2) 若韩方认为标识销售商商标易使消费者产生误解或混淆，请韩方提供相关评估报告，否则建议韩方取消此要求。

(三十九) 对海湾组织水产品法规的评议

2017 年 11 月，海湾七国相继发布了各三项共 21 项通报，对冷冻水产品做出相应规定。

中方意见包括：(1) 建议对水产品的一些定义予以明确；(2) 针对不同水产品采用不同程度的限量而非一个标准请予以具体说明；(3) 对于国际标准中并未要求的新要求和限量，请提供相应的评估报告。

(四十) 对南非水产品法规的评议

2017 年 11 月，南非发布了 G/TBT/N/ZAF/221 和 G/TBT/N/ZAF/222 号通报，内容为修订的国家强制规范管理局法案 2008 (法案 No. 5/2008) 管制的进口鱼和业渔产品及罐装肉类产品行政监管要求。

中方意见包括：(1) 建议对 DAFF 所要求的必要的许可证名称予以具体明确和规定；(2) 建议贵

方对定期审计方式、流程、内容等予以明确规定；（3）对部分强制规范，建议在条款中予以明确。

第二节　对国外重点SPS措施的评议

一、概况

2017年中国跟踪其他WTO成员SPS通报措施并对其中195件进行了评议，最终向118件国外SPS通报发出书面评议意见。中国关注的范围主要集中在与中国贸易关系密切的成员所发布的技术性贸易措施。这118件通报中涉及到20个WTO成员，包括澳大利亚、巴西、加拿大、印度、日本、韩国、西兰、挪威、俄罗斯、南非等。评议涉及领域的重点是水产品检疫要求、农残限量、植物检疫要求、食品添加剂标准与规范、进口食品检验法规、污染物限量、植物种苗进口要求等。

中国所发出的书面评议意见，共收到澳大利亚、加拿大、欧盟、日本、韩国等9个国家和地区对中国提出的45件通报评议意见作出的回复，部分采纳并做出相应的说明解释。中国提出的评议意见和其他成员的答复，对于中国了解国外相关产业技术性贸易措施动态，关注并应对国外重点技术性贸易措施，促进相关专业领域的技术交流和改进业内的技术路线，以及指导如何保护中国相关行业的发展，都具有一定的借鉴作用。

二、重点评议

（一）对澳大利亚《2017年生物安全（暂停商品—生虾）决定》相关通报的评议

2017年1月，澳大利亚发布了G/SPS/N/AUS/412号通报。该通报的主要内容为：澳大利亚农业与水资源部生物安全局暂停了除新喀里多尼亚外的所有国家生虾进口，为期6个月。2017年2月13日，澳大利亚农业与水资源部经审议评估，决定在WTO相关通报追加部分修改内容，将低风险虾产品予以豁免，恢复进口资格。2月27日，澳大利亚向WTO通报了最新豁免条款，对部分产品恢复进口。4月3日，澳大利亚公布了第三次修改案，决定豁免澳大利亚出口所有其他国家用于加工再出口澳大利亚的野生捕捞虾。4月20日，澳大利亚公布了第四次修改案，决定豁免澳大利亚出口所有其他国家用于加工再出口澳大利亚的野生捕捞虾。澳大利亚第四次修改案是对第三次修改案的补充。5月18日澳大利亚公布了第五次修改案，修正案重申了前四次修正案的内容，同时决定豁免供人食用腌制生虾及生虾肉。5月31日，澳大利亚公布了第六次修改案，修正案重申了前五次修正案的内容，并强调食用生腌虾及生腌虾肉贸易进口商须持有澳大利亚有效进口许可证书。6月19日，澳大利亚再次发布补遗通报，对生虾（摘除虾头和虾皮的未煮过的虾）、腌虾及澳大利亚海外加工虾设置进口条件。

对于G/SPS/N/AUS/412和412/Add.1，中方提出的评议意见主要包括：（1）根据OIE《水生动物法典》（2016）第9.7.11条款规定，从白斑综合征疫区进口去头去壳的虾肉，进口国主管部门不得提出任何与之相关的要求，如若采取相应风险防控措施，首先要对这些产品的安全性进行评估。澳大利亚在通报中提出进口生虾呈现出不可接受的生物安全风险程度，超出了其国家的适当保护水平。但到目前为止，澳大利亚政府并没有找到其国内暴发对虾白斑综合征疫情与进口生虾有关的直接证据，也没有提供开展相关风险评估的材料。澳大利亚在未提供相关风险评估和充分科学证据的情况下，随意采取比国际现有标准（OIE标准）更严格的疫病防控措施，没有充分考虑将对贸易的消极影响减少到最低程度，违反了《WTO/SPS协定》第2.2、2.3、3.3和第5条的有关规定。（2）G/SPS/N/

AUS/412/ADD.1 中豁免产品："如澳大利亚捕捞虾向另一国家出口加工，则不在豁免之列。"中方认为原料来源于澳大利亚，加工复出口到澳大利亚的生虾产品，在企业卫生标准操作规范（SSOP）有效运行和中国官方机构有效监管下，在生产加工、仓储和运输过程中带入 WSSV 的风险极低。建议将澳大利亚捕捞虾向中国出口加工后输入澳大利亚的生虾产品列入豁免名单。（3）G/SPS/N/AUS/412 通报第 7.（2）条："为了避免歧义，生虾和生虾肉包括经过腌制的人类食用的生虾和虾肉"。经过腌制的虾制品生物安全风险较低，一般不会被用作饵料，不会使澳大利亚水系的养殖类虾出现被感染的风险，建议经过腌制的人类食用的生虾和虾肉不列入暂停商品范围。（4）G/SPS/N/AUS/412 通报第 5.（g）条："澳大利亚从很多国家进口生虾，目前只有新喀里多尼亚产的生虾没有检出 WSSV，因此不在限制范围内"。中国官方在原料控制、生产加工、仓储和运输等环节建立了完善的疫病疫情防控及监测体系。一直以来，我国对出口澳大利亚的各批次生虾均进行严格的检疫，确保不带有白斑综合征病原。澳大利亚以未煮熟的进口生虾风险水平不可接受为由，对我国生虾及其制品采取暂停进口措施，但允许新喀里多尼亚的生虾进口，不符合 WTO/SPS 的非歧视原则，建议将中国从限制国家范围取消。

对于 G/SPS/N/AUS/412/Add.2 和 412/Add.3，中方提出的评议意见主要包括：（1）G/SPS/N/AUS/412/ADD.3 通报澳方正在修订促进进口生虾（已豁免产品）贸易恢复的临时进口条件，只有执行了临时进口条件才能恢复进口生虾的贸易。中方认为澳方经过审议评估，修改了许多视为具有带入澳大利亚虾病低风险的虾与虾产品的豁免决定，恢复这类产品进口的能力，就等同于允许此类产品进入澳大利亚，澳方不应该再设置临时进口条件。（2）G/SPS/N/AUS/412 通报暂停进口虾产品的目录中："ii. 湿腌料腌制的供人食用虾；iii. 干腌料腌制的供人食用虾；iv. 腌制或用烤肉棒串成的供人食用虾"的虾制品生物安全风险较低，一般不会被用作饵料，不会使澳大利亚水系的养殖类虾出现被感染的风险，再次建议经过腌制或用烤肉棒串成的供人类食用的生虾和虾肉不列入暂停商品范围。（3）《水生动物卫生法典》（2016）5.4.2 条款指出：对于国际贸易的水生动物或水生动物产品，符合以下标准则可评估为安全：（1）水生动物或水生动物产品为零售贸易预制和包装，供人类消费；和（2）只包含消费者生成的少量生废弃组织；或者（3）病原体通常不会在消费者生成的废弃组织中发现。已包装冷冻除壳生虾制品，如：生虾仁、生凤尾虾等为零售贸易预制，供人类消费；且不存在进口商再次加工产生废弃物，消费者也不产生生的废弃组织，鉴于此，已包装冷冻除壳生虾制品符合 OIE 安全标准，建议将符合 OIE 安全标准的产品纳入豁免范畴。

对于 G/SPS/N/AUS/412/Add.4、412/Add.5、412/Add.6，中方提出的评议意见主要包括：（1）水生动物 OIE 法典 5.4 章评估水生动物商品的安全性标准中 5.4.1 标准："2）即使在水生动物及水生动物产品来源的组织里存在病原，但在水生动物或水生动物产品生产加工过程中通过下列方式已将其灭活：a）物理方法（如温度、干燥、烟熏）；和/或 b 化学方法（例如碘，pH 值，盐腌，烟熏）；和/或 c 生物方法（例如，发酵），仍可安全地进行国际贸易"。根据 OIE 法典白斑病 9.8.11 和黄头病 9.9.11 规定：当进境或过境制备成零售包装供人类消费的冷冻去皮虾（虾仁）、十足目甲壳类（去头去壳），不管出口国白斑病和黄头病疫病状况如何，进口国主管当局不应采取与白斑病和黄头病相关的检疫措施。正如 412/Add.1—6 号 SPS 通报所述，澳方也认为干虾及贮藏货架期稳定的虾食品、供人食用的腌制未煮的虾及虾肉、点心或类似产品中经过加工的未煮的虾及虾肉、面包虾、饺子、三角饺、裹粉或者裹黄油的未煮的虾及虾肉等是低风险的，可以进口，这同时符合 OIE 法典 5.4.2 标准。该标准中的零售是指将水生动物或水生动物产品直接卖给或提供给消费者供其消费。零售途径还可包括经营批发业务，但批发商或零售商不需再做进一步加工。同样，经过辐照处理的养殖饵料、观赏鱼饲料和水产养殖饲料，澳方认为也是低风险的，可以进口。因此，澳方在要求出口方按照出口国主管机关按照 OIE 推荐的方法检测并证明无 WSSV 和 YHV 并出具证书的同时，再要求到达口岸时 100%抽样检测，这2条要求都是明显违背OIE的规定。（2）澳方对到岸未煮的虾及虾肉100%抽批检测，取样量按照5%流行率95%的置信区间采取，但这是对活水生动物群体疫病监测的取样要求（OIE法典1.4.8中第9—10条），对未煮的虾及虾肉采取如此严格的要求，请提供相应的科学依据。（3）G/SPS/N/AUS/412/ADD.4修改案通报“第四次修改案是对第三次修改案的补充，豁免了澳大利亚出口所有其他国家用于加工再出口澳大利亚的野生捕捞虾，并详细规定了豁免符合临时措施的那些虾产品的附加条件”说明澳大利亚对于本国海域的捕捞虾，经海外加工的未煮的虾及虾肉得到豁免，允许进口，其余国家海域捕捞虾不得出口到澳大利亚，根据TBT协议“2.1各成员应保证在技术法规方面，给予源自任何成员领土进口的产品不低于其给予本国同类产品或来自任何其他国家同类产品的待遇”的规定，澳大利亚只豁免本国海域捕捞虾海外贸易加工的允许进口，未给予WTO其他成员公平的待遇，不符合协议规定，建议澳大利亚对其他国家海域捕捞虾给予与本国同类产品同等待遇。（4）澳方要求出口国主管当局出具的卫生证书注明检验实验室详细信息（6. POST PROCESSING TESTING LABORATORY DETAILS)。按照OIE及国际惯例水产品卫生证书格式，未要求体现检验实验室详细信息，因此建议澳方删除卫生证书中POST PROCESSING TESTING LABORATORY DETAILS内容或请澳方提供相关科学依据。

对于G/SPS/N/AUS/412/Add.7，中方提出的评议意见主要包括：澳大利亚通报中提出的将腌虾产品与生虾产品作为同样的产品级别进行对待，缺乏科学依据；对去头和去皮的生虾采取WSSV的风险防控措施，对YHV的检测未说明具体基因型，不符合OIE规定。具体理由如下：（1）腌虾产品通常直接或者分装后进入食品流通领域。将腌制虾产品用于游钓业的可能性极小。因此，澳大利亚将腌制虾产品与生虾产品作为同样的产品级别进行对待，缺乏科学依据。（2）根据OIE《水生动物法典》（2016）第9.7.11条款规定，从白斑综合征疫区进口去头去壳的虾肉，进口国主管部门不得提出任何与之相关的要求，如若采取相应风险防控措施，首先要对这些产品的安全性进行评估。到目前为止，澳大利亚政府并没有找到其国内暴发对虾白斑综合征疫情与进口生虾有关的直接证据，也没有提供开展相关风险评估的材料。对于YHV的检测，OIE《水生动物法典》（2016）规定只针对YHV基因型1，不包括其他基因型。而澳大利亚在其通报中笼统规定检测YHV，但未指明具体基因型，不符合OIE的标准规定。实际上，根据OIE诊断手册第2.2.8章黄头病和2.1.1病原及病原株中提到的，鳃联病毒（属于YHV基因2型）和其他几个型（基因3—6型）在东非、亚洲和澳大利亚的健康斑节对虾中比较常见。可见，澳大利亚本身有YHV基因型2等基因型的流行。因此，我国认为澳大利亚在未提供相关风险评估和充分科学证据的情况下，采取比国际现有标准（OIE标准）更严格的疫病防控措施，没有充分考虑将对贸易的消极影响减少到最低程度，违反了《SPS协定》第2.2、2.3、3.3和第5条的有关规定。建议澳方取消该措施规定。

（二）对澳大利亚《澳大利亚安全进口新鲜切花和切叶》的评议

2017年9月，澳大利亚发布了G/SPS/N/AUS/435号通报。该通报的主要内容是：近期，澳方审查了进口所有国家的鲜切花和切叶进口检疫要求。澳方通过对进口截获数据进行分析表明，在进口鲜切花和切叶上发现大量的无脊椎有害生物，包括：蓟马、蚜虫和螨类。引起澳方关注的是大量频繁截获的蓟马。澳方认为，蓟马是番茄斑萎病毒属病毒的主要传播媒介，许多种类都属于澳大利亚的检疫性有害生物，进口切花上发现的大量有害生物使植物检疫风险水平超过了澳大利亚的适当保护水平。因此，澳方对进口鲜切花和切叶提出了新的检疫要求。

中方提出的评议意见主要包括：

（1）澳方在通报中提及了对商用的鲜切花或切叶进行熏蒸处理的技术要求。经查询，澳方“切花熏蒸和豁免条款”中规定来自中国的切花必须进行熏蒸，而其他国家通过海外认证可以享受熏蒸豁免。此要求违反了《WTO/SPS 协定》第 5 条第 5 款，即每一成员应避免其认为适当的保护水平在不同情况下存在任意的或不合理的差异，这种差异可能造成对国际贸易的歧视或变相的限制。根据我国鲜菊花出口韩国和日本的实际情况，通过在生产过程中的综合防控，是完全可以做到不带有蓟马、螨类、蚜虫等有害生物的。中方认为，通过在具有防疫功能的生产设施中种植，种植过程中使用物理化学等方法进行综合防治、包装加工过程中进行挑选和处理等综合措施，能够有效防除蓟马等有害生物侵染鲜切花，能够替代药物熏蒸的检疫措施。鉴于国际植物措施委员会逐渐减少使用和替代溴甲烷作为植物检疫措施的意见（CPM 2008），中方建议澳方遵循《WTO/SPS 协定》等效性原则，不将此要求作为强制性措施，允许来自中国的切花在出口前采取综合防控措施的前提下免于熏蒸。

（2）澳方在通报中要求使用草甘膦对具有繁殖能力的鲜切花和切叶进行灭活处理，但目前草甘膦的安全性存在争议。美国于 2017 年 7 月将该物质列入致癌化学品清单，欧盟于 2017 年 10 月决定从 2022 年 12 月起全面禁用此物质，中方希望澳方充分考虑草甘膦的安全性，增加可替代药剂或其他有效的灭活方法，如去芽等。另外目前已经提交的《国际植物检疫措施标准》（ISPM）草案《鲜切花的国际运输》中并没有对鲜切花的繁殖能力进行要求，澳方此要求与国际标准不符，建议澳方进一步进行评估，尽可能等同采纳国际标准。

（三）对巴西《更新出口巴西的动物源产品国家卫生检验系统认可程序的法规修改案》的评议

2016 年 12 月，巴西发布了 G/SPS/N/BRA/1203 号通报，公布了巴西农畜食品供应部更新出口巴西的动物源产品国家卫生检验系统认可程序的法规修改案。

中方提出的评议意见主要包括：

（1）该通报 2.2.1 条款中提到“各类产品都应当经过降低动物源产品的动物卫生和公共卫生风险的技术程序处理，并在此基础上进行申报”。且在 5.3.1 中提到“授权产品的列表需符合 2.2.1 中提到的种类标准”。巴方通报只是提出针对区域、动物种类、生产企业和产品进行评估，没有列举该法规涉及的动物源产品的具体种类清单名录，也没有附上各类产品的具体处理技术要求（即不同种类需进行处理的标准程序和要求）。由于动物源产品涉及的品种很多，建议巴方应明确涉及动物源产品种类清单，并提供科学依据，按照风险大小设置分批分阶段实施的品种名录，逐步推进；或者规定该法规仅适用于部分风险较大的具体品种，如肉类、水产品、肠衣等。对风险较低的品种尽可能采取由出口国主管部门向该国出口厂商授予出口资格、出具资格证书、并向巴方提供相应的出口厂商和各类产品的清单的便利方式，避免给正常的贸易带来额外负担。同时，请巴方及时通报相关处理标准程序和细节，且确保这些处理程序和标准与国际食品法典委员会（CAC）和世界动物卫生组织（OIE）等的要求一致，避免给出口国造成技术障碍或限制。如上述内容在其他法规中已有规定，请予以列明。另外，基于等效性原则，对中方已经获得的其他成员国家认可的动物源产品的认可，建议作为等效措施予以接受。

（2）该通报 2.2.3 和 2.3 条款中提到“各利益国只有通过动植物卫生检疫局（DSA）的有效评估后，才可将认可申请递交给动物源产品检验司（DIPOA）进行分析，必要时需递交给 DSA 进行其他方面的分析”。但通报中没有明确 DSA 从启动到终止评估，以及是否能获得 DIPOA 最终批准的具体期限。建议巴方明确并尽可能地缩短整个评估及批准的时限，同时尽可能由利益国卫生当局向该国出口厂商授予出口资格、出具资格证书、并向巴方提供相应的出口厂商和各类产品的清单，避免给正常的贸易带来额外负担。

（3）该通报 2.3.1“可通过以下方式授予资格：a）DIPOA 有义务逐个参观厂房，以便对每个出口到巴西的利益机构进行评估；或者 b）由国外卫生当局出示的资格证书、新厂家资格的更改或者纳入新产品，根据国外卫生当局指示进行，随后由动物源产品检验司 DIPOA 批准，并可取消对指定机构进行参观。”建议巴方明确上述 a）方式和 b）方式分别适用范围，即哪种情况采取 a）方式授予资格，哪种情况采取 b）方式授予资格。

（4）该通报 2.5 条款中，“对于特定的地区和动物物种，该国已经具有被认可的和巴西同等的卫生检查系统，此认证范围将可以扩展到该国另一个地区或者动物物种，但需要补充 2.1 项技术调查中生产链中所包含的信息。”上述内容未对“特定的地区和动物物种”进行详细规定，建议巴方给予具体国家地区与动物物种信息。

（5）该通报 3 中，“在与国外和 SDA 机构谈判后，巴西兽医机构可支付总额或者部分金额，以申请动物源产品出口到巴西”。该部分未对巴西兽医机构支付金额的情况进行明确的描述和规定，建议巴方对上述信息进行明确。另外，请巴方明确该法规实施后，企业在出口通关检测等贸易过程中是否需要支付额外费用。

（6）该通报 6.1 条款“DIPOA 定期对出口国家授权机构进行审核，确保其持续符合批准条件，并能在任何时候保持或暂停全部或部分进口国家在下列情况下的机构资质审批”，建议对“定期”进行明确的时间规定，以便于出口国清楚接受考察审核的期限和时间，而“在任何时候保持或暂停全部或部分进口国家在下列情况下的机构资质审批”，表述含糊，随意性较大，希望能进一步明确什么情况可以采取暂停部分的措施，什么情况下能采取暂停全部的措施，另外，暂停部分或全部措施生效后，出口国能否提出申诉反对，在什么情况下能通过什么程序恢复部分或者全部都没有相关的条款规定。

（7）该通报 6.2 中，DIPOA 可以维持或者暂停所有或者部分对进口国家或者生产企业的批准的表述比较含糊、简要，随意性较大，希望能进一步明确什么情况可以采取暂停部分的措施，什么情况下能采取暂停全部的措施。另外，暂停部分或全部措施生效后，出口国和企业能否提出申诉反对，在什么情况下能通过什么程序恢复部分或者全部都没有相关的条款规定，应有相应的救济方式和程序。

（8）该通报并非对首次输巴西的动物源产品的评估要求，只能理解是针对所有动物源产品的管理措施，而且没有设置过渡期，对现有已经形成的正常贸易的产品如果全面实施会造成严重的贸易障碍，建议设置过渡期，并明确过渡期中不影响现已形成的正常贸易。

（四）对巴西关于冷冻鱼适用特性及质量批准技术法规的评议

2016 年 12 月，巴西发布了 2016 年 136 号通报，标题为《冷冻鱼适用特性及质量批准技术法规的公众评议草案》，提出了巴西冷冻鱼入境需满足的感官检验指标、理化指标、微生物指标等要求。

中方提出的评议意见主要包括：

（1）本通报法规第七条（一）“鱼肉的 pH 值不得超过 7.0，然而鳕科和无须鳕科家族品种的鱼肉除外，其 pH 值最高可达 7.2”请巴方提供限量依据及其检测方法。据已有的资料显示，不同的生产水域和品种的原料鱼的 pH 值有一定的差异，且加工用水对鱼肉组织 pH 值也有影响，可能会导致鱼肉 pH 值超过巴方规定的数值。建议巴方考虑不同品种的差异性及加工用水对鱼体组织 pH 值的影响。

（2）本通报法规第七条（四）“钠的限值为 134ng/100g 肌肉组织”、（五）“钾的限值为 502mg 钾/100g 肌肉组织”请巴方提供设定上述限值的科学依据和检测方法。

（3）本通报法规第七条（六）“水分和鱼肉蛋白质含量之间的比例不得超过 6.0（六点零），然而下列内容除外：1）口孵非鲫属以及鲑科、鲱科和鲭科家族品种不得超过 5.0（五点零）；以及；2）牙鲆属、鼬鱼科、鮨科和鲽科家族品种不得超过 6.5（六点五）。”请巴方提供设定上述限值的科学依据和检测方法。

（4）本通报法规第七条（七）“对于鲹科、蛇鲭、旗鱼、鲭科、竹刀鱼科、鳀科、鲱科、鲯鳅属和扁鲹等家族的品种而言，组胺的上限应为 100mg/kg 肌肉组织。”请巴方提供设定上述限值的科学依据和检测方法。据相关资料，CAC 水产及水产加工品专业委员会第 34 届会议上，FAO 通过对组胺进行的公共健康风险评估结果表明水产品的组胺限量建议设定为 200mg/kg。建议参考欧盟法规 EU（No.）1019/2013 的限量规定。

（五）对加拿大有关氟唑菌酰胺、甲磺草胺拟定最大残留限量的评议

2017 年 3 月，加拿大发布了 G/SPS/N/CAN/1093 和 1094 号通报，分别涉及氟唑菌酰胺和甲磺草胺的拟定最大残留限量。

中方提出的评议意见主要包括：

（1）G/SPS/N/CAN/1093 号通报拟将氟唑菌酰胺在柑橘油中的最大残留限量修订为 40×10^{-6}；在香蕉中的最大残留限量修订为 3.0×10^{-6}；在柑橘类（作物组 10R）中的最大残留限量修订为 1.0×10^{-6}，在芒果中的最大残留限量修订为 0.7×10^{-6}，在木瓜中的最大残留限量修订为 0.6×10^{-6}。

食品法典标准委员会（CODEX）农药残留数据库编号为 256 的氟唑菌酰胺规定了香蕉中氟唑菌酰胺的最大残留限量为 3.0×10^{-6}，对于其他产品柑橘油、柑橘类（作物组 10R）（除橙子外）、芒果及木瓜均未规定最大残留限量（表 4－1）。

表 4－1 氟唑菌酰胺限量对比

产品	加拿大限量 $\times10^{-6}$	CODEX 限量 $\times10^{-6}$
柑橘油	40	—
香蕉	3.0	3.0
柑橘类（作物组 10R）	1.0	0.3（仅适用于橙子）
芒果	0.7	—
木瓜	0.6	—

经过比较，加拿大氟唑菌酰胺的限量要求与 CODEX 相比，限定商品类别增加了芒果、木瓜、柑橘类（除橙子外）、柑橘油。中方认为加方标准不符合《WTO/SPS 协定》的科学依据原则及协调一致原则，建议参考 CODEX 的限量规定。请加方提供设定上述限值的科学依据和检测方法。

（2）G/SPS/N/CAN/1094 号通报拟修订甲磺草胺在芸苔属阔叶类（作物亚组 4－13B）中的最大残留限量为 0.4×10^{-6}；芸苔属头茎类菜（作物组 5－13）中的最大残留限量为 0.2×10^{-6}；果类菜（作物组8－09）、浆果及小型果实（作物组 13－07）、树生坚果（作物组 14－11）、苹果、芥末籽（调料类）、芥末籽（油籽类）、去壳鲜蚕豆中的最大残留限量为 0.15×10^{-6}。

CODEX 目前未对任何商品的甲磺草胺规定最大残留限量。

中方认为加方标准不符合《WTO/SPS 协定》的科学依据原则及协调一致原则，建议参考 CODEX 的限量规定。请加方提供设定上述限值的科学依据和检测方法。

（六）对哥斯达黎加有关出口鱼及水产品相关问卷通报的评议

2017 年 3 月，哥斯达黎加发布了 G/SPS/N/CRI/187 号通报，主要内容为：哥斯达黎加农业和畜牧业部（MAG）国家动物健康局（SENASA）发布国家动物健康决议，要求所有中国出口到哥斯达黎加的水产品都必须符合 2016 年 6 月 5 日第 SENASA－DG－628－2013 号公文要求，填写以下文件：

DCA－PG－002－RE－028 号文——有意向哥斯达黎加出口水产品的所在国家主管机构完成的初步调查问卷以及 DCA－PG－002－RE－034 号文——有意向哥斯达黎加出口供人类消费的动物源性产品、副产品和衍生物的企业提供的一般信息问卷。

对此，中方提出的评议意见主要包括：

（1）哥斯达黎加此次提出 G/SPS/N/CRI/187 通报，相关规定仅针对中华人民共和国一个国家的限制措施，既违背了 WTO 国际贸易的公平原则，又不符合 WTO/SPS 的无歧视待遇原则。

（2）G/SPS/N/CRI/187 通报要求中国主管出口水产品的官方机构填写提交 DCA－PG－002－RE－028 号文件，要求企业填写提交 DCA－PG－002－RE－034 号文件，鉴于哥斯达黎加官方参照欧盟对水产品管控的相关法规要求管理水产品，建议哥斯达黎加相关主管部门参考欧盟最新水产品问卷的形式，即仅要求中国官方监管部门填写答卷，内容可涉及中国水产品官方监管体系、法律法规、出口企业和产品的基本信息等，而不要求每个企业对答卷进行重复填写。如必须让每个企业对答卷进行重复填写，请哥方提供科学参考依据。

（3）G/SPS/N/CRI/187 通报了哥斯达黎加农业和畜牧业部国家动物健康局第 SENASA－DG－R066－2016 号决议要求。通报中仅对提交答卷的时限以及哥方完成审核的时限进行了明确，但未明确对已有贸易历史的相关企业输哥水产品是否实施过渡期管理。建议哥方在不违背 WTO/SPS 原则的前提下，在审核期间内，实施过渡期管理。

（4）《SPS 协定》附录 C 中规定“主管机构在接到申请后，迅速审查文件是否齐全，并以准确和完整的方式通知申请人所有不足之处”，而在该通报文件里哥方提出，“哥方在接到我方答卷文件后，发现未全部填写的情况，则不进行审议”，这与《SPS 协定》附录 C 中的要求相矛盾，建议采用《SPS 协定》规定的做法。

（5）当输哥斯达黎加水产品被检出质量安全问题时，请哥方提供就相关问题产品及企业的处理措施和程序等。

（七）对欧盟《更新修改欧盟相关外来入侵物种名单的委员会执行法规草案》的评议

2017 年 3 月 6 日，欧委会发布了 G/SPS/N/EU/201 号通报，标题为《更新修改欧盟相关外来入侵物种名单的委员会执行法规草案》，此法规草案在欧盟外来入侵物种名单中添加了埃及雁、空心莲子草、伊乐藻及紫叶狼尾草等 12 个新物种。

中方提出的评议意见主要包括：经查阅相关资料，诸如叙利亚马利筋、洋二仙草、喜马拉雅香脂和柔枝莠竹这四种植物，已经经过人工驯化，可作为观赏植物，其危害性并不大。

以柔枝莠竹为例：一、柔枝莠竹是一种观赏植物，全世界许多国家普遍都有引进；二、从柔枝莠竹在中国的分布情况来看，目前没有迹象显示其对共同生境的植物有明显的危害；三、目前研究表明，柔枝莠竹并不会产生抑制或破坏周边植物生长的化学物质；四、目前对柔枝莠竹危害的报道主要集中在北美，并且危害发生地一般在人类疏于管理的荒地，造成的危害影响十分有限。

中方建议欧盟不将上述四种植物列入入侵物种名单，如需列入，请提供科学依据。

（八）对印度《2017 年食品安全及标准（食品标准及食品添加剂）修改法规草案》的评议

2017 年 2 月，印度发布了 G/SPS/N/IND/170 号通报，标题为《2017 年食品安全及标准（食品标准及食品添加剂）修改法规草案》，该草案主要内容为：乳蛋白浓缩物（MPC）及浓缩乳清蛋白（WPC）的标准。

中方提出的评议意见主要包括：

(1) 乳蛋白浓缩物（MPC）作为一种天然的牛乳蛋白，蛋白含量从42%～92%不等，根据蛋白含量的不同，浓缩乳蛋白被区分为MPC40、MPC56、MPC70、MPC80、MPC85、MPC90，此外，通常工业上将蛋白含量高于86%的乳蛋白浓缩物称之为MPI。而通报措施中仅将乳蛋白浓缩物（MPC）定义为5种：MPC40、MPC70、MPC80、MPC85、MPC90，缺少常见的MPC56。请印方就相关乳蛋白浓缩物定义标准及品种范围进行详细说明。

(2) MPC含有的蛋白中酪蛋白与乳清蛋白的比例与原料乳中相似，蛋白含量越高，乳糖和盐分的含量越少，蛋白含量不同的MPC成分构成指标不同，不同MPC品种中除蛋白质外，脂肪百分比含量变化较大，如MPC80主要指标中脂肪百分比含量为4%，而通报中MPC脂肪限量标准为最大含量2.5%。建议印方说明对不同MPC品种采用相同限量标准的依据，并且在限量标准上注明所采用的检测方法，避免对贸易造成不必要的障碍。

(3) 该草案对乳清浓缩蛋白（WPC）的定义、成分、食品添加剂、污染物、卫生要求、标签作出严格规定。该草案规定WPC中的蛋白质≥35%、脂肪≤8.0%。国际食品法典CODEX STAN A—15—1995，Rev.1—2003，Amd.2006《乳清粉标准》中要求蛋白质≥10.0%（乳清粉）或≥7.0%（酸乳清粉）；对脂肪没有规定最大含量，只规定参比含量2.0%。该通报措施的蛋白质、脂肪指标的限值远高于CODEX STAN A—15—1995要求，请印方对这两项指标的制定依据作出合理解释。

（九）对日本关于草甘膦最大残留限量的评议

2017年5月，日本发布了G/SPS/N/JPN/514号通报，内容涉及农业化合物草甘膦的拟定最大残留限量。

中方研究认为，日方将草甘膦在水产品中的MRLs修订为0.01mg/kg的规定，缺乏科学依据，具体理由如下：

(1) 日本药事、食品卫生审议会食品卫生分科会于2017年5月15日公布的关于草甘膦的评估报告，其中没有给出针对水产品中MRLs修订的评估数据。

根据2013年10月《生态环境学报》上发布的研究资料，草甘膦被认为属于低风险的除草剂。水中残留动态方面，鱼塘水中草甘膦的消失迅速，当天的水中残留量为6.29mg/L，药后1天可下降达90%，6天后残留量低于0.01mg/L。毒理学方面，联合国粮农组织（FAO）对狗和国际化学品安全规划署（IPCS）对大鼠进行慢性喂养草甘膦，均没有发现致癌效应；欧盟食品安全局（EFSA）评估认为草甘膦不会对人类产生致癌性；美国环保署（EPA）将草甘膦列为第三类有毒物质（低毒性）。目前，国际食品法典委员会（CAC）规定了草甘膦的每日允许摄入量（ADI）为1mg/kg（体重）。

(2) 目前，CAC、欧盟和我国都没有对水产品中草甘膦的MRLs做出规定。美国规定草甘膦在鱼中的MRLs为0.25mg/kg，在贝类中的MRLs为3mg/kg。在没有国际标准的情况下，日本规定的草甘膦在水产品中的MRLs明显严于现有其他国家标准，且缺乏充分的科学依据，很可能对水产品出口造成技术性贸易壁垒。

综上所述，中方不能接受日本修订草甘膦在水产品中的MRLs为0.01mg/kg。若日方坚持执行此限量，需进一步提供相关科学依据。

（十）对韩国关于进境检疫性有害生物名单的评议

2017年4月，韩国发布G/SPS/N/KOR/212/Add.9号通报，韩国农业、食品和农村事务部根据《植物保护法》第四章第六章规定，基于有害生物风险分析，对进境检疫性生物清单进行了增补，增加了 33 种有害生物，其中第一种柑橘大实蝇的类别为禁止进境类，其余 32 种为控制类。

中方提出的评议意见主要包括：

（1）该通报中将柑橘大实蝇作为禁止有害生物的科学依据不充分。柑橘大实蝇分布在海拔 230m～1 850m、北纬 24°～33°之间。其中，主要分布在海拔 400m～900m，北纬 25°～32°。韩国纬度在北纬 34°～38°，不在该虫的适生范围内。该虫生活史中抗逆性最弱的是蛹期，蛹在－5℃～0℃时忍耐致死期为 6d～18d，以韩国的气候条件来看，柑橘大实蝇是无法安全越冬的。建议韩方将柑橘大实蝇不列入禁止有害生物。如确需列入，请提供科学依据。

（2）根据《SPS 协定》附件 B 中有关透明度原则的要求和国际植物检疫措施标第 19 号《限定性有害生物名录准则》第 4.2 条："可以适当提供的信息包括—有关有害生物数据表或有害生物风险分析的参考资料"，请韩方提供有关所列有害生物的风险分析参考资料。

（十一）对墨西哥关于进口源自和来自中国的南瓜籽的植物卫生要求的评议

2017 年 5 月，墨西哥发布了 G/SPS/N/ MEX/323 号通报，内容为墨西哥进口源自和来自中国的南瓜籽的植物卫生要求。

中方提出的评议意见主要包括：

（1）该通报中将 *Cladosporium cucumerinum* 瓜疮痂枝孢霉菌列入关注的有害生物名单，但 *Cladosporium cucumerinum* 瓜疮痂枝孢霉菌不在墨西哥公布的有害生物管制清单及限定性有害生物名单中，这与《国际植保公约》第 VI 条第 2 款规定"各缔约方不得要求对非限定性有害生物采取植物检疫措施。"相违背。根据《SPS 协定》附件 B 中有关透明度原则的要求和国际植物检疫措施标第 19 号《限定性有害生物名录准则》第 4.2 条："可以适当提供的信息包括—有关有害生物数据表或有害生物风险分析的参考资料"，如确需列入，请墨西哥官方提供科学依据。

（2）墨西哥官方提出对种子处理，并规定种子处理技术指标，根据国际植物措施标准 ISPM 38，进口植物检疫要求不指定化学产品、活性成分或精确的条款（第 3 条）。建议墨西哥官方按照国际标准不指定化学产品。

附件　调查问卷

2017 年国外技术性贸易措施对我国出口影响

问卷调查表

二〇一八年一月

感 谢 您 对 此 次 调 查 的 理 解 与 支 持！

请放心填答，我们将保守贵单位的商业秘密。

前　言

WTO成立以来，各成员关税水平不断下降，配额、许可证等非关税措施对进口的限制作用逐步减弱，而以标准、技术法规、合格评定程序以及动植物卫生和食品安全措施为主要表现形式的技术性贸易措施对贸易的限制作用越来越明显。这类措施既被用作保护人类和动植物健康和安全、保护环境、保护消费者权益等的手段，也可被用作变相限制阻碍国际贸易的技术壁垒，从而达到保护本国相关产业和市场的目的。

中国加入WTO以来，面临的国际贸易形势十分严峻，出口产品持续遭遇国外不断变化、日趋严格的技术性贸易措施的限制，大批产品被退回、扣留、销毁，导致出口成本增加，进而丧失竞争力，甚至造成传统市场丢失，使企业蒙受了巨大损失。为了了解我国企业在出口中遭遇国外技术性贸易措施的总体情况，为跨越或打破国外技术壁垒提供技术支持，作为全国技术性贸易措施部际联席会议牵头单位，国家质量监督检验检疫总局特组织此次面向全国出口企业的国外技术措施影响调查。本次调查采取问卷形式，您提供的信息将成为政府帮助企业应对国外技术性贸易措施开展相关工作的重要参考，请认真填答。

非常感谢您的合作！

国家质量监督检验检疫总局
2018年1月

调查对象基本信息

1. 企业名称： ______________ **企业海关编码：** ______________

□企业组织机构代码/□社会信用代码：______________

2. 完成问卷人：

姓名：______________ 您在公司中所在部门及职务：______________

联系电话：______________ Email：______________

3. 企业所属省/直辖市/自治区： ______________

4. 企业类别（请在适合您的□内划√，选一）

（1）□ 生产/加工/制造型企业（含自营出口） （2）□ 流通贸易型企业

（3）□ 其他（请注明）______________

5. 企业类型（请在适合您的□内划√，选一）

（1）□ 贴牌（OEM/ODM）加工企业 （2）□ 自主品牌企业

（3）□ 贴牌与自主品牌兼有企业 （4）□ 其他（请注明）______________

6. 经济类型（请在适合您的□内划√，选一）

（1）□ 国有企业 （2）□ 民营企业

（3）□ 港、澳、台企业 （4）□ 外资企业

7. 企业规模 1（请在适合您的□内划√，选一）

（1）□ 50 人（含）及以下 （2）□ 50 人～200 人（含）

（3）□ 200 人～500 人（含） （4）□ 500 人及以上

8. 企业规模 2（按 2017 年企业营业收入定义，请在适合您的□内划√，选一）

农产品企业请填答下列选项：

（1）□ 低于 50 万元人民币（下同） （2）□ 50 万元（含）～500 万元

（3）□ 500 万元（含）～2 亿元 （4）□ 超过 2 亿元

工业品企业请填答下列选项：

（1）□ 低于 300 万元 （2）□ 300 万元（含）～2000 万元

（3）□ 2000 万元（含）～4 亿元 （4）□ 超过 4 亿元

技术性贸易措施的影响情况

9. 2017 年公司出口业务中，是否受到国外技术性贸易措施的影响？（请在适合您的□内划√，选一）

（1）□ 是 （2）□ 否

10. 2017 年企业出口遭遇国外技术性贸易措施的种类（注：每一个 HS 编码对应产品填写一张表格，表格可复印。）

请在贵企业产品出口到相应国家或地区遇到的技术性贸易措施种类栏里划√。

a）工业品（HS 编码 25～98）

HS 编码：______________ （每一个 HS 编码对应的工业品填写一张表格，表格可复印）

技术性贸易措施的种类	出口到岸地												
	美国	欧盟	日本	东盟	韩国	欧亚经济联盟（除俄罗斯）	加拿大	澳大利亚/新西兰	印度	非洲	拉美	西亚	其他（请说明）
1. 厂商或产品的注册要求（包括上市许可、审批）													
2. 技术标准要求													
3. 认证要求													
4. 标签和标志要求													
5. 包装及材料的要求													
6. 环保要求（包括节能及产品回收）													
7. 特殊的检验要求（如指定检验地点、机构、方法）													
8. 产品的人身安全要求													
9. 工业产品中有毒有害物质限量要求													
10. 计量单位要求													
11. 木质包装的要求													
12. 其他①（请注明内容）：													
其他②													

b）农产品（HS编码1～24）

HS编码：________________　　　　（每一个HS编码对应的农产品填写一张表格，表格可复印）

技术性贸易措施的种类	出口到岸地												
	美国	欧盟	日本	东盟	韩国	欧亚经济联盟（除俄罗斯）	加拿大	澳大利亚/新西兰	印度	非洲	拉美	西亚	其他（请说明）
1. 种养殖基地、加工厂、仓库注册要求													
2. 动物疫病方面的要求													
3. 植物病虫害杂草方面的要求													

续表

技术性贸易措施的种类	出口到岸地												
	美国	欧盟	日本	东盟	韩国	欧亚经济联盟（除俄罗斯）	加拿大	澳大利亚/新西兰	印度	非洲	拉美	西亚	其他（请说明）
4. 食品中农兽药残留限量要求													
5. 食品微生物指标要求													
6. 食品添加剂要求													
7. 食品中重金属等有害物质的限量要求													
8. 食品接触材料的要求													
9. 食品标签要求													
10. 木质包装的要求													
11. 食品化妆品中过敏原的要求													
12. 其他①（请注明内容）：													
其他②													

11. 2017 年遭遇国外技术性贸易措施造成损失的主要形式（请在适合的空格内划√）

损失内容	进口方												
	美国	欧盟	日本	东盟	韩国	欧亚经济联盟（除俄罗斯）	加拿大	澳大利亚/新西兰	印度	非洲	拉美	西亚	其他（请说明）
丧失订单													
扣留货物													
销毁货物													
退回货物													
口岸处理													
改变用途													
降级处理													
其他（请注明）													

12. 2017 年国外技术性贸易措施给企业造成的直接损失额（单位：万元）

注：A. 表中的产品种类按 HS 编码（6 位）填写；

B. 表中需填写特定国家或地区技术性贸易措施给企业出口造成的直接损失额，包括产品被进口国主管机构扣留、销毁、拒绝进口（退货）、产品被降级降等所造成的损失，丧失订单造成的损失等。

产品种类	出口到岸地												
	美国	欧盟	日本	东盟	韩国	欧亚经济联盟（除俄罗斯）	加拿大	澳大利亚/新西兰	印度	非洲	拉美	西亚	其他（请说明）

13. 2017 年为适应进口国技术要求而新增的成本（单位：万元）

注：A. 表中的产品种类按 HS 编码（6 位）填写；

B. 新增成本包括为适应进口国要求而进行技术改造、包装及标签更换、新增检验、检测、鉴定、检疫、处理、注册、认证等费用，以及在采购、物流、通关等方面增加的费用。

产品种类	出口到岸地												
	美国	欧盟	日本	东盟	韩国	欧亚经济联盟（除俄罗斯）	加拿大	澳大利亚/新西兰	印度	非洲	拉美	西亚	其他（请说明）

14. 2017 年为满足进口国对产品的技术要求，出口企业及官方检验检疫机构或第三方对产品进行认证、注册、测试、检验的费用在出口额中所占的百分比情况。（产品一栏中请填写出口产品的 HS 编码）

单位：%

产品占比	认证费、注册费、测试费及检验费在出口额中的占比

是否存在重复认证　（1）□ 是　（2）□ 否

具体情况请简要说明：________

15. 当遇到国外技术措施或新技术要求限制时，企业选择如何做？（请在适合您的□内划√，可多选）

（1）□向国家质检部门报告　（2）□向商务部门报告

（3）□向我驻外使馆报告　（4）□向行业商协会报告

（5）□向其他主管部门报告　（6）□与国外进口商交涉

（7）□与国外主管部门交涉　（8）□不寻求任何解决方式，不再出口或寻求新市场

（9）□加强技术攻关和升级改造，提高产品竞争力

（10）□其他（请详细阐述）________

16. 企业目前获取国外技术性贸易措施信息的途径：（请在适合您的□内划√，可多选）

（1）□各级质量监督检验检疫机构　（2）□其他政府部门

（3）□直接与我国 TBT、SPS 咨询点联系　（4）□通过 TBT、SPS 咨询点网站

（5）□我国驻外使领馆　（6）□外国驻华使领馆

（7）□我国有关行业协会和商会　（8）□媒体（报刊、杂志、电视等）

（9）□国外经销商提供的信息　（10）□国外 TBT、SPS 咨询点

（11）□国外政府网站　（12）□其他________

17. 企业认为受国外技术性贸易措施制约的主要原因是哪些？（请在适合您的□内划√，可多选）

（1）□生产技术水平达不到国外技术要求、标准、限量等

（2）□为达到国外要求导致成本过高

（3）□不了解国外规定

（4）□国外措施针对进口产品具有歧视性

（5）□认证、注册周期长费用高

（6）□国外检验检测项目繁多

（7）□不合理的出口证书要求

（8）□动植物及其产品的检疫要求

（9）□其他（请详细阐述）________

18. 在符合国外技术性贸易措施过程中，企业国际市场竞争力和产品质量安全水平是否有所提升？

（1）□是　（2）□否

19. 企业在应对国外技术性贸易措施方面希望政府主管部门和中介组织提供哪些帮助？（请在适合您的□内划√，可多选）

（1）□及时提供国外技术性贸易措施的最新信息、技术指南和咨询

（2）□强化认证认可工作，建立与国外权威认证机构的互认机制

（3）□实施与国际接轨的标准化战略，推动企业参与国际标准制修订

（4）□搭建公共检测服务平台，为企业提供便捷的检测服务

（5）□及时对外交涉、谈判，将影响降至最低

（6）□其他：1）________________　　2）________________

20. 2017 年，在质检部门帮扶下，减少国外技术性贸易措施导致的损失额为________（万元）。

21. 企业在出口中遇到的主要障碍是什么？（请在横线上按重要性由强到弱的次序，选出前三项）

（1）技术性贸易措施　（2）反倾销　（3）反补贴　（4）配额　（5）许可证　（6）关税

（7）汇率　（8）其他（请注明内容）：________________________________

前三项：________________________________

22. 企业经营概况（按 2017 年情况填写）

（1）企业经营年限：　　　　年

（2）主要出口产品：　　　　　　　　　　HS 编码：

（3）主要出口国：

（4）出口业务在企业总业务中所占比例：

（5）未来五年企业的发展定位：□ 出口为主□ 内销为主□ 两方兼顾（请在适合您的□内划√，选一）

23. 2017 年，在政府部门帮扶下，减少的国外技术性贸易措施导致的损失额占企业全年出口额的百分比为：（请在适合您的□内划√）

（1）□ 0～20%　　　　（2）□ 20%（含）～40%

（3）□ 40%（含）～60%　　　　（4）□ 60%（含）及以上

24. 2017 年，企业是否有以下得到政府部门帮扶，从而有效减少损失的情况？如有，请填写减少损失的金额。

单位：万元

减损场景	无	有	如有，减少损失的金额
由于得到质检等政府部门发布的国外措施预警信息，及时作出调整，避免了退运或整改等一系列后续问题			
遇到国外技术性贸易措施时，得到质检等政府部门的技术指导、产品改造、质量提升后顺利出口			
产品经质检等政府部门帮扶后在国外备案或注册，获准进入国外市场			
由于得到质检等政府部门的检测认证，取得了通行的检测认证证书，从而避免了产品送国外检测的不便			
产品经质检部门认证，得到国外认可，成功进入国外市场			
被国外客户或官方通报产品不合格，经质检等政府部门交涉后成功维权或成功交易			

续表

减损场景	无	有	如有，减少损失的金额
产品被列入质检等政府部门的示范区，在进出口的通关时间、效率有明显提高			
参与质检等政府部门的国外措施通报评议、特别贸易关注等工作，相关产品出口形势得到了扭转			
其他，请说明：			

25. **在减少国外技术性贸易措施造成损失的问题上，您有什么意见、建议？**（包括对政府部门、中介组织及企业自身的意见和建议）（可加附页）

26. a **企业高管中本科（含大专）及以上学历比例：**（请在适合您的□内划√）

（1）□小于及20%　　（2）□20%～50%　　（3）□ 50%及以上

b 企业员工中本科（含大专）及以上学历比例：

（1）□小于及20%　　（2）□20%～50%　　（3）□50%及以上

27. **企业是否是相关行业协会、企业（行业）联盟或出口商会员？**

（1）□ 是　　（2）□ 否

28. **企业认为目前获得国外技术性贸易措施信息动态的难易程度：**（请在适合您的□内划√）

（1）□ 非常容易　　（2）□比较容易　　（3）□一般/正常

（4）□比较困难　　（5）□非常困难

29. **请列出对本企业出口影响最大的国外技术性贸易措施的情况**（包括国家/地区、制定机构名称、措施名称、文号、制定时间、其哪些规定对企业出口造成哪些方面影响。可以列举1个或多个）（可加附页）

30. **在应对技术性贸易措施的问题上，您有什么意见、建议？**（包括对政府部门、中介组织及企业自身的意见和建议。可以是原则性的，也可以是针对具体案例的）（可加附页）

附 录

本调查所涉及的技术性贸易措施是指WTO《技术性贸易壁垒协定》（以下简称TBT协定）所定义的法规、标准和合格评定程序及《实施卫生与植物卫生措施协定》（以下简称SPS协定）所定义的卫生与植物卫生措施（以下简称SPS措施）。

一、TBT措施

根据TBT协定的规定，TBT措施包括技术法规、标准与合格评定程序。

1. 技术法规

规定强制执行的产品特性或其相关工艺和生产方法，包括适用的管理规定在内的文件。该文件还可包括或专门关于适用于产品、工艺或生产方法的专门术语、符号、包装、标志或标签要求。

2. 标准

经公认机构批准的、规定非强制执行的、供通用或重复使用的产品或相关工艺和生产方法的规则、指南或特性的文件。该文件还可包括或专门关于适用于产品、工艺或生产方法的专门术语、符号、包装、标志或标签要求。

3. 合格评定程序

任何直接或间接用以确定是否满足技术法规或标准中的相关要求的程序。（合格评定程序一般包括：抽样、检验和检查、评估、验证和合格保证注册、认可和批准以及各项的组合）

二、SPS措施

根据SPS协定的规定，SPS措施指用于下列目的的任何措施：

（1）保护成员领土内动物或植物的生命或健康免受病虫害、带病有机体或致病有机体的传入、定殖或传播所产生的风险；

（2）保护成员领土内人类或动物的生命或健康免受食品、饮料或饲料中的添加剂、污染物、毒素或致病有机体所产生的风险；

（3）保护成员领土内人类的生命或健康免受动物、植物或动植物产品携带的疫病传入、定殖或传播所产生的风险；

（4）防止或控制成员领土内有害生物的传入、定殖或传播所产生的其他损害。

SPS措施包括所有有关的法律、法令、规定、要求和程序，特别包括最终产品标准；加工和生产方法；检测，检验，出证和批准程序；检疫处理，包括与动物或植物运输有关或与在运输途中为维持动植物生存所需物质有关的要求在内的检疫处理；有关统计方法、抽样程序和风险评估方法的规定；以及与食品安全直接相关的包装和标签要求。

三、通报评议

通报评议是企业和相关管理部门对其他成员通报的技术性贸易措施草案，依据《TBT协定》/

《SPS协定》的原则，以对相关产品国际贸易的影响为着眼点，以对自身所在相关产业的影响为着眼点，以现代科学技术为依托，以WTO规则为依据，结合相关协定的条款，对其是否具有规则合理性、技术合理性、贸易合理性，提出批评、质疑或关注的活动。

四、特别贸易关注

为减少不必要的贸易壁垒，防止成员以TBT/SPS措施为由对贸易进行限制，世界贸易组织（WTO）在成立时制定了《TBT协定》/《SPS协定》，并根据协定成立了TBT/SPS委员会，为成员进行磋商提供了经常性场所。各成员可以在委员会会议上就其他成员正在实施的或新制修订的对自己的产品出口有不合理影响的TBT/SPS法律、法规、标准等措施表达关注，提出质疑，敦促成员遵守协定的规定，修改或撤销与协定要求不一致的有关措施。

附　表

附表1　国际HS编码

HS编码	编码描述
1类　农产品（HS编码01.01～05.11）	
01.01—01.06	活动物
02.01—02.10	肉及食用杂碎
03.01—03.07	鱼及其他水生动物
04.01—04.10	乳品；蛋类；天然蜂蜜
05.01—05.11	其他动物产品
2类　植物产品（HS编码06～14）	
06.01—06.04	活树及其他活植物
07.01—07.14	食用蔬菜，根及茎块
08.01—08.14	食用水果及坚果
09.01—09.10	咖啡，茶及调味香料
10.01—10.08	谷物
11.01—11.09	制粉工业产品
12.01—12.14	含油的籽，果仁和果实，药用植物
13.01—13.02	虫胶，树胶，树脂
14.01—14.04	编结用植物材料
3类　动、植物油、脂及其分解产品；精制的食用油脂；动、植物蜡（HS编码15）	
15.01—15.22	动，植物油，脂及其分解产品
4类　食品；饮料、酒及醋；烟草、烟草及烟草代用品的制品（HS编码16～24）	
16.01—16.05	肉及其他水生无脊椎动物的制品
17.01—17.04	糖及糖食
18.01—18.06	可可及可可制品
19.01—19.05	谷物，粮食粉，糕饼点心
20.01—20.09	蔬菜，水果，坚果
21.01—21.06	杂项食品
22.01—22.09	饮料，酒及醋
23.01—23.09	食品工业的残渣；配制的动物饲料
24.01—24.03	烟草，及烟草代用品的制品
5类　矿产品（HS编码25～27）	
25.01—25.30	盐；硫磺；泥土及石料；石膏料，石灰及水泥
26.01—26.21	矿砂，矿渣及矿灰
27.01—27.16	矿物燃料，矿物油及其蒸馏产品
6类　化学工业及其相关工业的产品（HS编码28～38）	
28.01—28.53	无机化学品；贵金属，稀土金属，放射性元素
29.01—29.42	有机化学品
30.01—30.06	药品
31.01—31.05	肥料
32.01—32.15	鞣料浸膏及染料浸膏
33.01—33.07	精油及香膏；芳香料制品及化妆盥洗品
34.01—34.07	肥皂，洗涤剂，润滑剂
35.01—35.07	蛋白类物质
36.01—36.06	炸药，易燃材料制品
37.01—37.07	照相及电影用品
38.01—38.25	杂项化学产品
7类　塑料及其制品；橡胶及其制品（HS编码39～40）	
39.01—39.26	塑料及其制品
40.01—40.17	橡胶及其制品
8类　生皮、皮革、毛皮及其制品；鞍具及挽具；旅行用品、手提包及类似品；动物肠线（蚕胶丝除外）制品（HS编码41～43）	
41.01—41.15	生皮及皮革
42.01—42.06	皮革制品
43.01—43.04	毛皮，人造毛皮及其制品
9类　木及木制品；木炭；软木及软木制品；稻草、秸秆、针茅或其他编织材料制品；篮筐及柳条编织品（HS编码44～46）	
44.01—44.21	木及木制品；木炭
45.01—45.04	软木及软木制品
46.01—46.02	稻草，秸秆，其他编结材料制品
10类　木浆及其他纤维状纤维素浆；纸及纸板的废碎品；纸、纸板及其制品（HS编码47～49）	
47.01—47.07	木浆及其他纤维状纤维素浆
48.01—48.23	纸及纸板
49.01—49.11	书籍，报纸，及其他印刷品
11类　纺织原料及纺织制品（HS编码50～63）	
50.01—50.07	蚕丝

附表1（续）

HS编码	编码描述
51.01—51.13	羊毛，动物细毛或粗毛
52.01—52.12	棉花
53.01—3.11	其他植物纺织纤维
54.01—54.08	化学纤维长丝
55.01—55.16	化学纤维短丝
56.01—56.09	絮胎，毡呢及无纺织物
57.01—57.05	地毯和其他铺地制品
58.01—58.11	特种机织物
59.01—59.11	浸渍/涂布/包覆或压层的织物
60.01—60.06	针织物及钩编织物
61.01—61.17	针织或钩编的服装 6101 针织或钩编的男式大衣及类似品
62.01—62.17	非针织或非钩编的服装
63.01—63.10	其他纺织制成品
12类　鞋、帽、伞、杖、鞭及其零件；已加工的羽毛及其制品；人造花；人发制品（HS 编码 64～67）	
64.01—64.06	鞋靴，护腿和类似品及其零件
65.01—65.07	帽类及其零件
66.01—66.03	雨伞，阳伞，手杖，鞭子，马鞭及其零件
67.01—67.04	已加工羽毛，羽绒及其制品；人造花；人发制品
13类　石料、石膏、水泥、石棉、云母及类似材料的制品；陶瓷产品；玻璃及其制品（HS 编码 68～70）	
68.01—68.15	石料，石膏，水泥，石棉，云母及类似材料的制品
69.01—69.14	陶瓷产品
70.01—70.20	玻璃及其制品
14类　天然或养殖珍珠、宝石或半宝石、贵金属、包贵金属及其制品；仿首饰；硬币（HS 编码 71）	
71.01—71.18	天然或养殖珍珠，宝石或半宝石，贵金属，包贵金属及其制品；仿首饰；硬币
15类　贱金属及其制品（HS 编码 72～83）	
72.01—72.29	钢铁
73.01—73.26	钢铁制品
74.01—74.19	铜及其制品
75.01—75.08	镍及其制品
76.01—76.16	铝及其制品
78.01—78.06	铅及其制品
79.01—79.07	锌及其制品
80.01—80.07	锡及其制品
81.01—81.13	其他贱金属，金属陶瓷及其制品
82.01—82.15	贱金属工具
83.01—83.11	贱金属杂项制品
16类　机器、机械器具、电气设备及其零件；录音机及放声机、电视图像、声音的录制和重放设备及其零件、附件（HS 编码 84～85）	
84.01—84.87	核反应堆，锅炉，机器，机械器具机器零件
85.01—85.48	电机、电气设备及其零件；录音机及放声机、电视图像、声音的录制和重放设备及其零件、附件
17类　车辆、航空器、船舶及有关运输设备（HS 编码 86—89）	
86.01—86.09	铁道及电车道机车，车辆机器零件
87.01—87.16	车辆机器零件，附件，但铁道及电车道车辆除外
88.01—88.05	航空器，航天器机器零件
89.01—89.08	船舶及浮动结构体
18类　光学、照相、电影、计量、检验、医疗或外科用仪器及设备、精密仪器及设备；钟表；乐器；上述物品的零件、附件（HS 编码 90～92）	
90.01—90.33	光学，照相，电影，计量，检验，医疗或外科用仪器及设备，精密仪器
91.01—91.14	钟表机器零件
92.01—92.09	乐器机器零件，附件
19类　武器、弹药及其零件、附件（HS 编码 93）	
93.01—93.07	武器，弹药及其零件，附件
20类　杂项制品（HS 编码 94～96）	
94.01—94.06	家具；寝具、褥垫、弹簧床垫、软坐垫及类似的填充制品；未列名灯具及照明装置；发光标志、发光铭牌及类似品；活动房屋
95.01—95.08	玩具，游戏品，运动用品及其；零件，附件
96.01—96.18	杂项制品
21类　艺术品、收藏品及古物（HS 编码 97）	
97.01—97.06	艺术品，收藏品及古物
22类　特殊交易品及未分类商品（HS 编码 98）	
98.01—98.03	捐赠物品、慈善物品、军事用品

附表 2　部分贸易地区说明

欧盟：荷兰、比利时、卢森堡、意大利、德国、法国、丹麦、爱尔兰、希腊、西班牙、葡萄牙、奥地利、芬兰、瑞典、捷克、爱沙尼亚、塞浦路斯、拉脱维亚、立陶宛、匈牙利、马耳他、波兰、斯洛文尼亚、斯洛伐克、罗马尼亚、保加利亚、克罗地亚。

东盟：印度尼西亚、柬埔寨、越南、马来西亚、泰国、缅甸、老挝、新加坡、文莱、菲律宾。

西亚：沙特阿拉伯、也门、阿曼、阿联酋、卡塔尔、巴林、科威特、以色列、黎巴嫩、约旦、叙利亚、土耳其、阿塞拜疆、格鲁吉亚、伊拉克、伊朗、阿富汗等。

欧亚经济联盟（除俄罗斯）：白俄罗斯、哈萨克斯坦、亚美尼亚、塔吉克斯坦、吉尔吉斯斯坦。